房地产审判实务研究

FANGDICHAN SHENPAN SHIWU YANJIU

肖大明　著

中国言实出版社

图书在版编目（CIP）数据

房地产审判实务研究 / 肖大明著 .-- 北京：中国
言实出版社，2020.3
ISBN 978-7-5171-3445-9

Ⅰ.①房⋯ Ⅱ.①肖⋯ Ⅲ.①房地产—民事纠纷—审
判—研究—中国 Ⅳ.①D922.384

中国版本图书馆 CIP 数据核字（2020）第 043084 号

出 版 人　王昕朋
总 监 制　朱艳华
责任编辑　张　朕
责任校对　赵　歌
出版统筹　冯素丽
责任印制　佟贵兆
封面设计　杰瑞设计

出版发行　**中国言实出版社**
　　　　　地　　址：北京市朝阳区北苑路 180 号加利大厦 5 号楼 105 室
　　　　　邮　编：100101
　　　　　编辑部：北京市海淀区北太平庄路甲 1 号
　　　　　邮　编：100088
　　　　　电　话：64924853（总编室）　64924716（发行部）
　　　　　网　址：www.zgyscbs.cn
　　　　　E-mail：zgyscbs@263.net
经　　销　新华书店
印　　刷　北京中科印刷有限公司
版　　次　2020 年 3 月第 1 版　　2020 年 3 月第 1 次印刷
规　　格　850 毫米 ×1168 毫米　1/16　21.25 印张
字　　数　321 千字
定　　价　58.00 元　　ISBN 978-7-5171-3445-9

序

　　法律的生命力，在于法律的实践。有人把法律比作一株有生命的植物，她很古老，却又不断获得新生。她追求一种秩序的稳定、自身的稳定，却又在对自我的否定之否定中不断生长。

　　习近平总书记指出："中国特色社会主义法治道路，是社会主义法治建设成就和经验的集中体现，是建设社会主义法治国家的唯一正确的道路。"

　　在中国特色社会主义法治的道路上，一代代法律人通过伟大的法律实践推动了中国法治的前进。

　　肖大明法官是中国人民大学法学院的校友，作为从事民事审判工作的法官，他大力传承和弘扬"老民事精神"，注重研究法学理论，并将理论付诸实践。

　　三十年的法律实践，也是他三十年的研究思考。肖大明法官所著的这本《房地产审判实务研究》，既是他三十年法律实践的写照，也是他三十年不懈思考的结晶。我相信每位读者都能从中感受到历史的厚重和思辨的智慧。书中谈到的每一个法律问题，都从一个侧面见证了改革开放四十年的缩影。书中对每一个法律问题的研讨，既不是就事论事，也不是空谈法理，而是"心有猛虎，细嗅蔷薇"。字里行间，有对法律实践细节因素的洞察，也有对本质规律的深度思考。有心者若能体味其中历史唯物主义与辩证唯物主义的思想之光，体味其中的家国情怀，就会对这位法官中的思想者心生敬意。

　　是为序。

王轶

2019 年 12 月 15 日

（王轶，中国人民大学法学院院长，教授，博士生导师）

目 录

合作建房合同研究

一、合作建房合同法律性质

1995 年 1 月 1 日起施行的《中华人民共和国城市房地产管理法》第二十七条规定："依法取得的土地使用权，可以依照本法和有关法律、行政法规的规定，作价入股，合资合作开发经营房地产。"2007 年 8 月 30 日修改施行、2009 年 8 月 27 日第二次修正、2019 年 8 月 26 日第三次修正的《中华人民共和国城市房地产管理法》，各自在二十八条规定：依法取得的土地使用权，可以依照本法和有关法律、行政法规的规定，作价入股，合资、合作开发经营房地产。后法对前法修正过程中，三次法律修订一脉相承，在不同的条文作了同样的规定。

关于合作建房合同的定义，有两种理解方式。从广义来讲，一切共同在土地上增添建筑物的合作合同，均可以称之为合作建房合同。它可以是共同出地、共同出资，并不局限于一方出地、一方出资；既可以是共同开发经营，也可以是建设以自用。其合建主体，既可以是企事业单位，可以是单位和个人，也可以是自然人之间；既可以在出让地上进行合建，也可以在划拨地上合建，甚至可以在集体土地上进行合建。在土地私有化的国家和地区，出地的一方所提供的土地不仅仅包括使用权，也包括所有权。

从严格意义上讲，合作建房合同是指当事人一方以土地使用权作为出资，另一方投入实际资本，由一方或双方组织施工，共同进行开发经营，共同建设房屋的协议。其法律依据是现行的《中华人民共和国城市房地产管理法》

第二十八条。根据该法第二十八条的规定，开发经营房地产可以采用土地使用权作价入股方式，也可以采用合资方式，还可以采用合作方式。本文论述的，仅是合作开发经营房地产这种方式。它具有以下特征：

第一，合同一方必须投入土地使用权。房屋和土地在自然属性上具有密不可分的关系，由此产生法律上房地一体的基本原则。从物理形态上讲，房屋的存在必然以土地为基础。皮之不存，毛将焉附。没有土地，房屋即失去依托，房屋无从建起。从法律上讲，虽然在房屋转让时采取"地权随天权"①原则，但在房屋所有权原始取得时，则要考虑到"地权"的基础作用，采取的是"天权依地权"原则。2016 年 1 月《不动产登记暂行条例实施细则》第二十四条规定："不动产首次登记，是指不动产权利第一次登记。未办理不动产首次登记的，不得办理不动产其他类型登记，但法律、行政法规另有规定的除外。"该细则第三十三条规定："依法取得国有建设用地使用权，可以单独申请国有建设用地使用权登记。依法利用国有建设用地建造房屋的，可以申请国有建设用地使用权及房屋所有权登记。"这意味着，没有土地使用权，建筑在土地之上的建筑物或构筑物将不能成为法律意义上的房屋，合作建房者将不能取得房屋所有权或经营房屋的其他权益。

第二，合同的另一方必须投入实际资本。这里所讲的资本包括资金、技术、劳务等。房屋是指建设在土地之上的具有使用价值的建筑物或构筑物，包括住宅、办公用房、商业用房、工业用房以及其他设施等。这样的建筑物、构筑物要建造起来，一般具有投资大、耗时长、风险大、程序繁杂、技术复杂等特点。没有大量投入不能实现建房目的。所以，资本投入为合作建房合同基本特征之一。

第三，合作建房合同合建的一方或双方必须组织施工建设，房屋才能建造完成。组织施工，可以是一方出面组织，也可以是双方共同组织，也可以是委托他人建造；可以是合建当事人组织施工，也可以采取承发包方式进行。这里需要注意的是，提供土地使用权的一方为供地方，合建的另一方为投资方，不能把合建的另一方称为建设方。建设方是承发包关系中的发包人，相

① 地权，指土地使用权；天权，指房屋所有权等地上物权利。

对方是施工人。供地方和投资方都有可能组织施工，或者共同组织施工，但只有在承发包关系中才能成为建设方。

第四，双方合作建房系用于开发经营。双方合作建房可以用于自用，也可以用于交易。不管用于自用还是用于交易，从法律上讲应当允许房屋进入市场流转，这取决于土地使用权的性质。因此，合建合同要求房屋所占用的土地必须是出让土地。

第五，合建房屋不同于委托代建房屋。委托代建房屋是委托他人用自己的名义建设房屋，合作建房是合建人相互合作建设房屋，合作建房人直接取得合作建房的成果即合建房屋所有权。

合作建房合同的性质在理论上和实践中广泛存在争议。目前，在我国台湾地区和大陆所见著述较多。对于房地产合建合同的论述，台湾地区学术界和司法界通说认为，应探求当事人之意思表示及目的决定之：如其契约重在约定双方出资，以经营共同事业，自属合伙；如契约着重在建筑商为地主完成一定工作后接受报酬，则为承揽；如契约之目的在于财产权之交换，即以屋易地，则为互易[1]。

我国学者关涛介绍了合建合同性质的四种观点[2]：一是承揽契约说，将供地方分得的部分房屋视为投资方承揽的定作物，把投资方取得的部分土地使用权看作供地方给予的报酬；二是互易契约说，把合建合同当作土地使用权与部分房屋所有权的交换；三是合伙契约说，供地方以土地为出资，投资方以资金与劳动力为出资，共同建设房屋并享有权益；四是买卖与承揽并存的混合契约说，投资人为供地方完成一定工作，供地方以转让投资人取得部分房屋所占有的土地使用权作为报酬，而投资人又以此项报酬抵充买卖其房屋所占用土地使用权的款项。

除了上述观点，还有观点认为，合作建房合同性质是融资建设，即供地方融资，投资方融物，融资与融物相结合，双方共同建设房屋从而获取房屋的使用价值。这种观点认为，合作建房合同中，供地方之所以以土地使用权

---

① 王振宏，《房地产合作开发中的"合同"与公司——对房地产合建纠纷若干法律问题的分析》，载《判解研究》2011 年第 3 辑。

② 关涛，《我国不动产法律问题专论》，人民法院出版社 2004 年版，第 283 页。

作为条件与他人合作建房，原因是开发资金不足所致，而投资人之所以要与土地使用权人合建房屋，是因为没有土地使用权。所以，合作建房是在一方有地而无钱、另一方有钱而无地的情况下产生的。从供地方的角度看，它具有融资性质。

另有观点认为，考虑合作建房合同性质，既要应用合同一般原理，也要充分注意不动产开发的特点。供地方提供的是土地使用权，投资方投入的是资本，供地方以部分土地使用权与投资方投入的部分资本合建，实际是土地使用权的转让。此观点认为，合作建房的性质从合同法意义上来看是合伙或者合伙型联营，从房地产特别法意义来看是土地使用权转让合同。笔者赞同这种观点。

用承揽说解释房屋合建合同的性质，能够解释投资方作为合建一方按照合同要求完成一定的工作，但不能解释投资方为何分得合同约定的合建成果，同时也不能解释投资方按照合同约定将合建成果交付供地方。用互易说解释合建合同，投资方出的是钱，供地方出的是地，双方合同目的是共建房屋，并不是投资方出钱买地，也不是供地方以土地换钱，而且该说也不能解释为何双方会共同建造房屋，并分享成果。用承揽与买卖混合说解释房屋合建合同性质，应当是指由投资方承揽出地方的工作，由出地方购买投资方建成的房屋。出地方以土地使用权购买建成的房屋，貌似以物易物，但以土地使用权充当一般等价物道理不通。用融资说解释房屋合建合同性质，说明了出地方缺乏资金进行融资，投资方缺乏土地进行融物，互助互利特点鲜明，但忽略了双方合作开发经营的特征，舍本而逐末，也不可取。

合伙或者合伙型联营说认为，二个以上的民事主体，就各自以资金、劳务、技术等出资，共同经营，共担经营风险达成的合意，是合伙合同的主要特征，合伙型联营也符合该特点，只不过与合伙区别在于主体之不同。综观我国的房地产合建合同，完全符合合伙合同或合伙型联营合同的特征：其一，房地产合建通常是两个以上企业为实施房地产开发而进行的合伙型联营，其合同主体应有两个以上民事主体。由于房地产合建并不形成企业式的经济实体即合伙企业或商事合伙，作为一种民事合伙关系，它也不适用《合伙企业法》的规定，而应适用《民法通则》的规定。其二，房地产合建合同当事人均对房地产合建有出资行为。合建合同当事人有的出资金,有的提供国有土地使用权,这只是当事人出资形式的不同,均属为共同进行房地产开发所投入的资本。其三,最重要的是,无论房屋建成后当事人之间约定分配的是房产还是售楼款、利润,房地产合建合同当事人均承担着经营的风险。由于房地产合建是一个长期的投资过程,始终存在着房屋不能建成的风险,而这种风险并非由一方当事人承担,而是由合同主体当事人共同承担。将房地产合建合同分配成若干独立的法律行为,如土地使用权买卖关系或房屋买卖关系,正是忽略了房地产合建是一种风险性的合作投资,并非简单的财产权交易。在财产权的交易中,房屋不能建成的风险是由负有支付义务的一方独自承担,而非合同当事人共同承担①。

关于土地使用权转让说,第一,合作建房合同必须是一方以土地使用权作为出资。土地是房屋的基础,房屋必须建设在土地之上,当房屋建造完成后,由于合同约定双方共同拥有房屋或房屋经营权,出地方的土地使用权必然会部分或全部转让给相对方,土地使用权转让特征明显。第二,合作建房合同的开发经营性根植于土地使用权。房地产这类产品,如果欲成为商品被允许在市场上流通,必须拥有出让土地使用权。如果土地流转受到限制,房地产也就无法进行开发经营,共同经营,共担经营风险也就成了无源之水,无本之木。换言之,出让土地使用权与共同经营、共担风险是如影随形,相伴而生的。第三,共同出资、共同经营、共担风险、共享利润是合伙或合伙型联营合同具备的特征,但这只是从合同法意义上与其他合同相区别。仅如此,尚不足以概括房地产开发经营合同特殊性质,而这种特殊性质必须从房地产特别法中去发现。第四,合作建房合同具备合伙或合伙型联营合同一般特征,但其又具有特殊本质。合作建房合同在民法通则和合同法里未作规定,但它并不是无名合同,而是房地产法规定的有名合同。分析合作建房合同的性质,应当依据房地产法,从其特殊性出发,在其具有一般特征之下,揭示其特殊性,方能确定其性质。由此可以看到,以土地使用权进行合作开发经

---

① 王振宏,《房地产合作开发中的"合同"与公司——对房地产合建纠纷若干法律问题的分析》,载《判解研究》2011 年第 3 辑。

营，合作成果导致土地使用权部分或全部转移，应为合作建房合同的性质。第五，合作建房合同的性质是土地使用权转让已被一系列行政规章、司法解释所肯定。1995年8月，建设部《城市房地产转让管理规定》第三条规定："房地产转让，是指房地产权利人通过买卖、赠与或者其他合法方式将其房地产转移给他人的行为。"其中，一方提供土地使用权，另一方或者多方提供资金，合资合作开发经营房地产，而使房地产权属发生变更的，即属于房地产转让。这里的房地产转让既包括房屋的转让，也包括土地使用权的转让。建设部的规定，出台在《城市房地产管理法》实施之后，是对该法第二十八条合资合作开发经营房地产的诠释。1995年12月，《最高人民法院关于审理房地产管理法施行前房地产开发经营案件若干问题的解答》第十八条规定："享有土地使用权的一方以土地使用权作为投资与他人合建房屋的，签订的合建合同是土地使用权有偿转让的一种特殊形式。"2005年6月，《最高人民法院关于审理涉及国有土地使用权合同纠纷案件适用法律问题的解释》第十四条规定："合作开发房地产合同，是指当事人订立的以提供出让土地使用权、资金等作为共同投资，共享利润、共担风险合作开发房地产为基本内容的协议。"司法解释明确合作建房合同性质为土地使用权转让。因此，土地使用权转让说已成为实务界通说。

案例：

原告：张××

被告：北京××房地产开发有限责任公司

基本案情：2000年5月1日，××局与甲公司签订《联建协议书》，约定双方联合建设位于××局综合楼的综合项目。张××在该协议书上甲公司一方签章处签字。

2002年3月2日，北京××房地产开发有限责任公司与张××签订《合作协议》，载明"××局综合楼项目是经张××联系，促成甲公司与××局签订联建协议的，由张××与甲公司合作开发建设。现因甲公司资金紧张，经协调，北京××房地产开发有限责任公司愿与张××继续合作开发该项目，为此，双方约定如下：1.本协议签订后张××负责促成北京××

房地产开发有限责任公司、甲公司和××局签订三方协议及北京××房地产开发有限责任公司与××局的合作开发协议；2.北京××房地产开发有限责任公司成为××局综合楼项目的开发商后，张××负责将开发手续变更到北京××房地产开发有限责任公司名下；3.对张××原来投入不结算。考虑到张××在项目运作中有巨大投入，双方约定此项目以后的土地出让金、建安费，先由北京××房地产开发有限责任公司支付；4.项目完成后，双方进行结算，北京××房地产开发有限责任公司自己投入的资金扣除，适当收取资金占用费，收取7.5%的管理费，其余收入归张××。甲公司的前期投入由张××负责偿还。"

2002年4月9日，××局与北京××房地产开发有限责任公司就××局综合楼项目签订《合作开发协议》。

2002年4月9日，××局、北京××房地产开发有限责任公司、甲公司就××局综合楼项目签订《三方协议》，约定：1.××局与甲公司已于2002年4月9日签订《解约协议》，解除了就本项目的合作关系，原××局与甲公司于2000年5月1日签署的《联建协议书》终止；2.××局与北京××房地产开发有限责任公司于2002年4月9日签署了《合作开发协议》，就本项目建立新的合作关系；3.甲公司已支付北京××房地产开发有限责任公司的300万元搬迁补偿费，由北京××房地产开发有限责任公司代为偿还，并由北京××房地产开发有限责任公司按照北京××房地产开发有限责任公司与××局双方于2002年4月9日签署的《合作开发协议》约定的应支付给××局第一笔搬迁补偿费500万元中扣减；4.甲公司所支付的三通一平及前期费用由北京××房地产开发有限责任公司负责偿还。

此案例有若干事实未明确。从给出的材料来看，先是甲公司与××局签订了联建协议，后又经张××协调，由北京××房地产开发有限责任公司接替甲公司与××局签订联建协议。供地方是××局，出资方是甲公司或北京××房地产开发有限责任公司，从合作建设合同性质来看脉络非常清楚。此起纠纷是张××以合作建房一方提起分得合建利润之诉的，张××是不是合作建房当事人，也需要从合作建房合同性质入手来分析。把握好合作建房合同的性质，是正确审理案件的关键环节之一。

厘清合作建房的性质，是为了考察以开发经营为目的的合作建房合同合法性和有效性。所谓房地产开发经营，要求房地产可以入市流转交易，如果房地产能够流转交易，对建设用地的要求是可以进入土地二级市场。依照我国法律法规和相关政策规定，只有出让土地使用权才具备这样的品质。因此，本文认为标准的合作建房合同出地方需要出让土地使用权。这也是本文主要讨论合作开发经营这一合作建房合同[①]的核心内容。

二、合作建房合同的基本类型

合作建房合同类型很多，存在形式也不很规范。

我国台湾学者曾隆兴所著《现代非典型契约论》一书《合建契约》一文列出如下五种类型：[②]

1. 地主提供土地，建筑商建筑房屋，双方就其预定分得房屋，各以自己的名义，请领建造执照，并得分别自行预售，地主于房屋完工或房屋建筑工程进行至其进度时，将土地分割及转移登记于建筑商或其指定之人。

2. 地主提供土地，并以地主名义请领全部房屋建造执照，于房屋建造完成后，将约定建筑商分得部分房屋，连同基地权利一并转移于建筑商或其指定人。

3. 地主提供土地，由建筑商领取建造执照，并建筑房屋，完工后，将契约分归地主的房屋移转登记于地主，同时由地主将建筑商分得房屋的基地所有权，移转于建筑商或其指定之人。

4. 地主提供土地，以地主及建筑商为共同起造人名义请领建筑执照，仅约定分配房屋之比例，而无确定之位置，于房屋完工后，再按约定比例分配，并由地主分归建筑商之基地权利转移于建筑商。

---

① 我国《城市房地产管理法》第一条规定，为了加强对城市房地产的管理，维护房地产市场秩序，保障房地产权利人的合法权益，促进房地产业的健康发展，制定本法。本文是以《城市房地产管理法》第二十八条定义合作建房的，因此主要研究"城市房地产"合作建房问题。

② 曾隆兴，《现代非典型契约论》，台湾三民书局股份有限公司1986年版，第157—183页。

5. 地主提供土地，由建筑商领取建造执照，并将建筑房屋出售，双方依照约定比例分配售屋价金。

我国学者关涛所著《我国不动产法律问题专论》中合作建房法律问题一文介绍了四种合作建房形态：[①]

一是土地使用权人（公民或法人）提供土地，房地产开发商提供资金和技术，以双方名义共同开发，在工程完工之前，各自以自己名义对预先分得的房屋进行预售。

二是以土地使用权人的名义进行开发，待房屋建成后，按照约定将开发商应分得的房屋及相应的土地使用权一并转让给开发商。

三是以开发商的名义进行建设，房屋建成后，开发商依约将部分房屋所有权转移给土地使用权人，同时土地使用权人也要把开发商应分得的房屋所占用的土地使用权转让给开发商。

四是双方共同组成一个新的房地产开发公司，并以该公司的名义进行开发建设，等所建房屋售出后依约分配所得收入。

笔者认为，双方共同组成一个新的房地产开发公司建房相对于常态的合作建房具有特殊性，虽然涉及提供土地使用权问题，但由于双方要成立房地产项目公司，所以应认为是合资建房。此种建房形态与法律规定的合作建房不符，应当予以区别。

结合以上合作建房形态，根据司法实践中客观情况，笔者将合作建房形态归纳如下：

第一，土地使用权人提供土地，投资方提供资金和技术，以双方各自的名义进行开发，按照约定对将要建成的房屋及土地使用权进行分配。

第二，土地使用权人提供土地，投资方提供资金和技术，以双方各自的名义进行开发，对将要建成的房屋进行预售，双方按照约定分配售房价款。

第三，土地使用权人提供土地，投资方提供资金和技术，以供地方的名义进行开发，待房屋建成后，按照约定将投资方应分得的房屋及土地使用权一并转到投资方名下。

---

① 关涛，《我国不动产法律问题专论》，人民法院出版社 2004 年版，第 281—282 页。

第四，土地使用权人提供土地，投资方提供资金和技术，以供地方的名义进行开发并对房屋进行预售，按照约定分配给投资方售房价款。

第五，土地使用权人提供土地，投资方提供资金和技术，以投资方的名义进行开发，待房屋建成后，按照约定将供地方应得的房屋分配给供地方。

第六，土地使用权人提供土地，投资方提供资金和技术，以投资方的名义进行开发并对房屋进行预售，按照约定分配给供地方售房价款。

第七，土地使用权人提供土地，投资方提供资金和技术，以双方共同的名义进行开发，待房屋建成后，按照约定比例对房屋进行分配。

第八，土地使用权人提供土地，投资方提供资金和技术，以双方共同的名义进行开发，双方并且对房屋进行预售，双方按约定分配售房价款。

上述八种类型，是合作建房的基本形态。此外，合作建房合同双方，还可以在合作建房合同中约定实际房屋产权及售房价款以外的收益，我们亦不因此重新确定标准而对合作建房再行分类。

三、土地使用权和房屋所有权问题

我国《物权法》第五条规定："物权的种类和内容，由法律规定。"第六条规定："不动产物权的设立、变更、转让和消灭，应当依照法律规定登记。依法属于国家所有的自然资源，所有权可以不登记。"第二十八条规定："因人民法院、仲裁委员会的法律文书或者人民政府的征收决定等，导致物权设立、变更、转让或者消灭的，自法律文书或人民政府的征收决定等生效时发生效力。"第二十九条规定："因继承或者受遗赠取得物权的，自继承或者受遗赠开始时发生效力。"第三十条规定："因合法建造、拆除房屋等事实行为设立或者消灭物权的，自事实行为成就时发生效力。"

我国《城市房地产管理法》第二条规定："本法所指的房屋，是指土地上的房屋等建筑物及构筑物。"

房屋所有权基于法律规定而存在，房屋所有权必须进行登记，《物权法》以登记生效为基本原则，特殊情况下未经登记不发生物权对抗效力。

房屋和土地的物理关系表现在，房屋总是建设在一定的土地之上，土地之上一旦建设了房屋，对土地的利用，就主要表现在对房屋的利用上。但是，没有建设房屋的情况下，对土地依然可以独立利用。

根据附合理论，建筑物与占用的土地被看作一个物，但土地和房屋又各具独立性。一种观点认为土地使用权是主物，房屋是从物；另一种观点认为，房屋是主物，土地使用权是从物。从法律规定来看，土地使用权与建筑物之间主从位置的划分并不是绝对的，无论是主物与从物，还是主物权与从物权，都是相对应的一对概念，两者之间既有对立性又有统一性。对立性表现在两者都可以分别成为权利客体，而统一性则表现为对其中之一的处分效力及于另一者。两者的主从地位在一定条件下是可以互相转换的，究竟谁主谁从关键要看哪一个是具体民事法律关系的客体。我国的特殊国情决定了我国只能实行房屋所有权与土地使用权相结合的房地产产权结构。尽管目前因土地使用权的性质不同，使得我国的房地产产权结合表现异常复杂的局面。但是，除了土地使用权获取方式、使用期限存在差异外，房屋所有权和土地使用权的规则基本上是一致的。①

我国《土地管理法》第九条规定："城市市区的土地属于国家所有。农村和城市郊区的土地，除由法律规定属于国家所有的以外，属于农民集体所有；宅基地和自留地、自留山，属于农民集体所有。"《土地管理法》第十条前半段规定："国有土地和农民集体所有的土地，可以依法确定给单位或者个人使用。"第五十四条前半段规定："建设单位使用国有土地，应当以出让等有偿使用方式取得。"

我国《土地管理法实施条例》第二十一条规定："具体建设项目需要使用土地的，建设单位应当根据建设项目的总体设计一次申请，办理建设用地审批手续；分期建设的项目，可以根据可行性研究报告确定的方案分期申请建设用地，分期办理建设用地有关审批手续。"第二十二条规定："具体建设项目需要占用土地利用总体规划确定的城市建设用地范围内的国有建设用地的，按照下列规定办理：（一）建设项目可行性研究论证时，由土地行政主管部门对建设项目用地有关事项进行审查，提出建设项目用地预审报告；可行性研

---

① 高富平、董双武，《房地产法新论》，中国法制出版社 2000 年版，第 53 页。

究报告报批时，必须附具土地行政主管部门出具的建设项目用地预审报告。（二）建设单位持建设项目的有关批准文件，向市、县人民政府土地行政主管部门提出建设用地申请，由市、县人民政府土地行政主管部门审查，拟订供地方案，报市、县人民政府批准；需要上级人民政府批准的，应当报上级人民政府批准。（三）供地方案经批准后，由市、县人民政府向建设单位颁发建设用地批准书。有偿使用国有土地的，由市、县人民政府土地行政主管部门与土地使用者签订国有土地有偿使用合同；划拨使用国有土地的，由市、县人民政府土地行政主管部门向土地使用者核发国有土地划拨决定书。（四）土地使用者应当依法申请土地登记。通过招标、拍卖方式提供国有建设用地使用权的，由市、县人民政府土地行政主管部门会同有关部门拟订方案，报市、县人民政府批准后，由市、县人民政府土地行政主管部门组织实施，并与土地使用者签订土地有偿使用合同。土地使用者应当依法申请土地登记。"

2004年3月，国土资源部、监察部联合下发《关于继续开展经营性土地使用权招标拍卖挂牌出让情况执法监察工作的通知》（71号令）要求出让土地使用权，在2004年8月31日以后不得再以协议方式出让土地。

从国家有关法律法规和土地政策来看，我国土地分别由国家和集体所有。目前，经营性建设用地主要取得方式为国有出让土地使用权，而且从2004年8月31日以后，必须采用招标、拍卖、挂牌出让的方式取得出让土地使用权，不得再以协议出让的方式取得经营性用地使用权。2019年修订的《中华人民共和国土地管理法》第六十三条第一款规定："土地利用总体规划、城乡规划确定为工业、商业等经营性用途，并经依法登记的集体经营性建设用地，土地所有权人可以通过出让、出租等方式交由单位或者个人使用，并应当签订书面合同，载明土地界址、面积、动工期限、使用期限、土地用途、规划条件和双方其他权利义务。"该法第六十四条规定："集体建设用地的使用者应当严格按照土地利用总体规划、城乡规划确定的用途使用土地。"根据国家在部分区县进行试点的情况，一旦土地管理法对集体土地出让土地使用权作出规定，利用集体出让土地使用权进行合建也将有法可依。由于集体土地出让在实务中尚处于起步阶段，目前此种情况本文不做展开讨论。

土地使用权与房屋所有权应遵循"房地权利合一"原则和"房随地走，

地随房走"原则。审判实践中，关于如何应用这个原则存在较大争议，现对该原则作一辨析。

房屋与土地在自然属性上具有密不可分的关系，房屋的存在必然以土地为基础，依附于土地而存在①。我国土地所有制为国家所有和集体所有，在此前提下，土地使用权可以出让给建筑物所有权人。而建筑物所有权人对房屋等建筑物拥有的是财产权，根据房屋与土地的自然属性，要想取得房屋所有权，必须先取得对土地使用的权利；否则，房屋则成了空中楼阁。

如前述，《物权法》第六条规定："不动产物权的设立、变更、转让和消灭，应当依照法律进行登记。"登记本身已由行政管理向行政服务转变，现行物权登记具有公示公信效力，应当推定登记人为物权权利人。那么从登记来看，2008 年 2 月 15 日建设部颁布的《房屋登记办法》第八条规定："办理房屋登记，应当遵循房屋所有权和占有范围内的土地使用权权利主体一致的原则。"现行的《不动产登记暂行条例实施细则》同样遵循这一原则。但是，统一登记并不意味着土地及其建筑物或构筑物作为整体的登记单位②。

我国《城镇国有土地使用权出让和转让暂行条例》第二十三条规定："土地使用权转让时，其地上建筑物、其他附着物所有权随之转让。"该条例第二十四条第二款规定："土地使用者转让地上建筑物、其他附着物所有权时，其使用范围内的土地使用权随之转让，但地上建筑物、其他附着物作为动产转让的除外。"依照该规定，土地使用权或地上建筑物、构筑物转让时，应当一同转让③。

前述两层意思，是"房地权利合一"原则的基本内容。土地所有权不可转让性，导致了土地所有权在市场经济体制下不可能成为重要的生产要素。个人不能成为土地所有权的主体，但拥有可供居住的房屋又是个人基本的生活需求，所以中国形成了独具特色的房地关系——将土地与房屋分别作为权

---

① 柳经纬、刘智慧，《房地产法制专题研究》，中国法制出版社 2011 年 1 版，第 9 页。

② 李显东、王梦茹，《〈不动产登记暂行条例〉适用问答》，中国法制出版社 2016 年版，第 15 页。

③ 我国《城市房地产管理法》第三十七条规定："房地产转让，是指房地产权利人通过买卖、赠与或者其他合法方式将其房地产转移给他人的行为。"

利客体，又通过对土地使用权与房屋所有权实行"房随地走，地随房走"的原则，将两者的流转处分统一起来①。

所谓"房随地走，地随房走"原则，即所谓"天权随地权，地权随天权"原则。

由于土地与地上建筑物自然属性的关系以及我国法律制度，因建造房屋等地上建筑物、构筑物原始取得物权时，所体现的是"房随地走"原则。即占有取得了土地使用权，才能取得房屋等地上建筑物、构筑物的所有权。

而在已取得土地使用权和房屋所有权后，对房屋所有权和土地使用权转让时，一般应遵循"地随房走"原则。土地使用权上不存在建筑物、构筑物自可单独转让。如果土地使用权上已建有房屋等建筑物、构筑物，说明该幅土地已被利用。在土地使用权与房屋所有权权利一致情形下，房屋所有权人虽具有完全财产权，但也应遵循房地一体转让原则，此时与"地随房走"并不排斥。如果土地使用权与房屋所有权分属不同主体，土地使用权单独转让给第三人，一定会损害房屋所有权人利益。从《民法总则》第一百五十四条规定看，恶意串通损害他人合法权益的无效②，第三人不能通过转让行为受让土地使用权。因为受让土地使用权，第三人在不动产统一登记情形下应该注意到房屋所有权人，非不动产统一登记情形下，亦应进行现场查勘，尽到注意义务，因而第三人不能善意取得土地使用权。如果此种情形下房屋所有权人转让房屋，即使土地使用权人与房屋所有权人不为同一主体，由于该幅土地已交由房屋所有权人使用，土地使用权便不能再交给第三人使用，即土地使用权不能再交给第三人占有、使用、收益。土地使用权缺乏的是所有权处分权能，而土地所有权归属国家或集体，土地所有权是不能转让的③。这是房屋等建筑物、构筑物为完全财产权，而土地使用权只是具有占有、使用、收益权能的财产权区别性使然。笔者认为，根据附合理论，房屋等建筑物、构

---

① 柳经纬、刘智慧，《房地产法制专题研究》，中国法制出版社2011年版，第12—13页。
② 《民法总则》第一百五十四条规定："行为人与相对人恶意串通，损害他人合法权益的民事法律行为无效。"
③ 《土地管理法》第二条中段规定："任何单位和个人不得侵占、买卖或者以其他形式非法转让土地。土地使用权可以依法转让。"

筑物与所使用的土地可以被看作一个物。按份共有房屋的所有人在其他共有人转让房屋时享有优先购买权，这可以看作横剖面的共有关系，依附合理论，房屋等建筑物、构筑物与所使用的土地可以看作纵剖面的共有关系。在"房地权利合一"原则下，应当认为土地使用权与房屋所有权分属不同主体时，应赋予房屋所有权人有优先购买权，其法理依据是根据《物权法》第一百零一条规定①的类推适用。

另一种观点认为，在已取得土地使用权和房屋所有权后，适用"房随地走，地随房走"原则，应当理解为既可以"房随地走"，也可以"地随房走"。从文义对法律作出这样的理解，似乎也说得通，但既然是原则，应当具有普遍适用价值，当更具体的要件事实存在，必须做进一步的解释才不会成为障碍。

房屋所有权与土地使用权在实务中分离情形并不罕见。我国学者关涛在《我国不动产法律问题专论》中，概括了土地使用权与建筑物所有权分离的五种情况：一是建筑物作为动产时与土地使用权分离；二是划拨土地使用权与建筑物所有权的分离；三是在租地建房时土地使用权和建筑物所有权的分离；四是分别抵押土地使用权和建筑物时产生的分离；五是建筑物区分所有权与基地使用权的分离。②

当建筑物所有权作为动产时，此时转让建筑物，土地使用权可以不随建筑物一并转移。例如在拆迁时，将建筑物作为建筑材料买卖，此时土地使用权可以不随建筑物一并转移，但此种情形建筑物已非不动产之物。

我国《土地使用权条例》明确规定，划拨土地使用权禁止转让、出租和抵押。依照我国《城市房地产管理法》的规定，房地产转让、抵押时，房屋所有权和该房屋占用范围内的土地使用权同时转让、抵押。我国《物权法》也规定，以建筑物抵押的，该建筑物占用范围内的建设用地使用权一并抵押。以建设用地使用权抵押的，该土地上的建筑物一并抵押。抵押人未依照前款规定一并抵押的，未抵押的财产视为一并抵押。就房地关系来看，此种情形

---

① 《物权法》第一百零一条规定："按份共有人可以转让其享有的共有的不动产或者动产份额。其他共有人在同等条件下享有优先购买的权利。"

② 关涛，《我国不动产法律问题专论》，人民法院出版社 2004 年版，第 153 页。

并不排斥"地随房走"原则。

由于《土地使用权条例》作出了明确规定，划拨土地使用权的转让、出租和抵押，在建筑物进行移转时，以划拨方式取得的土地使用权则不能一并移转；或者，经过土地所有权人批准才能移转。因此，这是"地权随天权"原则（即地随房走）的一种例外。

租地建房的土地使用权和建筑物所有权处于分离的状态。除"三资"企业租赁城镇国有土地建房外，租地建房为我国法律法规所禁止。"三资"企业通过租赁方式取得土地使用权建造建筑物、构筑物，只能用来自己经营使用；如果其流转土地上的建筑物、构筑物，除非经过土地所有权人之管理批准，否则土地使用权不能随建筑物、构筑物流转。此种情形亦不排斥"地权随天权"原则。

关于建筑物区分所有权与土地使用权的关系，在我国目前土地所有权和建设用地使用权各自独立情况下，可以分成两类来分析。第一类是国有土地上的建筑物区分所有权问题。此类建筑物系由业主区分所有，对于基地，则由业主共同拥有使用权。从形式上看，建筑物与土地使用权分离，但实质上，土地使用权由业主共同拥有。此种情况下建筑物进行流转，土地使用权也随之流转，取得流转后建筑物的新业主，与未移转建筑物的业主依然共享建筑物所占用土地的使用权。此时，依然采取"地权随天权"原则。第二类是农村集体土地所有权上的建筑物流转问题。农村宅基地上的房屋，一定条件下，可以在集体经济组织的组织成员间转让。在这个层面，土地使用权要随房屋所有权移转，但不能在市场之中流转。其次，就农村集体建设用地而言，可分为农村住宅和其他集体建设用地使用权。农村旧村改造，往往通过拆除宅基地上的房屋兴建住宅楼房的形式加以实现。从性质上看，宅基地上的房屋是建立在集体土地使用权之上，农村集体经济组织上的住宅楼房同样是建设在集体土地使用权之上的，经规划批准，均具有合法性。农村集体经济组织的住宅楼房，对基地使用权的关系，其原理依然符合国有出让土地上住宅楼房与出让土地使用权的关系，即农村集体经济组织的住宅楼各业主共用集体土地使用权。其他集体建设用地上的房屋流转须经审批，这几种情形均不排斥"地权随天权"原则。

房屋所有权与土地使用权分离时，转让依然适用"地随房走"原则；只不过可能因为土地使用权转让受到限制，在"房地权利合一"原则下，房屋所有权转让也受到限制。

合作建房合同是在国有出让土地上进行建设，按照前边所作论述，应由土地使用权人取得房屋所有权。由于规划审批和土地使用权出让审批，在出地方与出资方履行合建合同前提下，出地方取得其约定部分房屋所有权；对于出资方而言，合建合同的性质是土地使用权转让。因此，出资方依据合建合同依然可以取得房屋所占有的土地使用权，同样可以取得约定部分房屋所有权。在合建合同约定共同房屋所有权时，土地使用权由双方共同拥有。在此基础上，合建双方可以共同经营合作建成的房屋。双方合作建成房屋后，合作建房双方或合建一方均可以采取转让等方式经营房屋。

需要进一步明确的是，合作建房双方在履行合作建房合同后，其结果直接取得物权。这是由合作建房合同法律性质所决定的。如前文分析，合作建房合同具有两重性：一是合伙或合伙联营性质，二是土地使用权转让性质。在法律适用上，房地产法之土地使用权转让规范具有特别法意义，应优先适用。因此，合作建房合同履行后，双方可以对所建房屋权属进行分配[①]。合作建房合同中所约定的利润分配等，是双方分配房屋权属的间接表现形式或进一步经营的结果，是依合同法规范履行合同约定的结果，如合作建房合同有效，应当按合同履行。这点在执行异议之诉等权利对抗判断司法实务中具有重要意义。

四、几种合作建房合同效力分析

（一）供地方提供划拨土地参加合建合同的效力

案例： 文海中心系某工厂与某公司共同出资设立的商业企业，设立该企

---

① 《最高人民法院〈关于审理房地产管理法施行前房地产开发经营案件若干问题的解答〉》第二十三条规定："合建合同对房地产权属有约定的，按合同约定确认权属；约定不明确的，可依据双方投资以及对房屋管理使用等情况，确认土地使用权和房屋所有权的权属。"

业，某工厂提供划拨土地 3.76 亩使用权及地上房屋 33 间使用权，某公司出
资 3000 万元。2008 年 7 月，文海中心与某房地产开发有限责任公司签订合建
协议，约定由文海中心提供土地 3.76 亩，并负责该幅土地"三通一平"，由某
房地产出资 1.6 亿元，共同建造文海大厦，建筑面积 21000 平方米。大厦建成
后，由文海中心分得 10000 平方米，由某房地产公司分得 11000 平方米。2010
年 3 月，文海大厦建成，文海中心与某房地产开发有限责任公司在分配面积
时因结构功能产生争议，某房地产开发有限责任公司诉诸法院。

该案中文海中心供应的土地，系原由国家划拨给某工厂使用。某工厂与
某公司共同设立文海中心时，由于没有相关政府部门批准，划拨土地使用权
依然属于某工厂，虽然文海中心有权使用该幅土地，但某工厂作为该幅划拨
土地使用权人没有改变。合作建房合同是土地使用权转让性质，供地方应当
提供出让土地使用权参与合建。如果是划拨土地使用权，则需要经过政府相
关部门审批，并且应当缴纳土地出让金。否则，以划拨土地使用权参与合建，
合建合同应为无效。文海中心系提供划拨土地使用权参与合建，该合建合同
无效。因此，某房地产开发有限责任公司的请求不应得到法院支持。应当看
到，文海中心使用的划拨土地，是根据某工厂与某公司设立文海中心时，以
土地使用权益所作的投入，在没有某工厂同意的情况下，某工厂有权要求将
合建的土地恢复到文海中心使用状态。

（二）名为合作建房实为土地补偿合同的效力

案例：2004 年 10 月 10 日，南宁某房地产开发有限公司（以下称某公
司）与南宁市某新村村民委员会（以下称新村）签订合建合同，约定：新村
提供自己所有的位于南宁市某路第三产业用地 21.11 亩与某公司合作建房；该
21.11 亩土地中的 14.05 亩的使用权转让给某公司，手续由新村与某公司共同
到政府有关部门办理，费用由某公司负担。某公司将其出资 3000 万元在其余
的 7.06 亩土地上建造的面积为 1.5 万平方米的某大厦东半部分给新村作为补
偿。签订合同时，某公司办理了 14.05 亩土地的征收手续，并与南宁市土地管
理局签订了土地使用权出让合同，缴纳土地出让金 700 余万元，取得了 14.05

亩土地使用权。

对于该合建合同效力，有观点认为，新村将 14.05 亩土地转让给某公司，目的是换取某大厦东半部的所有权，是将集体土地换取房屋的转让行为，集体土地未经征收和出让，不得上市流转，因而该合建合同无效。

笔者认为，新村提供了 21.11 亩土地与某公司合作建房，其中 14.05 亩土地转让给某公司，属于土地使用权转让合同。依当时的法律，集体所有的土地不能转让，但办理了征收手续，经过政府有关部门批准并缴纳土地出让金后已成为出让土地。此种情况下，新村将该幅 14.05 亩土地转让给某公司属有效合同。关于 7.06 亩土地部分，系新村与某公司合建某大厦所提供的土地，新村与某公司合建某大厦的合同，属于合作建房合同。该合同是否能成为有效合同，有赖于该 7.06 亩土地征收和土地出让手续的完成。根据合同约定，新村最终分得某大厦东半部所有权，既包括合作建房合同中对新村所作分配，也包括某公司在合作建房合同中分得另一半某大厦所有权条件下，对新村转让 14.05 亩土地的补偿。因此，就 14.05 亩土地，双方所约定的权利义务，属土地使用权补偿合同的内容，在双方协作完成集体土地征收，国有土地出让手续后，该土地使用权补偿合同为有效。

（三）名为合作建房实为房屋租赁合同的效力

案例： 北京某中学经上级主管部门教育局同意，以其学校操场土地 2.3 亩与某开发公司合建综合楼两栋。双方达成协议：学校负责办理项目审批手续，两栋综合楼均归学校所有，其中一号综合楼由学校教学使用，二号综合楼由开发公司使用，期限二十年。双方并约定了一方违约、另一方有权解除合同的违约条款。合同履行过程中，由于开发公司出资未到位，致使超过建设期限房屋未能建成。学校起诉至法院要求解除合同，并由对方承担违约责任。

学校是事业单位，其使用的土地是国家无偿划拨给学校上级单位教育局的。经教育局同意，学校与开发公司达成合作建房协议，由学校提供土地并享有合建房屋所有权（应为教育局享有房屋所有权，基建项目），未约定开发公司分得所有权，不涉及土地使用权转让问题，因而该合建合同有效。开发公司在房屋建成后使用二号楼二十年，其投入的资金实际是使用房屋的费用。开发公司对房屋在二十年期间享有占有、使用、收益的权利，其性质应为房屋租赁。根据租赁合同的相关法律规定，双方约定的租期未超过法律规定的最长期限，因而是有效合同。

（四）合建合同中约定投资方取得永久使用权合同的效力

案例： 北京某厂根据主管部门调整计划另建新厂，用旧厂与某开发公司签订合建合同。合同约定，某厂以旧厂址划拨土地与某开发公司合作，由某公司承担全部建设费用，建居民楼三栋，写字楼一栋，所有权均归某厂，某开发公司对写字楼拥有永久使用权。双方还对违约责任等其他问题作了约定。

永久使用权如何看待是判断合建合同效力的关键。

一种观点认为，永久使用权即是所有权。对房屋而言，有了使用权就有占有权和收益权；而使用权一旦达到永久的程度，使用权人就有了永久占有权和收益权，也就成为实际的所有权人。所以，该合建合同因某开发公司在他人划拨土地上取得房屋永久使用权无效。

另一种观点认为，所有权与其权能可以分离，使用权是所有权权能之一，所以某公司在划拨土地上取得永久使用权不违反法律规定，因而合建合同有效。

还有观点认为，某公司未取得建造房屋的所有权，仅取得了使用权，但取得使用权是以承担建设费用的方式支付了对价，属于通过债权合同取得了房屋使用权。因此，其性质属于不动产租赁。《中华人民共和国合同法》第二百一十四条规定："租赁期限不得超过二十年。超过二十年的，超过部分无效。"因此，某开发公司在二十年之内的承租权，即使用权是有效的，超过二十年的承租权约定是无效的。

笔者认为，某厂与某开发公司所签的合建合同应为有效合同，但对某开发公司使用房屋期限应予规范。第一，双方在划拨土地上建造房屋，房屋所有权归某厂，合同有效。但该合同不属于典型的合作建房合同。某开发公司的全部建设费用，应视为取得房屋永久使用权的对价，所以应在此基础上研究永久使用权问题。第二，所有权的权能可以依据所有人的意志和利益，通过一定程序与所有权发生分离，但并不导致所有权人丧失所有权，这是因为所有权人可以通过行使支配权控制和实现其所有权。第三，永久使用权，以不动产存在为前提，不动产存在，永久使用权存在，不动产灭失，永久使用权灭失，通过租赁取得的使用权，期限在二十年之内有效，超过二十年则无效，超过二十年需要继续使用不动产的，应当重新签订或者续订租期。但既然是使用权，应类推适用关于租赁法律予以规范。即在期限上不得超过二十年，二十年到期后可以更新合同。永久使用权应认为在二十年使用期到期后，对原使用权合同的更新约定，具有预约合同性质。如若某厂不预更新，应承担缔约过失责任。

（五）以与开发区管委会订立的土地出让合同进行合建，合作建房合同无效

案例：甲公司经开发区管委会同意建设厂房，在甲公司申请后，经管委会批准并签订协议，管委会将开发区基地块出让给甲公司。由于资金不足，甲公司商请乙公司共同开发建设。双方签订协议：由甲公司出地，乙公司出钱，双方共同建设12000平方米写字楼一栋，23000平方米厂房一座；待房屋建成后，写字楼所有权归乙公司，厂房所有权归甲公司。房屋建成后，双方因建筑间场地使用问题产生分歧，乙公司拒绝向甲公司交付厂房。甲公司起诉到法院，要求乙公司交付厂房并办理厂房所有权登记手续。

本案能否支持甲公司的请求，应当看双方所签合同是否能够履行。双方所签合同属于合作建房合同，其性质应为土地使用权转让。国有出让土地允许转让，但国有出让土地的取得应当合法。按照法律规定，国有出让土地使用权的取得，一是需要有批准权的人民政府批准，二是与政府行政主管部门订立国有土地使用权出让合同并缴纳土地出让金。开发区是由国务院和省、自治区、直辖市人民政府批准在城市规划区内设立的经济技术开发区、保税区，高新

技术产业开发区、国家旅游度假区等实行国家特定优惠政策的各类开发区。其中经济技术开发区、高新技术产业开发区最为常见。但它不能代替人民政府批准出让国有土地，也不能代替政府行政主管部门签订土地使用权出让合同。因此，甲公司取得的国有土地使用权是非法的，其与乙公司签订的合建合同，因为损害了国家利益而无效。承担无效合同民事责任方式，是返还原物和赔偿损失。甲公司要求交付厂房，因为土地原由甲公司控制，可连同地上建筑物一并返还给甲公司，但其要求对房屋所有权进行登记应予驳回。

（六）以未采用招拍挂形式出让土地合建合同无效

案例： 2001 年 3 月，河南省濮阳市某啤酒厂改造搬迁，经批准取得协议出让土地一幅。啤酒厂与某房地产开发公司签订联建协议：由啤酒厂出地，房地产开发公司出资，双方共同在啤酒厂通过协议所得出让土地上建设啤酒生产车间及办公楼。其中办公楼建成后，一半面积归房地产开发公司所有。双方均履行了联建协议，各自取得了所分建筑物所有权。

如前所述，我国于 1990 年 5 月 19 日颁布实施了《中华人民共和国城镇国有土地使用权出让和转让暂行条例》，于 2003 年 6 月 11 日颁布实施了《协议出让国有土地使用权规定》，出让土地采用招拍挂和协议双轨运行机制。2004 年 3 月，国土资源部、监察部联合下发了《关于继续开展经营性土地使用权招标拍卖挂牌出让情况执法监察工作的通知》，要求在 2004 年 8 月 31 日前不得再协议出让土地。因此，案例中以协议方式出让土地，并以该土地使用权进行合建，不影响合同效力。但依法律法规及相关政策，在 2004 年 8 月 31 日后，不得再协议出让土地，政策反映了国家利益和社会公共利益，必须遵照执行，所以在 2004 年 8 月 31 日后，只有采取招拍挂形式取得出让土地方为合法。如未采取招拍挂方式取得国有土地使用权，并以此种土地使用权参与合建，则合建合同无效。

（七）集体土地未经批准参与合建的合同无效

案例： 北京市大兴区某村进行旧村改造，适逢北京某教育培训部欲发展教育培训事业。为建设校舍，双方进行磋商，达成如下框架协议：某培训部负责出资，将某村宅基地上 67 户农民房屋拆除，在某村原址上建设住宅三栋，同时建设校舍 32000 平方米，住宅楼由某村村委会分配给本村村民，由村民取得房屋所有权，校舍归某培训部所有。所有房屋应于 2013 年 6 月 20 日前建设完成并交付。此后，双方还签订了补充协议，对旧村改造细节做了具体约定。

依照我国《土地管理法》《土地管理法实施条例》以及《土地使用权出让和转让暂行条例》，开发建设用地需要占用集体土地的，应先征收为国有土地，再由国家将土地使用权出让给用地人。某村进行旧村改造，就所用土地而言，村民所属集体经济组织为旧村改造，经过规划批准，在集体土地上建造房屋归集体经济组织成员所有，是合法的。使用集体建设用地进行建设，必须经过批准，即使在允许集体经营性建设用地上合建也要经过政府相关部门批准，以保证国家和集体利益。就双方协议所约定的建设校舍而言，因为将要由某培训部取得所有权，这就意味着，建筑物所占用的土地必须取得出让土地使用权，而协议约定培训部的建筑物所占用的土地是集体土地，一般集体土地是不允许上市流转的，因此双方就某培训部取得校舍所有权的协议和补充协议内容约定是无效的。

法院能否受理这类案件？对此也有不同认识。一种观点认为，此类案件中所涉建筑物系违法建设，不应由法院民事诉讼程序解决。另一种观点认为，此类建筑物是否属违法建设，应由建设行政主管部门认定处理，这一点确实不应由法院民事诉讼程序处理。但双方作为平等民事主体，所签合同是否有效，可以由法院民事审判确认，合同无效后的民事责任承担，也可以由法院民事审判裁决。如果民事审判拒绝处理，此类纠纷将无救济途径。对于集体土地上的房屋合建问题，所涉及情况十分复杂，尤其是建筑物本身价值评估，首先涉及非法建设的确认，其次非法建设价值不比合法建设，价值计算较为困难。但法院民事审判，不能因情况复杂而拒绝裁判。

（八）以国有建设用地空地出租参与合作建房合同效力问题

我国《土地管理法实施条例》第二十九条规定：国有土地有偿使用的方式包括：（一）国有土地使用权出让；（二）国有土地租赁；（三）国有土地使用权作价出资或者入股。按照《土地管理法实施条例》土地租赁的规定，国家土地局发布了《规范国有土地租赁若干意见》（国土资发〔1999〕222号）。根据该意见，国有土地租赁是指国家将国有土地出租给使用者使用，由使用者与县级以上人民政府土地行政主管部门签订一定年期的土地租赁合同，并支付租金的行为。国有土地有偿使用方式，是国有土地使用权进入一级市场的方式，是国有土地出让方式的补充。

案例：A工厂通过国有土地租赁方式取得一幅5.7亩土地使用权。2006年，A工厂与B公司签定合作建房合同，由A工厂提供以租赁方式取得的5.7亩国有土地，由B公司出资2.5亿元合作建设写字楼一栋，房屋建成后各分得50%的所有权。2008年写字楼建成后，房屋登记部门和土地登记部门拒绝办理登记。

《土地管理法实施条例》明确规定国有土地有偿使用方式包括国有土地租赁。此种情况下，出租方是代表国家履行土地所有权的县级以上地方人民政府，土地承租人以约定的方式支付土地租金，土地承租人取得租赁期间的国有土地使用权。所以，对于以国有土地租赁方式取得的土地使用权，以及土地承租人在租赁土地上建设的建筑物，如果符合规划条件，土地登记部门和房屋登记部门均应予以登记和保护。

但是，以国有土地租赁方式取得的使用权进行合作建房情况则与此不同。以国有土地租赁方式取得的使用权，承租人是土地使用权人，因为合作建房合同性质是土地使用权的转让，承租人参与合建，势必要将全部土地使用权或部分土地使用权转让给合作建房的另一方，也就意味着土地使用权进入市场流转。如果这样，首先要经过有权限的政府进行批准，其次还必须与土地行政主管部门签订土地使用权出让合同，并缴纳土地出让金。租赁国有土地使用权应当以支付租金为对价，租金支付可以是一次性支付，也可以分期支付。达不到土地出让金标准的，应该补缴，方能取得出让土地使用权。简而言之，以国有土地租赁方式取得的使用权参与合建，应该转化为国有出让土地，合建合同方能有效。直接以国有土地租赁方式取得的使用权进行合作建房，合建合同可以为无效或者效力待定状态。

以国有土地租赁方式取得的使用权进行合建，根据《房屋登记权法》的相关规定，房屋所有权和房屋占用的土地权利主体应当一致，以国有土地租赁方式取得的使用权人，在建设房屋已经规划部门审批情况下，可以成为合作建设的房屋所有权人。合建合同的另一方，对建设完成的建筑物，只能拥有相关的债权。

（九）成立项目公司进行合建的情况

房地产项目公司是为开发物质的房地产项目而设立的房地产企业。按照本文前述合作建房合同的概念，以房地产项目公司形式合作建房，不属于本文所述合作建房合同范畴。但是，成立项目公司进行合作建房在实践中颇为常见，不了解以项目公司形式进行合作建房的状态，就不能对本文所述合作建房进行更清晰的认识。因此，有必要对以项目公司形态进行合作建房进行简单分析。

以成立项目公司方式进行合作建房，是以合作建房作为基础进行的，问题的关键是怎样看待合作建房合同与项目公司章程的关系。一般而言，合作建房合同和项目公司的章程签订和修改都需要经过合同双方或投资各方的同意，合同双方和投资各方具有同一性，合建合同和公司章程都对缔约双方具有法律约束力，均构成项目公司成立的基本法律文件，其中合同是章程的前提和基础，章程是合同在公司中组织和管理方式的具体化。

从合作建房合同和项目公司章程的内容来看，合同确定双方合建的权利义务，以及双方在一方违约情况下向他方承担违约责任。章程是在确认合同的有关约定的基础上，进一步规定公司管理和运作方式，董事会和总经理的权限等。从效力来看，合同的效力只约束合同的各方当事人。而项目公司的章程，不仅对签订各方有约束力，而且对项目公司的董事、监事和经理等管理人具有约束力，对与公司进行交易的第三人也具有约束力。比如项目公司章程规定的公司名称、法定代表人等条款，第三人与其交易时必须受其约束。

项目公司章程还具有创设效力。经过主管部门批准并发给营业执照，公司即告成立具有法人资格，可以开始生产经营活动[①]。

合建法律关系的性质是国有土地使用权的转让。在成立项目公司进行合作建房的合同中，出地方提供的土地使用权，不直接转让到投资方名下，而是把土地使用权作为投资，转让到项目公司名下，并且应当完成土地使用权的转移登记。未完成转移登记，属出地方投资未到位，应根据合建合同承担违约责任。此种情况土地使用权的转移，与合作建房合同土地使用权由供地方转让到出资方名下有所区别。土地使用权在成为项目公司的注册资本后，依照公司章程，不仅对合建双方也即公司股东具有约束力，也会直接面对其他市场交易主体。从而，根据市场其他交易主体之间的合同，对项目公司和其他市场交易主体具有约束力。

项目公司的收益分配，主要表现在对房屋面积进行分配和对经营利润进行分配两种形式。如果是分配房屋面积，土地使用权会全部或部分再次转移到受分房屋的股东或合同主体名下。此种情况下的转移，虽然合建合同有可能与项目公司章程结合，成为土地使用权转移的根据之一，但实际上已经形成了二次转移。这样的二次转移已经不是简单在合作建房合同主体双方之间的流转，而是首先应依据项目公司与其他市场主体之间的交易合同，优先承担市场交易的民事责任。因此，不能简单从土地使用权是否可以转让到投资公司名下而判断合作建房合同的效力。如果是对经营利润进行分配，土地使用权应随项目公司与其他市场交易主体之间的合同，转移到其他市场交易主体的名下。此种情况下，土地使用权系随房屋所有权转让，实际已进入二级市场。因此，也不能仅凭这一点判断合作建房合同的效力。

项目转让可以通过项目公司转让项目或项目公司转让股权完成。以项目公司转让项目完成项目转让的，应按照土地出让合同约定已经支付全部土地

① 朱征夫，《房地产项目公司的法律问题》，法律出版社2001年版，第27—28页。

使用权出让金，并取得土地使用权证书；或者土地使用权转让经过政府批准，并由受让人完成签订土地使用权出让合同。此种转让属土地使用权在二级市场的转让，与合作建房中土地使用权转让有所区别。

项目公司转让股权能够引起项目公司股权结构的变化，不改变政府对项目审批的变更，同时不改变土地使用权的变化。对股权受让人来讲，可以免除申报项目繁杂的手续，以股东身份参加项目公司，通过出资、管理，取得房地产产品或利润，是参与房地产开发的另一路径。

同一般公司股权转让一样，房地产项目公司股权转让也应经其他股东同意。需要注意的是，房地产项目公司的股权转让应尽量避免改变项目公司的性质，要做到这一点，受让方的资质应当经过相关部门审批。

（十）以土地使用权作价入股进行合建的情况

我国《公司法》第二十七条规定："股东可以用货币出资，也可以用实物、知识产权、土地使用权等可以用货币估价并可以依法转让的非货币财产作价出资；但是，法律、行政法规规定不得作为出资的财产除外。"

以土地使用权作价出资方式有两种。一种是股东以土地使用权作价后向公司出资而使公司取得土地使用权，作价的土地使用权可以是国有出让土地，也可以是通过租赁、划拨等方式取得的国有土地使用权，还可以是集体建设用地使用权。此种股东出资的方式，必须依法履行有关手续。另一种是公司向所在地的县、市级及以上的土地管理部门提出申请，经过审查批准后，通过订立合同而取得土地使用权，公司依照规定缴纳土地使用费。

以土地使用权作价入股进行合建可以分为两类：一类是建造建筑物或提供场地为企业自用，这类属于基本建设项目；另一类是开发项目，开发项目除法律和国务院规定可以采用划拨土地的以外，应该使用国有出让土地。以土地使用权作价入股进行开发的，应当成立具有相应资质的房地产项目开发公司，房地产项目公司应当取得相应资质，接受政府行政管理。依据合作建房合同成立的房地产项目公司，如果未取得相应资质，不能仅仅因此而否定合作建房合同效力。

由此可见，以土地使用权作价入股进行合作建房一般属于基本建设项目，其目的主要不在于开发经营房地产，而是创立企业，一般不属于合作建房合同讨论对象范围。

五、合作建房所有权及相关权利问题

（一）合作建房所有权的取得

合作房屋建成后，应由合同的哪一方原始取得房屋的所有权，这是合建合同中至关重要的问题。

建设房屋所有权是指对建成的房屋享有所有权，是基于对房屋的建设而取得对房屋所占有、使用、收益、处分并排除他人干涉的权利。它具有如下特征：

第一，它是一种原始取得的所有权。所谓原始取得，又称最初取得，即不以他人房屋所有权为前提而基于一定的法律事实直接产生，包括新建、没收、接受无主财产、添附财产的归属等，其中新建是最主要的方式。

第二，它与土地使用权不可分离。在土地使用权取得在先的情况下，所有权人在享有房屋所有权的同时，也享有房屋占用范围内的土地使用权，并且依土地使用权取得房屋所有权。

第三，它应当经过登记。我国《城市房地产管理法》《中华人民共和国物权法》和《不动产登记暂行条例》等相关法律法规对此均有明确规定。登记具有公示公信力，对物权具有推定效力，而且对第三人具有对抗效力。

关于房屋所有权原始取得人，在我国台湾地区，一般是以建筑执照所记载的执照人为准[①]。也就是说，以谁的名义建筑房屋，谁就取得房屋的原始所有权。还有观点认为，无论以谁的名义建筑房屋，均应由建筑方取得房屋所有权。

1983 年 6 月 4 日，城市建设环境保护部《城镇个人建造住宅管理办法》第 8 条规定："城镇个人建造的住宅，在竣工一个月内，建造人须持建筑许可

---

① 曾隆兴，《现代非典型契约论》，台湾三民书局股份有限公司 2013 年版，第 177 页。

证和建筑图纸，向房地产管理机关申请验查，经审查批准后，领取房屋所有权证。"1983 年 12 月 17 日国务院颁布的《城市私有房屋管理条例》第 7 条规定，新建、翻建、扩建的房屋，办理城市私有房屋所有权登记，须提交房屋所在地规划管理部门批准的建筑许可证和建筑图纸。这里的建造人即是拥有许可证的人。《中华人民共和国城市房地产管理法》第六十一条规定："在依法取得的房地产开发用地上建成房屋的，应当凭土地使用权证书向县级以上地方人民政府房产管理部门申请登记。"

根据我国相关法律法规的规定，在合作建房情况下，建筑物建造完成后，要依据土地使用权取得房屋所有权。这是前文论述的房屋所有权初始取得"房随地走"原则。

土地使用权的取得，要根据规划部门的批准手续，由相关政府审批，再由政府土地管理部门办理相关手续。规划部门的批准手续，是取得土地使用权的条件，但不意味着房屋所有权的取得根本依据在于规划。反过来讲，没有规划部门的审批手续，也不可能取得土地使用权。但是土地使用权，却是房屋所有权取得的基础与关键。

合作建房合同，其性质是土地使用权的转让。土地使用权的流转，固然要经过土地管理部门办理批准等相关手续，但合作建房合同才是土地使用权转让的负担行为①。所以，在合作建房合同中，取得出让土地的使用权人或依据合作建房合同并经过批准可以取得国有出让土地使用权，能够取得合建房屋的所有权。

项目人和土地使用权人关系问题。项目应由有关部门批准才能立项，经过批准才能成为项目人。如果土地使用权人与项目人合为一体，应依土地使用权人之所在取得房屋所有权；如果土地使用权人与项目人分离，则应依照合作建房合同和立项审批，将土地使用转移至项目人名下，再依土地使用权取得房屋所有权。

---

① 由于合作建房合同亦记载了土地使用权的归属，所以合作建房合同亦是确认合建房屋所有权的根据。

（二）合建房屋的相关权

所谓合建房屋的相关权，是指合建双方当事人对合建房屋之外所增设的附属合建房屋公共服务设施所享有的权利。它不是合建房屋本身，也不包括建成后由社会公共服务机构管理经营的公共服务设施。如合建公寓、办公楼、住宅楼等，当合建这些建筑达到一定规模时，就必须配置相应的服务社、锅炉房、传达室、车棚、维修站、垃圾场等。这些配套的附属物是双方根据公共利益需要和政府规划而增建的。双方当事人在这些附属设施上的权利，与合作建设的房屋上的权利不同。

附属物具有以下特征：

一是附属性。合建房屋的附属物依附于合建的房屋。

二是独立性。合建房屋的附属物可以独立于合建的房屋而存在。

附属性和独立性二者并不冲突，附属性是说合作建设房屋时应当建设附属物；独立性是说附属物可不依赖合建房屋独立存在，而不属于合建房屋的添附。

三是公共服务性。这些附属物是用来为公共服务的，是公共设施，具有公众服务性。

四是可经营性。合建房屋附属物虽然可以是商品，但它的公共性决定它不能等同于合建建筑物本身，但它又是可经营的。

五是限制转让性。合建附属物一旦建成，从使用功能考虑转让受到一定限制。附属物的所有权，包括占有、使用、收益和处分的权利，但处分时，要考虑其系合建房屋的附属物，受到一定限制。

有观点认为，合建双方对附属物的权利即相关权，是一种债权，理由是相关权少了处分权，成为占有、使用以及收益的权利。

笔者认为，不管是合建建筑物，还是附属物，在合建合同中，双方对其所作的约定，都产生合同之债。一旦房屋建设完成，那么双方对房屋拥有的只能是物权，虽然处分权利受到限制，但仍然是物权。

随着我国房地产市场的逐步完善，合作建房已不少见，因而合建房屋附属物也较多。合同双方追求合同目的时，往往忽略附属物的存在，因而容易造成纠纷。对此，审判实务中应予以充分研究，以达到规范执法之目的。

合作建房合同是以合伙合同或合伙型联营合同为基础，以土地使用权转让为特质的，规定在《中华人民共和国房地产法》中的有名合同。对这类合同进行充分研究，将对房地产合作建房市场起到重要指引作用。

拆迁安置房屋权利争议裁判要旨

《中华人民共和国宪法修改案（2004）》在宪法层面立法确定了财产征收制度，即国家为公共利益需要可以依照法律规定对公民的私有财产实行征收或者征用，并给予补偿。2007 年 10 月 1 日，《中华人民共和国物权法》颁布实施，2009 年 8 月 27 日《中华人民共和国城市房地产管理法》修订，《物权法》和《房地产管理法》确定了不动产征收制度和房屋征收制度。2011 年 1 月 21 日，《国有土地房屋征收与补偿条例》颁布实施，该条例正是在前面法律基础上出台的。该条例的颁布实施，意味着我国房屋征收制度正式建立，而以往的房屋拆迁制度将逐步废止。在审判实务中，虽然国有土地上房屋征收制度发生了变化，但尚有因项目实施时间方面的原因造成房屋拆迁制度下的遗留纠纷，有适用拆迁制度后安置房屋的权属纠纷。裁判思路的不同，会导致执法层面的不统一，为此，笔者就拆迁安置房屋权属争议裁判要点梳理如下。

一、我国征收制度概况

新中国成立后，我国逐步通过政策和立法对征收制度作了规定。1950 年 10 月 21 日，政务院颁布了《城市郊区土地改革条例》，第四十条规定，国家对市政建设及其他需要征收私人所有的农田土地时，须给以适当代价，或以相等的国有土地调换之。对耕种该项土地的农民应给以适当的安置，并对其在该项土地上的生产投资（如凿井、植树等）及其他损失，予以公平合理的补偿。1953 年颁布，于 1958 年 1 月 6 日修正，1982 年 5 月 4 日失效的《国家建设征用土地办法》对征收土地的程序和补偿范围作了具体规定，规定国家建设征收土地，应当根据国家建设的实际需要，保证国家建设所需要的土地，也应当照顾当地人民的切身利益，应当对被征收土地者的生产和生活作出妥善安置。其第二条规定，国家兴建厂矿、铁路、交通、水利、国防等工程，进行文化教育卫生建设、市政建设和其他建设，需要征用土地的时候，都按照本办法规定处理。从该规定来看，国家征用土地的目的，主要是为了公共事业的需要。

1982 年 5 月 4 日，《国家建设征用土地条例》实施，其第五条规定，征用的土地，所有权属于国家，对建设用地的征用实际是征收性质。该条例对建设用地征收及补偿作了规定。1987 年 1 月 1 日起施行的《中华人民共和国土地管理法》对征收及补偿制度作了更为全面的规定，这是我国第一次从全国人大常委会立法层面对征收及补偿制度作出规定。2015 年 3 月 1 日，国务院发布的《不动产登记暂行条例》施行。在此之前，我国土地与房屋施行分别登记制度，由此导致我国土地权属与房屋权属不一致。为了解决土地征收情况下土地使用权收回后的建筑物问题，国务院于 1991 年 3 月 22 日发布了《城市房屋拆迁管理条例》。

为了加强对外商投资企业的保护，1979 年通过并于 1990 年修正的《中外合资经营企业法》第二、第三款规定，国家对合营企业不实行国有化和征收；在特殊情况下，根据在社会利益的需要，对合营企业可以依照法律程序实行征收，并给予相应补偿。1986 年通过的《外资企业法》第五条规定，国家对外资不实行国有化和征收；在特殊情况下，根据社会公共利益的需要，对外资企业可以依照法律程序进行征收，并给予相应补偿。

2001 年 6 月 13 日，国务院颁布了新的《城市房屋拆迁管理条例》。集体土地上的拆迁是借鉴城市房屋拆迁进行的，部分省、自治区、直辖市可根据本地区情况制定相应拆迁办法，如 2003 年 8 月 1 日，北京市颁布了《北京市集体土地房屋拆迁管理办法》等。

此后，房屋征收即由我国《物权法》《房地产管理法》《国有土地上房屋征收与补偿条例》以及各地相应的集体土地拆迁规定调整。

二、房屋拆迁的性质

城市房屋拆迁的法律性质是什么？历来存在不同观点，主要有：第一，拆迁是平等主体之间就财产权益的发生、变更、消灭而产生的民事法律行为，因拆迁而引发的纠纷由民事法律规范进行调整；第二，拆迁是国家基于公共利益的目的而进行的一系列具体行政的行为，拆迁人是行使行政职权或经法规授权的行政主体，拆迁在本质上属于行政权力，应适用行政法调整与拆迁有关的法律关系；第三，将与房屋拆迁有关的一系列行为实行"两分法"，即在拆迁补偿安置完成前，取得房屋拆迁许可证的建设单位或个人，以自己的名义进行的拆迁行为，实质上是实施法律规定赋予的职权行为，建设单位或个人独立承担由此产生的法律责任，在拆迁行为中成为授权性行政主体；拆迁任务完成后，建设单位或个人就成为完全的民事主体，负责进行以经营为目的的开发建设①。

1991年1月国务院颁布的《城市房屋拆迁管理条例》第二条规定，凡在城市规划区内国有土地上，因城市建设需要拆迁房屋及其附属物的适用本条例。第三条规定，本条例所指拆迁人是指取得房屋拆迁许可证的建设单位或者个人。本条例所称被拆迁人是指拆除房屋及其附属物的所有人（包括代管人、国家授权的国有房屋及其附属物的管理人）和被拆除房屋及附属物的使用人。2001年11月国务院颁布的《城市房屋拆迁管理条例》第二条规定，在城市规划区内国有土地上实施房屋拆迁，并需要对被拆迁人补偿、安置的，适用本条例。第三条规定，城市房屋拆迁必须符合城市规划有利于城市旧区改造和生态环境改善，保护文物改善。第四条规定，拆迁人应当依照本条例的规定，对被拆迁人给予补偿、安置；被拆迁人应当在搬迁期限内完成搬迁。本条例所称拆迁人，是指取得拆迁许可证的单位。本条例所称被拆迁人，是指被拆迁房屋的所有人。

我国《宪法》第十条第三款规定国家为了公共利益的需要，可以依照法律规定对土地实行征收或者征用并给予相应补偿。第十三条第一款规定，公

---

① 本书编写组，《房屋拆迁具体法规政策解析》，中国经济出版社2009年版，第1—2页。

民的合法私有财产不受侵犯。第三款规定，国家为了公共利益的需要，可以依照法律规定对公民的私有财产实行征收或者征用并给予补偿。《宪法》的这两条规定确定了我国的征收、征用及补偿制度，强化了对私有财产的保护力度，能够有效防止公权力和私权力任意侵害个人财产权利，在建立民主法治国家进程中意义重大。

根据《宪法》，我国《物权法》第四十条规定：为了公共利益的需要，依照法律规定的权限和程序可以征收集体所有的土地和单位、个人的房屋及其他不动产。征收集体所有的土地，应当依法足额支付土地补偿费，安置补偿费、地上附着物和青苗的补偿费，安置被征地农民的社会保障费用，保障被征地农民的生活，维护被征地农民的合法权益。征收单位、个人的房屋及其他不动产，应当依法给予拆迁补偿，维护被征地农民的合法权益；征收个人住宅的，还应当保障被征收人的居住条件。

《物权法》第四十四条规定：因抢险、救灾等紧急需要，依照法律规定的权限和程序可以征用单位、个人的不动产或者动产。被征用的不动产或者动产使用后，应当返还被征用人。单位、个人的不动产或者动产被征用或者征用后毁损、灭失的，应当给予补偿。

征收是指国家为了公共利益的需要而依法强制取得原属于私人或者集体所有财产的所有权或者其他权利的行为。而征用是指国家为了公共利益的需要依法强制取得原属于私人或集体所有财产的使用权的行为。征收与征用的区别是：

第一，法律后果不同。征收是个人或者集体财产所有权的改变；而征用是对个人财产或单位财产使用权的改变，并且征用是在紧急情况下的强制使用。

第二，补偿规定不同，征收情况下，不存在返还个人财产或集体财产的问题，征收是在所有权发生转移的情况下，依照法定标准对被征收人进行补偿；而征用情况下，因为所有权没有发生转移，如果标的物没有损坏灭失，则返还原物即可，不需要进行补偿。

第三，征收和征用的对象不同。征收的对象是包括集体所有的土地和单位、个人的房屋及其他不动产，不包括动产；而征用的对象则是个人、单位的动产或不动产。

第四，运用条件不尽相同。因为公共利益需要是征收和征用的前提条件，但征用一般是在临时性、突发性的紧急状态时适用，比如抢险救灾等；而征收只是为了公共利益需要，依法定程序进行即可适用。

从《物权法》规定来看，征收是以公共利益的需要为要件。所谓公共利益，即出于整体利益考虑，例如国防、外交、基础公共建设、市政建设等。严格禁止以公共利益作招牌为商业目的而进行征收①。而在《物权法》实施之前的拆迁制度，并未规定如此必要条件。

1991年1月国务院颁布的《城市房屋拆迁管理条例》（以下称91年条例）与2001年11月国务院颁布的《城市的房屋拆迁管理条例》（以下称01年条例）所限定的拆迁，既可以因为公共利益需要，也可以出于商业目的。从91年条例和01年条例来看，拆迁人是取得拆迁许可证的单位或者个人，这就意味着拆迁并不等同于国家征收。拆迁的目的，是因城市建设需要的拆迁房屋及其附属物，或者是有利于城市旧区改造和生态环境改善，保护文物古迹，拆迁的合法性表现在拆迁符合城市规划并取得拆迁许可证。拆迁必须对被拆迁人进行补偿和安置。由此看来，拆迁是所有权消灭的原因之一，其最终以所有权人丧失所有权为代价，是拆迁人剥夺被拆迁人所有权的行为，法律必须对此提供矫正或救济途径，通过事先强制性限定"给与补偿"为救济方法。

非法拆除可能毁坏他人财物，轻者是侵权行为，重者可能构成犯罪。这里所说的依法拆除这一特征含有两层意思：第一层，拆迁人主体资格合法。第二层，拆迁行为要合法。无论是自己拆迁还是委托拆迁，都必经依法进行，要符合《城市房屋拆迁条例》的各项规定，禁止使用非法手段实施拆迁活动②。换言之，拆迁是侵害被拆迁人房屋或其他附属物所有权的行为，在依法经有关部门的许可情况下，对被拆迁人进行补偿和安置后，其行为具有合法性。因此，拆迁人不再承担侵权责任，或不受刑事责任追究。

---

① 王轶，《〈物权法〉解释与应用》，人民出版社2007年版，第93页。

② 王才亮，《房屋拆迁实务》，法律出版社2002年版，第2页。

　　案例： 某建设开发公司于1997年6月对北京市东城区某街某院进行商业拆迁，在拆除该院13号刘某居住二间平房（建筑面积15.6平方米）时，由于双方对安置标准存在争议，未能达成拆迁补偿安置协议。某建设开发公司拆迁许可期限为1996年5月至1998年4月，在拆迁期限内，双方均未申请政府相关部门裁决。1997年12月，某建设开发公司对刘某二间平房拆除，1999年1月，某建设开发公司开发建设的某大厦竣工落成。2000年1月，刘某起诉至法院，要求按照拆迁标准，赔偿其被拆除二间平房的损失36.7万元，并且要求给予其安置房屋二居室一套及一居室一套。法院审理中，某建设开发公司与刘某就安置房屋达成一致意见，即由某建设开发公司为刘某提供二居室一套、一居室一套作为安置用房。但对拆迁补偿款，某建设开发公司主张应按照被拆除房屋市场评估值25万元给予赔偿，刘某则坚持要求按拆迁政策计算出的36.7万元予以赔偿。法院经调解无效，遂判决某建设开发公司按拆迁政策计算出的36.7万元对刘某予以赔偿。

　　按照《最高人民法院关于受理房屋拆迁、处偿、安置等条件问题的批复》①第一条和第二条规定，公民、法人或者其他组织对人民政府或者城市房屋主管部门行政机关依职权作出的有关房屋拆迁补偿、安置等问题的裁决不服，依法向人民法院提起诉讼的，人民法院应当作为行政案件受理。拆迁人与被拆迁人因房屋补偿，安置等问题发生争议，或者双方当事人达成协议后，一方或者双方当事人反悔未经行政机关裁决，仅就房屋补偿、安置等问题，依法向人民法院提起诉讼的，人民法院应当作为民事案件受理。

　　城市房屋拆迁管理是一个系统工程，由国家和地方政府根据其职权实施管理。国家一级的城市房屋拆迁主管部门是国务院建设行政管理部门，管理职责是负责全国城市房屋拆迁工作的监督管理。各地县级以上地方人民政府负责对本行政区域内的城市房屋拆迁工作实施监督管理。县级以上地方人民政府的监督管理，除按照行政权由工商行政主管部门、公安行政主管部门、

---

　　① 1996年7月24日法复〔1996〕12号。

规划行政主管部门，环境行政主管部门等根据职能分工实施监督管理外，建设行政主管部门有对拆迁纠纷依法进行裁决的职能，对建设行政主管部门依法所作的裁决不服，拆迁当事人可以在裁定书送达之日起三个月内向人民法院提起行政诉讼。但对于建设行政主管部门的具体行政行为，主要是对行政主管部门的处罚不服的，只能向作出处罚的行政主管部门的上级申请行政复议。

前述案例，拆迁人某建设开发公司与被拆迁人刘某因为拆迁人拆除其房屋的行为发生纠纷，属于双方因房屋补偿、安置等问题发生争议，应向建设行政管理部门申请裁决。但是建设行政主管部门受理拆迁人和被拆迁人拆迁补偿、安置争议是有一定条件和一定期限的，比如房屋已经灭失的即不予受理①，超出建设行政主管部门受理范围的，或拆迁遗留问题，如果符合《民事诉讼法》的规定，应作为民事案件审理。而从民事权利义务关系审视，某建设开发公司与刘某未达成协议的情况下即将刘某的房屋拆除，显然是侵权行为，其应承担损害赔偿的后果。补偿和安置是拆迁的前提条件，而不是拆迁的后果，因为补偿和安置在先，在被拆迁人同意下，才将拆迁法律关系的标的物交由拆迁人拆除。从此角度审视，达成补偿安置协议的，是被拆迁人让渡财产权给拆迁人，未达成补偿安置协议的，如果拆迁人对被拆迁人不动产等进行拆除，则构成对被拆迁人财产所有权的侵害。由于刘某的损失是拆迁利益的损失，该项损失既包括房屋价值本身的损失，也包括土地区位补偿的其他损失，所以法院判决支持了刘某的请求。

---

① 2003年12月30日建设部发布《城市房屋拆迁行政裁决工作规程》第八条规定，有下列情形之一的，房屋拆迁管理部门不予受理行政裁决申请：（一）对拆迁许可证合法性提出行政裁定的；（二）申请人或者被申请人不是拆迁当事人的；（三）拆迁当事人达成补偿安置协议后发生合同纠纷，或者行政裁决后，当事人一方就同一事由再次申请裁决的；（四）房屋已经灭失的；（五）房屋拆迁管理部门认为依法不予受理的其他情形。2002年12月6日北京市住房和城乡建设委员会印发的《北京市城市房屋拆迁裁决程序规定》第三条规定，在区、县国土房管局公告的搬迁期限内，拆迁人与被拆迁人或者拆迁人、被拆迁人与房屋承租人达不成拆迁补偿安置协议的，自搬迁期满至拆迁许可证规定的拆迁期限届满之日前，拆迁当事人可以向有管辖权的裁决机关申请裁决。

三、拆迁安置法律关系解析

我国法律规定土地属于国家所有和农民集体所有，拆迁的目的是取得土地使用权。由于拆迁系由拆迁人对被拆迁人房屋进行拆除并给予补偿，所以，拆迁关系应属于民事法律关系范畴。

最高人民法院《民事案件案由规定》在三级案由中规定了"房屋拆迁安置补偿合同纠纷"案由。由此分析，拆迁安置法律关系可以进一步区分为房屋拆迁补偿法律关系和房屋拆迁安置法律关系。

土地所有权是土地所有制的法律体现形式[1]。土地所有制作为社会生产关系的组成部分，是由社会生产方式所决定的。而社会生产方式归根到底是由生产力的状况决定的[2]。由于经济社会的发展，不管是国有土地，还是集体土地，通过拆迁制度对土地使用权进行调整均在所难免。从土地所有权来划分，又可以分为国有土地上的房屋拆迁和集体土地上的房屋拆迁。

将前述二种划分进行排列组合，拆迁补偿安置法律关系可以区分出四种形态，也即四种法律关系：一是国有土地上房屋拆迁补偿法律关系，二是集体土地上房屋拆迁补偿法律关系，三是国有土地上房屋拆迁安置法律关系，四是集体土地上房屋拆迁安置法律关系。

拆迁安置房屋权属纠纷，一般涉及到国有土地上房屋拆迁安置法律关系和集体土地上房屋拆迁安置法律关系，本文拟对该两种法律关系进行分析，并对实务中审理思路进行探讨。

案例：杜某与王某系夫妻，二人在北京市大兴区旧宫镇有北房两间，2008 年 4 月，某房地产开发有限公司办理了拆迁许可证手续，对该房屋进行拆迁。杜某与王某生有一女一子，女杜某 17 岁，子杜某 24 岁。经过协商，某房地产开发公司对杜某、王某所有的北房两间补偿 34 万元，为杜某、王某、杜某 1、杜某 2 安置北京市大兴区旧宫镇 × 街 × 号楼 301、302 室房屋

---

① 毕宝德，《土地经济学》，中国人民大学出版社 1998 年版，第 209 页。
② 毕宝德，《土地经济学》，中国人民大学出版社 1998 年版，第 209—210 页。

各一套。该两套房屋购房价款共计 31 万元，由杜某与王某以拆迁补偿款支付。2009 年 12 月，杜某与王某离婚，离婚时，杜某 1、杜某 2 均随王某生活。2010 年 3 月该两套房屋办理至杜某名下。2012 年 10 月，王某、杜某 1、杜某 2 起诉，要求确认 301、302 两套房屋归其三人所有。

本案属于离婚后财产纠纷。要妥善处理离婚后的房屋归属，必须首先确认争议房屋的权属，要准确确认争议房屋的权属，必经厘清拆迁安置法律关系。

从最高人民法院印发的《民事案件案由规定》来看，其规定了"房屋拆迁安置补偿合同纠纷"案由，如前所述，这类案由实际包含了二个法律关系，房屋补偿合同关系和房屋安置合同关系。与本案相关的是房屋安置合同关系。从杜某等人与某房地产开发有限公司所签合同来看，被安置人为杜某、王某、杜某 1、杜某 2 四人，安置房屋为 301、302 号两套房屋，但是，该两套二居房屋并不是以所有权进行安置，而是由被安置人通过签订安置合同支付房屋价款，才能取得房屋所有权。所谓被安置人实际是取得了被安置资格的主体，也就是说取得被安置资格的主体，可以通过所有权或者使用权得到安置，满足自己使用房屋的居住利益。以所有权安置，可以采取以所有权直接安置、通过产权置换安置或者通过购买取得所有权等方式安置。以使用权安置，可以采取以使用权直接安置，通过租赁等方式安置。但是取得安置资格，并不等同于安置利益得到完全实现，在房屋安置合同中的被安置人，实际是取得了被安置资格，可以通过房屋安置合同将来取得房屋所有权的主体。

被安置资格的取得以在拆迁法律关系中能够成为被拆迁人为前提。2001 年 11 月 1 日起施行的《城市房屋拆迁管理条例》第四条第三款规定，本条例所规定被拆迁人，是指被拆迁房屋的所有人。其第十三条第二款规定，拆迁租赁房屋的，拆迁人应当与被拆迁人、房屋承租人订立补偿安置协议。可见，被拆迁人除房屋所有权人之外，也包括与房屋所有权人订立租赁合同的房屋承租人。此外，被拆迁房屋的其他合法使用人也是被拆迁人。如果对被安置资格产生争议，可以申请政府相关部门进行裁决。

拆迁人与被安置人（被拆迁人）需要通过买卖合同的订立和履行，将房屋所有权转移登记至被安置人名下，以达到安置被安置人的目的。我国《物权法》第十五条规定了原因行为与物权变动结果区分原则①。第九条规定了物权变动登记生效原则②。因此，要判断拆迁安置房屋的权属，必经从原因行为入手，对合同主体、订立、履行进行分析。

只有取得被安置资格，才能成为被安置房屋买卖合同的缔约人。也就是说，对于被安置房屋这一特定标的物来讲，只有取得被安置资格，才有签订被安置房屋买卖合同的资格。但是合同的成立有其自身要求的要件，只有缔约资格而无缔约的行为，依然不能成为合同主体。我国《合同法》第十三条规定，当事人订立合同，采取要约、承诺方式。《民法总则》第一百四十条一款规定，行为人可以明示或者默示作出意思表示。所谓的明示的意思表示，就是行为人以作为的方式使得相对人能够直接了解到意思表示的内容。以明示方式作出的意思表示具有直接、明确、不易产生纠纷的特征。所以，实践中，明示的意思表示是运用的最广泛的一种形式。比较典型的是表意人采用口头、书面方式直接向相对人作出的意思表示③。从另一个角度讲，作为房屋买卖合同，也应当采取书面形式签订④⑤。所以，房屋买卖合同的缔约人应当是被安置的主体。

购房人签订房屋买卖合同后，应当全面履行合同义务，包括但不限于向卖房人支付房屋价款，才能够依据房屋买卖合同取得房屋所有权。也因为如此，才能成为拆迁安置房屋的所有权人。取得资格的被安置人如果没有成为房屋买卖合同主体，并且没有支付房屋价款，不能成为拆迁房屋的所有权人。实务中，有取得资格的被安置人，其主动放弃了购买安置房屋即没有买卖合

---

① 《物权法》第十五条规定，当事人设立、变更、转让和消灭不动产物权的合同，除法律另有规定或者合同另有规定外，自合同成立时生效；未办理物权登记的，不影响合同效力。

② 《物权法》第九条规定，不动产物权的设立、变更、转让和消灭，经依法登记，发生效力；未经登记，不发生效力，但法律另有规定的除外。

③ 李适时，《中华人民共和国民法总则释义》，法律出版社2017年版，第434页。

④ 《合同法》第十条第二款规定，法律，行政法规法规定采用书面形式订立主合同的，应当采用书面形式。

⑤ 《城市房地产管理法》第十四条规定，房地产转让，应当签订书面转让合同，合同中应当载明土地使用权取得方式。

同主体地位，其所拥有的只是购买拆迁房屋的指标。购房指标通常情况下能够在购房中得到优惠，因此具有财产价值，但却不能等同于房屋所有权。还有一种情形，即数个具有资格的被安置人，只有部分人与拆迁人缔约成为合同主体，对未缔约的具有资格的被安置人，不能简单认为其放弃购房。从情理上看，具有资格的被安置人应当得到安置，其仅因为避免承担房屋买卖合同支付价款的义务而放弃将要取得房屋所有权不符合常理。因此，成为合同主体的部分被安置人，应当举证证明未缔约的具有资格的被安置人系属于放弃购买房屋，否则未缔约的具有资格的被安置人应视为合同主体。

实务中，有拆迁合同处于履行状态时，被安置人要求确认享有房屋所有权的情形。此种情形下，由于房屋买卖合同尚在履行状态，合同双方均履行自己义务时，能够实现合同目的，合同双方或一方违约，达到法定或约定的解除条件，合同目的将不能实现。所以，被安置人要求确认享有房屋所有权，不应得到支持。如果被安置人要求确认其为合同主体，在未取得房屋所有权时，该确认之诉成立，被安置人一旦被确认为合同主体，通过履行房屋买卖合同，其将来可以成为所有权人或房屋共有权人。

前边案例，王某、杜某1、杜某2要求确认北京市大兴区旧宫镇×街×号楼301、302房屋各一套归其三人所有。本案中王某、杜某1、杜某2与杜某同为被拆迁人也即被安置人，均属于安置房屋买卖合同主体。杜某、王某夫妻二人原在北京市大兴区旧宫镇有北房两间，在拆迁时其二人接受了拆除其北房两间补偿34万元，该34万元属于杜某、王某夫妻二人所有，杜某1、杜某2对被拆除的北房二间没有所有权，故杜某1、杜某2对该补偿款没有所有权。杜某和王某均是安置房屋买卖合同主体，其以拆迁补偿款为购房款履行了安置房屋买卖合同，安置房屋已过户，因此杜某和王某是两套房屋的所有权人。杜某1、杜某2是安置房屋买卖合同主体，由于安置房屋以拆迁补偿款为购房款履行方式，在杜某1、杜某2未实际出资，此时应看杜某和王某对购房款构成的意见。如果杜某和王某认可购房款中有杜某1、杜某2出资，则应认为杜某1、杜某2实履行了安置房屋买卖合同，杜某1、杜某2即与杜某、王某一并成为安置房屋所有权人。如果杜某和王某不认可购房款中有杜某1、杜某2出资，则杜某1、杜某2因没有履行安置房屋买卖合同，其不能成为安置房屋共有权人。

对杜某王某共有的房屋，杜某1、杜某2有居住使用的权利。此种情形下，杜某1、杜某2不是基于房屋所有权而拥有居住使用的权利，而是因为其系杜某和王某的未成年子女，基于与杜某和王某存在抚养关系，为子女提供居住场所是抚养关系中父母对子女应尽的抚养义务，杜某1、杜某2系基于抚养关系可对安置房屋居住使用。关于杜某1和杜某2购房资格问题，如果该资格的使用使杜某、王某在购房价款或购房面积上享受了优惠，则反映出与购房资格相关联的购房指标具有经济价值，杜某1、杜某2有要求使用指标人补偿的权利。如果杜某1、杜某2不存在此种权利，则杜某1、杜某2不能得到补偿。有观点认为，如果杜某1、杜某2的购房资格导致购房价款或购房面积优惠，也应认为杜某1、杜某2履行了部分支付购房款的义务，其后果是杜某1、杜某2也能成为安置房屋共有权人。此观点的不足在于，支付购房款是在缔约基础上履行义务的行为，未支付购房款表明其没有履行行为，优惠条件是支付购房款义务的打折，没有支付过购房款则无从打折，视优惠条件为支付购房款，逻辑上不通，缺乏依据。

集体土地拆迁分征地拆迁和占地拆迁两种类型①。所谓征地拆迁是以征收集体土地为目的，对集体土地上的房屋等建筑物、构筑物进行拆迁。所谓占地拆迁，是不改变集体土地性质，为占用土地对集体土地上的房屋等建筑物、构筑物进行拆迁。在集体土地上拆迁，因拆迁安置房屋权属发生争议的裁判思路，并不因拆迁所收回土地所有权的性质为集体土地而与国有土地有所区别。但是在征地拆迁、占地拆迁或者旧村改造过程中，所涉及的拆迁安置用房往往是建设在集体土地上的房屋，虽然我国《不动产统一登记条例》已经实施，但是因为推进速度不一，有集体土地上的房屋尚未进行登记，尤其是旧村改造使用的拆迁安置房屋尚未推进登记的情形，情况较复杂，此种情形，不宜以前述裁判思路确定权属。

---

① 《北京市集体土地房屋拆迁管理办法》第二条规定，在本市行政区域内因国家建设征用集体土地或者因农村建设占用集体土地拆迁房屋，并需要对被拆迁人补偿、安置的，适用本办法。

四、拆迁安置房屋争议在拆迁案件中的地位

房屋拆迁合同案件可以分为前合同纠纷、拆迁合同履行过程中产生的纠纷和后拆迁合同纠纷①。所谓前合同纠纷，一般情况下，合同法所称的前合同纠纷为符合缔约条件的主体双方，而我们在房屋拆迁合同纠纷案分类上所讲的前合同纠纷，仅指未与拆迁人签订或未能签订房屋拆迁合同而要求享受被拆迁人利益的诉讼。所谓拆迁合同履行过程中产生的纠纷，此类案件在通常意义上的拆迁纠纷案件中占大部分，在拆迁法律关系确定的前提下，因拆迁合同中权利、义务约定的不明确，或者拆迁人违反合同约定的义务以及被拆迁人对于所签拆迁协议反悔，均是构成这类诉讼的成因。所谓后拆迁合同纠纷，是指拆迁安置补偿协议履行完毕后产生的争议。此类纠纷分为两方面，一方面产生在拆迁人与被拆迁人之间，在拆迁协议中约定的双方权利义务履行完毕后，拆迁人、被拆迁人反悔，或认为拆迁安置补偿协议有遗漏、错误或不公平发生的争议；另一方面，当作为房屋拆迁合同主体双方的权利义务履行完毕后发生的纠纷，即作为房屋拆迁合同主体一方间发生的纠纷，该类纠纷在司法实践中主要表现为家庭内部成员对于房屋居住权利的分享，对拆迁补偿的分割以及对拆迁安置用房的权属争议。我们将这类纠纷笼统称为后拆迁合同纠纷，也即争议内容与拆迁协议的履行本身已无关系，只是对于房屋居住权利、拆迁补偿款的分割以及对拆迁安置用房的权属争议。本文所述裁判要旨，系对后拆迁合同纠纷的审理提出的思路。在人民法院内部分工中，涉及民事审判庭和行政审判庭，在诉讼途径上，涉及民事审判、行政审判以及行政审判中的行政诉讼一并审理民事争议。

---

① 王羽红，《关于房屋拆迁合同纠纷案件审理情况的调查报告》第三部分，载于《北京审判》总第 232 期。

工程造价鉴定的若干问题

工程造价的直接含义，是指建筑安装工程的建造价格。

从建筑工程承发包的角度讲，工程造价有两种具体含义。从发包人的角度看，是指建筑工程投资等实际支出的费用；从承包人的角度看，是指工程直接费、间接费、利润和税金等费用的总和。[①] 当建筑工程产品完成在市场中出售，工程造价还是建筑产品的定价基础。

一般讲，工程造价具有如下特点。第一，工程造价具有大额性。一项工程投资，与一般投资有所区别，动辄百万千万甚至数亿或者更多，它关系到工程各方的巨大利益。第二，工程造价具有差异性。每项工程都有特定的用途、功能和规模。因此，不同工程的结构、造型、空间、设备和内外装饰装修都有具体要求。建筑产品具有差异性，工程造价也具有差异性。第三，工程造价具有动态变化性。任何一项工程从决定投资到建筑产品完成交付使用，一般具有较长时间。在这期间，有许多影响工程造价的因素可能发生，如项目变更、材料设备价格变动、工资调整等。这种变化必然影响到工程造价的变化。所以，工程造价在整个建筑期间处于不完全确定状态，直至整个工程竣工，双方进行决算后才能最终确定工程的实际造价。第四，工程造价具有层次性。由于建筑工程一般均经过承发包以及分包，所以工程造价具有层次性。第五，工程造价具有复杂性。在工程造价中，成本构成非常复杂，应包括直接费、间接费、利润和税金等。第六，工程造价具有对抗性。从发包人

[①]　参照住房和城乡建设部、财政部《建筑安装工程费用项目组成》。

的角度讲，工程造价低、质量高是追求的目标，从承包人的角度讲，希望工程造价尽可能高些，以便赚取更多利润。

因为工程造价大多兼具以上特点，发包方和承包方在工程结算时往往得不到统一。反映在司法实践中，是工程价款纠纷案件占一定比例。本文即从司法实践的角度对工程价款纠纷案件所涉及的工程造价鉴定及相关问题做一分析。[①] 为论述方便和分析问题直观化，笔者援引案例以作说明。

案例：2009 年 8 月，原告某建筑工程施工有限公司根据被告某贸易中心招标公告，向某贸易中心发出装饰装修工程投标书。原告在投标书上预算工程价款为 4600 万元，经评标后，原告中标。此后，原被告双方于 2009 年 10 月签订为某贸易中心大楼进行装饰装修的建筑工程承发包合同。合同约定，某贸易中心大楼装饰装修工程由原告承包，工程价款数额为 4896 万元，遇设计变更引起增项减项，工程价款作相应调整。工程于 2009 年 11 月 20 日开工，竣工日期为 2010 年 10 月 20 日。如果原告迟延竣工，每迟延一日，应向被告支付违约金 3000 元。合同签订后，原告依约进场施工，至 2010 年 3 月，被告向原告支付工程价款计 2296 万元。原告施工期间，应被告设计要求，计增项 215 处，减项 36 处，工程实际于 2010 年 11 月 15 日完工。11 月 25 日，该工程经过四方验收，表明质量合格。11 月 29 日，原告向被告递交结算报告。2010 年 12 月后，原告多次向被告催要工程价款，被告以工程项目变更为由，拒绝支付。2011 年 3 月，原告起诉至法院，要求被告支付尚欠的工程价款 3100 万元。法院受理此案后，委托鉴定部门进行造价鉴定，确定欠付工程价款数额为 2732 万元。法院遂判决被告支付原告工程价款 2732 万元及相应利息。

一、关于中标工程价款数额与合同价款的关系

建筑工程承发包合同对于工程价款的约定，可以分为固定总价、固定单

---

① 将审判实践中建设工程造价鉴定若干突出程序和实体问题是本文探析的主要内容。

价和据实结算三类。建设部 2001 年 12 月 1 日发布施行的《建筑工程施工发包与承包计价管理办法》第十二条规定：合同价可以采取以下方式：（一）固定价。合同总价或者单价在合同约定的风险范围内不可调整。（二）可调价。合同总价或者单价在合同实施期内，根据合同约定的办法调整。（三）成本加酬金。财政部 2004 年 10 月 20 日《建设工程价款结算暂行办法》第八条也规定了发承包人在签订合同时可选择固定总价、固定单价和可调价格其中一种方式。本文原则上采用了财政部相关规定对工程价款进行分类，实际与建设部的规定也不矛盾。把建设部计价方式中固定总价进行拆分，可以分为固定总价和固定单价，其可调价、成本加酬金，可以归为据实结算。

中标工程价款数额与建筑工程承发包合同价款的关系，涉及《中华人民共和国招标投标法》规定的中标通知书与发出后成立的中标合同，及其依据中标合同订立的建筑工程承发包合同的关系。中标通知书发出后的法律状态，在理论和实务界主要有以下四种观点：一是合同尚未成立；二是合同成立但未生效；三是合同成立并生效；四是预约合同成立并生效。[①]2017 年 7 月 4 日公布的最高人民法院《关于审理建设工程施工合同纠纷案件适用法律问题的解释（二）（征求意见稿）》，其第一条列出两种意见：一、招标人向中标人发出中标通知书后，一方未依照《招标投标法》第四十六条第一款的规定履行订立书面合同义务，对方请求其承担预约合同违约责任或者要求解除预约合同并主张损害赔偿的，人民法院应予支持。二、招投标文件与中标通知书已具备建设工程施工合同主要内容，其不得作实质性变更，即使未订立书面合同，本约亦成立。

首先，"合同尚未成立"观点不符合《招标投标法》的规定。从《合同法》第十五条规定理解，招标公告属于要约邀请，投标应当属于要约。经过开标、评标后，招标人应当向中标人发出中标通知书，中标通知书应当属于承诺，中标通知书到达投标人后，合同即成立。《招标投标法》第四十五条第二款规定：中标通知书对招标人和中标人具有法律效力。中标通知书发出后，

---

① 陈川、王倩、李显冬，《关于中标通知书法律效力的研究——预约合同的成立和生效》，载《北京仲裁》2012 年第 2 期。

招标人改变中标结果的，或者中标人放弃中标项目的，应当依法承担法律责任。"合同尚未成立"观点显然与《招标投标法》规定相抵触。

其次，"合同成立但未生效"观点，不仅违背《合同法》一般原理，同时也与《招标投标法》相关规定不相符合。如果没有特别约定和法律行政法规特别规定，承诺到达中标人时，合同即应成立。并且招投标双方在招投标活动中如不违反法律法规规定，合同即应生效。因此，"合同成立但未生效"的观点同样与《招标投标法》第四十五条第二款的规定相抵触，不足采取。

第三，"合同成立并生效"的观点系指建筑工程承发包合同成立并生效。该观点与"预约合同成立并生效"观点被最高人民法院《关于审理建设工程施工合同纠纷案件适用法律问题的解释（二）（征求意见稿）》第一条列为两种意见。这两种意见均认可招标人发出中标通知书到达投标人时，合同成立并生效，区别在于此时合同法律状态属于预约还是本约意见相左。

一般认为，预约合同应是双方当事人约定在将来订立某种合同的合同，或者如史尚宽先生的定义：所谓预约，就是约定将来成立一定契约之契约，[①]其将来订立的合同成为"本约合同"。预约合同的效力，主要有"必须磋商说"和"必须缔约说"两种观点。[②]所谓必须磋商说，其指当事人之间一旦缔结预约合同，双方就负有了在未来某个时候，为达成本约合同而进行磋商的义务。但当事人也仅负有为达成本约合同而进行磋商的义务，只要当事人为缔结本约合同进行了磋商，就算履行了合同义务，至于其是否最终缔结本约合同则非其所问。所谓必须缔约说，其认为，当事人仅仅负有未来某个时候为达成本约合同而进行磋商的义务是不够的，还必须达成本约合同，否则预约合同即毫无意义，而且还容易诱发恶意缔约的道德风险。由于"必须磋商说"与"必须缔约说"各有利弊，所以，对于预约合同效力不能一概而论，而应视预约内容的详尽而定。具体而言，如果预约合同未含有本约的主要条款，即预约仅仅表达了双方当事人进一步磋商的意向，那么，只要约束当事人进行磋商就实现了预约的目的，故而采取必须磋商说较为合理。如果预约

---

① 史尚宽，《债法总论》，中国政法大学出版社 2000 年版，第 12 页。

② 最高人民法院采取了"应当缔约说"，该院主编，《买卖合同司法解释适用解答》，人民法院出版社 2012 年版，第 16 页。

合同内容详尽，已经包含了本约的主要条款，当事人仅需要就某些非实质性内容进行磋商，那么，可认为双方当事人有订立本约的强烈主观意思，在此情况下，采取必须缔约说更符合当事人的意思和利益。[①]

《最高人民法院关于审理买卖合同纠纷案件适用法律问题的解释》第二条规定：当事人签订认购书、订购书、预订书、意向书、备忘录等预约合同，约定在将来一定期限内订立买卖合同，一方不履行订立买卖合同的义务，对方请求其承担预约合同违约责任或者要求解除预约合同并主张损害赔偿的，人民法院应予支持。

《最高人民法院关于审理买卖合同纠纷案件适用法律问题的解释》对预约合同作出了规定，从该规定来理解，预约合同是约定将来订立某种合同的合同，如果仅是磋商而不缔约，则构成对预约合同的违约。合同对缔约双方具有约束力，由此看来，预约合同的效力采取"应当缔约说"更为妥当。

《招标投标法》的功能和定位在于规范招投标活动，保护国家利益、社会公共利益和招投标当事人的合法权益，提高经济效益，保证项目质量。[②] 在投标人发出投标要约后，评标委员会要依据该法第四十一条规定确定中标人。中标人或者能够最大限度地满足招标文件中规定的各项综合评价标准；或者能够满足招标文件的实质性要求，并且经评审的投标价格最低。因此，满足中标条件，招标人向中标的投标人发出中标通知书，到达中标人后，合同应被认为成立并生效。《最高人民法院关于适用〈中华人民共和国合同法〉若干问题的解释（二）》第一条第一款前半部分规定：当事人对合同成立存在争议，人民法院能够确定当事人名称或者姓名、标的和数量的，一般应当认定合同成立。以此标准衡量，预约合同成立并生效当无问题。

但是，建筑工程承发包合同双方权利义务内容十分丰富复杂，仅有承发包人、标的和数量，不足以涵盖双方的权利义务。比如监理人条款、安全文明施工与环境保护条款、验收和工程试车条款、竣工结算条款、违约条款、

---

① 陈川、王倩、李显冬，《关于中标通知书法律效力的研究——预约合同的成立和生效》，载《北京仲裁》2012 年第 2 期。

② 《中华人民共和国招标投标法》第一条规定：为了规范招标投标活动，保护国家利益、社会公共利益和招标投标活动当事人的合法权益，提高经济效益，保证项目质量，制定本法。

不可抗力条款、保险条款、索赔和争议解决条款等，均是投标文件与中标通知书未能涉及或是未能具体明确的内容，因此在内容上双方有必要再行签订建筑工程承发包合同。从《招标投标法》中标条件规范要求的角度看，"满足招标文件中规定的各项综合评价标准"，结合《招标投标法》第十九条招标文件的规定，综合评价的内容，指的是招标项目的技术要求、对投标人资格的审查、投标报价、评价标准及拟签合同的主要条款，缺乏对建筑工程承发包合同复杂性的规范；"经评审的投标价格最低"指的是工程价款价格的确定最接近标底，从合同要达到的目的角度讲，亦缺乏对建筑工程承发包合同复杂性的规范。因此，从实务和法律规范要求两个维度看，中标合同不能等同于建筑工程承发包合同，二者之间有明显区别。

如果投标人与招标人在中标合同中约定将来签订建筑工程承发包合同，中标合同则是当事人约定在将来订立正式合同的合同。《招标投标法》第十九条第一款最后一句话，延伸理解，招投标活动完成中标合同的目的是为了将来签订建筑工程承发包合同;《招标投标法》第四十六条第一款开始一句话"招标人和中标人应当自中标通知书发出之日起30日内，按照招标文件和中标人的投标文件订立书面合同"，也明确规定了中标合同订立后，要签订建筑工程承发包合同。如前所述，《招标投标法》功能和定位在于规范招投标活动。同时，该法也表现了对交易习惯的尊重。在《招标投标法》出台之前，1998年12月24日，北京市城乡建设委员会发布的《北京市建设工程施工招标投标管理暂行办法》第二十一条第一款规定：中标企业确定后，由招标单位发出中标通知书。双方应在一个月内签订工程承包合同。北京市内多数招投标活动均遵循该办法操作，经过一定历史时期，形成中标合同预约在前，建筑工程承发包合同本约在后的交易习惯，已为实务界基本共识。因此，在交易习惯基础上理解法律规范，能够更好贴近实践。

《招标投标法》第六十四条规定：依法必须进行招标的项目违反本法规定，中标无效的，应当依照本法规定的中标条件从其余投标人中重新确定中标人或者依照本法重新进行招标。招投标活动是多名投标人竞标的活动，如果把中标合同理解为本约合同，中标人中标无效后，具体明确的权利义务将由其他符合条件的投标人承受。从《合同法》来理解，所有投标人投标文件送达后要约均生效，在中标通知书到达中标人后，中标合同即告成立。此时其他投标人的要约因收到中标结果通知而失效。但《招标投标法》规定可以"从其余投标人中确定中标人"，用本约合同法理将无从解释。

当把中标合同视为预约合同时，可以对此作出解释。在以投标人竞标为基础的招投标活动中，确定符合中标条件的，且不违背法律法规参加招投标活动的招投标双方，成立有效中标合同。中标合同的作用是将来在本约合同中以中标条件作为本约合同主要内容的预约合同。招投标双方参加招投标活动如果违反法律法规规定，既导致中标合同无效，也将丧失订立本约合同资格。在各投标人竞标关系中，此时，其余投标人的要约依然有效，招标人可以重新发出中标通知书。当中标通知书到达其余投标人时，承诺生效，新的预约合同成立并生效。

这样解释，对中标合同来讲，因为招投标活动具有竞标这一特殊性质，《招标投标法》规定中标合同无效后，应当从其余投标人中重新确定中标人。在建筑工程施工承发包关系中，该法相比较《中华人民共和国合同法》具有特别法价值，应当优先适用。因此，其余投标人虽然收到中标结果通知，其投标文件作为要约并未失效。当中标人因为参加招投标活动违反法律法规导致中标合同无效时，其余投标人仍然可以接受招标人发出的中标通知，而与招标人成就新的中标合同。而作为本约的建筑工程承发包合同，虽然必须以中标条件作为合同主要内容，但双方必须重新要约和承诺，才可能订立建筑工程承发包合同。二者不会发生冲突，解释也为顺畅。

王利明教授讲，虽然预约合同是为了将来订立本约合同而签订的，但其本身具有独立性，是当事人将来订立合同为内容的合意，该合同旨在保障本约合同的订立。[①] 该段论述，是上述解释的法理基础。

基于以上分析，笔者赞同最高人民法院《关于审理建设工程施工合同纠纷案件适用法律问题的解释（二）（征求意见稿）》所列第一种意见。

《最高人民法院〈关于审理建设工程施工合同纠纷案件适用法律问题的解释（二）〉》基本采纳了这一观点。由于《合同法》第三十二条规定，"自双方

---

① 王利明，《预约合同若干问题研究》，载《法商研究》2014 年第 1 期。

当事人签字或者盖章时合同成立",招标人发出中标通知后,一方不与对方订立书面合同的,不承担违反建设工程施工合同或者政府采购合同的责任,此时合同尚未成立。此时,招标投标程序的方式从承担的民事责任应属缔约过失责任。当然,似乎也可以理解为,招标人与中标人在中标通知发出后,双方存在预约关系。如果一方不与对方签订书面合同,承担违反预约的违约责任。

王利明教授讲,最高人民法院《关于审理买卖合同纠纷案件适用法律问题的解释》第二条首次在法律上正式承认了预约合同,具有重要意义。预约合同在是否具有订立本约合同的意图、包含订立本约合同及一定期限内订立合同的内容、受意思表示拘束、交付定金等方面有别于订立合同的意向。只有具备预约合同条件的订约意向书才能认定为预约合同。预约合同和本约合同在是否具有设定具体法律关系的意图及合同内容上有所不同。违反预约合同构成独立的违约责任,不能涵括到缔约过失责任中,一般有定金责任、实际履行责任、损害赔偿责任及合同解除责任。[①] 这段论述中讲到,预约合同应当包括意图订立的本约合同的内容。

从最高人民法院《关于审理买卖合同纠纷案件适用法律问题的解释》第二条来理解,买卖合同的预约合同,应当包含将来订立买卖合同的内容,预约合同要达到这样的目的,不仅要反映将要订立合同的意图,而且要对将要订立买卖合同的主要内容予以确定,否则,不符合预约合同的特征,导致预约合同功能作用的丧失。

结合前述案例进行分析,原告某建筑公司与被告某贸易中心经过招投标,某建筑公司以 4600 万元中标。在之后双方签订建筑工程承发包合同中,双方约定了工程价款为 4896 万元。4600 万元是某建筑公司的中标价,也是中标合同作为预约合同约定的,双方以后要签订的建筑工程承发包合同应约定的内容。双方在本约性质的建筑工程承发包合同中约定工程价款为 4896 万元,遵循了中标合同的约定,双方又对建筑工程承发包的其他权利义务作出约定,不违背法律法规的效力性强制性规定,该建筑工程承发包合同应为有效合同,

---

① 王利明,《预约合同若干问题研究》,载《法商研究》2014 年第 1 期。

双方应依照该合同履行。

有一种观点认为，本案建筑工程承发包合同工程价款与中标合同工程价款不完全相同，实际相差近 300 万元，建筑工程承发包合同工程价款的约定应认为无效。笔者认为，这种观点并不可取，理由在于作为一项建筑工程，其内容十分丰富，有可能在合同签订时，包含了中标合同未涉及的细节，工程价款有所增加，但只要不背离中标合同约定的实质内容①，即应视为有效约定。至于判断是否存在背离情形，是法律赋予法官的自由裁量权。法官应根据具体项目内容，依照《招标投标法》等法律法规予以审查判断。

二、设计变更情形下工程价款的鉴定

建筑工程的设计变更（包括洽商，下同）是指项目自设计批准之日起至通过竣工验收正式交付使用之日止，对已经批准的设计文件、技术设计文件或施工图设计文件所进行的修改、完善、优化等活动。设计变更在实务中主要有以下类型：一是在建设单位组织的有设计单位和施工企业参加的设计交底会上，经建设单位和施工企业提出，各方研究同意而改变施工图的做法；二是施工企业在施工过程中，遇到原设计未预料到的情况需要进行处理，因而发生设计变更；三是施工企业在施工过程中，由于具体施工时资源市场的原因，比如材料供应问题，引起工程项目设计变更的情形；四是建筑工程开工后，由建设单位根据自己需要增减工程项目，从而引起的设计变更。

在建筑工程承发包活动中，设计变更一般会引起工程造价的变化，因而也会导致是否需要调整建筑工程承发包合同约定的工程价款数额。这类问题，首先要审查设计变更，是否符合合同约定或者法律法规的规定，然后才能根据不同情况决定是否调整工程价款。

在审查设计变更合约性合法性方面，因为建设方是业主，所以设计变更应得到建设方认可。以建设单位、施工企业和设计单位参加的设计交底会形

---

① 《最高人民法院〈建设工程施工合同司法解释（二）〉理解与适用》将工程范围、建设工期、工程价款及工程质量等的约定认定为建设工程施工合同实质性内容。人民法院出版社 2019 年版，第 37 页。

式作出的设计变更，在工程技术上符合要求，在建筑工程承发包合同双方来看，也是双方协商的结果，应认为以此种形式作出的设计变更具有合同效力。由施工企业主张的设计变更，在建筑工程承发包合同履行过程中，建设方的项目负责人或者驻工地代表系职务行为的，或者合同约定签证人具有代理权的，其签证认可的设计变更合法有效。其他除建设方法定代表人以外的人员签证可认为无效，除非形成表见代理。工程监理是由具有法定资质的工程监理单位，根据建设方的委托，依照法律法规规定及有关建设工程技术标准、设计文件和建筑工程承发包合同，对施工企业在施工质量、建设工期和因质量引起工程量变化等方面，代表建设单位对工程建设过程实施监督活动。所以监理单位在涉及工程质量、建设工期和因质量引起工程量变化方面的签证有效。在这一问题上应注意监理单位和监理人员签证行为有所区别，监理人员只有履行职务行为的签证方属有效签证。此外，由建设单位在开工后根据自己需要增减工程项目的设计变更是有效的，但应注意对相关证据进行审查，比如应有建设单位的设计变更通知或其他证据。[①]

对于固定总价合同，在实际履行过程中，因设计变更导致工程量发生增减，首先应选择按照合同约定处理。合同没有约定或约定不明的，参照合同约定的标准对设计变更部分单独计算；没有约定标准可供参照的，可以参照建设行政主管部门发布的计价方法或者计价标准结算。不管参照合同约定的标准单独结算，还是参照建设行政主管部门发布的方法标准结算，均可以委托相关机构通过造价鉴定进行。[②]

对于固定单价合同，在实际履行过程中，因设计变更导致工程量发生增减，可就设计变更部分单独结算。审理中，可依照合同约定的单价标准，由法院对设计变更部分进行计算。需要通过专业知识、专业技术才能解决的，也可以委托相关机构参照合同约定的标准造价鉴定进行；合同没有约定单价标准或约定不明确的，可以委托相关机构参照建设行政主管部门计价方法计

[①] 参照北京市高级人民法院《关于审理建设工程施工合同纠纷案件若干疑难问题的解答》第九条、第十条。

[②] 参照北京市高级人民法院《关于审理建设工程施工合同纠纷案件若干疑难问题的解答》第十一条。

价标准通过造价鉴定进行。①

　　在固定总价、固定单价合同实际履行过程中，钢材、木材、水泥、混凝土等对工程造价影响较大的主要建筑材料发生重大变化，合同对此有约定的，按照约定处理。没有约定或约定不明的，根据《最高人民法院关于适用〈中华人民共和国合同法〉若干问题的解释（二）》第二十六条"合同成立以后客观情况发生了当事人在订立合同时无法预见的、非不可抗力造成的不属于商业风险的重大变化，继续履行合同对于一方当事人明显不公平或者不能实现合同目的，当事人请求人民法院变更或者解除合同的，人民法院应当根据公平原则，并结合案件的实际情况确定是否变更或者解除"规定处理。合同已经履行完毕的，应当调整工程价款。调整数额可以委托鉴定机构参照建设行政主管部门关于处理建材差价的意见确定。②

　　据实结算的可调价合同，由于合同价款是暂定价格，在设计变更、建材价格变动等情形发生后，双方可以调整合同价款。是否属于可调价合同，需要双方在合同中明确约定。合同中约定调整工程价款方法和标准的，应当按照合同处理。合同中对调整工程价款方法和标准没有约定或约定不明的，可以委托相关机构按建设行政主管部门计价方法计价标准通过造价鉴定进行。

　　据实结算的成本加酬金合同，在合同签订时不能确定一个具体的合同价格，只能确定酬金比例，最终合同价格要按施工企业的实际成本加一定比例的酬金计算。合同中约定工程计价方法、计价标准和计价项目的，应当按照合同处理。合同中对计价方法、计价标准和计价项目没有约定或约定不明的，可以委托相关机构按建设行政主管部门计价方法计价标准通过造价鉴定进行。

　　固定总价、固定单价和据实结算的建筑工程承发包合同纠纷需要委托鉴定机构进行造价鉴定的，法官应审理认定设计变更的证据问题，也要审理

---

　　① 参照北京市高级人民法院《关于审理建设工程施工合同纠纷案件若干疑难问题的解答》第十一条。
　　② 参照北京市高级人民法院《关于审理建设工程施工合同纠纷案件若干疑难问题的解答》第十二条。

认定是否属于约定内容问题及约定的计价方法和计价标准问题[1]，鉴定机构应该依靠专业知识专业技术在此基础上进行造价鉴定。法院审理的内容可在鉴定前审理形成质证综合结论，在委托鉴定时一并移交给鉴定机构，也可以在鉴定过程中分步骤分项目与鉴定机构交叉审理认定和鉴定。不能当工程价款发生争议时，在委托鉴定后全部交由鉴定机构处理。质证作为一个法定程序，应由人民法院组织进行，只要是当事人提交的证据，人民法院在采纳之前，都应当组织各方当事人进行质证，法官应回归为裁判者，防止"以鉴代审"。[2]我国《民事诉讼法》规定了鉴定意见属专家证据的一种形式。[3]鉴定人作为辅助法官发现案件事实的专家，其在法庭上的活动限于专门性问题相关的范围。因此，鉴定意见中，只有专门性问题才应由鉴定机构作出。实务中一些委托鉴定后全部由鉴定机构处理的做法，既违背了诉讼程序，也影响了案件审理效率，应予改正。

三、评估、审计与鉴定的选择

一项工程的价值，是由直接费、间接费、利润和税金构成。直接费包括直接工程费（人工费、材料费、施工机械使用费）和措施费（环境保护费、文明施工费、安全施工费、临时设施费、夜间施工费、二次搬运费、大型机械设备进出场及安拆费、混凝土、钢筋混凝土模板及支架费、脚手架费、已完工程及设备保护费、施工排水、降水费）；间接费包括规费（工程排污费、工程定额测量费、社会保障费、住房公积金、危险作业意外伤害保险）和企业管理费（管理人员工资、办公费、交通费、固定资产使用费、工具使用费、劳动保险费、工会经费、职工教育经费、财产保险费、财务费、税金、其

---

[1] 《最高人民法院〈关于审理建设工程施工合同纠纷案件适用法律问题的解释（二）〉》第十五条规定，人民法院准许当事人的鉴定申请后，应当根据当事人申请及查明案件事实的需要，确定委托鉴定的事项、范围、鉴定期限等，并组织双方当事人对争议的鉴定材料进行质证。

[2] 最高人民法院民事审判第一庭，《最高人民法院〈建设工程施工合同司法解释（二）〉理解与适用》，人民法院出版社 2019 年版，第 347—348 页。

[3] 沈德咏，《最高人民法院民事诉讼法司法解释理解与适用》，人民法院出版社 2015 年版，第 392 页。

他）；利润；税金包括营业税、城市维护建设税、教育费附加。以上费用为建筑工程建造价格费用的构成，建筑工程施工前要据此进行概算、预算，工程施工完成后，也要根据合同和上述费用构成进行结算。①

2017 年 9 月，住房和城乡建设部《建设项目总投资费用项目组成》对前述工程造价给予新的调整和界定。

建筑工程的造价鉴定，是鉴定机构依照国家的法律法规以及中央和省、自治区、直辖市等地方政府颁布的工程造价定额标准以及建筑行政主管部门相关意见，针对某一特定建筑项目的设计图纸及相关资料来计算和确定某一工程的价值。

房地产评估是指根据房地产的区位、用途、建筑面积等因素，对其房地产市场价格进行评估。是由专业房地产估价人员根据特定的估价目的，遵循公认的估价原则，按照严谨的估价程序，运用科学的估价方法，在对影响估价对象价值的因素进行综合分析的基础上，对估价对象在估价时点进行估算和判定活动。房地产评估的目的是求得房地产的市场价值。

评估和造价鉴定具有不同功能和作用，如果因建筑工程承发包合同发生纠纷，需要对工程价款进行鉴定时，应当委托鉴定机构进行造价鉴定。

我国《审计法》第二条第（二）款规定：国务院各部门和地方各级人民政府及其各部门的财政收支，国有的金融机构和企业事业组织的财务收支，以及其他依照本法规定应当接受审计的财政收支、财务收支，依照本法规定接受审计监督。第二十条规定：审计机关对国有企业的资产、负债、损益，进行审计监督。第二十二条规定：审计机关对政府投资和以政府投资为主的建设项目的预算执行情况和决算，进行审计监督。从《审计法》规定来看，审计关系是一种经济监督关系，发生于审计主体与被审计单位之间。对政府投资和以政府投资为主的建设项目，审计机关也必须依法进行审计监督。

审计的性质是一种行政监督，对违反财政收支的行为，审计机关有权制止、处罚，责令改正；如果发现交易双方有恶意串通损害国家利益的行为，审计机关也有权制止和处罚。

---

① 参照住房和城乡建设部、财政部《建筑安装工程费用项目组成》。

但是，审计结论不能直接作为建筑工程承发包合同纠纷的定案依据。这是因为，审计机关本身不能确定工程价款。而且，各级政府、国有金融机关和企业事业单位与施工企业在建筑工程承发包合同中是平等的双方主体，双方是民事权利义务关系，审计机关不能直接干预双方的民事关系。在审计机关确认建筑工程承发包合同中关于工程价款的约定违反法律法规规定，或者双方恶意串通损害了国家利益情况下，应认定该约定部分无效。合同该部分约定虽然无效，但该部分工程价款是否应予结算，应该审查该部分工程价款是否发生的事实，经审理能够确定已经发生，且工程质量不存在问题，应按实际发生的工程量确定双方权利义务。

在实务中，涉及审计与工程价款结算的关系，通常有三种情形，一是建筑工程项目在结算前应该接受审计，但双方在合同中未予约定的情形；二是建设工程承发包合同约定以审计结论作为双方结算工程价款的依据情形；三是建设工程承发包合同中约定工程价款结算前，发包人需经接受审计，但双方仍按合同约定的工程价款进行结算的情形。

就第一种情形来讲，对需要接受审计监督的工程项目进行审计，自当依法进行。建筑工程承发包合同约定的权利义务，双方也应遵照履行。由于审计的性质所在，审计监督不应成为平等主体履行合同的障碍，因此在审理中无须以审计结论作为定案的直接证据。

就第二种情形来讲，应区分固定总价、固定单价和据实结算的建筑工程承发包合同，具体情况具体分析。固定总价、固定单价合同，对于双方依照合同履行的部分，应按合同约定执行，对于因项目变更导致工程价款发生变化的，应尊重双方当事人意思自治，可以审计结论作为结算工程价款的直接证据。对于据实结算的合同，可以依据双方约定，以审计结论作为定案直接证据。凡以审计结论作为定案结论直接证据的，应对审计结论的真实性、合法性、关联性进行审理。但是，当事人有充分证据证明属重大误解、显失公平的，应依法律法规规定，赋予当事人撤销的权利。《中华人民共和国民法总则》第一百四十七条规定，基于重大误解实施的民事法律行为，行为人有权请求人民法院或者仲裁机构予以撤销。第一百五十一条规定，一方利用对方处于危困状态、缺乏判断能力等情形，致使民事法律行为成立时显失公平的，受损害方有权请求人民法院或者仲裁机构予以撤销。

当事人约定通过审计进行结算，对于审计时间过长的情形，如果当事人对此有约定，应依照约定处理；如果当事人对此没有约定，由发包方主张审计的，则应审查民事法律成立时是否构成显失公平，构成的则应在承包方主张情况下予以撤销，不构成的，则应从约定。

对于建筑工程承发包合同履行过程中，因钢材、木材、水泥、混凝土等在结算时与订约时价格发生重大变化的情形，当事人约定以审计结论作为定案直接证据的，应当对审计结论的真实性、合法性、关联性进行审理，经审理认定可以作为证据使用的，应当尊重当事人的意思自治，依照审计结论进行结算。

就第三种情形来讲，发包方接受审计监督和履行合同义务各具有合法性和合约性。但有时因为主观或者客观方面的原因，审计时间过长，此种情形应按建筑工程承发包合同关于结算时间的约定，双方进行工程价款的结算。合同没有约定或者约定不明的，发包人已实际使用，且不存在主体工程及地基基础工程质量问题或者经验收工程质量不存在问题，发包人应及时对承包人结算工程价款。如果发包方主张有审计结论应认定工程款结算行为无效的，发包方应提供相应证据。

四、工程造价鉴定的提供材料和交费问题

工程造价鉴定应该委托有资质的鉴定机构进行。

当事人在诉讼前对建设工程价款达成协议的，应当按照协议执行，除确有撤销的事由并由当事人主张撤销的情形存在。但撤销结算协议，并不一定通过鉴定确定工程款，此时应按照合同效力被改变的后果处理。[①] 撤销权的行使将彻底改变民事法律行为的效力，关涉当事人的重大利益，民法通则及合同法均规定撤销权须经诉讼或者仲裁，这样有利于维护正常的法律秩序，妥

---

① 《最高人民法院〈关于审理建设工程施工合同纠纷案件适用法律问题的解释（二）〉》第十二条规定，当事人在诉讼前已经对建设工程价款结算达成协议，诉讼中一方当事人申请对工程造价进行鉴定的，人民法院不予准许。

善保护当事人双方的合法权益。①

建筑工程承发包合同纠纷在法院登记立案前，双方共同委托有关机构鉴定并已形成鉴定意见的，诉讼中一方不予认可的，应当充分尊重当事人的意见，予以准许。②

人民法院立案后，需要由鉴定机构出具鉴定意见的，应当由法院委托进行。有观点认为，在诉讼过程中需要鉴定机构出具鉴定意见的，也可以由当事人委托进行。笔者认为此种观点不妥。首先，由当事人委托需要双方协商一致才可以进行，而双方已经发生纠纷诉至法院，从各自权益出发，很难达成共同委托的意见。即使由法院调解促成双方当事人共同委托鉴定机构进行鉴定，由于鉴定本身较为复杂，沟通协调争点较多，工作内容较为烦琐，势必影响效率效果；更为关键的是，鉴定意见作为证据形式之一，如不由法院委托鉴定，涉及认定设计变更问题、合同约定的计价方法和计价标准问题等属于法院职能事项，法院无法履行法定职能，违反了相关诉讼程序，其合法性受到质疑。由法院委托鉴定，不是由法院指定鉴定机构。法院指定鉴定机构，有悖于民事诉讼当事人处分权原则。在鉴定机构的确定上，可由当事人协商确定有资质的鉴定机构，当事人协商不成的，也可以随机产生鉴定机构，然后由法院出具委托手续。

确定委托鉴定后，应由负有举证责任的当事人向人民法院预交鉴定费用，然后根据法院与鉴定机构的委托合同，由法院向鉴定机构支付鉴定费用。作为形成鉴定意见的基础证据材料，涉及专业技术部分的，由负有举证责任的当事人向鉴定机构提供。实务中，委托鉴定决定作出后，时有当事人拒绝预交鉴定费用和拒绝提交鉴定材料的情况，法院对该情况法律状态和法律后果认识不一，导致对案件判断处理混乱。下面对此予以厘清。

我国《民事诉讼法》第七十六条规定，当事人可以就查明事实的专门性

---

① 李适时，《中华人民共和国民法总则释义》，法律出版社2017年版，第461页。
② 《最高人民法院〈关于审理建设工程施工合同纠纷案件适用法律问题的解释（二）〉》第十三条规定，当事人在诉讼前共同委托有关机构、人员对建设工程造价出具咨询意见，诉讼中一方当事人不认可该咨询意见申请鉴定的，人民法院应予准许，但双方当事人明确表示受该咨询意见约束的除外。

问题向人民法院申请鉴定。当事人申请鉴定的，由双方当事人协商确定具备资格的鉴定人；协商不成的，由人民法院指定。当事人未申请鉴定，人民法院对专门性问题认为需要鉴定的，应当委托具备资格的鉴定人进行鉴定。

我国《民事诉讼法》由原确立的职权主义诉讼模式逐步向当事人主义过渡。但是，单纯的当事人主义诉讼模式也有明显弊端，其追求的是诉讼程序的公正，却往往忽视案件的实体公正。[①] 因此，应准确执行《民事诉讼法》第七十六条规定。

根据该规定，当事人在诉讼中主动申请进行工程造价鉴定的，是当事人在负有举证责任基础上向法院提供证据的行为。人民法院依职权委托工程造价鉴定，应分为两种情形，一是根据举证责任分配原则，确定当事人负有举证责任，要求当事人完成举证责任，其表现形式依然是当事人提出申请，由人民法院委托鉴定机构鉴定。二是由人民法院依职权直接委托鉴定机构进行鉴定。第二种情形将在后文进行论述。

不管是在诉讼中当事人主动申请进行造价鉴定，还是人民法院要求当事人完成举证责任由当事人申请进行鉴定，均需对举证时限和举证不能问题进行研究。

我国《民事诉讼法》第六十五条规定：当事人对自己提出的主张应当及时提供证据。人民法院根据当事人的主张和案件审理情况，确定当事人应当提供的证据及其期限。当事人在该期限内提供证据确有困难的，可以向人民法院申请延长期限，人民法院根据当事人的申请适当延长。当事人逾期提供证据的，人民法院应当责令其说明理由；拒不说明理由或者理由不成立的，人民法院根据不同情形可以不予采纳该证据，或者采纳该证据但予以训诫、罚款。

这是《民事诉讼法》规定的举证时限制度。所谓举证时限，是指负有举证责任的当事人，应当在法律规定或者法院指定的期限内提供证据，逾期提

---

① 最高人民法院民事诉讼法修改研究小组，《中华人民共和国民事诉讼法修改条文理解与适用》，人民法院出版社 2012 年版，第 157 页。

供证据，将承担由此产生的不利后果。①

工程造价鉴定申请人应当在法院确定的举证期限内提供证据，当申请人提出申请后，法院应当通知申请人在一定期限内向法院预交鉴定费用。实务中常有申请人在法院确定的举证期限内拒绝预交鉴定费用，当法院作出对其后果不利的裁决时，又以同意预交鉴定费用的办法，以期达到改变裁决结果的目的。由于部分法官采取令鉴定申请人直接向鉴定机构预交鉴定费用的瑕疵做法，往往忽略对举证期限的确定。结果是申请人不受举证期限的限制，破坏了诉讼的严肃性，也使诉讼的程序公正受到了破坏。正确的做法是，如果申请人不在期限内预交鉴定费用，法院应根据《最高人民法院〈民事诉讼法司法解释〉理解与适用》第一百零二条第（一）款、第（二）款的规定，当事人因故意或者重大过失逾期提供的证据，人民法院不予采纳。但该证据与案件基本事实有关的，人民法院应当采纳，并应依照《民事诉讼法》第六十五条、第一百一十五条第一款②的规定予以训诫、罚款。

当事人非因故意或者重大过失逾期提供的证据，人民法院应当采纳，并应对当事人予以训诫。

采纳当事人因故意或者重大过失提供的与案件基本事实有关的证据，法院应给予相应的制裁；对于非因故意或者重大过失逾期提供的证据也应当采纳，但应给予一定的制裁。对拖延预交工程造价鉴定费用的申请人，应当依据以上规定处理。但是，应当以法院确定举证期限为前提。所以，在委托鉴定机构进行工程造价鉴定中，法院应依法规范审理行为，以保证诉讼程序的严肃和公正。

根本拒绝预交鉴定费用、在负有举证责任情况下不申请进行鉴定和因主观原因拒不提供相关鉴定材料，与因为客观原因不能提供鉴定材料，应当承担同样的法律后果。《最高人民法院关于民事诉讼证据的若干规定》第二十五条第（二）款规定，对需要鉴定的事项负有举证责任的当事人，在人民法院

---

① 最高人民法院民事诉讼法修改研究小组，《中华人民共和国民事诉讼法修改条文理解与适用》，人民法院出版社 2012 年版，第 267 页。

② 该款规定：对个人的罚款金额，为人民币十万元以下。对单位的罚款金额，为人民币五万元以上一百万元以下。

指定的期限内无正当理由不提出鉴定申请或者不预交鉴定费用或者拒不提供相关材料，致使对案件争议的事实无法通过鉴定结论予以认定的，应当对该事实承担举证不能的法律后果。因此，在工程造价鉴定中，根本不预交鉴定费用，或者在负有举证责任情况下不申请进行鉴定，或者因主观原因拒不提供相关鉴定材料，应当被视为举证不能，与因客观原因未提供鉴定材料一样，对此申请人应承担不利的法律后果[①]。

但是在工程造价鉴定申请一方预交鉴定费确有困难的情况下，尤其针对目前许多领域内鉴定费用居高不下的背景，有必要考虑灵活处理。[②]此种情形，工程造价鉴定申请人可以向人民法院提出缓交鉴定费申请，但必须提供充足证据，人民法院查证属实的，可以批准缓交。人民法院与鉴定机构系委托合同关系，在合同中应协商确定鉴定费用交纳标准和期限。因为工程造价鉴定费用最终应由败诉一方当事人承担，所以裁判文书中应对工程造价鉴定费用予以明确。

超出举证期限举证与举证不能所承担的法律后果不同，判断的期限应为人民法院作出裁判之前。

由人民法院依职权直接委托鉴定机构进行鉴定的依据是《民事诉讼法》第六十四条第（二）款后半段。其内容是，人民法院认为审理案件需要的证据，人民法院应当调查收集。根据该规定，《最高人民法院关于适用〈中华人民共和国民事诉讼法〉的解释》第九十六条规定了以下几种情形属于人民法院应当调查收集证据：一是涉及可能损害国家利益、社会公共利益的；二是涉及身份关系的；三是涉及公益诉讼的；四是当事人有恶意串通损害他人合法权益可能的；五是涉及依职权追加当事人、中止诉讼、终结诉讼、回避等程序性事项的。举例而言，在工程造价鉴定中，比如一项工程是由承包人和

---

① 《最高人民法院〈关于审理建设工程施工合同纠纷案件适用法律问题的解释（二）〉》第十四条规定，当事人对工程造价、质量、修复费用等专门性问题有争议，人民法院认为需要鉴定的，应当向负有举证责任的当事人释明。当事人经释明未申请鉴定，虽申请鉴定但未支付鉴定费用或者拒不提供相关材料的，应当承担举证不能的法律后果。

② 最高人民法院民事诉讼法修改研究小组，《中华人民共和国民事诉讼法修改条文理解与适用》，人民法院出版社 2012 年版，第 164 页。

第三人分段完成，虽然发包人与承包人在该项工程价款总额存在争议，但一旦争议额度确定，发包人和承包人串通，同意将该项工程价款全部支付给承包人，这样的结果势必损害第三人合法权益，所以应当将第三人应得工程价款区分出来，此种情况即是鉴定事项之一；再比如一项工程，由乙丙合作承包完成，乙方负责劳务，丙方负责除劳务外其他事项，此时发包人甲与承包人之一丙就该项工程价款发生争议，在工程价款造价鉴定中，如将乙方劳务费用裁决归于丙方，将损害乙方合法权益，因此也需要将乙方劳务费用鉴定出来。上述涉及第三人和乙方权益的证据，即应由法院直接委托鉴定机构进行鉴定之事项。

由于工程价款争议发生在已参加诉讼当事人之间，所以应由负有举证责任方预交鉴定费用，待鉴定意见被认定，应归第三人的工程价款以争议部分为基数按比例应交纳的鉴定费用，须酌情由争议双方负担。当然，从程序上可以通知第三人参加诉讼，但第三人因法律原因未到庭（比如缺席审理）情况下，依照此种程序审理，才能最大限度地满足实体公正。

五、"黑白合同"和按比例结算问题

建筑工程承发包合同从招投标的角度可以分为两类，一类是经过招投标后所签订，一类是未经招投标，由承包人与发包人直接签订。建筑工程项目是否需要招标投标，要由相关的法律法规和政策进行规定。比如，2000年5月1日，原国家发展计划委员会《工程建设项目招标范围和规模标准规定》列出，关系社会公共利益、公共安全的基础设施项目、关系社会公共利益、公共安全的公用事业项目、使用国有资金投资的项目、国家融资的项目、使用国际组织或者外国政府资金的项目，这些项目达到一定标准均应进行招投标。并且，国家发展计划委员会可以根据实际需要，会同国务院有关部门对招投标的具体范围和规模标准进行调整。

承包人与发包人就同一建筑工程签订两份不同版本的合同，其中一份是通过招投标中标的合同，另一份是内容与中标合同不一致的合同，应以哪一份合同作为结算工程价款的依据？中标合同被称为白合同，与中标合同内容不一致的合同被称为黑合同，这是通常所说的"黑白合同"问题①。"黑白合同"涉及的工程项目，存在于应当招投标的项目。有一种情形，是不属于招投标项目，承发包双方通过招标投标程序签订了建筑工程承发包合同，此后，双方又签订了一份工程价款等与招投标合同主要内容不一致的合同，为维护招投标市场秩序，此种情形亦属于"黑白合同"问题。"黑白合同"的区别必须是在工程范围、工程价款、工程质量和工程期限等实质内容上存在不一致，形成了黑合同对白合同实质内容的背离。如果上述主要内容上仅是一般性的不同，则不构成"黑白合同"。实务中具体量化"黑白合同"的区别，需要法官正确行使自由裁量权。本文开端所列举的案例，原告某建筑工程施工有限公司与被告某贸易中心签订了一份与中标价工程价款并不相同的建筑工程承发包合同。但是，两份合同工程价款只是相差296万元，对于一项几近5000万元的工程，不应认定属于工程价款与主要合同内容相互背离。因此该例不属于"黑白合同"。"黑白合同"的签订时间，有与中标合同内容不一致的合同在中标合同之前签订，在同一时间签订和在中标合同签订时间之后签订的三种情况，签订时间的先后，均不影响"黑白合同"的认定。

对于"黑白合同"，应以白合同即中标合同为有效合同并且作为履行依据。《最高人民法院关于审理建设工程施工合同纠纷案件适用法律问题的解释》第二十一条规定，当事人就同一建设工程另行订立的建设工程施工合同与经过备案的中标合同实质性内容不一致的，应当以备案的中标合同作为结算工程价款的根据。司法解释的规定，支撑了履行白合同的观点。

当"黑白合同"同时存在，白合同有效时，黑合同自然应归于无效。此意思是合同无效是以白合同有效为前提，而不是依据合同生效要件对照合同进行判断。但是如果承发包双方实际履行了黑合同，此种情形如何对工程价款进行结算？笔者认为，此种情形应按照白合同进行结算。但是对于黑合同，

① 2001年6月1日原建设部发布的《房屋建筑和市政基础设施工程施工招标投标管理办法》第四十七条第（一）款规定，订立书面合同后7日内，中标人应当将合同送工程所在地县级以上地方政府建设行政主管部门备案。2018年5月14日，《国务院办公厅关于开展工程建设项目审判制度改革试点的通知》要求，取消施工合同备案、建筑节能设计审查备案等事项。故白合同称为中标合同，而非中标备案合同。

双方既已实际履行，表明黑合同是双方真实意思表示，双方各自除应承担缔约过失责任外，应按白合同确定的工期范围、工程价款、工程质量和工期承担权利义务。但对于黑合同非实质性内容确定的权利义务，应按双方约定履行。

2015年《全国民事审判工作会议纪要》第四十八条规定，当事人就同一建设工程订立的数份施工合同均被认定无效，在结算工程价款时，应当参照当事人真实合意并实际履行的合同约定结算工程价款。无法确定双方当事人真实合意并实际履行合同的，应当结合缔约过错、已完工程质量、利益平衡等因素分配两份或以上合同间的差价确定工程价款。但是，《最高人民法院〈关于审理建设工程施工合同纠纷案件适用法律问题的解释（二）〉》第十一条规定，当事人就同一建设工程订立的数份建设工程施工合同均无效，但建设工程质量合格，一方当事人请求参照实际履行的合同结算建设工程价款的，人民法院应予支持。实际履行的合同难以确定，当事人请求参照最后签订的合同结算建设工程价款的，人民法院应予支持。由此确立的原则应按当事人真实合意并实际履行的合同结算工程价款，如果当事人请求按最后签订的合同支付工程价款的则应支持，如果当事人均不同意按最后签订的合同支付工程价款，则应综合判断。当然，如果双方对工程价款存在争议需要委托鉴定机构进行鉴定时，可通过工程造价鉴定确定工程价款数额。

实务中，承包人在履行固定总价合同时，未完成工程施工，涉及工程造价鉴定的处理亦是难点之一。按照一般原则，在已施工部分不存在工程质量问题时，可以采用"按比例折算"的方式，即由鉴定机构在相应同一取费标准下计算出已完工程部分的价款和整个合同约定工程的总价款，两者对比计算出相应系数，再用合同约定的固定价乘以该系数确定发包人应付的工程价款。[①]但涉及下列情况应在上述原则基础上作特别处理。第一种，已完工程部分发生设计变更的情形。此种情况下，如果已完工程部分发生设计变更，而未完工部分将来是否会发生设计变更还是未知数，即使未完工部分发生设计

---

① 参照北京市高级人民法院《关于审理建设工程施工合同纠纷案件若干疑难问题的解答》第十三条。

变更，与已完工程设计变更部分同一比例也很难实现。此种情形应当先计算已完工程扣除设计变更部分的工程量，按合同约定的标准计算出与固定总价之比例，乘以固定总价所得工程价款，再加上设计变更项目按合同约定标准计算所得工程价款之和，以此工程价款数额与发包人结算。第二种，已完工程部分包含合同履行过程中，钢材、木材、水泥、混凝土等对工程造价影响较大的主要建筑材料价格发生重大变化超出正常市场风险范围的情形。此种情形，如果合同约定不作调整的，可以按约定处理。如果合同约定进行调整，可先按合同标准计算不作调整情况下已完工程部分工程价款数额，再加上或减去按合同约定应调整的差价，计算出已完工程部分应结算的工程价款数额。如果合同中对合同履行过程中，钢材、木材、水泥、混凝土等对工程造价影响较大的主要建筑材料价格发生重大变化超出正常市场风险范围的情形未予约定，则应当首先确认该变化是否属于情势变更，属于情势变更的，应首先按合同约定标准计算出主要建筑材料未发生变化情况下已完工程的工程价款数额，再加上或减去由鉴定机构按照建设行政主管部门关于处理建材差价问题的意见所鉴定出的主要建材价格与合同约定的主要建材价格的差价，计算出已完工程部分应结算的工程价款数额。

上述处理问题的原则应由法院审理确定，专业技术部分由鉴定机构鉴定。

六、工程质量、交付与工程价款结算

工程质量是建筑工程的生命。我国《建筑法》第六十一条第二款规定，建筑工程竣工经验收合格后，方可交付使用；未经验收或者验收不合格的，不得交付使用。第六十二条规定了保修制度。2002年1月10日国务院发布施行的《建设工程质量管理条例》第三十二条规定，施工单位对施工中出现质量问题的建设工程或者竣工验收不合格的建设工程，应当负责返修。第三十九条规定，建设工程实行质量保修制度。建设工程承包单位在向建设单位提交工程竣工验收报告时，应当向建设单位质量出具保修书。质量保修书中应当明确建设工程的保修范围、保修期限和保修责任等。

由法律法规规定可以看到，建筑工程必须验收合格，或者经返修达到合格标准，才可以交付使用。合格的建筑工程交付后，承包人还要承担保修责任。可见，涉及公共安全的建筑工程质量是多么重要。

质量合格的建筑产品具有价值，质量不合格的建筑产品不具有价值，有价值的建筑产品承包人应当收取工程价款。此节的工程价款是指工程结算价款。依据建筑工程承发包合同预付工程价款和按施工进度支付给承包人的工程价款应按合同约定支付，如果工程质量不合格，承包人应当以合同约定承担相应责任。

建筑工程质量合格虽然是结算工程价款的前提条件，但不一定是经结算所确定的未付工程价款支付的起算时间。根据财政部2004年10月20日《建设工程价款结算暂行办法》第十四条规定，发包人收到承包人递交的竣工结算报告及完整的结算资料后，应按本办法规定的期限（合同约定有期限的，从其约定）进行核实，给予确认或者提出修改意见。发包人根据确认的竣工结算报告向承包人支付工程竣工结算价款，保留5%左右的质量保证（保修）金，待工程交付使用一年质保期到期后清算（合同另有约定的，从其约定），质保期内如有返修，发生费用应在质量保证（保修）金内扣除。该《办法》规定的工程竣工结算审查期限为，单项工程竣工后，承包人应在提交竣工验收报告同时，向发包人递交竣工结算报告及完整的结算资料，发包人应按以下规定的时限进行核对（审查）并提出审查意见。500万元以下为递交资料20天，500万元—2000万元为递交资料30天，2000万元—5000万元为递交资料45天，5000万元以上为递交资料60天。建设项目竣工总结算在最后一个单项工程竣工结算审查确认后15天内汇总，送发包人后30天内审查完成。该《办法》第二十一条规定，工程竣工后，发、承包双方应及时办清工程竣工结算，否则，工程不得交付使用，有关部门不予办理权属登记。

财政部的规定，是承发包双方结算工程价款操作办法。双方应按规定协商确认工程价款。

实务中，有时承包人向发包人递交竣工结算报告和结算资料后，发包人未在约定时间或法定期间内给予答复。《最高人民法院关于审理建设工程施工合同纠纷案件适用法律问题的解释》第二十条规定，当事人约定，发包人收到竣工结算文件后，在约定期限内不予答复，视为认可竣工结算文件的，按照约定处理。承包人请求按照竣工结算文件结算工程价款的，应予支持。适用该规定，必须是双方当事人明确约定发包人逾期不予答复，按承包人递交的竣工结算报告和结算资料处理的情形。

对于建筑工程承发包合同工程价款支付时间，可参照承揽合同的相应规定执行。①《合同法》规定对工作成果报酬的支付应当按照合同约定，合同没有约定或约定不明的，可以补充约定，不能达成补充协议的，应当按照合同有关条款或交易习惯确定，依然不能确定的，应当在交付工作成果时支付。根据《合同法》进行理解，建筑工程施工合同工程结算价款的支付，应当在合同中约定，没有约定的，应当在建设工程竣工交付使用时支付。

《最高人民法院关于审理建设工程施工合同纠纷案件适用法律问题的解释》第十八条规定了工程价款利息的支付，该规定为"利息从应付工程价款之日计付。当事人对付款时间没有约定或者约定不明的，下列时间视为应付款时间：（一）建设工程已实际交付的，为交付之日；（二）建设工程没有交付的，为提交竣工结算文件之日；（三）建设工程未交付，工程价款也未结算的，为当事人起诉之日。"建筑工程竣工结算工程款应当依据合同支付，合同中没有约定或约定不明的，根据对该规定延伸理解，建筑工程结算价款时间，也应循此规定执行。

竣工验收对竣工结算确定的工程价款支付具有双重意义，一是建筑工程质量应当经过验收确定达到相应标准，发包人才能向承包人支付竣工结算工程价款；二是竣工结算必须在建筑工程施工完成后进行，在承包人递交竣工验收报告后，发包人应及时组织验收，以确定竣工日期，对已完工程进行结算。实务中，有时发包人会拖延竣工验收，实际拖延建筑工程的交付或导致建筑工程质量不能确定，从而拖延向承包人支付竣工工程价款结算。《最高人民法院关于审理建设工程施工合同纠纷案件适用法律问题的解释》第十四条规定，当事人对建设工程实际竣工日期有争议的，按照以下情形分别处理：（一）建设工程经竣工验收合格的，以竣工验收合格之日为竣工日期；（二）承

---

① 《中华人民共和国合同法》第二百六十三条规定：定作人应当按照约定的期限支付报酬。对支付报酬的期限没有约定或者约定不明确，依照本法第六十一条的规定仍不能确定的，定作人应当在承揽人交付工作成果时支付；工作成果部分交付的，定作人应当相应支付。

包人已经提交竣工验收报告，发包人拖延验收的，以承包人提交验收报告之日为竣工日期；（三）建设工程未经竣工验收，发包人擅自使用的，以转移占有建设工程之日为竣工日期。解决好竣工日期是正确解决工程质量和工程交付的前提，在工程造价鉴定上也具有重要意义。

地下建设用地使用权的保护

引　言

　　原属一方拥有土地使用权被临时占用返还时，如果临时占用土地合同没有约定交还方式，按照诚实信用原则，原拥有土地使用权的一方具有协助履行义务。涉及地下空间使用权时，原拥有土地使用权一方只有地表土地使用权，地下空间使用权尚需规划批准才能确立。新确立的地下空间使用权，不得损害已设立的地下空间使用权。

一、据以研究的案例

　　原告（原审原告）：高某。
　　被告（原审被告）：某市轨道交通建设管理有限公司（以下称轨道交通公司）。
　　被告（原审被告）：某置业投资有限公司（以下称置业公司）。
　　被告（原审被告）：某房屋拆迁有限公司（以下称拆迁公司）。
　　高某系某市东城区××胡同××号10幢房屋所有权人，同时其亦系该房屋所在土地的使用权人，高某于2010年8月2日取得该房屋所有权证，2011年2月28日取得国有土地使用权证。
　　2010年，某市地铁六号线投资有限责任公司经批准取得规划许可和拆迁许可，其委托轨道交通公司承担地铁六号线一期工程的建设管理工作。在某市东城区拆迁征地范围内，轨道交通公司委托某市东城区建设委员会负责征、占地工作，就某市东城区××胡同××号地块（以下称案涉土地），某市东城区建设委员会委托置业公司为周转组织实施单位。置业公司后又委托拆迁公司与高某协商征占用案涉土地的具体事宜。

2011年，轨道交通公司（甲方）与高某（乙方）签订《周转补偿协议书》，约定：一、房屋地址：某市东城区××胡同××号；二、周转期限：自2011年1月1日至2012年10月1日；三、周转费用：甲乙双方签订协议7日内，乙方将房屋交于甲方。交付房屋时，甲方一次性支付给乙方周转综合补助费6 500 000元（包括还建费用），周转期间乙方房屋需要拆除，周转结束后乙方自行恢复，甲方不再另行支付费用，乙方自行还建由甲方配合协助办理一切还建手续（包括取得建委批准及施工证等）；四、甲方权利义务，其中第2项为：本协议约定期限届满时，甲方应清空临时占地，并回填夯实不影响乙方还建施工要求的情况下交还乙方；第3项为：甲方应严格按设计图纸施工并不得对用地进行永久性改造；五、乙方权利义务，其中第2项为：本协议约定期限届满时，乙方有权接收甲方占用土地；六、违约费用：如乙方签订协议后7日内未将房屋交于甲方，乙方应适当承担甲方超过周转期后未归还房屋的有关费用和责任。如周转期限到期，甲方未将房屋交付给乙方使用，甲方按每天11800元对乙方进行补偿。协议签订后，高某将案涉土地交予轨道交通公司，轨道交通公司亦将周转综合补助费支付给高某。

某市地铁六号线施工完毕后，轨道交通公司、置业公司、拆迁公司方称于2012年10月通知米某收回案涉土地，但因米某认为交还的案涉土地存在四至不清等问题拒绝收地。米某系受高某委托，代为办理某市地铁六号线临时占地事宜，其出庭作证称，拆迁公司总经理董某于2012年11月左右通知其接收案涉土地，其与高某等去现场后发现案涉土地未钉桩，四至不清，且案涉土地下有盾构井，故无法收回案涉土地。

一审审理中，高某表示愿意接收盾构井覆盖后地表已填平夯实的案涉土地，法院组织双方对案涉土地进行了交接，经测绘部门现场定桩（测绘费10 000元，公证费1145元），高某与轨道交通公司、置业公司、拆迁公司确认案涉土地于2017年11月22日交接完毕。

根据 2017 年 11 月 22 日案涉土地现场交接情况，案涉土地压现场东墙，全部在东墙西侧。高某、轨道交通公司、置业公司、拆迁公司之前争议四至不清时，均认为案涉土地大部分位于现场东墙的东侧。

高某向一审法院起诉请求：1. 轨道交通公司、置业公司、拆迁公司共同按照每日 11800 元向高某支付自 2012 年 10 月 2 日至 2017 年 11 月 21 日期间（共计 1877 天）的延期交付案涉土地的损失共计 22 148 600 元；2. 轨道交通公司、置业公司、拆迁公司共同向高某支付本案测绘费用 10 000 元；3. 轨道交通公司、置业公司、拆迁公司共同向高某支付案件受理费及公证费 1145 元；4. 轨道交通公司、置业公司、拆迁公司按中国人民银行同期贷款利率共同向高某支付自 2012 年 10 月 2 日至 2017 年 11 月 21 日期间应收损失赔偿额的逾期支付利息共计人民币 4 373 315.75 元。其理由是，轨道交通公司一方应按照协议约定清空案涉土地，并回填夯实不得影响高某还建施工，同时轨道交通公司不得在案涉土地上有永久构筑物，不得永久性改造，但其确在案涉土地上建有盾构井，因为前述违约行为，轨道交通公司应承担相应责任；因为返还案涉土地所发生的测绘费、公证费也是由于轨道交通公司违约所造成的，该项费用应由轨道交通公司承担；另外，由于轨道交通公司一方未及时赔偿高某的损失，对于该损失的利息也应由轨道交通公司一方进行赔偿。

轨道交通公司认为，其在本案返还土地方面没有明显过错，不应承担过失违约责任；即使双方就交地过程中某些问题达不成一致，也属于双方对协议理解出现偏差，其并无违约继续使用土地的意思表示和客观事实，出现争议后，各方应尽可能减少损失，而不应扩大损失。某市地铁六号线属于公益性项目，案涉土地下的地铁和盾构井虽是永久性建筑，但是按照规划和图纸施工的，高某没有案涉土地地下部分的使用权，其不能据此要求赔偿。

置业公司、拆迁公司同意轨道交通公司对高某的辩称意见，并且认为即使需要赔偿，由于其是受委托人，也不应当承担民事责任。

二、审理结果

一审法院认为，当事人一方不履行合同义务或者履行合同义务不符合约定的，应当承担继续履行、采取补救措施或者赔偿损失等违约责任。根据所查明的事实，轨道交通公司承担地铁六号线一期工程的建设管理工作，其委托置业公司、拆迁公司与高某签署《周转补偿协议书》，该协议书是双方真实意思表示，合法有效，双方均应遵守。高某按照协议履行了相应义务，轨道交通公司亦支付了相应补助费。周转到期后，轨道交通公司应将相应的土地交还给高某。但双方在交还土地时四至不清，且在其他方面产生争议。一方面，因协议约定轨道交通公司对用地回填夯实，不得对用地进行永久改造，周转期满时，轨道交通公司应清空临时占地并回填夯实，但轨道交通公司、置业公司、拆迁公司在案涉土地下方建有盾构井，轨道交通公司、置业公司、拆迁公司称此盾构井不能拆除，故轨道交通公司违反双方签订的协议，双方在交付案涉土地时发生争议导致案涉土地未按时交付。对此，轨道交通公司负主要责任。关于轨道交通公司认为用地不得永久性改造是指地上并非地下的意见，因案涉土地为平房占用地块，案涉土地使用后仍需复建房屋，对该土地使用后是否有永久性构筑物对房屋权利人有重大影响，双方达成用地协议时对此应有商议，而从双方所签订的《周转补偿协议》中"回填夯实、不得有永久性构筑物"等字面意思能够确认对案涉土地的地下也不得留有盾构井，所以法院对轨道交通公司的辩称不予采信。另一方面，关于四至不清的问题，双方均可委托有资质的测绘公司对案涉土地进行测绘指界定桩，以便交接，现双方均认为该义务应当由对方承担，导致案涉土地四至问题未及时解决，双方对于案涉土地未及时交付均有过错。综合上述高某和轨道交通公司一方的过错程度，法院将对高某主张的补偿款的数额酌减。关于高某要求轨道交通公司向其支付补偿款的逾期支付利息，因高某与轨道交通公司签订的协议书中并未约定支付补偿款的期限，故高某的该项诉讼请求，于法无据，不予支持。关于高某要求轨道公司一方承担公证费的请求，于法无据，不予支持。关于高某要求轨道交通公司一方向其支付测绘费的请求，理由不足，不予支持。置业公司、拆迁公司为轨道交通公司的代理人，高某要求轨道交通公司的代理人即置业公司、拆迁公司承担合同责任，于法无据，不予支持。故一审法院判决：一、某市轨道交通建设管理有限公司给付高某自 2012 年 10 月 2 日至 2017 年 11 月 21 日逾期交还土地的补偿费 17 718 880 元；二、驳回高某的其他诉讼请求。如果未按判决指定的期间履行给付金钱义务，应当依照《中华人民共和国民事诉讼法》第二百五十三条之规定，加倍支付迟延履行期间的债务利息。

二审法院认为，当事人应当按照约定全面履行自己的义务。当事人一方不履行合同义务，或者履行合同义务不符合约定的，应当承担继续履行，采取补救措施或者赔偿损失等违约责任。

本案双方争议焦点为轨道交通公司周转期限届满后，是否按约定的期限将案涉土地返还给高某；轨道交通公司返还给高某的案涉土地是否符合协议约定的条件；在2017年11月22日，轨道交通公司将案涉土地实际返还给高某，该期限已违背了协议约定，就此，轨道交通公司和高某应如何承担民事责任？根据《周转补偿协议书》的约定，轨道交通公司临时占地的期限即周转期限自2011年11月1日至2012年10月1日。该期限届满时，轨道交通公司应清空临时用地，并回填夯实，在不影响高某还建施工要求的情况下交还高某。某市地铁六号线施工完毕后，轨道交通公司称，2012年10月通知高某的委托人米某收回占用的案涉土地，但米某认为案涉土地存在四至不清等问题，因此拒绝收地。

根据查明的事实，米某系受高某委托，代为办理关于某市地铁六号线用地一事，基于高某与米某的委托关系，米某的证言，属于高某一方对本案事实的陈述，且轨道交通公司亦有一致陈述，故对米某证言中相关内容予以采信。

关于案涉土地未钉界桩，四至不清一节。临时占地前，高某拥有案涉土地使用权，该土地使用权客体为案涉土地。由于轨道交通公司建设某市地铁六号线，在取得规划许可和拆迁许可的情况下，需要对案涉土地临时占用，双方遂签订了《周转补偿协议书》。该协议书具有合同效力，因此期限届满后，轨道交通公司应按协议约定将案涉土地返还给高某。但双方在协议中未就具体交接方式做出约定，双方应在履行时进行商定，现双方未能商定。此种情况下，某市地铁六号线施工完毕后，轨道交通公司通知高某接收案涉土地，系履行协议义务行为。从《周转补偿协议书》出发，接收案涉土地，既是高某的权利，也是高某的义务。就高某接收案涉土地义务而言，如其认为轨道交通公司返还案涉土地四至不清，在协议未约定具体交接方式情形下，亦有厘清案涉土地四至相应义务。进而言之，如高某认为在某市地铁六号线施工完毕，轨道交通公司返还案涉土地不属其原拥有使用权的客体时，其应以相应的证据加以说明。高某在诉讼中未提交充足证据证明其尽到了履行上述协议义务，对未依约履行协议具有一定责任。

关于案涉土地返还时尚有盾构井一节，轨道交通公司至案涉土地实际返还给高某时才达到"回填夯实"，而在此前，轨道交通公司通知高某一方接收案涉土地有盾构井存在不符合协议约定之条件，如前所述，其应及时采取补救措施。由于轨道交通公司怠于履行法律规定的义务，对未依约履行协议应承担相应违约责任。

盾构井是否应当拆除涉及案涉土地地下空间使用权。建设某市地铁六号线在案涉土地上建筑盾构井，是地铁建设设计要求，且已经过规划批准，因而盾构井是公共设施建设所需，具备建设合法性。根据我国《城乡规划法》相关规定，高某接收返还的案涉土地后，还建房屋尚需经过规划批准。就建设用地使用的连续性而言，高某在接收返还的案涉土地后，一般会继续拥有案涉土地的使用权。我国《物权法》第一百三十六条规定，建设用地使用权可以在土地的地表、地上或者地下分别设立。新设立的建设用地使用权，不得损害已设立的用益物权。轨道交通公司建设盾构井在先，高某还建房屋的土地使用权尚需根据还建房屋规划许可为前提才能确立，法律关于地下空间使用权规定之要义，不属于高某主张损失发生的原因，因此，从建设用地使用权来看，高某没有理由因盾构井的存在拒绝接收案涉土地。而且《周转补偿协议书》未曾对案涉土地地下空间使用权进行约定，高某一方不能因此拒绝接收案涉土地。事实上，双方实际交接的案涉土地，在对盾构井从技术上进行填平夯实后，已完成案涉土地的返还交接，高某在此基础上已具备继续使用案涉土地的条件。

自 2012 年 10 月 2 日至 2017 年 11 月 21 日，由于履行《周转补偿协议书》，轨道交通公司一方与高某发生争议，致使高某未能及时还建房屋，损害了高某的合同利益。双方在协议书中约定的迟延履行每天 11800 元的补偿标准，属于对迟延返还案涉土地损失的约定。根据迟延履行的期限进行计算，应认定为高某发生的损失。依据前述责任分析，一审法院考虑由轨道交通公司赔偿数额偏高。但是高某连续使用案涉土地，如果没有盾构井的存在，其经过规划批准也可能取得地下空间使用权，因此，高某土地使用权的市场价值拓升从此角度审视有所影响，基于此种考虑，法院对一审所判赔偿数额不予改变。

关于高某主张逾期补偿应计算利息一节，由于双方约定补偿性质属于损失，本案高某所主张的利息属于损失，是根据获赔损失数额计算得出的。在轨道交通公司赔偿损失数额未被确定时，该损失无从认定，高某经生效判决确定赔偿数额后，属于迟延履行责任，故对高某该项主张不予支持。关于高某一方对测绘费、公证费的主张，基于前述接收案涉土地是其应履行的义务，测绘费、公证费即是因实际返还案涉土地所发生，故该两笔费用由高某一方负担为宜，对高某该两项主张法院亦不予支持。一审法院根据轨道交通公司、置业公司、拆迁公司之间的法律关系，判令轨道交通公司承担相应民事责任是适当的，对轨道交通公司因此不承担民事责任的主张不予支持。二审法院判决：驳回上诉，维持原判。

三、相关法律问题探讨

（一）高某是否有接收交回案涉土地的义务

《周转补偿协议书》约定期限届满，轨道交通公司应清空临时占地并回填夯实将案涉土地交还给高某，没有约定高某接收案涉土地的义务，但这并不意味着高某没有接收案涉土地的义务。我国《合同法》第九十二条规定，合同的权利义务终止后，当事人应当遵循诚实信用原则，根据交易习惯履行通知、协助、保密等义务。所谓诚实信用原则，是指民事主体在从事民事活动时，应当诚实守信，以善意的方式履行其义务，不得滥用权利及规避法律或合同约定的义务[1]；所谓交易习惯是指当事人在交易中建立起来的，并被当事人惯常遵守的习惯性法则。对于一个特定的合同，当事人之间业已建立的交

---

① 李国光，《中国合同法条文解释》，新华出版社 1999 年版，第 210 页。

易习惯在合同成立后自动对当事人产生约束力，除非当事人已明确表示排除其适用。[1][2]根据诚实信用原则和交易习惯，当事人在权利义务终止后应当履行附随义务，否则将有悖于诚实信用原则，破坏交易习惯，给对方当事人带来损害。本案中，当轨道交通公司交还案涉土地时，如果高某不接收案涉土地，则轨道交通公司交还案涉土地的合同义务将无法履行。实际上，高某未尽到法律规定的附随义务。因此，高某应按照诚实信用原则，积极配合轨道交通公司，对案涉土地予以接收，按照《合同法》规定，履行自己的附随义务。

（二）轨道交通公司交还案涉土地不符合约定条件是否构成违约

按照约定，轨道交通公司应交还清空地表，回填夯实的土地，轨道交通公司通知高某交还案涉土地时，尚未达到协议约定的条件。轨道交通公司对交还的案涉土地负有瑕疵担保责任。根据《合同法》第一百五十条及第一百五十一条的规定，出卖人就交付的标的物，负有保证第三人不得向买受人主张任何权利的义务。但在缔约时，买受人订立合同时知道或者应当知道第三人对买卖的标的物享有权利的，出卖人不负责任。根据《合同法》第一百五十五条的规定，出卖人交付的标的物不符合质量要求的，买受人可以依照《合同法》有关规定请求承担违约责任。合同法分别就权利瑕疵和物的瑕疵作出不同规定，由上述规定可见，我国合同法对瑕疵担保制度采取了折中主义态度，即没有完全否定传统的瑕疵担保制度，但又仅仅规定了权利瑕疵担保，而将物的瑕疵担保放到一般违约制度中[3]。

一般讲，瑕疵履行的法律后果，依履行能否得到补正而定。补正的含义，是指债务人将标的物的瑕疵除去，从而修正为正当的履行。补正的方法包括

---

① 李国光，《中国合同法条文解释》，新华出版社 1999 年版，第 210 页。

② 《最高人民法院关于适用〈中华人民共和国合同法〉若干问题的解释（二）》第七条第一款：下列情形，不违反法律、行政法规强制性规定的，人民法院可以认定为合同法所称"交易习惯"：（一）在交易行为当地或者某一领域、某一行业通常采用并为交易对方订立合同时所知道或者应当知道的做法；（二）当事人双方经常使用的习惯做法。

③ 李永军，《合同法》，法律出版社 2005 年版，第 831 页。

修理、重作、更换等。在瑕疵可以补正的时候，债权人有权拒绝有瑕疵的给付，并在合理期限内通知债务人要求补正，并不承担受领迟延的责任。如瑕疵不能补正，债权人只能请求损害赔偿等；如果债权人愿意受领有瑕疵的给付，债权人可以就价值减少部分请求损害赔偿①。

本案案涉土地使用权原为高某拥有，高某对案涉土地有接收的义务和继续使用的权利。轨道交通公司交还的土地带有瑕疵，属于物之瑕疵。物之瑕疵在我国现行法律制度下，应按违约责任处理。如上述一般情况，轨道交通公司应对瑕疵进行修复、补正，进行正常履行，并且高某不承担受领迟延的责任。但是高某对案涉土地拥有使用权，因而具有接收义务，从保管案涉土地的义务来看，案涉土地的瑕疵补正应在权衡利益的情况下进行。只有重大的隐蔽的瑕疵，才允许受领人拒绝履行②。如果允许高某拒绝轨道交通公司瑕疵履行，则与高某本身应承担的义务相悖。高某接收案涉土地是履行法定的附随义务。相较于给付义务而言，附随义务只是附随的，但这并不意味着附随义务是不重要的。相反，在很多情况下，违反附随义务将会给另一方造成重大损害，甚至可构成根本违约③。附随义务的产生实际是在合同法领域中进一步强化了商业道德，并使这种道德以法定的合同义务的形式表现出来。这对于维护合同的实质正义起到了十分有益的作用④。因此，高某应当按照诚实信用原则，在由高某承担接收案涉土地义务的前提下，由轨道交通公司承担继续履行、采取补救措施或赔偿损失等违约责任。

我国《合同法》第一百二十二条规定，因当事人一方的违约行为，侵害对方人身、财产权益的，受损害方有权选择依照本法要求其承担违约责任或者依照其他法律要求其承担侵权责任。该条规定了加害给付的违约责任和侵权责任。加害给付是瑕疵给付的一种特殊形式，其损害发生系合同之外的人身或财产损失。本案当中，高某的损失是因合同履行所发生的损失，其损失数额也由合同进行了约定，因此，高某诉讼请求所依据的法律规范，应依据

---

① 李建伟，《李建伟讲民法》，人民日报出版社 2017 年版，第 347 页。

② 王利明，《违约责任论》，中国政法大学出版社 1996 年版，第 232 页。

③ 王利明，《合同法新问题研究》，中国社会科学出版社 2003 年版，第 19 页。

④ 王利明，《合同法新问题研究》，中国社会科学出版社 2003 年版，第 20 页。

一般瑕疵给付法律规范行使请求权。

（三）案涉土地所涉及的地下空间使用权的问题

在社会经济生活中，从具有商业及娱乐性质的地下商场、具有人防性质的人防工程、缓解城市交通作用的地铁等多方面，对地下空间的开发和利用层出不穷，地下空间使用权问题早已存在，只是我国《物权法》颁布才在立法层面对于地下空间使用权有了较为明晰的规定。根据我国《物权法》第一百三十六条规定，建设用地使用权可以在土地的地表、地上或者地下分别设立。从立法上看，地下空间使用权属于建设用地使用权，是一种用益物权，但具有相对独立性，可以通过登记来公示公信。

《北京市城市建设规划管理暂行办法》第二条规定，任何单位或个人在北京地区进行各项城市建设工程，都必须符合城市规划的要求，执行规划管理的规定。第四条规定，本办法所称的城市建设工程，系指：新建、扩建、改建、翻建房屋建筑、人防工程、公用设施、市政管线、铁路、地下铁道、道路、桥梁、公园、城市绿地、行道树、河湖水系、水源井、围墙和其他构筑物等。

按照我国《城乡规划法》[①]和上述地方性规划管理办法，高某接收交还的案涉土地后，还建房屋需要经过规划批准。在规划批准后，高某作为个人可直接被确定拥有土地使用权。该土地使用权只是地表土地使用权。高某在拥有地表使用权后，可进一步申请取得该土地使用权下方的地下空间使用权。但是根据我国《物权法》，新设立的建设用地使用权，不得损害已设立的用益物权。从高某还建屋土地使用权本身来看，该土地使用权的地下空间使用权并不必然存在，是需要经过规划批准才能确定。一方面，地下空间的使用权的权利内容是对于地下特定空间的利用，是有可支配性和排他性。另一方面，地下空间使用权的客体范围可以通过登记而被特定化并且可以通过规划而确

---

① 《城乡规划法》第四十条：在城市、镇规划区内进行建筑物、构筑物、道路、管线和其他工程建设的，建设单位或者个人应当向城市、县人民政府城乡规划主管部门或者省、自治区、直辖市人民政府确定的镇人民政府申请办理建设工程规划许可证。

定具体的相应范围①。轨道交通公司经过规划批准建设盾构井，已在先确定了案涉土地地下空间使用权，高某还建房屋土地使用权尚需根据还建房屋规划许可为前提才能确定，在已有轨道交通公司在先地下空间使用权时，高某还建房屋的地下空间使用权属于新设立的建设用地使用权，其不得损害已设立的用益物权，所以高某还建房屋的地下空间使用权将不能得到确定。

高某还建房屋地下空间使用权之不能确定，是法律对地下空间使用权所作规定在本案中的体现，不构成高某所主张损失发生的原因，从这个意义上讲，高某由此主张赔偿没有法律依据。而且，双方在《周转补偿协议书》中也没有对案涉土地地下空间使用权进行约定，从合同角度讲，高某主张赔偿也没有依据。

---

① 王利明，《空间权：一种新型的财产权利》，《法律科学》（西北政法学院学报）2007 年第 2 期，第 28 页。

不动产的善意取得与无权处分

——兼谈《物权法》第一百零六条的适用

从《民法总则》《民法通则》《物权法》《合同法》等法律来看，善意取得制度是物权变动体系中的枢纽性制度，因此，该制度也是民法中最有魅力最值得研究的制度之一。

善意取得在学理上亦可称为即时取得，是指无处分权人转让标的物给善意第三人时，善意第三人一般可以取得标的物的所有权，所有权人不得请求善意第三人返还原物。[①] 从历史的角度考察，罗马法不承认善意取得制度，而是奉行"任何人不得将大于其所有的权利让与他人"的原则，受让人从无权处分人处取得动产，即使出于善意，所有人仍有权向其请求返还。[②] 善意取得来源于日耳曼法"以手护手"原则。在日耳曼法上，根据动产是否基于所有人的意思而交由他人占有，分别采取不同的法律原则，产生不同的法律后果。即在遗失、被盗等非因所有人的意思而占有他人动产的情况下，即使该动产已经被转归他人，原所有权人仍然有权追回；而如果该动产系因出租、寄托等所有人的意思而交由他人占有时，所有权人对其契约相对人仅有返还原物或赔偿损失的请求权，而不能向从该相对人处取得物的占有的人请求返还原物。[③]

近代以来，大陆法系各国继受了日耳曼法的善意取得制度。在传统的善

---

① 魏振瀛，《民法》，北京大学出版社 2010 年版，第 261 页。

② 梁慧星，《中国物权法草案建议稿》，社会科学文献出版社 2000 年版，第 366 页。

③ 杨晶，《善意取得的起源——"以手护手"原则解读及困惑》，《科教与法治》2012 年第 1 期。

意取得理论中，善意取得的财产仅限于动产，而以登记作为公示的不动产的取得，则不适用此制度。我国正处在向市场经济过渡的转轨时期，许多不动产登记制度尚未完善，如在房屋预售过程中，存在"一房二卖"甚至"一房多卖"的情况，导致许多购房人的权利得不到保障。因此，将善意取得制度适用于不动产交易领域，可以最大限度地保护善意第三人的利益，从而促进社会主义市场经济有序的发展，这是我国物权法制度的一个特色。[①] 大陆法系尤其是采用债权形式主义立法的大陆法系国家，善意取得对于维护动态交易安全具有重要意义。尽管如此，截至目前，只有我国立法采取成文法形式确定了善意取得。[②]

一、物权变动的模式

围绕物权变动模式立法选择有两种理论预设。第一种理论预设是将物权变动模式的立法选择作为一个事实判断问题来加以讨论，强调在围绕物权变动所进行的交易中，当事人的确存在有关物权变动的意思因素，因此，独立的物权行为无论在法律上还是在实践中都是一种客观存在，中国大陆物权立法没有理由否认物权行为的独立性。[③] 在近代民法史上，自 1890 年德国民法典颁布以来，物权行为在大陆法系中的德国民法及受德国民法影响的某些民法（如我国台湾民法）是一项重要的概念。[④] 至 1890 年，德国法学家萨维尼出版了《现代罗马法体系》一书。在这本书中，萨维尼进一步阐述了物权契约的概念。他说："私法上的契约，以各种制度和形态出现，甚为复杂。首先是基于债权关系而成立的债权契约，其次是物权契约，并有广泛的适用。交付具有一切契约的特征，是一个真正的契约。一方面，包括占有的现实交付，他方面也包括转移所有权的意思表示。此项物权契约常被忽视，例如在买卖

---

① 最高人民法院物权法研究组，《〈中华人民共和国物权法〉条文理解与适用》，人民法院出版社 2007 年版，第 327 页。

② 李建伟，《李建伟讲〈民法〉》，人民日报出版社 2017 年版，第 163 页。

③ 王轶，《民法原理与民法学方法》，法律出版社 2009 年版，第 90 页。

④ 梁慧星，《中国物权法研究（上）》，法律出版社 1998 年版，第 139 页。

契约，一般人只想到债权契约，但却忘记交付之中也包括一项与买卖契约完全分离，而以转移所有权为目的的物权契约。"[1] 所以这种理论预设认为，买卖合同中存在着物权行为，这是萨维尼最先发现的。

第二种理论预设是将物权变动模式的立法选择作为一个价值判断问题来讨论。有观点认为，物权形式主义的物权变动模式会比较妥当（或不妥当）地安排当事人之间的利益关系，所以应当承认物权行为的独立性。[2] 物权行为独立性本身蕴含了重要价值判断，本身就具有实质性意义。即使否定物权行为独立性的观点，也有认为我国物权立法是一个价值选择问题。学者尹田讲，物权行为理论不应当为我国物权法所采用，关键原因并不在其过分抽象，凌辱生活，而在于其所导致的某种结果依我们的观念既损害了公正，也损害了秩序。[3]

但是，物权变动模式的立法选择既非一个事实判断问题，也非一个价值判断问题，而是一个解释选择问题，即如何用民法的语言来解释、表达生活世界的问题。物权变动模式是对引起物权变动的交易行为进行法律调控的方式，所以，物权变动模式的立法选择就与民事法律制度直接相关。在债权意思主义的物权变动模式中，债权合同可以独立完成物权变动的使命，因而出卖人交付标的物的行为就被解释为（物权变动之后履行买卖合同中交付标的物的）事实行为。在债权形式主义的物权变动模式中，是债权合同结合交付行为来实现物权变动，出卖人交付标的物的行为同样被解释为（履行合同义务的）事实行为。伴随着这一事实行为的完成，标的物的所有权在当事人之间发生转移。在物权形式主义的物权变动模式中，交付具有一切契约之特征，是一个真正的契约，一方面包括占有之现实交付，他方面亦包括转移所有权之意思表示。在物权形式主义的物权变动模式中，立法者认为，该行为对于实现民法的调整目意义重大，因此认可其民法上的意思表示，并冠之以"物权合意"的头衔。[4]

---

① 王泽鉴，《民法学说与判例研究》，三民书局 1975 年版，第 282—283 页。
② 王轶，《民法原理与民法学方法》，法律出版社 2009 年版，第 91 页。
③ 王利明，《民商法论坛》，人民法院出版社 2004 年版，第 287 页。
④ 王轶，《民法原理与民法学方法》，法律出版社 2009 年版，第 90—96 页。

根据我国法律的规定，我国不动产物权变动以债权形式主义为主，意思主义为辅；以登记生效为原则，登记对抗为例外。建设用地使用权、房屋所有权等不动产物权变动经登记才能发生物权效力，土地承包经营权和地役权则采取登记对抗主义，即土地承包合同成立时，土地承包经营权同时发生物权效力；地役权合同成立，地役权即发生物权效力，土地承包经营权和地役权虽无须登记便可生效，但未经登记，不得对抗善意第三人。[①] 我国《物权法》第九条规定：不动产物权的设立、变更、转让和消灭，经依法登记发生效力；未经登记不发生效力，但法律另有规定的除外。依法属于国家所有的自然资源，所有权可以不登记。第一百二十七条规定：土地承包经营权自土地承包经营权合同生效时设立。县级以上地方人民政府应当向土地承包经营权人发放土地承包经营权证、林权证、草原使用权证，并登记造册，确认土地承包经营权。第一百五十八条规定：地役权自地役权合同生效时设立。当事人要求登记的，可以向登记机构申请地役权登记；未经登记，不得对抗善意第三人。

因此，讨论不动产的善意取得，应当在债权形式主义为主，意思主义为辅这样的物权变动模式下进行。

二、无权处分与合同效力

如前所述，我国《物权法》第九条规定：不动产物权的设立、变更、转让和消灭，经依法登记发生效力；未经登记不发生效力，但法律另有规定的除外。此外，《物权法》第十五条规定：当事人之间订立有关设立、变更、转让和消灭不动产物权的合同，除法律另有规定或者合同另有约定外，自合同成立时生效；未办理物权登记的，不影响合同效力。第二十三条规定：动产物权的设立和转让，自交付时发生效力，但法律另有规定的除外。由此可见，我国物权法确立了区分原则，将物权变动的原因行为与变动的效力区分开来。

物权变动与其原因行为区分原则，又称物权变动与其基础关系的区分原

---

① 杜万华，《最高人民法院〈物权法〉司法解释（一）理解与适用》，人民法院出版社 2016 年版，第 37 页。

则、物权变动的原因与结果的区分原则，简称区分原则或分离原则，是指在发生物权变动时，物权变动的原因与结果作为两个法律事实，他们的成立生效应依据不同的法律根据的原则。区分原则的基本含义，可以归纳为两点：其一，物权变动的基础关系即原因行为的成立，必须按照该行为成立的自身要件予以判断，而不能以物权变动是否成就为判断标准。其二，物权变动必须以动产的交付与不动产的登记为必要条件，而不能认为基础关系或原因行为的成立生效就必然发生物权变动的效果。①

按照德国法，"权利的丧失"或"权利的单纯的改变"系因意思表示而引起的，即谓为"处分"或"处分行为"。因而处分行为系指产生如下后果的法律行为：立即转移权利、权利内容的改变或缩小、在权利上设定物权负担及使权利消灭的行为。可见处分行为囊括了所有的物权行为（凡物权行为均属处分行为），但反之则否（并非所有的处分行为都是物权行为），例如诸多涉及债的关系的处分行为，如债务负担、抵销、债权让与及解除双务合同等，即非属于物权行为。此类涉及债的关系的处分行为虽不以发生物权变动为直接效果，但因该行为之结果，亦将发生权利之变动，就与物权行为类似，故学者称为"准物权行为"或"债权法上的处分行为"。②

我国多数学者，特别是参与合同法及物权法立法的许多学者都断然否定合同法及物权法采用物权行为理论，从条文的客观解释来看，是否能够得出这样的结论，则甚有疑问。《合同法》第五十一条③是否规定了物权行为，无权处分的效力是指物权行为无效，还是指债权合同无效，就存在争议。但是，我国《合同法》于1999年10月1日起施行，立法时未采纳物权行为理论。如果不采纳物权行为理论，则不必区分债权合同和物权合同，因为负担行为是指当事人所订立的以引起标的物物权变动目的的债权合同，而处分行为则是履行债权合同所规定的义务并导致标的物财产权变动的行为。正如有学者指出的，处分是指履行合同债务的行为，无权处分是指无权处分人未履行合

---

① 王轶，《物权法解读与应用》，人民出版社2007年版，第33—34页。
② 梁慧星，《中国物权法研究》，法律出版社1998年版，第147—148页。
③ 《合同法》第五十一条规定：无处分权的人处分他人财产，经权利人追认或者无处分权的人订立合同后取得处分权的，该合同有效。

同债务而处分他人财产，经有处分权人的追认或者在订立合同后取得处分权的，该合同有效。[①]因此应当明确，由于我国《物权法》并未采纳德国民法物权行为独立性和无因性理论，而仅是在第十五条规定了区分原则，加之《物权法》第二章确立了以债权形式主义为主的物权变动模式，在此情境下，《物权法》第一百零六条规定的"处分"应当理解为以发生物权变动为目的的债权合同，"无权处分"则相应指向对物权变动之目标实现没有相应权利或权利受到限制的情况。[②]

就标的物处分权之有无与合同效力的关系，在《物权法》相关原则确立前，从实务角度观察，"无权处分不影响合同效力"这一原则经历了不同发展阶段。

从房地产登记来看，新中国成立以后一直到 20 世纪 80 年代初期，由于法制建设尤其是民事法律制度严重滞后，房地产登记尚未受到重视，既无专门的立法，也无专门的法规、规章。到 20 世纪 80 年代中期，随着民事法律制度的立法日益受到重视，有关行政管理机关从加强对房地产管理的角度，就房地产登记陆续制定并颁布了一些部门规章。[③]1987 年 4 月 21 日，原城乡建设环境保护部发布了《城镇房屋所有权登记暂行办法》，对不涉及他项权利房屋所有权登记问题进行了规定。1989 年，原国家土地管理局以《土地管理法》为依据，制定《土地登记规则》，对不包括房屋的土地权利登记进行了规定。但这一阶段建立起来的登记制度显然侧重于管理，而并未建立起具有不动产物权公示意义的登记制度。如 1990 年 12 月，建设部发布的《城市房屋产权户籍管理暂行办法》第十八条规定：凡未按照本办法申请并办理房屋产权登记的，其房屋产权的取得、转移、变更和他项权利的设定，均为无效。

全国人大常委会于 1994 年、1995 年先后制定并发布了《城市房地产管理法》和《担保法》，前者就城市房地产的权属登记从管理的角度作出了规定，后者就城市房地产抵押登记作出了规定。1997 年，建设部依据《城市房地产

---

①　王利明，《合同法新问题研究》，中国社会科学出版社 2003 年版，第 254 页。

②　杜万华，《最高人民法院〈物权法〉司法解释（一）理解与适用》，人民法院出版社 2016 年版，第 366 页。

③　刘武元，《房地产交易法律问题研究》，法律出版社 2002 年版，第 41 页。

管理法》制定并发布了《城市房屋权属登记管理办法》，该办法对城市房屋权属登记作出了具体规定。根据国务院令，自 2015 年 3 月 1 日起《不动产登记暂行条例》颁布实施，至此，我国不动产统一登记制度正式确立。我国《物权法》第九条前半段规定：不动产物权的设立、变更、转让和消灭，应当依照法律规定登记。该条是关于公示原则的规定。物权公示的效力可以分为两大方面：其一是决定物权的变动是否发生或是否能够对抗第三人的效力，其二为权利正确性推定效力和善意保护效力。即前者为物权公示的形成力和对抗力，后者则为物权公示的公信力。① 由此可以认为，2007 年 10 月 1 日我国《物权法》实施之前，由于缺乏法律制度规定，不动产登记公示不具有对抗力及公信力，只具有相应的管理效力，《物权法》实施之后，不动产登记才具有对抗力及公信力。

从合同效力看，1988 年 1 月 26 日《最高人民法院关于贯彻执行〈中华人民共和国民法通则〉若干问题的意见（试行）》第 89 条规定：共同共有人对共有财产享有共同的权利，承担共同的义务。在共同共有关系存续期间，部分共有人擅自处分共有财产的，一般认定无效。但第三人善意、有偿取得该财产的，应当维护第三人的合法权益，对其他共有人的损失，由擅自处分共有财产的人赔偿。由此规定看来，第三人善意取得可以修正合同效力。

1999 年 10 月 1 日《合同法》实施前，关于房屋买卖合同的生效即合同标的物——房屋所有权的转移，法律有特殊规定，必须以当事人双方到房屋所在地房管机关登记办理产权过户为必要条件。② 由于《合同法》确立了合同自由原则，并且未将不动产转让合同规定为办理批准登记手续生效的合同，使得合同效力受标的物无处分权影响的讨论趋于简单化。根据《合同法》第五十一条规定分析，无处分权的人包括两种情况，一种情况为不是财产的所有权人，另一种情况为不具有法律授予的处分他人财产的人。无权处分他人财产而处分他人财产的，属于一种侵犯他人财产权的行为，该行为系违法行为。在这种情况下，与他人订立合同因属于违反法律规定而使合同无效。③ 然

---

① 王轶，《〈物权法〉解读与应用》，人民法院出版社 2007 年版，第 25 页。
② 汤树华，《房地产案件司法实务》，新时代出版社 1993 年版，第 43 页。
③ 徐景和，《中华人民共和国合同法通解》，中国检察出版社 1999 年版，第 85 页。

而，有一种观点认为我国《合同法》第五十一条的规定的不足，已由最高人民法院司法解释①予以纠正。②

与此相关联的还可见诸《婚姻法》司法解释。2001 年 12 月实施的《最高人民法院关于适用〈中华人民共和国婚姻法〉若干问题的解释（一）》第十七条第（二）项规定：夫或妻非因日常生活需要对夫妻共同财产做重要处理决定，夫妻双方应当平等协商，取得一致意见。他人有理由相信其为夫妻双方共同意思表示的，另一方不得以不同意或不知道为由对抗善意第三人。该条讲的是对共同财产做重要处理决定，不动产在夫妻生活中一般应认为属重大财产，对重大财产的处理决定，当属于重大处理决定。"不知道"可以从有无家事代理权理解，"不同意"可以从处分权理解。就"不同意"而言，当夫或妻一方没有处分权处理共同财产情形下，如果第三人是善意的，则合同应为有效。该条不能理解为夫或妻一方无权处分情形下，合同应为有效，夫或妻一方对不动产物权有拒绝转移登记或追回的权利。2011 年 8 月实施的《最高人民法院关于适用〈中华人民共和国婚姻法〉若干问题的解释（三）》第十一条第一款规定：一方未经另一方同意出售夫妻共同共有的房屋，第三人善意购买、支付合理对价并办理产权登记手续，另一方主张追回该房屋的，人民法院不予支持。

《最高人民法院关于适用〈中华人民共和国合同法〉若干问题的解释（二）》相关规定指向我国《合同法》五十一条针对性并不明确，而《最高人民法院关于适用〈中华人民共和国婚姻法〉若干问题的解释（三）》在制定时，为避免与《物权法》第一百零六条发生冲突及为避免那些因房价上涨而恶意毁约的人提供违约的途径，才将共同生活居住用房不允许第三人"善意取得"的条文删掉，未将条文重点落实在善意取得构成要件上，因此实务中主流观点尚以善意修正合同效力处理此类问题。

2012 年 5 月 10 日，最高人民法院作出了《最高人民法院关于审理买卖合

---

① 2009 年《最高人民法院关于适用〈中华人民共和国合同法〉若干问题的解释（二）》第十五条规定：出卖人就同一标的物订立多重买卖合同，合同均不具有合同法第五十二条规定的无效情形，买受人因不能按照合同约定取得标的物所有权，请求追究出卖人违约责任的，人民法院应予支持。

② 马莉萍，《物权法》，北京大学出版集团、安徽大学出版社 2010 年版，第 78 页。

同纠纷案件适用法律问题的解释》，该解释第三条规定：当事人一方以出卖人在缔约时对标的物没有所有权或者处分权为由主张合同无效的，人民法院不予支持。出卖人因未取得所有权或者处分权致使标的物所有权不能转移，买受人要求出卖人承担违约责任或者要求解除合同并主张损害赔偿的，人民法院应予支持。

至此，无权处分不影响合同效力形成共识。

在实务中无权处分常见的类型有下列情形：

1. 权利人基于非依法律行为的物权变动取得房屋所有权，但未办理权属登记，房屋登记在他人名下，登记人擅自以自己名义处分房屋的。比如当事人基于人民法院、仲裁委员会在分割共有不动产等案件中作出并依法生效的改变原有物权关系的判决书、裁决书、调解书，但未办理登记的情形。

2. 因房屋登记机关错误，致使房屋登记簿上记载的，原所有权消灭，产生了新的登记权利，登记人擅自以自己名义处分房屋的。

3. 夫妻共同共有及其他法定共有房屋仅登记在其中部分共有人名下，登记人未经占份额三分之二以上的按份共有人或全体共同共有人同意，擅自以自己名义处分房屋的。

4. 查封（指现场贴封条）不动产的转让。不动产查封一般通过通知登记机关予以查封登记后的方式实现。但贴封条查封有瑕疵，不能对查封效力否定，涉及公权力对公权力评价问题。据此发生无权处分的可能性较低，但如果发生例外，不动产登记权利人仍可形成无权处分。

5. 执行案外人期待物权成立情形下，登记权利人的无权处分。依照《最高人民法院关于人民法院办理执行异议和复议若干问题的规定》第二十八条、第二十九条规定，案外人拥有期待物权的，登记权利人以不动产设立抵押权的情形，可以形成无权处分。

6. 借名登记。对此有两种观点。一种观点认为，借名人与被借名人之间成立债权债务关系，双方互负相应权利义务，借名人享有请求被借名人在双方约定的时间和条件成就时，将不动产变更登记到自己名下的权利，被借名人负有配合变更登记和按照双方约定行使相应不动产权利等义务。当被借名人拒绝履行义务引发纠纷，借名人可依据双方约定提起给付之诉。另一种观点认为，这种情形属于登记簿记载的权利状态与真实权利状态不符，根据《物权法》第三十三条①之规定，真实权利人应可通过物权确认之诉，由司法裁判直接确认其为权利人，而被借名人作为登记权利人，其擅自转让该不动产物权的行为则属于物权法第一百零六条所规定的"无权处分"。按照《最高人民法院关于适用〈中华人民共和国物权法〉若干问题的解释（一）》第二条的规定，当事人有充分证据证明不动产登记簿的记载与真实权利状态不符、其为该不动产物权的真实权利人，请求人民法院确认其享有物权的，应予支持。②如果采纳第二种观点，则登记权利人处分不动产为无权处分。

7. 出卖人转让房屋并办理了所有权转移登记，其房屋买卖合同被确认无效或被撤销、解除，尚未办理回复登记，登记人擅自以自己名义处分房屋的。

此外，实务中尚有其他无权处分情形，应注意甄别。

三、善意取得

我国《物权法》第一百零六条第一款规定：无处分权人将不动产或者动产转让给受让人的，所有权人有权追回；除法律另有规定外，符合下列情形的，受让人取得该不动产或者动产的所有权：（一）受让人受让该不动产或者动产时是善意的；（二）以合理的价格转让；（三）转让的不动产或者动产依照法律规定应当登记的已经登记，不需要登记的已经交付给受让人。该款见诸《物权法》所有权取得的特别规定中。善意取得是指财产占有人无权处分其占有的财产，如果他将该财产转让给第三人，受让人取得该财产时出于善意，则受让人将依法即时取得对该财产的所有权或其他物权。③

日耳曼法"以手护手"原则，即任意将动产交与他人者，仅能向其相对人请求返还，如果该人已将动产让与第三人，仅能要求其承担损害赔偿责任，

---

① 《物权法》第三十三条规定：因物权的归属、内容发生争议的，利害关系人可以请求确认权利。

② 杜万华，《最高人民法院〈物权法〉司法解释（一）理解与适用》，人民法院出版社2016年版，第367—368页。

③ 最高人民法院物权法研究小组，《〈中华人民共和国物权法〉条文理解与适用》，人民法院出版社2007年版，第327页。

而不得对第三人请求返还。比较而言，日耳曼法的规定使受让人在受让财产时，不得花费不必要的精力对财产来源进行调查，有利于保护交易安全，促进财产流转。因此为近代各国民法所继受，并加以改造，成为目前通行的善意取得制度。① 在《物权法》立法之前，我国未确立不动产善意取得制度，善意取得的标的限于动产。从不动产的特征来看，由于其以登记为公示方法，交易上不至于误认占有人为所有人，因此，被排除于善意取得制度之外。② 如前所述，我国正处在向市场经济过渡的转轨时期，许多不动产登记制度尚未完善，如在房屋预售过程中，存在"一房二卖"甚至"一房多卖"的情况，导致许多购房人的权利得不到保障。因此，将善意取得制度适用于不动产交易领域，可以最大限度地保护善意第三人的利益，从而促进社会主义市场经济有序的发展，这是我国物权法制度的一个特色。系立法政策在财产静的安全与动的保障之间不得不进行法律上的利益衡量与价值判断，从而做出艰难的抉择，最终以牺牲真实权利人的利益为代价，寻求交易安全之维护。③

善意取得为即时取得，在性质上究竟为原始取得还是继受取得，向来甚有争论。④ 在债权形式主义物权变动模式下，如认为善意取得为继受取得，则作为原因行为的转让合同应为有效，否则物权变动因要件的缺失而无法实现；而若认为善意取得为原始取得物权取得与原因行为无关，则原因行为有效或无效的场合均可能有善意取得之适用。对于善意取得的性质，我国学界的主流观点认为，应为原始取得。⑤ 但是，合同效力关涉国家利益、社会公共利益和公序良俗，对于合同无效是否一概不影响善意取得不应该作出非黑即白、非此即彼的结论。应认为，转让行为有效与否，不影响善意取得的成立，但可能导致受让人能否终局地保有标的物的物权方面出现差别：在转让合同有

---

① 梁慧星，《中国物权法草案建议稿》，社会科学文献出版社 2000 年版，第 366 页。
② 梁慧星，《中国物权法草案建议稿》，社会科学文献出版社 2000 年版，第 366 页。
③ 杜万华，《最高人民法院〈物权法〉司法解释（一）理解与适用》，人民法院出版社 2016 年版，第 351 页。
④ 杜万华，《最高人民法院〈物权法〉司法解释（一）理解与适用》，人民法院出版社 2016 年版，第 477 页。
⑤ 杜万华，《最高人民法院〈物权法〉司法解释（一）理解与适用》，人民法院出版社 2016 年版，第 478 页。

效时，受让人可终局地保有标的物物权；在转让合同无效时，转让人可能行使物的返还请求权（于给付物所有权转归于转让人的场合），或受让人承担不当得利返还义务，应转让人的请求而将该物权作为不当得利返还给受害人，于是，受让人无法终局地保有标的物物权。[①]

根据《物权法》第一百零六条的规定，"无权处分"是适用善意取得的前提。按照该条规定，其构成要件为：（一）受让人受让该不动产或者动产时是善意的；（二）以合理的价格转让；（三）转让的不动产或者动产依照法律规定应当登记的已经登记，不需要登记的已经交付给受让人。

1. 不动产受让人善意的判断

民法中善意的含义较为统一，其与价值判断无关，而仅指不知道，不同语境下善意的民事主体所不知道的对象不同。善意取得要以无权处分为前提，善意与否的判断，应以受让人对不知且不应知无权处分无重大过失以上过错为标准。不动产物权处分的权利处理系通过登记来表彰，依表彰效果之存在即可推定受让人为善意。司法实践中，对于善意的认定，正是以法律推定为主要方式。

由于我国物权登记制度的不完善，错误登记以及根据《物权法》第二十八条[②]规定取得的物权未及时登记，使得登记簿上的权利人经常在未完成变更登记或更正之前处分登记簿上的不动产。在此情况下，为了促进交易，避免不诚信，消除道德风险，应当强调，对于不动产登记簿信赖的保护，推定信赖登记簿登记内容的受让人为善意，将信赖登记簿上的受让人存在恶意之事实举证责任，交由主张的真实权利人来负担。因此在诉讼中，只要受让人主张其对登记簿的信赖，则一般无须再举证证明其善意，而是直接推定其构成善意。[③]

---

① 崔建远，《物权：规范与学说——以中国物权法的解释论为中心》，清华大学出版社 2011 年版，第 214 页。

② 《物权法》第二十八条规定：因人民法院、仲裁委员会的法律文书或者人民政府的征收决定等，导致物权设立、变更、转让或者消灭的，自法律文书或者人民政府的征收决定等生效时发生效力。

③ 杜万华，《最高人民法院〈物权法〉司法解释（一）理解与适用》，人民法院出版社 2016 年版，第 354 页。

按照《最高人民法院关于适用〈中华人民共和国物权法〉若干问题的解释（一）》第十八条规定，善意取得中善意的判断时间为不动产物权转移登记之时。作为受让人想要得到善意取得制度的保护，实现从无处分权人处取得的不动产物权，需要在完成不动产物权转移登记之前，始终保持善意。

合理价格是判断善意取得的构成要件。合理价格应当根据转让标的物的性质、数量以及付款方式等具体情况，参考转让时交易地市场价格以及交易习惯等因素综合认定。合理价格条件，意在强调货币抽象评价，非在限定对价表现形式，且对价支付与否并非必要。合理与否，重点在于排除不合理低价，对个别交易中存在的高价乃至过分高价，如不能否定受让人之善意，即不能视之为不合理。无对价情形应排除善意取得制度之适用，在外部关系中以赠与为代表，在内部关系中比如继承。[①]

在司法实践中，通过不动产中介机构转让不动产，一般通过"所有权核验"途径使受让人通过不动产登记知道转让人是否有权处分。但实务中有种类型，并不是通过中介机构，也不是私下交易，比如通过互联网上发布房源信息，双方达成交易的情形。转让人出示了房屋所有权证[②]，但房屋所有权证的公信公示效力尚不及不动产登记簿，因此不动产买受人还应尽到调查义务。不动产直接占有具有一定公示效力[③]，最高人民法院民一庭司伟法官表述：虽然不动产交付并非法律上规定的不动产物权变动的要件，但是不动产交付往往会起到一定的对外公示效力的作用。[④]最高人民法院《第八次全国民事审判工作会议纪要》规定："已经合法占有转让标的物的受让人，请求转让人办理

---

① 杜万华，《最高人民法院〈物权法〉司法解释（一）理解与适用》，人民法院出版社2016年版，第433页。

② 《物权法》第十七条规定：不动产权属证书是权利人享有该不动产物权的证明。不动产权属证书记载的事项，应当与不动产登记簿一致；记载不一致的，除有证据证明不动产登记簿确有错误外，以不动产登记簿为准。

③ 江必新、刘贵祥，《最高人民法院执行最新司法解释统一理解与适用》，中国法制出版社2016年版，第212页。

④ 最高人民法院民事审判第一庭，《民事审判指导与参考》总第69辑，人民法院出版社2017年版，第125页。

物权转移登记的，不适用诉讼时效"，间接规定了占有具有一定的公示作用。[1]因此要求不动产买受人应该尽到对不动产占有的调查义务。在实务中，《北京市高级人民法院关于审理房屋买卖合同纠纷案件适用法律若干问题的指导意见（试行）》第十九条第（3）项明确规定：房屋善意取得以房屋所有权已经转移登记到买受人名下为生效要件。房屋已经办理转移登记但尚未交付的不影响善意取得的构成，但该事实可以作为判断买受人是否构成善意的因素之一。

依表彰效果之存在推定受让人为善意，系《最高人民法院关于适用〈中华人民共和国物权法〉若干问题的解释（一）》确立的原则，该司法解释颁布实施在《不动产登记暂行条例》后[2]，是规范状态的判断标准，实践中各种情形千差万别，应在该原则基础上作相应判断。

2. 不动产所有权转移登记的判断

确立不动产登记的意义，在于对不动产的管理，确立产权并作为课税的依据。在民法意义上，则为不动产物权变动的公示方法，具有物权设立的公示功能、物权变动的公示功能和物权正确性的推定功能。[3]善意取得，在债权形式主义模式下，作为生效要件的不动产取得要完成登记，作为对抗要件的不动产取得，无须登记。《物权法》规定，涉及不动产不以登记为善意取得要件的物权主要有土地承包经营权和地役权，该类物权的取得应以合同生效时确立取得。[4]根据《物权法》相关规定[5]，宅基地使用权通过转让取得，不应以统一登记为权利基础。就宅基地使用权转让是登记生效主义还是登记对抗

---

[1] 最高人民法院民事审判第一庭，《民事审判指导与参考》总第69辑，人民法院出版社2017年版，第126页。

[2] 《不动产登记暂行条例》自2015年3月1日起施行，《不动产登记暂行条例实施细则》自2016年1月1日起施行，《最高人民法院关于适用〈中华人民共和国物权法〉若干问题的解释（一）》自2016年3月1日起施行。

[3] 杨立新，《大众物权法》，北京大学出版社2007年版，第22页。

[4] 杜万华，《最高人民法院〈物权法〉司法解释（一）理解与适用》，人民法院出版社2016年版，第425页。

[5] 《物权法》第一百五十三条规定：宅基地使用权的取得、行使和转让，适用土地管理法等法律和国家有关规定。《物权法》第一百五十五条规定：已经登记的宅基地使用权转让或者消灭的，应当及时办理变更登记或者注销登记。

主义，理论和实务界存在争议。杨立新教授认为是登记对抗主义。[①] 王轶教授认为是登记生效主义。[②] 笔者认为，按照《物权法》第一百五十三条向《土地管理法》等的指引，《土地管理法》第六十二条对宅基地使用权确立了审批制度，《不动产登记暂行条例》及《不动产登记暂行条例实施细则》规定宅基地使用权应当登记。据此可以认为，宅基地使用权在《不动产登记暂行条例》实施后，可以解释为登记生效主义。虽然如此，农村宅基地和宅基地上的房屋因为情况复杂，登记推进缓慢。各地方措施不一，因此目前司法实践中，已经推行登记地区可以登记为表彰，未推行登记地区就不能以登记为物权取得表彰。

四、第三人为原所有人时，《物权法》第一百零六条之优先适用

不动产善意取得制度在司法实践应用中有一个重要问题，是合同法第五十二条第（二）项受侵害的第三人与《物权法》第一百零六条善意取得制度下的原所有人竞合时，第三人主张权利法律规范适用问题。[③]

有处分权人对不动产或动产的转让，不存在善意取得的问题，转让人无权处分是善意取得的前提。原因行为的有效非善意取得的法定要件。善意取得制度是在保护静态的财产安全和动态的交易安全中、在真正权利人的利益和善意第三人的利益间做出博弈和权衡的结果，只要转让人实施了无权处分行为，受让人基于交易行为取得了物权，则可构成善意取得，不应再追问转让合同的效力，即转让合同本身有效和无效不影响善意取得的构成。[④]

关于无效转让行为，在我国长期以来占统治地位的理论主张绝对无效的

---

① 杨立新，《大众物权法》，北京大学出版社 2007 年版，第 27—28 页。
② 王轶，《〈物权法〉解读与应用》，人民出版社 2007 年版，第 245 页。
③ 见（2018）京 02 民终 3783 号民事判决书。
④ 杜万华，《最高人民法院〈物权法〉司法解释（一）理解与适用》，人民法院出版社 2016 年版，第 497 页。

民事行为，不以当事人之间为限，任何人均可主张其无效。①这种观点同德国学者的观点是一致的。但是，在实际生活中，也只有利害关系人才可能主张合同无效。再具体地说，只有合同存在会使其受到不利益的人才有主张合同无效的动力。②因此，当第三人主张的合同被确认无效后，合同自成立时起就处于无效状态。③根据《合同法》第五十八条规定：合同无效或者被撤销后，因该合同取得的财产，应当予以返还；不能返还或者没有必要返还的，应当折价补偿。有过错的一方应当赔偿对方因此所受到的损失，双方都有过错的，应当各自承担相应的责任。

但是当第三人是无权处分中的原所有人时，第三人对转让合同无效的主张受到了限制。转让合同系无处分权人也即转让人与受让人签订，如果第三人依《合同法》第五十二条第（二）项恶意串通损害第三人利益之规定主张转让合同无效，该法律关系要件具备后，合同无效的后果之一，是受让人应将不动产返还。由于合同具有相对性，不动产应返还给无处分权人或无处分权人指定的原所有人。

不动产登记所有权人即为推定物权人。不动产权利推定效力，是指非有相反证据，推定以不动产登记簿记载的当事人和权利人为正确的权利人和权利变动。也就是"将纳入公示的物权作为正确权利之假定。"④就善意取得法律关系而言，此时受让人同时具备善意取得的构成要件，其在善意取得情形下，法律后果是平衡原所有人的利益，取得不动产标的物的登记所有权。如此而言，原所有人依据《物权法》不能要求返还不动产。

在法理上，此种情形属于"规范排除的竞合"。虽然同一事件符合两个以上法律关系的构成要件，但按照法律适用规则只能适用其中一个法律规范。例如，两个法律条文构成一般法与特别法的关系时，即只能根据特别法优于一般法的规则适用特别法。这种情况并不是真正的法条竞合，德国法学家拉伦茨先生把这种竞合称为"规范排除的竞合"，即一种规范排除另一种规范，

① 梁慧星，《民法总论》，法律出版社1996年版，第193页。
② 李永军，《合同法》，法律出版社2005年版，第445页。
③ 王利明、崔建远，《合同法新论·总则》，中国政法大学出版社2003年版，第306页。
④ 孙宪忠，《中国物权法总论》，法律出版社2009年版，第285页。

以致只适用前一规范。①

我国《合同法》颁布实施于 1999 年 10 月 1 日，《物权法》颁布实施于 2007 年 10 月 1 日，《物权法》确立了物权变动与其原因行为的区分原则。善意取得是在《物权法》规定物权变动模式与其原因行为区分原则的情形下的即时取得（原始取得），规定在《物权法》所有权取得的特别规定中。从时间上看，《合同法》颁布实施在前，《物权法》颁布实施在后。从一般与特别的关系来看，依照原因行为取得物权的继受取得为一般模式，善意取得为特别模式。因此，当第三人为原所有人时，其在无权处分语境下，不能根据《合同法》第五十二条第（二）项以恶意串通损害第三人利益的合同无效的规定主张转让合同无效，只能依据《物权法》第一百零六条的规定来主张权利。

在旧一般法与新特别法关系中，之所以优先选择适用新特别法的原因不仅在于适用"新法优于旧法"规则与"特别法优于一般法"规则的结果是相同的，不发生矛盾，关键还在于新特别法的制定与实施本质上废止了旧特别法的效力，当时具有规范约束效力的只有新特别法，而非旧特别法。②

至于非原所有人的第三人，则可以主张转让合同无效。善意取得制度保护的是正当交易下的善意第三人的信赖利益，而非正当交易可能影响的是国家、集体或他人的合法权益，这种交易当事人本身善意也是值得怀疑的。以牺牲国家、集体和他人的合法权益，保护第三人并非善意的利益，不符合法律的本质和目的，也与我国民法将善意取得制度的适用范围仅限制在有偿交易，而不适用于无偿交易等非正常交易形式的规定相悖。③

《最高人民法院关于适用〈中华人民共和国物权法〉若干问题的解释（一）》第二十一条规定，具有下列情形之一，受让人主张根据《物权法》第一百零六条规定取得所有权的，不予支持：（一）转让合同因违反合同法第五十二条规定被认定无效；（二）转让合同因受让人存在欺诈、胁迫或者乘人之危等法定事由被撤销。从该条第（一）项规定来看，合同绝对无效制度所保护的法益，高于善意取得制度的基础—物权公示公信力所保护的法益，对

---

① 邹碧华，《要件审判九步法》，法律出版社 2010 年版，第 61 页。
② 杨登峰，《法律冲突与适用规则》，法律出版社 2017 年版，第 243 页。
③ 程巧玲，《无权处分与善意取得的关系》，法制与经济，2011 年第 12 期。

于损害了更大的法益的情形，当然不能再对受让人利益进行保护。① 从该条第（二）项规定来看，如果转让人行使撤销权撤销该转让合同，则该行为表明转让人对其此前在受到欺诈、胁迫或乘人之危情形下而为的意思表示的否认，合同因欠缺有效要件而归于无效，此时，基于法律规定，法律在尊重当事人自身选择的基础上亦应对此作出否定性评价，而且，从民法所追求的正义价值的角度视之，受让人为达到目的所实施的欺诈、胁迫或乘人之危的行为，是一种主观恶意较高的行为，转让人行使撤销权表明受让人所追求的不利益已经超出了转让人所能容忍和接受的程度，在此意义上受让人的欺诈、胁迫或者乘人之危的行为与导致合同绝对无效的行为相似，均构成了对公序良俗的挑战，因此，应排除善意取得的适用。②

《合同法》第五十二条第（二）项在《民法总则》中第一百五十四条表述为，行为人与相对人恶意串通损害他人合法权益的民事行为无效。该条有其自己的作用，因为法律对欺诈、无权处分等具体规则作了规定，但民事生活的复杂性决定实践中仍有可能出现现有具体规则无法解决的情形。保留恶意串通的规定可在没有具体规则可供适用时发挥规则的填补作用。③

因此，第三人为原所有人时应根据《物权法》第一百零六条规定的善意取得制度主张权利。不构成善意取得的，原所有人有权追回物权，不动产未转移登记于受让人名下的，原所有人有权拒绝转移登记。但在善意取得成立时，原所有人将不能追回不动产物权。

在善意取得成立，原所有人不能追回物权的情形下，原所有人将如何主张权利？由于原所有人为真实权利人（所有权人或共有权人），无处分权人的无权处分行为损害了原所有人的所有权。处分权是所有权最核心的权利，处分权受到侵害，即是所有人的权利受到了侵害，而侵权人是无处分权人。因此，原所有人可依侵权法律关系向无处分权人主张权利。根据《最高人民法

---

① 杜万华，《最高人民法院〈物权法〉司法解释（一）理解与适用》，人民法院出版社 2016 年版，第 486 页。

② 杜万华，《最高人民法院〈物权法〉司法解释（一）理解与适用》，人民法院出版社 2016 年版，第 487 页。

③ 李适时，《中华人民共和国民法总则释义》，法律出版社 2017 年版，第 482—485 页。

院关于审理人身损害赔偿案件适用法律若干问题的解释》第三条规定，共同侵权是指二人以上共同故意或者共同过失致人损害，或者虽无共同故意、共同过失，但其侵害行为直接结合发生同一损害后果的。有意思联络的共同侵权是指上述司法解释前段"二人以上共同故意或者共同过失致人损害"的情形。[①]我国《侵权责任法》第十一条也规定二人以上共同实施侵权行为，造成他人损害的，应当承担连带责任。原所有人依侵权法律关系主张权利时，对无处分权人与受让人所签转让合同效力依然可以不作评价，但可以从是否构成共同侵权的角度进行审查。无处分权人承担侵权民事责任时，还应审查受让人与无处分权人之间的合同效力或造成合同无效、被撤销的过错，来承担相应的民事责任。

五、不动产善意取得制度适用的排除

前节讲述到两种情况应排除适用善意取得制度：（一）转让合同因违反《合同法》第五十二条被认定无效；（二）转让合同因受让人存在欺诈、胁迫或者乘人之危等法定事由被撤销。除此以外，在司法实践中，尚有如下典型情形：

1. 转让人无代理权的情形不适用善意取得制度

共有不动产转让时，转让人与受让人签订转让合同，转让人未经原所有人同意，可能涉及无权处分，也可能涉及无权代理。在受让人信赖登记的情形下，如果转让人未披露尚有其他共有权人，属于无权处分；如果披露有其他共有权人而未有授权转让，则应属于无权代理。

实务中较为疑难的是冒名处分不动产的行为是否应适用善意取得制度。2008 年《最高人民法院关于审理房屋登记行政案件中发现涉嫌刑事犯罪问题应如何处理的答复》中认为：第三人购买的房屋属于善意取得的，依据《物权法》第一百零六条等有关法律的规定，第三人的合法权益应当予以保护。该答复采纳了善意取得说。《北京市高级人民法院关于审理房屋买卖合同纠纷

[①] 张新宝，《侵权责任法原理》，中国人民大学出版社 2005 年版，第 80 页。

案件若干疑难问题的会议纪要》中规定："出卖人冒用房屋所有权人名义（如伪造所有权人身份证、找相貌相似者冒充所有人交易等）擅自转让房屋，可以参照《合同法》第四十八条无权代理的规定认定房屋买卖合同无效，该合同对房屋所有权人没有约束力，但买受人有证据证明构成《合同法》第四十九条规定表见代理的除外。"该纪要采纳代理说，与最高人民法院规定精神相悖。

冒名行为的实质是相对人是对权利主体外观的信赖，而并不是对权利外观的信赖。此种情形下，不动产登记簿并未发生错误，登记的权利人与真实的权利人之间的权属情况一致，不应当适用不动产的善意取得制度。真实权利人具有可归责性，对冒名人的冒名行为中的权利表征如所有权证书、占有使用不动产存在一定过失时，应当适用无权代理中的表见代理规则，使善意受让人有权取得不动产，真实权利人可以向冒名处分人请求赔偿。①

2. 无偿的、非等价的民事行为不适用善意取得制度

善意取得制度所追求的交易安全是市场经济环境下的交易安全，而市场经济对交易的要求就是等价有偿。但是，这并不是说善意取得只适用于受让人通过支付货币为对价取得不动产的情形，比如互易或出资均可以视为有偿，只要达到不动产合理货币价值的对价即可。因此，不动产赠与不适用善意取得制度。

此外，在有偿的不动产转让中，未支付合理对价不影响善意取得的适用。未支付合理对价分依约未支付合理对价和违约未支付合理对价两种情形。受让人依约未支付合理对价是基于合同约定，具备正当事由，对善意取得构成并不存在消极影响。受让人违约未支付对价情形，因为无权处分人签订合同有效这一原则，一旦违约则可依违约救济，所以并不影响善意取得的适用。

---

① 《最高人民法院专家法官阐释疑难问题与案例指导》编写组，《最高人民法院专家法官阐释疑难问题与案例指导》，中国法制出版社 2016 年版，第 341—342 页。

3. 未实际推行不动产统一登记地区宅基地上房屋转让暂不能适用善意取得制度

我国农村宅基地上的房屋等不动产占用的宅基地是集体所有的性质，按照"一户一宅"原则经审批确立给集体经济组织成员拥有使用权，不动产由宅基地使用权人及户内成员出资建造，竣工完成后宅基地使用权人以及户内出资人对不动产拥有所有权。农村宅基地上的房屋，在我国非试点地区，不允许转让给集体经济组织以外的市场主体。由于我国不动产统一登记制度确立时间较短和农村不动产情况十分复杂，部分地区尚未推行对农村宅基地上的房屋进行登记的制度。因此，农村宅基地房屋进行转让时，尚不能使受让人因信赖登记而善意取得宅基地上房屋。通过继承取得农村宅基地上的房屋不存在支付对价问题，不适用善意取得制度。通过支付对价转让农村宅基地上房屋的，一般为本集体经济组织成员，因为转让给集体经济组织成员以外的市场主体，转让合同将因为违反法律法规效力性强制性规定而无效。基于不能信赖登记，并且集体经济组织成员间知情一般性，所涉及的问题是有无代理权问题，而不是无权处分问题，因此，在未进行不动产统一登记的地区，农村宅基地上不动产转让暂不能适用善意取得制度。

4. 无处分权人处分他人之物及出卖将来之物不适用善意取得制度

无处分权人处分他人之物，因为不动产登记物权人为无处分权人之外的第三人，受让人信赖登记，但无处分权人与登记权利人不一致，不能适用善意取得制度。出卖将来之物，转让合同有效，但无登记，不能判断受让人是否具有善意，故也不能适用善意取得制度。

5. 对不能通过登记进行表彰的物权期待权的处分不适用善意取得制度 [1]

从案例来看，根据《物权法》规定，我国不动产物权变动模式以债权形式主义为主，意思主义为辅；以登记生效为原则，登记对抗为例外。所谓债权形式主义，即指物权变动除了双方意思表示之外，还必须具备一定的形式，通过履行登记的法定方式完成即公示为完成物权变动的成立或者生效要件 [2]。

---

① 见（2019）京02民终3126号民事判决书。

② 最高人民法院，《专家法官阐释疑难问题与案例指导》，中国法制出版社2016年版，第2页。

由债权形式主义模式分析，本案中马某 2 于案涉房屋设立抵押权，必须通过与马某 1 签订合法有效的抵押合同并且于登记机关进行登记方能完成。如果后设立的抵押合同被确认无效或者被撤销①，则抵押权由于缺乏抵押合同的负担，应当被注销②。何某请求确认马某 1 与马某 2 签订的《借款抵押协议》中抵押条款无效，选择的是《合同法》第五十二条第二项恶意串通，损害国家、集体或者第三人利益的合同无效基础规范，那么何某即应证明马某 1 与马某 2 属于恶意串通损害了其合同利益。

2017 年 12 月 13 日，何某与马某 1 签订了《居间服务合同》及《补充协议》，该《居间服务合同》及《补充协议》系双方真实意思表示，不违背法律法规效力性强制性规定，对双方具有约束力。基于《居间服务合同》及《补充协议》，何某拥有合同履行利益。马某 1 与马某 2 与 2016 年 11 月 15 日签订了《借款抵押协议》，该协议如果对何某与马某 1《居间服务合同》及《补充协议》造成损害，实际是损害何某拥有的《居间服务合同》及《补充协议》的履行利益。由于我国《侵权责任法》规定侵害债权③系指债权债务以外的其他第三人，而马某 1 系与何某《居间服务合同》及《补充协议》合同关系相对方，所以，《侵权责任法》相关规定不应成为何某权利请求实体法律规范，而《合同法》第五十二条第二项应成为何某主张权利的实体法律规范④。

抵押权因抵押合同进行登记而设立。登记抵押权能够阻碍不动产买受人对不动产转移登记。若如此，马某 1 与马某 2 签订《抵押借款协议》中抵押条款的签订有可能因为损害何某合同利益而无效。在本案中，何某与马某 1

---

① 后设立的抵押合同有可能因为违反《合同法》第五十二条规定而无效。相关论述见《物权法审判实务疑难精解》，中国法制出版社 2007 年版，第 283—284 页。

② 《合同法》第五十八条前半段规定，合同无效，或者被撤销后，因该合同的取得的财产，应当予以返还；不能返还或者没有必要返还的，应当折价补偿。第五十九条规定，当事人恶意串通，损害国家、集体或者第三人利益的，因此取得的财产收归国家所有或者返还集体、第三人。

③ 我国《侵权责任法》第二条第一款规定"侵害民事权益，应当依照本法承担侵权责任"，第二款中对"民事权益"的列举并没有包括债权。大多数参与立法人员认为，第三人侵害债权应当属于侵权责任的范围。北京市高级人民法院编，《审判前沿》总第 35 辑，法律出版社 2011 年版，第 17 页。

④ 邹碧华，《要件审判九步法》第 71 页"所谓基础规范，也称权利请求基础，是指支持一方当事人向另一方当事人主张权利请求的实体法律规范"，法律出版社 2010 年版。

签订了《居间服务合同》及《补充协议》，何某支付了约定的全部房屋价款，对房屋进行装修合法入住，因回迁安置房办理手续和马某 1 发生争议后马某 1 不予配合原因，没有办理案涉房屋所有权转移登记，何某对此没有过错。从普通债权讲，何某要证明马某 1 与马某 2 恶意串通损害其普通债权利益，难度很大[1]。何某仅为陈述和分析，没有提交充分证据，难以被人民法院认定。

但是，我国现行法律对不动产买受人物权期待权规定有特殊保护。基于我国现行房地产市场及登记制度不完善等原因，不动产买受人签订买卖合同后，取得登记所有权往往滞后于债权合意很长时间。如果买受人对不动产登记或者交付请求权不能排除出卖人以及其他债权人就不动产提出的优先受偿的要求，将面临不动产另行变价的风险。由于不动产处于普罗大众的基本生活资料地位，尤其是在强调"无恒产者无恒心"的我国，对不动产买受人在执行程序中予以优先保护，对于增强人民群众对法律公平的信心无疑具有重要意义。

《最高人民法院关于人民法院办理执行异议和复议案件若干问题规定》（以下称《执行规定》）第二十七条、第二十八条及第二十九条，对案外人排除执行的实体权利与申请执行人优先受偿权产生冲突时，规定了不动产买受人物权期待权和房屋消费者物权期待权的保护条件，即不动产买受人物权期待权和房屋消费者物权期待权可以对抗申请执行人的担保物权。不动产买受人物权期待权和房屋消费者物权期待权系基于合法有效合同所拥有的债权[2]，具备《执行规定》的要件，形成物权期待权，但该物权期待权不等同于所有权，又由于法律未规定其为物权，根据物权法定原则[3]，该物权期待权为特别

---

[1]《最高人民法院民事诉讼法解释》第一百零九条规定，当事人对欺诈、胁迫、恶意串通的证明以及对口头遗嘱或者赠与事实的证明，人民法院确信该待证事实存在的可能性能够排除合理怀疑的，应当认定该事实存在。

[2] 李适，《中华人民共和国民法总则释义》第 371 页表述"只有依法成立的合同才能产生合同之债"，法律出版社 2017 年版。

[3]《物权法》第五条规定，物权的种类和内容，由法律规定。

债权①。

有观点认为，不动产受让人物权期待权不同于德国民法之期待权②，因而不能对抗抵押权之优先受偿权。但是，作为社会治理的工具，民法就是通过对特定类型冲突的利益关系设置的协调规则，以实现其组织社会秩序的功能③。我们可以清晰地感觉到在现代民法上，以交易安全及其他有关价值为代表的秩序地位不断上升。物权期待权的保护，最早见于 2002 年最高人民法院《关于建设工程价款优先受偿权的批复》中，对具有消费者身份的房屋买受人物权期待权的保护。其后，最高人民法院又在《查封规定》第十七条，将物权期待权保护的对象扩大到所有登记财产买受人④。虽然，目前另有讨论中司法解释对物权期待权拟作更为严格的限制⑤，但在此之前 2009 年伊始，最高人民法院执行局开始《执行规定》的起草工作，截至 2014 年 9 月，先后十二易其稿。其间，反复听取了最高人民法院有关庭室和相关地方人民法院的意见和建议；两次召开专家论证会，问计于中国社科院、北京大学、中国政法大学等高校专家和学者；两次发函请求全国人大常委会法制工作委员会提出修

---

① 王轶，《物权法解读与应用》第 21 页表述"违反物权法定原则，设定非依物权法或者其他法律规定的物权种类、内容的，不得认可其为物权，因而不具有物权效力。物权的设定虽然无效，但该行为符合其他法律行为生效条件的，许可其产生相应的法律后果"。人民出版社 2007 年版。

② 《德国民法》第 925 条第 1 项规定，土地所有权之移转，应经让与人与受让人之合意，并与土地簿册上为权利变更之登记。此项合意须由双方当事人同时到场，向主管机关以表示为之。

③ 王轶，《民法原理与民法学方法》，法律出版社 2009 年版，第 32 页。

④ 江必新、刘贵祥，《执行工作指导》，国家行政学院出版社 2015 年版，第 105 页。

⑤ 《最高人民法院关于审理执行异议之诉案件适用法律若干问题的规定征求意见稿)》第二十条规定，人民法院对登记在被执行人名下的其他不动产实施了强制执行，买受人或受让人提起执行异议之诉，请求排除执行，同时符合下列条件的，人民法院应予支持，但在查封之前申请执行人对该不动产依法享有担保物权等优先受偿权的除外：（一）在人民法院查封之前，买受人或受让人已基于购买不动产之目的与出卖人之间签订合法有效的书面买卖（转让）合同；（二）在人民法院查封之前已合法占有该不动产；（三）已支付全部价款或者已按照合同约定支付部分价款且在执行异议审查阶段将剩余价款按照人民法院要求交付执行；（四）非因买受人或受让人自身原因未办理权属转移登记；（五）签订书面买卖（转让）合同合法占有该不动产以及支付全部价款或者按照合同约定支付部分价款的行为均发生在《不动产登记暂行条例》实施之日起三年以内。当事人之间签订书面买卖（转让）合同，合法占有该不动产、支付全部价款或按照合同约定支付部分价款的行为之一发生在《不动产登记暂行条例》实施之日起三年以后。买受人或受让人提起执行异议之诉，请求排除执行的，人民法院不予支持。

改意见。直至 2014 年 12 月底，《执行规定》经最高人民法院审判委员会四次
会议讨论通过①。根据《最高人民法院关于司法解释工作的规定》第五条规定，
最高人民法院发布的司法解释，系具有法律效力之规定。因此《执行规定》
可以适用于本案。

不动产物权以登记作为公示方法。物权为具有绝对排他性效力的权利，
如果某一物上已经成立物权，则不得再成立内容完全相同的物权；物权的变
动也产生排他效果，如果没有让他人知悉变动的表现方式，则可能损害第三
人的利益②。作为物权期待权，在性质上并非属于物权，不能以登记作为公示
方法。但是，买受人的物权期待权之所以要保护，就是因为买受人已经为取
得物权期待权履行了一定义务，并以合法占有对外进行了公示。

占有是对不动产的管理和支配。理论上对物的占有可以区分为直接占有
和间接占有，前者是指权利人直接管理和支配，后者是通过他人管理和支配，
鉴于间接占有的公示从外观上难以判断占有人，其对物权的表征几乎没有，
这里的占有应当理解为买受人直接占有③。

何某所购买的虽为居住用房，但出卖方并非房地产开发企业，由于该要
件的缺失，其不能以《执行规定》第二十九条作为权利规范。根据何某签订
和履行《居间服务合同》及《补充条款》情况，何某购买案涉房屋，与《执
行规定》第二十八条所要求的要件相吻合，因此可以《执行规定》第二十八
条作为权利规范。抵押权于所有权之上设立，系由抵押人继续占有抵押物。
何某依《执行规定》拥有物权期待权，其必须占有抵押物。此种情况下，一
方权利所在，即为另一方注意义务之所在。因此，抵押权人马某 2 在与马某
1 签订《借款抵押协议》中抵押条款时，应注意到第三人物权期待权的存在。
马某 1 作为卖房人，以案涉房屋进行抵押，属于恶意违约。马某 2 未到现场
查看案涉房屋，其在注意义务上有重大过失，已具有民法上的恶意，双方签

---

① 江必新、刘贵祥，《执行工作指导》，国家行政学院出版社 2015 年版，第 86 页。
② 最高人民法院物权法研究小组，《〈中华人民共和国物权法〉条文理解与适用》，人民法院出版社 2007 年版，第 62 页。
③ 江必新、刘贵祥，《最高人民法院执行最新司法解释同意理解与适用》，中国法制出版社 2010 年版，第 212 页。

订《借款抵押协议》中的抵押条款属于恶意串通行为。认定马某 1 与马某 2 恶意串通损害何某购房利益，还应达到排除合理怀疑的要求。马某 1 与马某 2 未在公开性较强的场所和环境达成交易，使人民法院难以通过有效证据排除对双方抵押条款属于恶意串通的怀疑。因此，在特别债权即物权期待权上，因马某 2 未尽到相应的注意义务，具有重大过失，与具有重大过失以上过错的马某 1，签订了《借款抵押协议》中的抵押条款，马某 2 在案涉房屋上设立登记抵押权，阻碍了何某购房合同履行，损害了何某购房利益，根据《合同法》第五十二条第二项规定，《借款抵押协议》中的抵押条款应被确认无效。

本案中在适用《合同法》第五十二条第二项中，何某拥有普通债权利益和特殊债权即物权期待权利益。之所以称为特殊债权，是因为其债权性质依然存在，比如合同依然可以被解除或撤销；之所以称为物权期待权，是因为物权期待权的构成要件是以合法有效的书面合同为基础，在权利对抗上，即以物权期待权优先于抵押优先受偿权上，要以占有公示之物权属性为依据。因此，何某的普通债权和物权期待权实为权利竞合。请求权竞合是虽然有多个路径，但只要走通了一条，其他路径就不能走了①。

本节要讨论的是对不能登记的物权期待权的处分能否适用善意取得制度问题。通过前例分析，物权期待权显为债权，但其优于抵押权，为特别债权。受让人信赖登记设立抵押，但其还具有注意物权期待权的义务，注意义务之所在，是应尽到设立抵押合同时，物权期待权人对不动产的占有。如果未尽到相应义务，则受让人具有过失，在达到排除合理怀疑的情形下，抵押合同双方对合同外第三人即物权期待权人构成恶意串通损害了第三人的利益，因此应排除善意取得的适用。而依照《合同法》第五十二条第二项规定，在普通债权和特别债权即物权期待权两项权利竞合中，通过对不动产物权（抵押权）取得的原因行为效力判断来解决物权期待权人和抵押权人利益冲突问题，而不应当依照善意取得制度来处理。

---

① 邹碧华，《要件审判九步法》），法律出版社 2010 年版，第 63 页。

不动产善意取得的构成与认定

引言

不动产善意取得制度在审判应用中有三个重要环节，一是《合同法》第五十二条第（二）项受侵害的第三人与《物权法》第一百零六条善意取得制度下的原所有人竞合时，第三人主张权利法律规范适用问题，二是无权处分语境下善意取得善意的认定问题，三是善意取得原所有人权利救济问题。应当依照特殊规范优于一般规范原则适用法律解决案件的性质，在此基础上依照受让人有无重大过失判断受让人是否善意取得，在受让人构成善意取得情形下，依照侵权规范对原所有人进行救济。善意取得制度在审判实务中存在争议，解决好这一问题，有利于裁判尺度的统一。

一、据以研究的案例 ①

翟文某（2014 年 9 月 18 日死亡）与马淑某（2006 年 4 月 6 日死亡）系夫妻，二人育有子女三人，长子翟某、次子翟竟某、女儿翟慧某。2013 年 12 月 20 日，翟文某（出卖人）与秦海某（买受人）签订了《存量房屋买卖合同》，合同约定，翟文某将其所有的北京市大兴区黄村西里某号楼 1 单元 401

---

① 参见中国裁判文书网：北京市大兴区人民法院（2017）京 0115 民初 14043 号民事判决书；北京市第二中级人民法院（2018）京 02 民终 3783 号民事判决书。

号房屋（以下称案涉房屋）建筑面积 74.80 平方米出售给秦海某，案涉房屋成交价格 130 万元，后案涉房屋过户登记到秦海某名下。2014 年 3 月 17 日，翟文某起诉要求撤销其与秦海某签订的房屋买卖合同。翟文某死亡后，翟某、翟竞某及翟慧某作为继承人参加诉讼。经一审法院审理，于 2015 年 4 月 16 日作出（2014）大民初字第 3643 号民事判决，以显失公平为由判决撤销了翟文某与秦海某于 2013 年 12 月 20 日就案涉房屋签订的《存量房屋买卖合同》。后秦海某不服提起上诉，二审法院于 2015 年 8 月 20 日作出（2015）二中民终字第 07054 号民事判决，判决驳回上诉，维持原判。

2015 年 1 月 11 日，刘嘉某查看案涉房屋产权证后，秦海某（出卖人）与刘嘉某（买受人）经由北京市某房地产经纪中心（以下称经纪中心）提供居间服务，签订了《二手房屋买卖合同》，合同约定，刘嘉某购买案涉房屋，成交价格 155 万元。2015 年 2 月 1 日之前，刘嘉某将购房首付款 75 万元（包含购房定金 2 万元）一次性支付给秦海某，剩余房款 80 万元通过银行贷款形式一次性支付给秦海某。秦海某在收到购房全款 3 日内将案涉房屋交付给刘嘉某，办理产权过户的全部税费（包括但不限于契税、印花税、所得税、登记过户费用、银行贷款费用等）均由买受人交纳。双方还约定了其他事宜。当日，秦海某、刘嘉某及经纪中心签订了《居间服务合同》，合同约定，本次交易属于复杂事宜，涉及困难手续的办理，经各方友好协商，一致同意按照费率上浮 0.2 的标准向经纪中心支付居间费用，即刘嘉某应按照房屋买卖成交价格的 2.2% 在《二手房屋买卖合同》签订当日向经纪中心支付居间费用。三方还约定了其他事宜。

2015 年 1 月 23 日，秦海某与刘嘉某办理了网上签约手续。2015 年 2 月 9 日，刘嘉某向秦海某支付了包括 2 万元定金的首付款计 95 万元。刘嘉某交纳了房屋买卖、所有权变更登记中产生的各项税费，其还向经纪中心支付了居间费用。同日，案涉房屋变更登记为刘嘉某所有。此时，翟文某户口尚在案涉房屋内。贷款银行委托北京某房地产评估中心对案涉房屋进行抵押评估，结论为案涉房屋可供抵押总值为 144.36 万元。刘嘉某通过银行贷款 60 万元，秦海某于 2015 年 10 月收到上述 60 万元房价款。2015 年 11 月 7 日，秦海某将案涉房屋交付刘嘉某。

翟某、翟竞某及翟慧某向北京市大兴区人民法院提起诉讼，请求判令：1. 确认秦海某、刘嘉某之间签订的案涉《二手房屋买卖合同》无效；2. 诉讼费由秦海某、刘嘉某承担。

北京市大兴区人民法院一审认为：刘嘉某符合善意取得，其与秦海某签订的《二手房屋买卖合同》应为有效。故一审法院于 2018 年 1 月 31 日驳回了翟某、翟竞某及翟慧某的诉讼请求。

一审判决后，翟某、翟竞某及翟慧某不服向北京市第二中级人民法院提起上诉。北京市第二中级人民法院认为：本案中秦海某与刘嘉某于 2015 年 1 月 11 日签订《二手房屋买卖合同》，秦海某将登记在自己名下的案涉房屋转让给刘嘉某，2015 年 2 月 9 日，案涉房屋已登记在刘嘉某名下。秦海某所转让的案涉房屋，系秦海某自翟文某通过《存量房屋买卖合同》受让而来。房屋受让后，翟文某的继承人翟某、翟竞某及翟慧某在翟文某死亡后参加对秦海某与翟文某所签《存量房屋买卖合同》主张撤销的诉讼。该合同于 2015 年 8 月 20 日经人民法院生效判决予以撤销。由此可以认定，秦海某将案涉房屋转让给刘嘉某，属于对案涉房屋的无权处分行为。

首先，涉及在无权处分前提下，如何确定法律关系即法律适用问题。① 案涉房屋原为翟文某所有，翟文某死亡后，其继承人翟某、翟竞某及翟慧某取得作为遗产的房屋共有权。因此，对于《二手房屋买卖合同》而言，翟某等均是第三人。根据《物权法》规定，翟某等也是原所有人。

其次，善意取得是以无权处分为前提的。物权处分不影响买卖合同效力。② 这就是说，即使无权处分语境下的买卖合同有效，翟某等诉讼请求能否得到支持，需要根据本案具体情形，从善意取得构成要件上，而不是以合同效力为要件进行分析。

---

① 我国《合同法》第五十二条第（二）项规定，恶意串通，损害国家、集体或者第三人利益的合同无效；我国《物权法》第一百零六条第一款规定，无处分权人将不动产或者动产转让给受让人的，所有权人有权追回；除法律另有规定外，符合下列情形的，受让人取得该不动产或者动产的所有权：（一）受让人受让该不动产或者动产时是善意的；（二）以合理的价格转让；（三）转让的不动产或者动产依照法律规定应当登记的已经登记，不需要登记的已经交付受让人。

② 《最高人民法院关于审理买卖合同纠纷案件适用法律问题的解释》第三条第一款规定，当事人一方以出卖人在缔约时对标的物没有所有权或者处分权为由主张合同无效的，人民法院不予支持。

本案中，刘嘉某购买的标的物是登记在秦海某名下的案涉房屋，不动产登记簿上记载的权利具有公示公信效力，目前不动产买卖习惯做法为查看房产证等权利证明，除非注意到权利证明存在瑕疵。[①] 况且在不动产所有权转移登记时也有核验房屋有无瑕疵的做法。因此，刘嘉某信赖登记与秦海某签订《二手房屋买卖合同》并办理房屋所有权变更登记并不存在重大过失。

虽然案涉房屋在转移登记时有翟文某的户口存在，但此种情形并不表明户籍人为案涉房屋真实权利人。从相关证据分析，不能认定刘嘉某此节存在重大过失。关于案涉房屋，直至 2015 年 8 月 20 日生效判决才对翟文某与秦海某签订的《存量房屋买卖合同》予以撤销，而案涉房屋于 2015 年 2 月 9 日即已过户登记到刘嘉某名下，故由此亦不能认定刘嘉某应当知道秦海某不是案涉房屋真实权利人。综上，法院难以认定刘嘉某受让案涉房屋为非善意。

虽然善意取得为即时取得，不需要以买卖合同有效作为原因行为，但是买卖合同无效，可能会导致刘嘉某不能终局保有案涉房屋的所有权。《二手房屋买卖合同》之合同效力属法院依照公权力审查范围。法院对除损害原所有人为第三人之外情形的审查，虽与翟某等诉讼请求无关，但是为了维护交易的正当性使然。经审查，《二手房屋买卖合同》未有其他无效情形[②]，法院不因此否定刘嘉某对案涉房屋的取得的交易正当性。

再次，对案涉房屋所作抵押评估价值是案涉房屋在抵押市场价格的基本依据，翟某等未提交充足证据明该价格背离交易价格，故应认为《二手房屋买卖合同》中双方约定的价格 155 万元，未背离交易价格，因此，应认定秦海某与刘嘉某交易价格为"合理的价格"。根据案涉房屋转移登记和交付占有的相关事实，法院认定刘嘉某对案涉房屋属于善意取得。

最后，本案中，法院在翟某等人诉请下，已以显失公平为由撤销了翟文

---

① 《最高人民法院关于适用〈中华人民共和国物权法〉若干问题的解释（一）》第十五条规定，受让人受让不动产或者动产时，不知道转让人无处分权，且无重大过失的，应当认定受让人为善意。真实权利人主张不构成善意取得的，应当承担举证证明责任。

② 《合同法》第五十二条规定，一方以欺诈、胁迫手段订立合同，损害国家利益的、恶意串通，损害国家、集体或者第三人利益的、以合法形式掩盖非法目的的、损害社会公共利益的、违反法律、行政法规的强制性规定的合同无效。

某与秦海某的《存量房屋买卖合同》，如翟某等人在案涉房屋被刘嘉某善意取得后产生合理损失，其可依法根据其与秦海某之间的房屋买卖关系予以解决。故二审法院于 2018 年 5 月 10 日判决，驳回上诉，维持原判。

二、评析

上述案例争议焦点有三，一是在法律规范存在冲突情形下规则适用问题，二是善意取得制度善意的认定问题，三是第三人为原所有人时救济途径问题。由于上述问题在审判实务中认识存在较大分歧，造成案件处理结果出现不一致现象。因此，笔者从审判实务角度对上述问题进行厘清，以期对裁判尺度统一有所帮助。

（一）第三人为原所有人时请求确认转让合同无效时的法律适用

《物权法》第一百零六条规定了善意取得制度。善意取得在学理上也可称为即时取得，是指无处分权人转让标的物给善意第三人时，善意第三人一般可以取得标的物所有权，所有权人不得请求善意第三人返还原物。[①] 我国的善意取得制度适用条件主要有：一是无处分权人将不动产或者动产转让给受让人；二是受让人受让该不动产或者动产时是善意的；三是以合理的价格转让；四是转让的不动产或者动产依照法律规定应当登记的已经登记，不需要登记的已经交付给受让人。

转让人无处分权是善意取得制度的前提，因为有处分权人对于不动产或动产的转让，不存在适用善意取得的问题。处分行为是指直接使权利发生得丧变更的法律行为，包括单独行为，如所有权地上权之抛弃，还包括物权契约，是以物权变更为直接目的的合意。[②] 由于《物权法》并未采纳德国民法物权行为独立性和无因性理论（笔者注：德国民法物权行为独立性和无因性，理论分述为，一是德国学者萨维尼从分析实际生活中的动产买卖入手，抽象

---

① 魏振瀛，《民法》，北京大学出版社、高等教育出版社 2010 年版，第 261 页。
② 刘武元，《房地产交易法律问题研究》，法律出版社 2002 年版，第 103 页。

出买卖交付中蕴含着的物的合意思想，并进而认为物的合意独立于原因关系中债的合意。在一项交易中要完成所有权的移转，有赖于债的合意与物的合意双重作用，于是所有权的移转就有了两个法律行为，其中债的合意为原因行为，而物的合意为物权行为，这二者法律行为各有其独立的意思表示与成立方式，因此他们是分离的两个法律事实。①二是在整个物权移转过程中，取得名义为根本，取得方法（交付）是有从属性质。取得名义即为正当原因，是指买卖赠与等债权关系，如果作为正当原因的债权关系不存在，纵有交付，所有权也不移转。而抽象说认为，在所有权移转中，并不考虑原因关系中的意思不一致，其所关注者乃以所有权移转为目的的意思是否一致。纵使当事人在原因关系中未达成一致的意思，只要存在着所有权移转为目的的一致意思，通过交付乃使所有权发生移转。②），而是仅在第十五条规定了区分原则，加之《物权法》第二章确立了以债权形式主义为主的物权变动模式，在此语境下，《物权法》第一百零六条规定的"处分"，应当理解为以物权变动为目标的债权合同，"无处分权"则相应指向对物权变动之目标实现没有相应权利或权利受到限制的情况。③

原因行为有效非善意取得之法定要件。④善意取得制度是在保护静态的财产安全和动态的交易安全中、在真正权利人的利益和善意第三人的利益间作出博弈和权衡的结果，只要转让人实施了无权处分行为，受让人基于交易行为取得了物权，则可构成善意取得，不应再追问合同效力，即转让合同本身有效或无效不影响善意取得的构成。⑤

我国多数观点也认为，对善意取得采取原始取得（即即时取得——笔者

---

① 孙宪忠，《德国当代物权法》，法律出版社 1997 年版，第 62 页。

② ［日］吾妻光俊，《独逸民法物权契约的抽象性》，《法学协会杂志》第 51 卷第 5 号，第 44—52 页。

③ 杜万华，《最高人民法院〈物权法〉司法解释（一）理解与适用》，人民法院出版社 2016 年版，第 366 页。

④ 杜万华，《最高人民法院〈物权法〉司法解释（一）理解与适用》，人民法院出版社 2016 年版，第 468 页。

⑤ 杜万华，《最高人民法院〈物权法〉司法解释（一）理解与适用》，人民法院出版社 2016 年版，第 479 页。

注）说，认为善意的受让人系基于法律的直接规定取得标的物物权，而非基于法律行为。如此，转让行为有效与否不影响善意取得的成立，但可能导致受让人能否终局地保有标的物的物权方面出现差别：在转让行为有效时，受让人可终局地保有标的物的物权；在转让行为无效时，转让人可能行使物的请求权（于给付物所有权仍归于转让人的场合），或受让人承担不当得利返还义务，应转让人的请求而将该物权作为不当得利返还给受害人，于是，受让人无法终局的保有标的物的物权。①

关于无效转让行为，在我国，长期以来占统治地位的理论主张绝对无效的民事行为，不以当事人之间为限，任何人均可主张其无效。② 这种观点同德国学者的观点是一致的。但是，在实际生活中，也只有利害关系人才可能主张合同无效。再具体地说，只有合同存在会使其受到不利益的人才有主张合同无效的动力。③ 因此，当第三人主张的合同被确认无效后，合同自成立时起就处于无效状态。④ 根据《合同法》第五十八条规定，合同无效或者被撤销后，因该合同取得的财产，应当予以返还；不能返还或者没有必要返还的，应当折价补偿。有过错的一方应当赔偿对方因此所受到的损失，双方都有过错的，应当各自承担相应的责任。

但是当第三人是无权处分中的原所有人时，第三人对转让合同无效的主张受到了限制。转让合同系无处分权人也即转让人与受让人签订，如果第三人依《合同法》第五十二条第（二）项恶意串通损害第三人利益之规定主张转让合同无效，该法律关系要件具备后，合同无效的后果之一，是受让人应将不动产返还。由于合同具有相对性，不动产应返还给无处分权人或无处分权人指定的原所有人。也即前文引述崔建远教授论述的观点，在转让行为无效时，转让人可能行使物的请求权（于给付物所有权复归于转让人的场合或

---

① 杜万华，《最高人民法院〈物权法〉司法解释（一）理解与适用》，人民法院出版社 2016 年版，第 480 页。崔建远，《物权：规范与学说——以中国物权法的解释论为中心》，清华大学出版社 2011 年版，第 214 页。

② 梁慧星，《民法总论》，法律出版社 1996 年版，第 193 页。

③ 李永军，《合同法》，法律出版社 2005 年版，第 445 页。

④ 王利明、崔建远，《合同法新论·总则》，中国政法大学出版社 2003 年版，第 306 页。

受让人承担不当得利的返还义务，应转让人的请求而将该物权作为不当得利返还给受害人）。

但是善意取得一旦具备构成要件，受让人即取得动产所有权。由于受让人系基于法律的直接规定而取得他人的动产所有权，其受利益是有法律上的原因，故不构成不当得利。同时，受让人因基于法律规定而取得他人动产所有权，系阻却违法，因此也不构成侵权行为。[①]

就不动产而言，不动产登记所有权人即为推定物权人。不动产权利推定效力，是指非有相反证据，推定以不动产登记簿记载的当事人和权利人为正确的权利人和权利变动。也就是"将纳入公示的物权作为正确权利之假定。"[②]不动产物权应当登记，在不动产已登记在受让人名下时，受让人构成善意取得。善意取得是财产取得的一种方式，原所有权人不得向善意受让人主张返还原物。换言之，如果原所有权人向受让人请求返还原物，则受让人可以善意取得为由对原权利人请求权进行有效抗辩。[③]因此，受让人在善意取得情形下，法律后果是平衡原所有人的利益，取得不动产标的物的登记所有权。如此而言，原所有人依据《合同法》主张权利则受到了限制。

在法理上，此种情形属于"规范排除的竞合"。虽然同一事件符合两个以上法律关系的构成要件，但按照法律适用规则只能适用其中一个法律规范。例如，两个法律条文构成一般法与特别法的关系时，即只能根据特别法优于一般法的规则适用特别法。这种情况并不是真正的法条竞合，德国法学家拉伦茨先生把这种竞合称为"规范排除的竞合"，即一种规范排除另一种规范，以致只适用前一规范。[④]

我国《合同法》颁布实施于 1999 年 10 月 1 日，《物权法》颁布实施于 2007 年 10 月 1 日，《物权法》确立了物权变动与其原因行为的区分原则。善

---

① 梁慧星，《中国物权法研究》，法律出版社 1998 年版，第 498 页。

② 孙宪忠，《中国物权法总论》，法律出版社 2009 年版，第 285 页。

③ 最高人民法院之物权法研究所，《〈中华人民共和国物权法〉条文理解与使用》，人民法院出版社 2007 年版，第 329 页。

④ 邹碧华，《要件审判九步法》，法律出版社 2010 年版，第 61 页。[德] 卡尔·拉伦茨，《德国民法通论（上）》，王晓晔等译，法律出版社 2006 年版，第 348 页。

意取得是在《物权法》规定物权变动模式与其原因行为区分原则的情形下的即时取得（原始取得），规定在《物权法》所有权取得的特别规定中。从时间上看，《合同法》颁布实施在前，《物权法》颁布实施在后。从一般与特别的关系来看，依照原因行为取得物权的继受取得为一般模式，善意取得为特别模式。因此，当第三人为原所有人时，其在无权处分语境下，不能根据《合同法》第五十二条第（二）项以恶意串通损害第三人利益的合同无效的规定主张转让合同无效，只能依据《物权法》第一百零六条的规定来主张权利。

在旧一般法与新特别法关系中，之所以优先选择适用新特别法的原因不仅在于适用"新法优于旧法"规则与"特别法优于一般法"规则的结果是相同的，不发生矛盾，关键还在于新特别法的制定与实施本质上废止了旧特别法的效力，当时具有规范约束效力的只有新特别法，而非旧特别法。[1]

适用《物权法》第一百零六条，并非不能保护原所有人的权益，于该条规定中，如受让人不构成善意取得，原所有人可追回物权。如果无处分权人与受让人签订了不动产转让合同，尚未办理不动产所有权转移登记，则应根据《合同法》第五十一条及《最高人民法院关于审理买卖合同纠纷案件适用法律问题的解释》第三条将转让合同按有效合同处理。

至于非原所有人的第三人，则可以主张转让合同无效。善意取得制度保护的是正当交易下的善意第三人的信赖利益，而非正当交易可能影响的是国家、集体或他人的合法权益，这种交易当事人本身善意也是值得怀疑的。以牺牲国家、集体和他人的合法权益，保护第三人并非善意的利益，不符合法律的本质和目的，也与我国民法将善意取得制度的适用范围仅限制在有偿交易，而不适用于无偿交易等非正常交易形式的规定相悖。[2]

《〈物权法〉司法解释（一）》第二十一条规定，具有下列情形之一，受让人主张根据《物权法》第一百零六条规定取得所有权的，不予支持：（一）转让合同因违反合同法第五十二条规定被认定无效；（二）转让合同因受让人存在欺诈、胁迫或者乘人之危等法定事由被撤销。

---

① 杨登峰，《法律冲突与适用规则》，法律出版社 2017 年版，第 243 页。

② 程巧玲，《无权处分与善意取得的关系》，《法制与经济》2011 年第 12 期，第 348 页。

从该条第一项规定来看，合同绝对无效制度所保护的法益，高于善意取得制度的基础——物权公示公信力所保护的法益，对于损害了更大的法益的情形，当然不能再对受让人利益进行保护。[①] 从该条第二项规定来看，如果转让人行使撤销权撤销该转让合同，则该行为表明转让人对其此前在受到欺诈、胁迫或乘人之危情形下而为的意思表示的否认，合同因欠缺有效要件而归于无效，此时，基于法律规定，法律在尊重当事人自身选择的基础上亦应对此作出否定性评价，而且，从民法所追求的正义价值的角度视之，受让人为达到目的所实施的欺诈、胁迫或乘人之危的行为，是一种主观恶意较高的行为，转让人行使撤销权表明受让人所追求的不利益已经超出了转让人所能容忍和接受的程度，在此意义上受让人的欺诈、胁迫或者乘人之危的行为与导致合同绝对无效的行为相似，均构成了对公序良俗的挑战，因此，应排除善意取得的适用。[②]

（二）善意取得中善意的认定

不动产的无权处分，在实务中常见的有以下几种：（一）权利人基于非依法律行为的物权变动取得房屋所有权，但未办理宣示登记，房屋登记在他人名下，登记人擅自以自己名义处分房屋的；（二）因房屋登记机关登记错误，致使房屋登记簿上记载的原所有权消灭，产生了新的登记权利，登记人擅自以自己名义处分房屋的；（三）夫妻共同共有及其他共有房屋仅登记在其中部分共有人名下，登记人未经占份额三分之二以上的按份共有人或全体共同共有人同意，擅自以自己名义处分房屋的；（四）出卖人转让房屋并办理了所有权转移登记，其后买卖合同被确认无效或者被撤销，不动产尚未办理所有权回复登记，登记人擅自以自己名义处分房屋的；（五）抵押物转让；（六）借名登记。

受让人的善意是善意取得的首要条件。善意与否，要以受让人对无权处

---

① 杜万华，《最高人民法院〈物权法〉司法解释（一）理解与适用》，人民法院出版社 2016 年版，第 486 页。

② 杜万华，《最高人民法院〈物权法〉司法解释（一）理解与适用》，人民法院出版社 2016 年版，第 487 页。

分不知道且不应当知道无重大过失、过错为标准。判断某人是否具有过失，主要应当考虑行为人是否尽到一个通常情况下合理人的注意义务。如果行为人稍加注意即可以避免认识错误，而且没有尽到该项义务时，就应当认为存在重大过失。

《〈物权法〉司法解释（一）》第十五条规定①是从受让人主观心理状态来判断善意与否的标准，以不动产受让人信赖登记为无重大过失判断依据。我国虽然已建立起不动产登记制度，但是完善落实尚未到位，登记公示制度尚不完备，不能准确反映不动产真实权利状态，不动产登记簿公信力不强。因为不动产登记簿公信力不强，仅仅以上述标准判断善意，则可能对真实权利人有所损害。因此，判断不存在重大过失，要将尽到一个合理人的注意义务与不知道、不应当知道，一并作为善意的判断标准。这需要法官遵从逻辑与经验并重方能做到。

在主观心理状态判断之外，不动产登记制度及相应的法律制度也为行为人提供了相应指引，受让人应依据规范的指引尽到注意义务。因此不动产登记这一容易识别的权利外观就被作为确认善意与否的外观标准。"客观善意"的使用，是法律技术的一项处理，不仅能够有效反映第三人的心理状态，应用时也便于司法实践使用，减少法院审判成本。②《〈物权法〉司法解释（一）》第十六条第一款规定③的即是善意与否的客观标准，审判实务中应兼顾主客观标准。

---

① 《〈物权法〉司法解释（一）》第十五条规定，受让人受让不动产或者动产时，不知道转让人无处分权，且无重大过失的，应当认定受让人为善意。真实权利人主张受让人不构成善意的，应当承担举证证明责任。

② 杜万华，《最高人民法院〈物权法〉司法解释（一）理解与适用》，人民法院出版社2016年版，第248页。

③ 《〈物权法〉司法解释（一）》第十六条第一款规定，具有下列情形之一的，应当认定不动产受让人知道转让人无处分权：（一）登记簿上存在有效的异议登记；（二）预告登记有效期内，未经预告登记的权利人同意；（三）登记簿上已经记载司法机关或者行政机关依法裁定、决定查封或者以其他形式限制不动产权利的有关事项；（四）受让人知道登记簿上记载的权利主体错误；（五）受让人知道他人已经依法享有不动产物权。真实权利人有证据证明不动产受让人应当知道转让人无处分权的，应当认定受让人具有重大过失。

《〈物权法〉司法解释（一）》第十九条规定①是善意取得独立构成要件。根据《物权法》第一百零六条规定，无合理价格即应排除善意取得的适用。不动产转让价格存在高价，不应视为不合理。转让价格存在低价，只有达到过低的程度才能认为不合理。在审判实务中，一般认为低于交易地市场价格70%应视为不合理低价。此外，"合理价格"虽然是善意取得独立构成要件，但对主观善意判断具有辅助作用。

（三）原所有人为第三人时的救济途径

依照前文所述，在第三人为原所有人时应根据《物权法》第一百零六条规定的善意取得制度主张权利。不构成善意取得的，原所有人有权追回物权，不动产未转移登记于受让人名下的，原所有人有权拒绝转移登记。但在善意取得成立时，原所有人将不能追回不动产物权。

在善意取得成立，原所有人不能追回物权的情形下，原所有人将如何主张权利？有观点认为，转让人对原所有人标的物不享有所有权，而仍然将该标的物转让给他人，在此情况下，将构成对原所有人财产所有权的侵害，应承担债权责任。如果转让人与受让人之间发生的是一种有偿合同关系，转让人作出的是一种有偿的处分行为，并因此获得一定利益，则所有人有权请求转让人返还不当得利。但这种不当得利请求权与债权责任的请求权也可能发生一种竞合现象，原所有人可以选择对其最有利的请求主张权利。②但笔者认为，上述意见中按不当得利行使请求权，需要原所有人对转让人与受让人不动产买卖合同进行追认，如其追认或变更了有权处分，则不能适用善意取得制度。因此善意取得的情形下，原所有人并无对转让人请求返还不当得利的请求权。原所有人利益的损失，是不动产不能得到返还，而不是受让人支付的房屋对价。所以，只能要求转让人或者转让双方承担侵权责任。

---

① 《〈物权法〉司法解释（一）》第十九条规定，《物权法》第一百零六条第一款第二项所称"合理的价格"，应当根据转让标的物的性质、数量以及付款方式等具体情况，参考转让时交易地市场价格以及交易习惯等因素综合认定。

② 最高人民法院，《〈中华人民共和国物权法〉条文理解与适用》，人民法院出版社2007年版，第329页。

就侵权责任而言，原所有人应向无处分权人主张权利。因为侵权人是无处分权人即转让人，善意取得构成情形下，受让人取得不动产所有权，是侵权导致的损害结果。善意取得已经排除了受让人故意或者重大过失，但受让人仍有可能存在一般过失，如果此时无处分权人处分原所有人不动产，也有过失，而非故意。则无处分权人与受让人基于共同过失应向原所有人承担连带责任。

最高人民法院《关于审理人身损害赔偿案件适用法律若干问题的解释》[法释〔2003〕20号]第三条规定，共同侵权是指二人以上共同故意或者共同过失致人损害，或者虽无共同故意、共同过失，但其侵害行为直接结合发生同一损害后果的。有意思联络的共同侵权是指上述司法解释前段"二人以上共同故意或者共同过失致人损害"的情形。[1]我国《侵权责任法》第十一条也规定二人以上共同实施侵权行为，造成他人损害的，应当承担连带责任。原所有人依侵权法律关系主张权利时，对无处分权人与受让人所签转让合同效力依然可以不作评价，但可以从是否构成共同侵权的角度进行考察。

前述列举的六种无权处分情形，其（四）、（六）种在考虑无处分权人承担侵权民事责任时，还应考察原所有人与无处分权人之间的合同效力或造成合同无效、被撤销的过错，来承担相应的民事责任。

（四）本案分析

具体到本案，可作如下分析：

1. 秦海某转让案涉房屋是否属无权处分。秦海某与刘嘉某于2015年1月11日签订《二手房屋买卖合同》，于2015年2月9日办理案涉房屋转移登记手续，此间处于翟某等《存量房屋买卖合同》撤销诉讼中，2015年8月20日终审判决撤销该合同发生法律效力。《民法通则》第五十九条[2]、《合同法》第

---

[1] 张新宝，《侵权责任法原理》，中国人民大学出版社2005年版，第80页。

[2] 《民法通则》第五十九条，下列民事行为，一方有权请求人民法院或者仲裁机关予以变更或者撤销：（一）行为人对行为内容有重大误解的；（二）显失公平的。被撤销的民事行为从行为开始起无效。

五十六条[①]以及《民法总则》第一百五十五条[②]，均规定了被撤销的合同自始没有法律约束力，因此，《存量房屋买卖合同》被撤销后，案涉房屋应返还给翟某等，翟某等为案涉房屋的真正权利人。案涉房屋转让时，虽然登记在秦海某名下，但其将案涉房屋转让给刘嘉某，系属无权处分。

2. 在无权处分情形下，刘嘉某通过《二手房屋买卖合同》受让了案涉房屋并进行了转移登记，是否构成善意取得。刘嘉某购买案涉房屋查验了房屋产权证明，应视为信赖登记。受让人是否构成善意取得，应查验转让方的不动产登记簿，但在市场交易中，通常情况下是由受让方查验房屋产权证明，只有在网签时才核验房屋，所以查验房屋产权证明可以视为信赖登记。即使对注意义务评价标准严苛一些，不动产产权变更登记前网签时也核验了包括登记内容在内的案涉房屋情况并核验通过，说明登记簿的公信效力不存在问题。更何况其时翟某等撤销权诉讼未果，翟某等未对防止案涉房屋被再次转让采取必要措施，刘嘉某在该节已尽到合理人注意义务。案涉房屋中留有死者翟文某户口一节，在不动产交易市场中该类现象并不罕见，由此不能推断出案涉房屋不属登记人而存在真实权利人。居间费、贷款各情形，均是履行合同行为，即使违约，仍属合同各方未尽履行义务和承担责任范畴。综合评价上述情况，刘嘉某尽到了注意义务，主观上并无重大过失。

秦海某与刘嘉某所签《二手房屋买卖合同》交易价格为 155 万元，通过抵押评估案涉房屋价值为 144.36 万元，价格接近。评估价值估价方法之一即以市场价格作为参考，在翟某等未提供充足证据情况下，可以将评估价值视为交易地市场价的参考值，因此，从案涉房屋价格判断，符合"合理价格"的构成要件。

结合前述分析意见，应当认为受让人刘嘉某具备受让不动产善意，受让不动产价格合理，因案涉房屋已转移登记在刘嘉某名下，故其构成善意取得。

3. 翟某等以秦海某、刘嘉某恶意串通损害第三人利益和刘嘉某不构成善

---

① 《合同法》第五十六条，无效的合同或者被撤销的合同自始没有法律约束力。合同部分无效，不影响其他部分效力的，其他部分仍然有效。

② 《民法总则》第一百五十五条，出卖人交付的标的物不符合质量要求的，买受人可以依照本法第一百一十一条的规定要求承担违约责任。

意取得为理由，请求确认《二手房屋买卖合同》无效。因为返还原物属适用特别法律规则，恶意串通损害第三人利益属适用一般法律，故其应依照返还原物法律关系主张权利。刘嘉某对案涉房屋构成善意取得，翟某等诉讼请求应予驳回。翟某等在此种情况下，可依侵权关系寻求救济。

简论商品房预售合同的效力与损害赔偿

《最高人民法院关于审理商品房买卖合同纠纷案件适用法律若干问题的解释》第一条规定，本解释所称的商品房买卖合同，是指房地产开发企业将未建成或者已竣工的房屋向社会销售并转移房屋所有权于买受人，买受人支付价款的合同。其中未建成房屋的销售为房屋预售。具体而言，商品房预售是指房地产开发经营企业将正在建设中的房屋预先出售给承购人，由承购人支付定金及房屋价款的行为。

在审判实务中，合同效力的认定是解决预售合同纠纷的首要问题。按照审判实务的传统认识，没有办理所有权转移登记手续的买卖合同属于无效合同。《中华人民共和国合同法》实施后，从合同履行的角度，实务中对传统认识进行修正。作为不动产买卖的特殊形式，房屋预售具有区别于一般商品房买卖的显著特征：第一，合同标的是尚未建成的房屋；第二，按照合同由承购人支付房价款，承购人取得的是将来的房屋所有权；第三，预售房屋实际交付之前预购人依法可以转让给第三人；第四，从合同成立到交付标的物需要较长的周期。这些特点决定了房屋预售合同不可能等到办理完所有权转移登记才生效。根据《城市商品房预售管理办法》第十条规定的精神[①]，实务中

---

① 《城市商品房预售管理办法》第十条规定，商品房预售，开发企业应当与承购人签订商品房预售合同。开发企业应当自签约之日起 30 日内，向房地产管理部门和市县人民政府土地管理部门办理商品房预售合同登记备案手续。房地产管理部门应当积极应用网络信息技术，逐步推行商品房预售合同网上登记备案。商品房预售合同登记备案手续可以委托代理人办理。委托代理人办理的，应当有书面委托书。

一般以预售合同在房地产管理部门办理登记备案手续的时间为合同的生效时间，但如果双方所签合同是其真实意思表示，且不违背法律规定，虽没有办理登记备案手续，也应视为预售合同有效。

虽然在《合同法》实施后对相关合同效力问题进行了反思，但前述认识仍没有脱离旧有思维的窠臼。笔者认为，正确认识房屋预售合同效力，既要从合同法规定的要件出发，解决好合同效力问题，也要从房地产法规定出发，满足特别法规定的要件要求。

从《合同法》来看，第四十四条规定，依法成立的合同，自成立时生效。法律行政法规规定办理批准、登记等手续生效的，依照其固定。合同生效应满足一般生效要件[①]，在此前提下，根据该条规定，依法成立的合同，自成立时生效。也就是说，合同的生效，原则上是与合同的成立相一致的，合同成立就产生了效力。但是，某些法律、行政法规规定的合同生效要经过特别程序后才产生法律效力，这是合同生效的特别要件。从《最高人民法院关于适用〈中华人民共和国合同法〉若干问题的解释（二）》第十四条[②]规定来看，《中华人民共和国房地产法管理法》第三十八条第（五）项规定[③]并非效力性强制性规定。该条规定的是房地产不得转让，而未正面规定转让无产权证的房屋买卖合同无效，属于管理性强制性规定。买受人依照与开发商之间的房屋买卖合同，获得房屋所有权是早晚的问题，不存在不能取得所有权的法律障碍。因此，审判实务中，没有办理所有权转移登记手续的买卖合同无效的认识并不妥当。

根据《最高人民法院关于适用〈中华人民共和国合同法〉若干问题的解释（一）》第四条规定，合同法实施以后，人民法院确认合同无效，应当以全国人大及其常委会制定的法律和国务院制定的行政法规为依据，不得以地方

---

①　我国《民法通则》第五十五条规定，民事法律行为应当具备下列条件：（一）行为人具有相应的民事行为能力；（二）意思表示真实；（三）不违反法律或者公共利益。

②　《〈中华人民共和国合同法〉司法解释（二）》第十四条规定，合同法第五十二条第（五）项规定的"强制性规定"，指效力性强制性规定。

③　《中华人民共和国房地产法》第三十八条第（五）项规定为，未依法登记领取权属证书的房地产不得转让。

性法规、行政规章为依据。该规定明确了"法律、行政法规"的范围，强调人民法院只能依据全国人大及其常委会制定的法律和国务院制定的行政法规认定合同无效，而不能直接援引地方性法规和行政规章作为判断合同无效的依据。当然，这并非意味着完全排除了地方性法规或行政规章作用，事实上，如果违反地方性法规或者行政规章将导致损害社会公共利益，则完全可以根据《合同法》第五十二条第（四）项 [1] 的规定，以损害公共利益为由确认合同无效。因此，地方性法规和行政规章有些时候可以作为判断是否损害社会公共利益的参考。但毋庸置疑，《最高人民法院关于适用〈中华人民共和国合同法〉若干问题的解释（一）》在合同法基础上进一步明确地缩小了合同因违反法律、行政法规的强制性规定而无效的情形 [2]。按照上述观点理解，建设部1994 年 11 月 15 日发布的，经 2001 年 8 月 15 日和 2004 年 7 月 20 日两次修正的《城市商品房预售管理办法》系部门规章，其规定不属于法律行政法规效力性强制性规定，因而签订商品房预售合同是否备案不影响合同效力。

强制性规定包括管理性规范和效力性规范。管理性规范是指法律及行政法规未明确规定违反此类规范将导致合同无效的规范。此类规范旨在管理和处罚违反规定的行为，但不否认该行为在民商法上的效力。效力性规范是指法律及行政法规明确规定违反该类规定将导致合同无效的规范，或者虽未明确规定违反之后将导致合同无效，但若使合同继续有效将损害国家利益和社会公共利益的规范 [3]。而《城市商品房预售管理办法》所规定的备案制度，不直接涉及公共利益，因而也不能以商品房预售合同损害公共利益为由确认无效 [4]。由此可见，从合同法规定的要件出发，商品房预售合同应当满足一般合同生效要件方为有效合同。

认识商品房预售合同效力，既要从合同法规定的要件出发，解决好合同

---

[1] 《合同法》第五十二条第（四）项规定，损害社会公共利益的合同无效。

[2] 沈德咏，《最高人民法院关于合同法司法解释（二）的理解与适用》，人民法院出版社 2015年版，第 130 页。

[3] 刘德权、王松，《最高人民法院司法观点集成民事卷Ⅱ》，中国法制出版社 2017 年版，第 699 页。

[4] 《最高人民法院〈关于审理商品房买卖合同纠纷案件适用法律问题的解释〉》第六条第一款规定，当事人以商品房预售合同未按照法律、行政法规定办理登记备案为由，请求确认合同无效的，不予支持。

效力问题，也要从房地产法规定出发，满足特别法规定的要件要求。与前述管理性强制性规范和效力性强制性规范有所不同，而是在判断合同效力上，以一般法为基础，满足一般法效力要件要求，同时必须满足特别法规定的要件要求，才能确认商品房预售合同为有效合同。

我国《立法法》第九十二条规定，同一机关制定的法律、行政法规、地方性法规、自治条例和单行条例、规章，特别规定与一般规定不一致的，适用特别规定。就特别法优于一般法适用应分三种情形。

第一，同时制定的一般法与特别法，系指存在于同一法律文件中一般法与特别法规则。对于这种种属法律规范，应当按照"特别法优于一般法"规则适用。也就是说，当同一事实既符合存在于同一法律文件中的一般规则和特别规则的，应当优先适用特别规则。

第二，对于旧一般法与新特别法冲突而言，由于新法与特别法是同一个法律规范，旧法与一般法是同一个法律规范，不论是按照"新法优于旧法"规则，还是"特别法优于一般法"规则，其适用的结果是一样的，最终选择的是"特别法"或者"新法"，可以提出"新特别法优于旧一般法"的适用规则。

第三，关于旧特别法与新一般法的关系。最高人民法院《关于审理行政案件适用法律规范问题的座谈会纪要》指出：新的一般规定允许旧的特别规定继续适用的，适用旧的规定；新的一般规定废止旧的特别规定的，适用新的一般规定。不能确定新的一般规定是否允许旧的特别规定继续适用的，人民法院应当终止程序，逐级报请立法机关裁决[1]。

根据《城市房地产管理法》的相关规定，从房地产法规定的要件进行判断。如前所述，商品房预售不仅是特殊商品——房地产买卖行为，而且是一种特殊形式的房地产买卖行为，即房地产开发经营企业将正在建造中的房屋预先出售给买受人，出买受人支付定金及房价款的行为。出于买卖合同的标的物在订立买卖合同时并不存在，出卖人对其并不享有完全意义的所有权，

---

① 我国《立法法》第九十四条规定，法律之间对同一事项的新的一般规定与旧的特别规定不一致，不能确定如何适用的，由全国人民代表大会常务委员会裁决。行政法规之间对同一事项的新的一般规定与旧的特别规定不一致，不能确定如何适用的，由国务院裁决。

当事人享有的只是一种物权期待权。对此，《城市房地产管理法》第四十四条规定预售必须具备四个条件：（1）已交付全部土地出让金，取得土地使用权证书；（2）持有建筑工程规划许可证和施工许可证；（3）按提供的预售商品房计算，投入开发建设的资金达到工程建设总投资的 25% 以上，并已确定施工进度和竣工交付日期；（4）已办理预售登记，取得商品房预售许可证明。

对该预售条件和确定合同效力的关系，实践中有三种不同意见。一种意见认为，《城市房地产管理法》是一部行政管理色彩很强的法律，该法规定商品房预售实行许可证制度，是行政许可制度，只要出卖人持有预售许可证明，即满足了法律规定的前提条件，其与买受人签订的预售合同即为有效。第二种意见认为，《城市房地产管理法》是一部综合性的法律，它规定了房地产开发用地、房地产开发、房地产交易、房地产管理等诸多内容，不能简单视为行政管理法，也是一部民事基本法，该法第四十四条规定的四个条件是商品房预售行为（民事行为）必须同时具备的法定条件，是并列的条件，缺一不可，否则，开发商未取得土地使用权证书和工程规划许可证，房屋即使能够交付，购房人也不能取得房产证，不能实现买卖合同的目的，对购房人是一个极大的损害，因此，预售合同应认定无效[①]。第三种意见认为，《城市房地产管理法》第四十四条第一款规定的前三个条件，是办理预售许可的必要条件[②]，对商品房预售合同效力，应当采取要件说，如果具备了前三个条件即应认为商品房预售合同有效。但是，颁发商品房预售许可证是行政管理部门具体行政行为，行政管理部门颁发了商品房预售许可证，表明行政管理部门已对前三个要件审查通过，人民法院可依据商品房预售许可证认定商品房预售合同有效。如果房地产开发经营企业未取得商品房预售许可证，但预售商品房已具备前三个条件，人民法院也应按要件的实质要求进行审查，如果要件具

---

① 最高人民法院民事审判第一庭，《最高人民法院关于审理商品房买卖合同纠纷案件司法解释的理解与适用》，人民法院出版社 2015 年版，第 30—31 页。

② 《城市商品房预售管理办法》第七条规定，开发企业申请预售许可，应当提交下列证件（复印件）及资料：（一）商品房预售许可申请表；（二）开发企业的《营业执照》和资质证书；（三）土地使用权证、建设工程规划许可证、施工许可证；（四）投入开发建设的资金占建设总投资比例符合规定条件的证明；（五）工程施工合同及关于施工进度的说明；（六）商品房预售方案。预售方案应当说明预售商品房的位置、面积、竣工交付日期等内容并应当附预售商品房分层平面图。

备，可以认定商品房预售合同有效。实务界主要倾向于此种意见。

但最高人民法院认为，我国商品房预售实行许可证制度是一种行政许可行为，开发商获得预售许可证是其必须履行的行政法上的强制性规范的义务，国家建设行政管理部门颁发预售许可证应当对其行政行为的合法性负责，应当对开发商提供的申请进行实质性审查，形成实质上的权利瑕疵责任担保，一旦行政行为违法或不当，造成购房人的损失，应当由行政法律关系调整。不能要求购房人承担过多的本来应当由行政机关承担的审查义务①。因此，最高人民法院《关于审理商品房买卖合同纠纷案件适用法律若干问题的解释》第二条规定，出卖人未取得商品房预售许可证明，与买受人订立商品房预售合同应认定无效，但在起诉前取得商品房预售许可证明的，可以认定有效。在实践中，适用该条有两个问题应当予以注意。第一是预售房屋与现房的界定问题。根据前述司法解释第一条的规定，尚未建成和已竣工的房屋②的区分，以及《物权法》第三十五条的规定③，应当理解，已竣工的房屋为现房。第二个问题是，如果认为未取得商品房预售许可证明的商品房预售合同为无效合同，系法律价值取向，那么在实务中，有房地产开发经营企业与买房人签订商品房预售合同后，在房屋价格上升时反悔，或者故意不申领房屋预售许可证明以逃避履行合同义务，此种情形对买房人利益有所不公，应当在实务中进一步研究。尽管如此，在商品房预售合同效力判断上，应严格遵照前述司法解释执行。

从合同效力理论发展来看，合同的生效，也称合同的有效，是指已成立的合同发生了拘束当事人的法律效力，是法律对当事人的意思表示行为所作的肯定性评价及其产生的后果。它包括三层含义：一是生效是法律对合同当事人的意思表示的肯定性评价，体现了国家意志对意思自治的认可；二是合

---

① 最高人民法院民事审判第一庭，《最高人民法院关于审理商品房买卖合同纠纷案件司法解释的理解与适用》，人民法院出版社 2015 年版，第 31 页。

② 《最高人民法院关于审理商品房买卖合同纠纷案件适用法律若干问题的解释》第一条规定，本解释所称的商品房买卖合同，是指房地产开发企业将尚未建成或者已竣工的房屋的社会销售并转移房屋所有权于买受人，买受人支付价款的合同。

③ 《物权法》第三十条规定，因合法建造、拆除房屋等事实行为设立或者消灭物权的，自事实行为成就时发生效力。

同对当事人具有法律拘束力。具体表现为，从权利方面来说，合同的权利包括请求和接受债务人履行债务的权利受法律保护，从义务方面来说，合同的义务具有强制性，义务人有义务全面履行合同义务，如果义务人不履行合同的义务，权利人有权请求强制履行，并可以要求义务人承担违约或赔偿责任。三是合同对第三人具有拘束力。合同对第三人的拘束力包括：第一是排斥第三人非法干预和侵害合同的效力，如第三人不得非法引诱债务人不履行债务或采取拘禁债务人等非法的强制手段迫使债务人不履行债务或者与债务人恶意串通损害债权人的利益；第二是法律赋予债权人得保全合同利益的权利。当债务人恶意将财产以低价出让给第三人时，债权人享有撤销权；当债务人怠于行使其权利时，债权人享有代位权①。关于合同的拘束力，王利明、崔建远教授认为，合同具有法律约束力意味着合同能够对合同当事人甚至第三人产生约束力。此种约束力来源于法律的赋予，也就是说合同的法律效力不是当事人一直所固有的，而是因为当事人的意志符合国家的意志和社会利益，因此，国家赋予当事人意志以拘束力；当合同双方不履行合同时就依靠国家强制力强制当事人履行合同，可见合同的效力本身介入了国家的意志，体现了国家意志对已成立的合同的评价。如果当事人的意志符合国家的意志，那么国家就赋予合同以法律约束力。如果没有法律的赋予，合同是不会产生法律拘束力的②。由此可见，我国传统理论通说认为，合同的法律效力是指合同的拘束力，意味着对合同当事人甚至第三人产生约束力，当合同一方当事人不履行合同义务，权利人有权请求人民法院强制其履行。江必新法官在《法律行为效力制度重构》③中阐述到：合同效力，是指合同效力的产生。合同是否生效，是基于交易情况和法律规定对合同效力作出的事实判断，合同效力并不完全等同于法律约束力。合同效力包括拘束力、确定力与实现力三方面的内容，不同效力的内容，发生效力的时间点并不一定是同时的，效力可逐步"释放"，不同的效力内容可以分步产生；即便是同一种效力内容，如实现力，若属性不同也可以分步实现。笔者认为，该理论丰富了合同效力的内涵，

① 柴建国，《民商审判疑难问题辨析》，人民法院出版社 2002 年版，第 74—76 页。

② 王利明、崔建远，《合同法新论·总则》，中国政法大学出版社 2003 年修订版，第 234 页。

③ 载《法学》2013 年第 4 期。

采纳合同效力逐步释放理论，对合同双方来讲，如果一方违约将承担违约责任而不是缔约过失责任，要求当事人信守合同。拘束力、确定力要约束合同双方，但结合实现力，则能够对第三人也产生拘束力。

就合同生效与合同有效的关系，传统理论认为合同生效与合同有效均为价值判断，陈小君主编的《合同法学》认为，法谚曰："依法成立之契约，于当事人之间犹如法律。"合同成立主要反映的是当事人的合意，而合同的生效则反映了立法者的意志对当事人合意的干预。或者说合同的成立是一种事实判断，而合同的生效则是一种价值判断。法律行为的效力法律只作间接规定，即法律只规定法律行为生效要件，符合该要件的，产生当事人预期的法律后果，即有效，不符合法律规定要件的，则又分三种法律后果：无效、可撤销和效力待定。合同作为最主要的法律行为，当然得符合这一理论本身的要求①。江平主编的《中华人民共和国合同法精解》，也认为，合同生效是解决合同效力问题，它体现了国家对合同关系的肯定或是否定的评价②。而如前述江必新法官观点认为，合同生效则为事实判断问题。学者孙文桢认为，合同的成立和生效均为事实判断，合同的有效则为价值判断③。

笔者认为，作为私法核心的民法，虽不承担着积极推动国家利益和社会公共利益的功能，但仍须发挥消极地保护国家利益和社会公共利益的功能，即要着力避免民事主体的利益安排损害公众利益和社会公共利益④。合同生效和有效问题是事实判断还是价值判断，应"尽量就具体的价值判断达成新的共识"，就是否损害公众利益和社会公共利益具体判断上，对生效是事实判断和价值判断作出结论。如此，学理上的争论均能统一于《合同法》第五十二条第（二）项，恶意串通，损害国家、集体或者第三人利益无效或者《民法总则》第一百五十四条，行为人与相对人恶意串通，损害他人合法权益的民事法律行为无效之规定上。

---

① 陈小君，《合同法学》，中国政法大学出版社 2007 年版，第 49—50 页。
② 江平，《中华人民共和国合同法精解》，中国政法大学出版社 1999 年版，第 35 页。
③ 孙文桢，《论合同效力类型体系的重构》，载《（北方）法学》2015 年第 4 期。
④ 王轶，《民法原理与民法学方法》，法律出版社 2009 年版，第 32—37 页。

当事人应当按照合同全面履行的义务①。合同的履行，是指债务人全面地适当地完成其合同义务，债权人的合同债权得到完全实现，如交付约定的标的物，完成约定的工作并交付工作成果，提供约定的服务等②。对于双方所签合同，经过人民法院生效裁决继续履行的，如果涉及国家利益或第三人利益，第三人未进入诉讼，不能单纯以合同对双方具有拘束力为理由，而不对合同效力审查。具体到本文所讨论的问题，不仅要从前述合同法一般原理来考虑问题，也要从一般法与特别法规范适用的角度，即从特别法规范效力性强制性规范的角度，来判断合同效力。此种双重审查的思路，已在前述讨论的，商品房买卖合同司法解释第二条得到印证，在审判实务中应该予以充分注意。

处理商品房预售纠纷中，应本着完全赔偿的原则进行。关于完全赔偿原则，我国法律早有规定。《民法通则》第一百一十二条规定："当事人一方违反合同的赔偿责任，应当相当于另一方因此所受到损失。"《合同法》第一百一十三条也规定，当事人一方不履行合同义务或者履行合同义务不符合约定，给对方造成损失的，损失赔偿额应当相当于因违约所造成的损失，包括合同履行后可以获得的利益。所以违约方不仅应赔偿守约方全部财产损失，还应当赔偿其可得到利益损失，即包括履行后可以获得的利益。

但是在实务中常见的做法是，判决违约方承担守约方已付购房款为标准计算出的银行贷款利息的损失。对当事人提出的其他赔偿损失的要求，基本上不予支持。为什么会出现这种情况呢？主要有以下两个原因：一是损失数额难以确定；二是各地采用的制式合同文本都规定了同期银行贷款利息作为损失赔偿额的计算方法。

损害赔偿是否具有惩罚性，在理论上争议很大。损害赔偿的基本性质在于补偿，在一方当事人违约后，为保护受害人的权益，通过补偿使他们达到合同履行的状态。但实践中大量违约行为证明，如此处理，达不到规范当事人行为的功效，特别是对房地产行业，更是苍白无力。而惩罚性赔偿制度则更多的强调惩罚与预防功效，对于有严重过错或欺诈的违约方能够起到规范

---

① 《中华人民共和国合同法》第六十条。

② 王利明、崔建远，《合同法新论·总则》，中国政法大学出版社 2000 年修订版，第 317 页。

作用。最高人民法院 1995 年《关于审理房地产管理法施行前房地产开发经营案件若干问题的解答》第四十四条规定：违约方将对方的投资款挪作他用并获利的，如所获利润无法确定的，可按银行同期贷款利率四倍赔偿对方的损失。可惜，它只能解决房地产管理法施行前的案件，从时间上看，没有普遍适用意义。

合同当事人一方违反合同给对方造成损失的，对方有权要求赔偿损失，违约方应承担赔偿损失的民事责任。赔偿损失必须有损害的事实存在，损失的存在是赔偿的必要条件，没有损失的法律事实，也就不能发生赔偿损失的民事责任。因此确定损失是赔偿损失责任的前提。凡与违反合同有因果关系即违反合同造成的损失都应当赔偿，不是因违约方违反合同造成的损失，对方当事人不负赔偿责任。另外，违反合同一方承担的赔偿责任数额须相当于对方损失。如何确定损失，还应区分不同情况分别对待。

1. 关于预售违约行为的处理

当事人违约应承担违约责任。预售人未按双方约定的时间将房屋交付给预购人。合同签订后，在履行过程中，预售人没有法定或约定事由，不能如期交付房屋，预购人有权要求解除合同，并主张其他权利。当然，能否解除，还应视具体情况而定。在解除合同的前提下，预售人应将预付款退还给预购人，如果有定金，定金应双倍退还。应当注意的是，承担定金责任，不能抵扣损失。在合同没有约定违约金情形下，预售人应当支付预购人同期同类贷款利率的损失。这样考虑，主要是考虑到预售人使用了预购人的购房款进行开发建设，该款实际上具有贷款的性质。

预售人延期交付房屋给预购人，但不要求解除合同的，如果违约只在预售人一方，那么预售人应当考虑赔偿预购人未按约定期限取得房屋的损失。通常情况下，是预购人实际居住所需的费用。可根据约定或者房屋的使用性质和交付条件确定房屋是否需要装修，如果此时装修材料、人员费用等上涨，则该上涨费用应为损失。装修标准可采用通常标准，但是预售房屋按约定日期交付至迟延交付日期期间的房屋差价损失不应予以考虑，该部分差价一般属于预见到或者应当预见到的损失①。

预售人交付预购房屋未达到约定的要求。双方在合同中就房屋装修标准、数量约定一般都比较详细、清楚。然而，受房屋建设周期长，物价上涨等因素的影响，预售人有时擅自改变房屋装修标准，从而造成对于预购人违约。预购人坚持要求预售人按约定的装修标准交付房屋的，预售人应予返工，如不返工，因返工所需要的费用应由预售人支付。房屋装修标准与约定严重不符的，预购人可以要求解除合同。其损失的赔偿可参考前面所述的原则。此外，如果预售人违反约定，擅自增加设备设施，加价出售房屋的，考虑到如拆除设施会破坏工程的实际价值，一般应按同类设备设施的建筑价确定。预购人对上述情况不接受的，有权要求解除合同，赔偿办法如上所述。

2. 关于预购人违约的处理

预购人未按约定时间交付购房款。预购人交付部分购房款或定金，在接到预售人的通知后，应按约定时间及时交纳购房款，如无故拖延，应承担违约责任。违约责任的承担主要体现在违约金上。

预购人应按约定时间及时受领标的物。如超过规定的时间而不受领房屋，在此期间发生毁损等情况，预售人支付了保管费维修费的，预购人应予以赔偿。同时，预购人不办理接收以及不受领标的物超过约定的期限，预售人有权将预购人的房屋另行处理。另行处理所发生的手续费用，应为损失由预购人赔偿。

3. 无效合同的处理

无效合同的订立和履行，也会给社会和当事人利益造成影响。在合同被确认无效后，当事人有必要消除因无效合同订立和履行而造成的不利影响，使之恢复到原来的状态。无效合同处理，一方因无效合同取得的财产应当返还给受损失的一方。无效合同属于承担缔约过失责任，因合同无效给对方造成损失的，应按过错责任原则由过错方赔偿对方因此所受的损失，双方均有过错的，应当各自承担相应的责任。过错方承担赔偿责任的赔偿金额，应相

① 《合同法》第一百一十三条第一款规定，当事人一方不履行合同或者履行合同义务不符合约定，给对方造成损失的，损失赔偿额应当相当于因违约造成的损失，包括合同履行后可以获得的利益，但不得超过违反合同一方订立合同时预见到或者应当预见到的因违反合同造成的损失。

当于无过错方的实际损失。具体地说，预售人应承担返还财产、赔偿损失的责任。依据无效合同的处理原则，预售人首先应将预购人的购房款返还预购人，使双方的财产关系恢复到合同签订前的状态。其次，预购人已交付的钱款产生的利息，预售人应按同期国家银行贷款的利率计息，支付给预购人。但如果预售人过错明显的，其在支付利息时，可以适当高于上述利息，以示惩罚性。最后，如合同无效后预售人不能积极主动地与预购人解决，预购人为此多次寻找预售人，由此支出的误工费、交通费、咨询费或者因此而诉讼所支出的诉讼费等均应由预售人负担。未生效的合同，可比照上述合同处理。

4. 预售人免责的情形

预售人可因下列情况免责：

因不可抗力而免责。一是遇到地震、台风、泥石流断路等自然灾害；二是冬季施工等因素。一般的冬季施工不能免责，只有特殊情况下，如遭遇百年不见的奇寒等。

因非预售人原因在建设期间遇政府交通管制等足以影响建设周期的情形，此类情况为构成违约，但可以根据具体情况酌情免责。

因履行抗辩权而免责。抗辩权是指对抗或者否认请求权的权利。《合同法》第六十六条、第六十七条、第六十八条规定同时履行抗辩权、先履行抗辩权和履行不安抗辩权，因行使抗辩权而不履行合同义务，不承担违约责任。

预售商品房按揭贷款的法律问题

案情概要

2008年4月2日，原告徐州某房地产开发有限公司（以下简称某公司）将其开发建设的商品房预售给被告王某强，双方签订了《商品房买卖合同》，主要内容为：王某强购买的商品房为某宫寓综合楼某单元1701室（建筑面积171.14平方米），该商品房单价为每平方米6193.76元，总价款106万元，其中签约当日付首付款31.8万元，余款74.2万元于2008年4月13日付清。首付款一式三联收据由某公司保管。此外，徐州市财政局出具的契税完税证，徐州市物业维修基金出具的缴款凭证，徐州市房地产管理局出具的所有权登记费收据，均由某公司缴纳并持有。

2008年4月24日，王某强作为借款人、某公司作为保证人与中国建设银行股份有限公司徐州分行（以下简称建行徐州分行）签订了以涉案房屋作为抵押的抵押贷款合同，贷款金额74.2万元，享受利率8.5折优惠，期限自2008年4月24日至2024年4月24日。抵押贷款到账后，某公司每月按约定的还款数额向户名为王某强、账号为125101998110×××××的账户偿还银行贷款。

2009年8月19日，某公司与第三人赵某签订售房合同。将涉案房屋出售给赵某，约定房屋价款为101万元。自此，涉案房屋的银行贷款由赵某偿还。

2011年6月27日，王某强以自己名义取得了涉案房屋所有权证；2011年6月29日，王某强取得了涉案房屋国有土地使用证。以上房屋所有权证、土地使用证原件由王某强持有。

2011年7月7日，王某强向涉案房屋贷款账户存款5000元，后于2011年7月18日将该款取出。2012年2月，王某强挂失了原还款存折。2012年3月20日赵某通过建行ATM机还款5600元。根据上述案情，徐州市泉山区人民法院判决：一、原告某公司与被告王某强于2008年4月2日签订的《商品房买卖合同》无效；二、被告王某强在涉案房屋抵押贷款结清之日起十日内协助原告某公司注销房屋抵押登记，并协助原告某公司办理涉案房屋产权登记。

裁判要旨

徐州市泉山区人民法院认为，一方面，商品房买卖合同签订后，合同约定的首付款由某公司支付，随后，某公司以王某强名义缴纳了契税、物业维修基金和所有权登记费，应认定王某强签订合同时明知自己不需要履行合同且也不准备实际履行合同。另一方面，某公司与王某强双方分别以保证人和借款人名义于2008年4月24日与建行徐州分行签订了以涉案房屋作为抵押的《房地产抵押借款合同》，之后，王某强未按约定偿还贷款，而是某公司以王某强名义偿还；王某强虽然曾于2011年7月7日向贷款账户存款5000元但随即取出，至2012年3月20日前未对贷款予以偿还，故应认定双方签订商品房买卖合同时明知该合同非双方真实意思表示。

当事人在订立合同时，除应遵循自愿公平、等价有偿、诚实信用原则外，还应遵守法律法规，尊重社会公德，不得扰乱社会秩序，损害社会公共利益。因本案当事人借签订商品房买卖合同之名，掩盖违规向银行抵押贷款套取银行信贷资金的目的，故依照《中华人民共和国合同法》第五十二条第（三）项的规定，应认定某公司与王某强所签商品房买卖合同无效。①

---

① 案件来源，《最高人民法院公报》案例，2013年第12期。

评 析

预售商品房按揭，涉及三方主体四个法律关系。三方主体是卖房人即房地产开发经营企业、买房人和按揭（贷款）银行。四个法律关系，一是房地产开发经营企业与买房人之间的商品房预售法律关系；二是购房人与按揭银行之间的贷款法律关系；三是购房人与按揭银行之间的抵押法律关系；四是卖房人与按揭银行之间的保证法律关系。预售商品房按揭对购房人来说，可以采取分期偿还贷款本息及手续费的方式增强其购房能力，缓解资金紧张状况；对房地产开发经营企业来说，可以及时筹集建设资金，促进商品房销售；对按揭银行来说，可以获得利息利润，其债权风险也不大。预售商品房按揭是随着市场经济发展出现的自由和便捷的产物，三方主体可以得到各自所需的经济利益，因此在现代市场经济中被广泛采用。预售商品房按揭四个法律关系虽然各自独立，但是又相互关联，各方主体之间的合同是否有效、合同履行、解除以及相应民事责任承担相互影响。而且预售商品房按揭区别于一般房地产抵押贷款，具有特殊性。在司法实践中，对上述诸问题的认识，虽然经过一定时期实践和不同角度研究依然存在较大分歧，这不仅影响到裁判标准统一，进而使得预售商品房按揭各方利益得不到很好平衡。因此，有必要对这些问题进行进一步研究。

一、按揭制度起源概述

按揭最早适用于香港地区，来自英文 mortgage,是粤语半音译半意译的词汇。香港法官李宗锷认为，就严格法律概念而言，按揭是指将财产的产权转移至承按人名下，让承按人在特定的情况里，例如出按人不偿还对承按人的欠债，可取得财产的绝对处分权；当欠债已还清时，承按人须将财产的产权转易回至出按人名下。①

---

① 宁教铭、张礼慧，《按揭与抵押》，《河北法学》第 106 期，第 143 页。

英国财产法学者 E.H.Bum 认为，mortgage 系指财产中的某种利益为担保一定款项的支付或者某种其他债务之履行而进行的让与或其他处分。在这种担保方式中，债务人为担保债务之履行而将一定财产权利转移与债权人，当债务人不履行义务时，债权人可以取得担保财产的绝对所有权。①

香港地区财产法把财产权益分为法定权益和衡平权益。这种区分是香港财产法的一个突出特征。法定权益即指普通法规定承认的或依普通法而存在的财产权益，也称普通法权益。在不动产方面，普通法也承认地产合法所有人的地产所有权。②衡平权益即指设置于为他人所有、或为其他法定身份加以占有的人所有的财产上的权益，它由衡平法院创立并由其强制执行，衡平权益又称衡平法上的财产权益。③

日耳曼法是普通法的渊源。日耳曼法代表了法律发展的严格法阶段，它强调以契约形式产生的个人权利和责任，注重契约的完成，认为以法定形式承担的任何责任都必须得到全面确切地履行。④与普通法相比，罗马法体系试图保护和实现交易中参与者的意愿。罗马法代表了法律发展的后一阶段，即衡平或自然法阶段。它认为，一个人不应以牺牲另一个人的利益为代价而不正当获益，如果它不是出于后者的意图，而仅仅是因为遵守形式。罗马法关注的问题不是程序性技术是否实现，而是各方意愿是否达成。⑤

香港地区的按揭制度具有以下基本特征：第一，按揭是一种担保行为，设定按揭的目的是保证承按人实现债权；第二，按揭设定后，作为担保的标的物是财产所有权，必须由出按人转移至承按人名下。如果债务人在约定的期限前清偿了债务，债权人应将担保标的物所有权转移给债务人；如果债务人到期不能偿还债务，债权人也即承按人不用将标的物所有权返还给债务人，标的物所有权归债权人所有；第三，按揭的标的物是财产所有权及其他权益；第四，按揭是一种转移标的物所有权来提供债权担保的方式，虽然其真实目

---

① 邹治，《物权法审判实务疑难精解》，中国法制出版社 2007 年版，第 329 页。

② 王春旭、罗斌，《港澳台民商法》，人民法院出版社 1997 年版，第 10—11 页。

③ 同上。

④ 裴亚琴，《试论普通法精神与英国政治传统》，《北航法学》2017 年第 1 卷，第 105 页。

⑤ 裴亚琴，《试论普通法精神与英国政治传统》，《北航法学》2017 年第 1 卷，第 108 页。

的并非是转移标的物所有权，而是满足债权人通过控制标的物所有权来达到其债权顺利实现的目的，但操作中标的物一般都由出按人占有。承按人的权益属于香港衡平法上的财产权益，相应的，出按人享有的也是香港衡平法上的赎回权。从前述按揭的特征看，债权人取得对担保物的所有权而不依赖于对担保物的占有，按揭是债权人和债务人通过约定财产权利的转移而对债权进行担保，是物的担保的一种。

香港地区地产施行的是契约登记制度，即政府将申请地产契约登记的材料按照先后顺序登记，而不对这些材料调查审核。政府不保证已登记的业主是合法的，也不保证登记材料的法律变动效力。房地产契约登记的材料可以公开查询，已登记的业权优于未登记的业权，先登记的业权优于后登记的业权。这样的契约登记制度，在香港地区为按揭制度提供了便捷操作的基础。

香港地区的按揭制度在该地区土地资源珍稀条件下，为有效融通资金，对地产业发展起到了促进作用。但该法律制度本身也受到不同质疑和批评。有观点认为，按揭中将标的物所有权轻易转易至承按人名下，可以使开发商所开发的地产在地产价值上升时，直接归承按人所有，置业后的出按人取得标的物所有权的目的将无从实现，与"流质禁止"的原则相悖；还有观点认为，在地产价值下降时，置业的出按人有可能不行使赎回权，以消极还贷的方式抛弃物业，从而使承按人成为实际业主，加大承按人担保利益风险。

在前述财产法项下，香港地产业分为法定产业和衡平法产业。已经建成的现有的产业称为法定产业，尚未建成的产业称为衡平法产业。法定按揭和衡平法按揭的客体分别是法定产业和衡平法产业。依据香港地区《房地产转让及物业条例》第44条规定，自1984年11月1日起，以法定产业作抵押必须以契约形式设定法定抵押，不可有法定式按揭，该日以前已经设立的法定式按揭，由该日开始自动变为法定抵押。即是说，法定式按揭自1984年11月1日起在香港地区已不复存在，按揭只保留衡平法按揭一种形式。

香港地区的按揭制度与该地区的抵押制度有所不同。香港地区的物业抵押属于不动产抵押，是指抵押人在其物业所有权并不转移的前提下，使抵押受益人取得该抵押物业的一定权益而进行的抵押贷款，在抵押解除时，抵押人再将这些权益赎回。这些权益有：（1）抵押受益人对被抵押物业的使用监管权；（2）在抵押人违约的情况下，抵押受益人对抵押物业可以止赎、出售、指定接受人或进行诉讼等行为；（3）抵押受益人对被抵押物业的抵押受偿优先权。与按揭制度相比较，按揭必须将地产所有权转易至承按人名下，而抵押制度则不要求将物业所有权转移至抵押受益人名下，二者存在明显差异。[①]

香港地区的按揭制度与该地区的典质制度大不相同，香港地区的典质是指债务人把财产交付给债权人并由债权人保管，以作为债务的担保，直到债务偿清为止。债务人为出质人，债权人为质权人。出质人一旦将财产实际交给质权人，典质即成立。出质人也可不直接交付财产而交付取代这些财产的手段或凭证。在确定的日期内出质人未能付清债务，质权人可以将财产出卖、转让或再典质，但对转移的典质财产出质人仍可赎回。出质人的权利是付清债务后赎回财产。法律上的财产所有权，虽然还款期限已过，也不能自然转属质权人。只有在要求还款并通知将予出售后，再经过一段合理的期限，如出质人仍不清偿债务，质权人则可以出卖典质财产。[②]香港地区典质制度与我国质权担保制度颇为相似。我国《物权法》第二百零八条规定："为担保债务的履行，债务人或者第三人将其动产出质给债权人占有的，债务人不履行到期债务或者发生当事人约定的实现质权的情形，债权人有权就该动产优先受偿。"典质和质押均是担保物权，均具有法定性，典质和质押均要求交付占有，并且均以交付占有为合同生效时间，这是典质和质押相同之处。不同之处在于，典质权的实现，在确定的日期内出质人未能偿清债务的情形下，典质权人可以将财产出卖、转让或再典质，但要尊重出质人的赎回权，并且出质人的赎回权只有经过一段合理期限才能丧失。而质押质权的实现具有法定性和约定性，可以通过法定程序和质押双方协商的方式以保证债权的实现。

香港地区的按揭制度和典质制度均属于担保物权，均是以标的物财产所有权及其他权益作担保。[③]但是，按揭要求把作为担保的标的物所有权转移至承按人名下，一般不转移标的物占有，而典质则要求转移对标的物的占有，

---

① 王春旭、罗斌，《港澳台民商法》，人民法院出版社1997年版，第11—12页。

② 王春旭、罗斌，《港澳台民商法》，人民法院出版社1997年版，第12—13页。

③ 王晓芳、李伟华，《法律适用方法——物权法案例分析》，中国法制出版社2013年版，第68页。

不要求转移标的物所有权。

值得注意的是，按揭和典质均规定了出按人或出质人的赎回权。作为担保标的物，一旦债务人到期不能清偿债务，承按人或典质权人，在一定条件下即可对标的物所有权进行处分，从而实现自己的债权。但因为赎回权的存在，使得承按人或典质权人对标的物所有权的处分受到很大限制。通常意义的担保物权并不存在这样的限制，为什么存在如此区别，应从权利本身去寻找原因。

香港地区的按揭制度，承按人享有标的物所有权，其所有权包括对财产的占有权、使用权、收益权和处分权，是对财产的完全排他的控制权。在按揭中，承按人享有标的物的所有权，目的是对自己贷款给出按人债权提供担保，如果不对承按人完全、充分、排他的所有权限制，出按人对标的物的权益将受到损害。在双方担保贷款的法律关系中，将造成双方利益失衡。因此，为平衡双方利益，为出按人设置赎回权以限制承按人完全、充分、排他的所有权是必要的。

香港地区按揭制度非常接近大陆法系的让与担保。在大陆法系国家，让与担保是沿袭罗马法上的"信托行为"（Fiducia）理论并吸收日耳曼法上的"信托行为"（Treuhand）成分，经由判例学说所形成的一种非典型物的担保制度，并由学说和判例发展而来。[1] 让与担保包括狭义的让与担保和卖渡担保两种类型，通常所谓的让与担保，仅指狭义的让与担保。[2]

我国法律没有明文规定让与担保制度，但司法解释中做出了规定。[3] 所谓让与担保是指债务人或者第三人为担保债务人的债务，将担保标的物的所有

---

[1] 王闯，《让与担保法律制度研究》，法律出版社 2000 年版，第 12 页。

[2] 杜万华，《最高人民法院〈民间借贷司法解释〉理解与适用》，人民法院出版社 2015 年版，第 412 页。

[3] 2015 年 9 月 1 日起施行的《最高人民法院关于审理民间借贷案件适用法律若干问题的规定》第二十四条规定："当事人以签订买卖合同作为民间借贷合同的担保，借款到期后借款人不能还款，出借人请求履行买卖合同的，人民法院应当按照民间借贷法律关系审理，并向当事人释明变更诉讼请求。当事人拒绝变更的，人民法院裁定驳回起诉。按照民间借贷法律关系审理作出的判决生效后，借款人不履行生效判决确定的金钱债务，出借人可以申请拍卖买卖合同标的物，以偿还债务。就拍卖所得应偿还借款本息之间的差额，借款人或者出借人有权主张返还或补偿。"

权等权利转移于担保人，而使担保权人在不超过担保之目的范围内，于债务清偿后，担保标的物应返还于债务人或者第三人，债务不履行时，担保权人得就该标的物优先受偿的非典型担保物权。① 杨立新教授考虑到此种担保方式与让与担保的类似之处与不同之处（并非在债权成立当时即让与所有权，而要等到债务人违约时再让与所有权），称之为后让与担保。② 姚辉教授认为，我们是否可以这样认识，如果能够解决让与担保的固有弊端和弊病，比如公示，那么将让与担保界定为纯粹的交易关系也未尝不可。我们也可以这样理解，传统上将让与担保界定为物权，无非是对物权的对世效力的侧重以满足交易安全，从而舍弃了事务的本然之理。③ 董学立教授则主张贬抑让与担保而倡导抵押权，将此种担保方式界定为存在于"未来物"上的抵押权。④ 而最高人民法院杜万华法官认为，此种买卖型担保，包括让与担保与后让与担保两种形态。⑤ 买卖型担保既包括通过买卖合同事先转移所有权的担保方式，也包括通过买卖合同约定债权人于债务人债务清偿不能时享有买卖合同履行请求权的方式来实现担保。其中，第二种买卖担保内容是我国社会经济生活实践中独创的一种类似于让与担保的担保制度，我们且按学者现存的讨论基础，将其称为"后让与担保"。⑥

二、我国大陆预售商品房按揭简况

我国大陆在 1988 年第一次住房体制改革会议召开后，住房信贷业务开始起步。伴随着按揭制度自香港地区传入，各商业银行也陆续发布了贷款办法，制定了相应的格式合同。如 1992 年 10 月 20 日，交通银行发布了《按揭

---

① 杜万华，《最高人民法院〈民间借贷司法解释〉理解与适用》，人民法院出版社 2015 年版，第 412 页。
② 土利明，《判解研究》，人民法院出版社 2017 年版，第 87 页。
③ 姚辉、刘生亮，《让与担保规制模式的立法论阐释》，《法学家》2006 年第 6 期。
④ 董学立，《也论"后让与担保"——与杨立新教授商榷》，《中国法学》2014 年第 3 期。
⑤ 杜万华，《最高人民法院〈民间借贷司法解释〉理解与适用》，人民法院出版社 2015 年版，第 414 页。
⑥ 王利明，《判解研究》，人民法院出版社 2017 年版，第 86 页。

（楼宇、楼花）贷款的办法》。依据该《办法》，预售商品房按揭是指"借款人在向房地产开发公司购买房产时，自己先交楼价款的一部分（作为定金），其余的部分由银行贷款垫付。在银行贷款垫付期间，该房产的权益属银行所有，待借款人还清全部贷款本息，该房产的权益才转至借款人。"这以后，中国建设银行、中国农业银行、中国工商银行以及中国银行都制定了相应的格式合同。

商品房是指房地产开发经营企业建造的用于出售的房屋，而自建或者参加统建，又是自己使用的住宅和其他房屋，则不属于商品房范畴。目前阶段商品房已成为房地产市场上新建商品房交易标的物的称谓，该称谓见诸若干房地产法律规定名称，如《商品房销售管理办法》，《城市商品房预售管理办法》。诚然从理论上讲能够在市场上交易的房屋都可以称其为商品房（包括新房和二手房），但谈及中国大陆房屋预售或曰"卖楼花"时，仍遵从习惯称其为商品房预售。[①]

建设部相关办法，对商品房预售做出了相关规定。[②]《最高人民法院关于审理商品房买卖合同纠纷案件适用法律若干问题的解释》第一条规定：本解释所称的商品房买卖合同，是指房地产开发企业将尚未建成或者已竣工的房屋向社会销售并转移房屋所有权于买受人，买受人支付价款的合同。根据最高人民法院司法解释的理解，商品房买卖，按照房屋是否竣工，可以分为尚未建成的商品房销售和已竣工的商品房销售两种类型。综合建设部《商品房销售管理办法》及《城市商品房预售管理办法》规定，最高人民法院司法解释所称尚未建成的商品房买卖，即属于商品房预售。

有观点认为，商品房只有在初始登记完成后，才进入现房销售阶段，即已竣工尚未进行初始登记的商品房销售仍属于商品房预售。笔者认为，我国《物权法》第三十条规定：因合法建造、拆除房屋等事实行为设立或者消灭物

---

① 邹治，《物权法审判实务疑难精解》，中国法制出版社 2007 年版，第 332 页。

② 2001 年 6 月 1 日起施行的《商品房销售管理办法》第三条第二款规定："本办法所称商品房现售，是指房地产开发企业将竣工验收合格的商品房出售给买受人，并由买受人支付房价款的行为。"2004 年 7 月 20 日起施行的《城市商品房预售管理办法》第二条规定："本办法所称商品房预售是指房地产开发企业将正在建设中的房屋预先出售给承购人，由承购人支付定金或房价款的行为。"

权的，自事实行为成就时发生效力。从该条规定理解，合法建造商品房，要依事实行为成就，也即建造的商品房竣工时设立物权。该条所规定的物权，在处分时未经登记不发生物权效力。因此物权登记，并不意味着对该等物权人所享有权利为物权的否定。① 所以商品房物权设立后所进行的房屋买卖，属于现房销售。

我国商品房按揭适用在商品房预售领域。

首先，香港地区的按揭制度，适用于尚未建成的产业，引入按揭制度后，也应适用于我国商品房预售领域，只有这样才能在我国市场经济中充分发挥作用。

其次，商品房现房销售领域抵押贷款在我国已有相关法律制度予以调整。我国《物权法》第一百七十九条第一款规定：为担保债务的履行，债务人或者第三人不转移财产的占有，将该财产抵押给债权人的，债务人不履行到期债务或者发生当事人约定的实现抵押权的情形，债权人有权就该财产优先受偿。商品房现房销售是销售已竣工的商品房，合法建造已竣工的商品房已经设立了物权，该物权可以设立抵押权。在登记手续上，需要进行商品房所有权登记，再进行抵押权登记。因此在商品房现房销售领域引入按揭制度，既可能对现行法律制度形成冲击，也因为重复而没有必要。

再次，我国商品房预售领域具有独立性和复杂性，适用按揭制度，不仅可能，而且需要。房地产开发企业具备房屋预售条件方可以进行房屋销售。这些条件包括取得用地规划许可证、国有土地使用权证和建设工程规划许可证。用地规划许可证是取得国有土地使用权证的前置条件，没有用地规划许可证即无法取得国有土地使用权证。土地使用权证的取得，前提是房地产开发企业已与土地行政主管部门签订了土地使用权出让合同，依法向国家缴纳了土地出让金。未取得土地使用权证，将导致国家利益受到损害，进而可能导致商品房预售合同无效。建设工程规划许可证，保证建设规划设计合法，在商品房建设完成后，保证生态环境不损害公共利益，损害公共利益的商品

---

① 杜万华，《最高人民法院〈物权法司法解释（一）〉理解与使用》，人民法院出版社 2016 年版，第 236 页。

房预售合同也应归于无效。房地产开发企业在取得上述实质条件后，一般需要融通资金，与建设施工企业签订建设工程承发包合同建造商品房。这一过程中，房地产开发企业有可能将商品房所占用的土地使用权和在建工程进行抵押以取得贷款进行建设。因此在预售商品房按揭时，要对购房人贷款的按揭银行提供阶段性担保。一方面，当购房人不履行偿还按揭贷款义务时，承担偿还贷款的保证责任。另一方面，也要保证不能因为房地产开发企业自身对土地使用权及在建工程已设立抵押，对购房人将预售商品房所有权益抵押给按揭银行进行贷款造成影响。商品房预售领域的独立性和复杂性，是按揭制度被引入和适用的基础。

由此，预售商品房按揭可作如下定义：它是指不能或不愿一次性支付房款的购房人将其与房地产开发企业之预售商品房买卖合同的所有权益抵押给按揭银行，按揭银行将一定数额的款项贷给购房人，以购房人名义将款项交付给房地产开发企业所有，并由房地产开发企业提供保证的行为总称。

按揭制度在商品房预售过程中可以分为两个阶段。第一阶段是房屋竣工并领取房屋所有权证之前，凭《商品房预售合同》《贷款合同》《抵押合同》及《保证合同》到房地产管理部门抵押备案；第二阶段是房屋竣工并领取房屋所有权证以后，凭房屋所有权证办理抵押登记。[①] 第二阶段是我国《物权法》《担保法》规定的贷款担保抵押，实务中虽然也被通俗称为按揭，但从法律制度规定来看，属于抵押贷款性质，所以应按法律规定厘清，以避免混淆。目前存在争议的是第一阶段性质。

商品房买卖标的物交付分为交付占有和转移所有权登记。竣工的房屋已成为民法意义上的物，一般由房地产开发企业对购房人先交付占有，再办理所有权登记。交付占有意味着购房人对房屋进行保管，承担房屋毁损灭失的风险，但购房人拥有物权，必须办理房屋所有权转移登记。虽然竣工的房屋

---

① 邹治，《物权法审判实务疑难精解》，中国法制出版社 2007 年版，第 333—334 页。

可以进行抵押，①但由于购房人尚未取得房屋所有权，因此尚不能设立抵押权。所以预售与按揭两个阶段分界节点，是购房人领取房屋所有权证并办理抵押登记之时。预售与按揭制度的两个阶段并不是同一概念，预售是买卖法律关系，按揭是抵押贷款法律关系。在买卖法律关系中，建成房屋未转移登记之前，房屋为房地产开发企业所有，从物权处分权来看购房人设定抵押属于无权处分。在买卖法律关系基础上，由于购房人需要从按揭银行贷款，才会形成抵押贷款法律关系。

我国内地预售商品房按揭制度的性质（指预售商品房按揭第一阶段，下同）需要探究。首先，我国内地预售商品房按揭制度区别于香港地区的按揭制度。香港地区按揭制度一般不要求将地产从出按人转为承按人占有，但要求将地产所有权转易至承按人名下；而我国预售商品房按揭制度，既不要求将房屋转移给按揭银行占有，也不要求将房屋所有权转移登记至按揭银行名下，只是要求购房人与按揭银行签订《贷款合同》和《抵押合同》，并在房地产行政管理部门进行抵押登记。虽然香港地区地产登记的效力和我国房地产登记的效力有所区别，但两者在按揭期间是否转移房屋所有权的规定迥然不同。

其次，我国预售商品房按揭制度与我国房地产抵押制度也有所区别。根据我国相关法律规定，抵押权是一种担保物权。抵押权设立以后，抵押物仍留在抵押人手中，由抵押人继续占有和使用抵押物，抵押人能够充分发挥物的使用价值，不至于使物在设立抵押后变成僵死的财产，也免除了抵押权人

---

① 我国《物权法》第一百八十条第一款规定："债务人或者第三人有权处分的下列财产可以抵押：（一）建筑物和其他土地附着物；（二）建设用地使用权；（三）以招标、拍卖、公开协商等方式取得的荒地等土地承包经营权；（四）生产设备、原材料、半成品、产品；（五）正在建造的建筑物、船舶、航空器；（六）交通运输工具；（七）法律、行政法规未禁止抵押的其他财产。"《担保法》第三十四条第一款规定："下列财产可以抵押：（一）抵押人所有的房屋和其他地上定着物；（二）抵押人所有的机器、交通运输工具和其他财产；（三）抵押人依法有权处分的国有的土地使用权、房屋和其他地上定着物；（四）抵押人依法有权处分的国有的机器、交通运输工具和其他财产；（五）抵押人依法承包并经发包方同意抵押的荒山、荒沟、荒丘、荒滩等荒地的土地使用权；（六）依法可以抵押的其他财产。"《最高人民法院关于适用〈中华人民共和国担保法〉若干问题的解释》第四十九条规定："以尚未办理权属证书的财产抵押的，在第一审法庭辩论终结前能够提供权利证书或者补办登记手续的，可以认定抵押有效。当事人未办理抵押物登记手续的，不得对抗第三人。"

因占有物而承担保管责任。抵押权虽是一种物权，但抵押权人并不直接取得物的所有权，而是享有债务人不履行债务时以抵押财产变价优先受偿的权利。这种优先受偿的权利，并不是债务人不履行债务时直接转移抵押物的所有权，而是要在债务人不履行债务时，将抵押物变价，使抵押权人就抵押物变价后的价值优先于其他债权人受偿。我国预售商品房按揭制度，在第二阶段具备了抵押制度的特征。但是在第一阶段，购房人在与房地产开发企业签订商品房预售合同后，只拥有合同的权利，即使待商品房竣工，购房人未经转移登记也未取得物权。购房人享有的合同债权缺乏物的性质，自然无法在合同权利上设定抵押。

再次，我国预售商品房按揭制度与我国质押制度也有所区别。实务中有观点认为，由于购房人购买的是尚未建成的期房，在商品房预售合同签订后，房屋建成并办理房屋所有权证之前，购房者未取得房屋所有权，拥有的只是对开发商的合同债权，即请求开发商按照商品房预售合同的规定交付合同标的物所有权。购房人将这种合同债权作为贷款担保，本质上属于一种权利担保，属于《担保法》第七十五条的兜底条款规定的依法可以质押的其他权利设立的质押。[①] 这种权利担保具有交付（转移）权利凭证（商品房预售合同）、登记生效的特征，并随着房屋建设完成登记发证（房屋所有权证）、主合同债权消灭而自然终止。[②]

笔者认为，以上观点值得商榷。

房地产开发企业与购房人签订《商品房预售合同》，购房人向房地产企业支付一定比例首付款后，双方在合同关系下各自拥有合同项下的权利义务，是民法上的债，而非具体债权。如果不是单纯的债权，也就不能作为权利而进行权利质押。《最高人民法院关于适用〈中华人民共和国合同法〉若干问题的解释（一）》第二十七条规定："债权人转让合同权利后，债务人与受让人之间因履行合同发生纠纷诉至人民法院，债务人对债权人的权利提出抗辩的，

---

① 《担保法》第七十五条规定：下列权利可以质押："（一）汇票、支票、本票、债券、存款单、仓单、提单；（二）依法可以转让的股份、股票；（三）依法可以转让的商标专用权，专利权、著作权中的财产权；（四）依法可以质押的其他权利。"

② 邹治，《物权法审判实务疑难精解》，中国法制出版社2007年版，第334页。

147

可以将债权人列为第三人。"从该条规定理解，合同之债并不属于单纯的债权，受让人接受的债权是否存在或者权利是否存在瑕疵，需要合同相对方确认。由此可见，购房人在《商品房预售合同》未完全履行情形下，不确定享有单纯债权，因而此阶段不能进行权利质押。

从《担保法》规定来看，可以设定质押的权利范围是受到限制的，而如何将其划分出界限，又是很困难的。《担保法》把可以质押的最典型的权利列举出来，其他可以质押的权利究竟包括哪些，仍然值得进一步研究，在司法实践中也应当酌情确定。① 我国《担保法》对普通债权能否成为债权以及其质押范围如何，均未作明确规定。由于普通债权存在的普遍性，司法实践中无法回避其质押问题。但是，最高人民法院在制定司法解释中的态度是，《担保法》的司法解释为普通债权质权质押持谨慎态度。司法实践中通过法院判例处理的普通债权设定质权的情况，是原则上以不动产的收益权出质的，可以认定有效。②

最后，我国预售商品房按揭制度与让与担保也有所不同。有学者将按揭归于让与担保，③ 但让与担保的担保物是已竣工取得所有权的不动产，而预售商品房按揭的担保物是尚未建成的商品房，二者存在明显区别。

梁慧星教授认为，许多地方已在房屋分期付款买卖中采用所谓的按揭担保，所发生纠纷因缺乏法律规定而难以裁决，因此有必要在物权法上规定。如果物权法上不作规定，将造成法律与实践的脱节，且实践得不到法律规定的引导，也与维护经济秩序不利。④

梁慧星教授的该段论述在《担保法》实施之后，从论述的语境来理解，该观点不认为预售商品房按揭制度属于既有的担保物权，但认为应在《物权法》中作为新类型物权加以规定。

王利明教授则认为，我国的按揭本来就是抵押等既有的担保方式与其他

---

① 全国人大常委会法制工作委员会民法室，《中华人民共和国担保法释义》，法律出版社 1995 年版，第 95 页。

② 孔祥俊，《担保法及其司法解释的理解与适用》，法律出版社 2001 年版，第 295 页。

③ 蔡耀忠，《中国房地产法研究（第 1 卷）》，法律出版社 2002 年版，第 318 页。

④ 梁慧星，《中国物权法研究》，法律出版社 1998 年版，第 263 页。

合同关系组合而成，只是一种契约的联立而已，其优越性也正在于契约的灵活性，没有必要固定化、类型化为一种独立的新型担保物权。①

笔者赞同王利明教授的观点，认为我国预售商品房按揭制度是一种"联立契约"。香港地区的按揭制度被引入我国内地商品房预售市场后，由于融通资金借款（揭）需要担保（按），才在商品房预售合同基础上，产生了房地产开发企业、购房人和按揭银行三方合同关系。这是应商品房预售市场需要产生的方便灵活的贷款担保法律制度。我国《物权法》规定的抵押担保，在《民法通则》中规定在债权一节中。由此来看，抵押权作为物权，在立法认识上是逐步从债权过渡到物权的。法律起到调整规范社会经济生活的作用，在社会经济发展过程中，以债权担保债权是可行和合法的。从前述《最高人民法院关于审理民间借贷案件适用法律若干问题的规定》的司法解释来看，以合同方式担保债权，也存在现实立法例。审判实务中，《最高人民法院关于审理商品房买卖合同纠纷案件适用法律若干问题的解释》第二十四条规定："因商品房买卖合同被确认无效或者被撤销、解除，致使商品房担保贷款合同的目的无法实现，当事人请求解除商品房担保贷款合同的，应予支持。"就商品房按揭诸合同关系来看，该司法解释已承认商品房买卖合同与商品房按揭贷款合同之间系紧密联系又相互独立的合同关系。② 在原建设部发布的《城市房地产抵押管理办法》③ 规定了预售商品房贷款可作抵押登记情况下，契约联立进行贷款抵押登记已不存在障碍。在贷款抵押登记后即具有公示公信效力，可以对抗善意第三人。所以，将按揭制度立法规定为一种新型物权，在理论上尚需进一步研究，实务中也并不迫切。

---

① 邹治，《物权法审判实务疑难精解》，中国法制出版社 2007 年版，第 337 页。

② 侯国跃，《最高人民法院商品房买卖合同司法解释精释精解》，中国法制出版社 2016 年版，第 327 页。

③ 建设部《城市房地产抵押管理办法》第三条第四款规定："本办法所称预购商品房贷款抵押，是指购房人在支付首期规定的房价款后，由贷款银行代其支付其余的购房款，将所购商品房抵押给贷款银行作为偿还贷款履行担保的行为。"

三、我国按揭法律制度的特征与法律关系

预售商品房按揭涉及三方主体、四个法律关系，其具有如下特征：

第一，预售商品房按揭是一种要式法律行为。由于预售商品房按揭所涉及的法律关系十分复杂，法律要求当事人以书面形式明确权利义务，从而避免多方当事人因权利义务混乱发生争议。这样有利于规范三方主体行为。

第二，预售商品房按揭是一种多方法律行为。虽然三方当事人各自所签合同具有相对独立性，但基础是房地产开发企业与购房人所签订的商品房预售合同。只有房地产开发企业、购房人和按揭银行三方意思表示一致，法律行为才能成就。有观点认为，只有追求共同的经济目的才能形成多方法律行为，而购房人追求的是房屋，按揭银行追求的是贷款利息，房地产开发企业追求的是售房利润，三方没有共同的经济目的，所以不构成多方法律行为。笔者认为，预售商品房按揭对购房人来说，可以采取分期偿还贷款本息及手续费的方式增强其购房能力，缓解资金紧张状况；对房地产开发企业来说，可以及时筹集建设资金，促进商品房开发销售；对按揭银行来说，可以获得利息利润，其债权风险也不大。虽然各自追求自己的经济利益，但是一旦按揭行为完成，便存在了共同的经济目的。所以，预售商品房按揭是一种多方法律行为。

第三，预售商品房是一种诺成性法律行为。预售商品房按揭属于联立合同，一旦三方意思表示一致，按揭法律行为即告成立。在合同订立后，由当事人将相关手续移送到房地产行政主管部门登记，此种行为是接受房地产行政主管部门监管，对商品房预售市场进行规范。在购房人与按揭银行签订抵押合同后，需要到房地产行政主管部门登记，该登记具有对抗善意第三人效力，但应以预售商品房按揭成立为前提。因此，当三方当事人意思表示一致时，预售商品房按揭行为成立。

第四，预售商品房按揭是以设立、变更、终止财产关系为目的的法律行为。预售商品房按揭不是物权行为，因为我国民法不承认物权行为。[1] 物权变

---

① 梁慧星，《中国物权法研究》，法律出版社 1998 年版，第 822 页。

动只是债权发生效力的结果，在当事人合意下，会使物权发生变动，而这种合意则是完全的债权行为。况且商品房预售期间，按揭银行对担保标的物仅是一种所有权益，还未取得所有权。就这种权益的实现来讲，按揭银行也不能直接处分，只能通过与购房人协商或提起仲裁、诉讼才能实现。所以按揭本身是一种债权行为。

第五，预售商品房按揭具有层次性。实务中，对商品房预售合同与其他合同，其他各合同之间具有相对独立性认识趋同，但对商品房预售合同与其他合同，其他各合同之间的关系认识比较模糊。有学者认为，在我国《合同法》司法实践中，商品房买卖合同与商品房担保贷款合同之间存在着非常密切的关系，该两类合同中包含了多样具体合同，其中既有合同之间的彼此独立，并列关系。也有合同之间的主从关系，还存在着合同联立形式。[①] 这种观点讲清了商品房按揭合同之间的联立关系，但没有进一步讲清各合同之间的具体关系。另有学者介绍，多数意见认为预售商品房与按揭合同之间并非主合同与从合同的关系，少数意见认为二者之间存在着主从关系；还有意见认定其为连带关系。[②] 还有学者认为对商品房买卖合同与按揭各合同的关系，《最高人民法院关于审理商品房买卖合同纠纷案件适用法律若干问题的解释》第二十四条没有采纳主从关系说。一方面，商品房买卖合同的解除，并不当然导致贷款合同解除；但另一方面，由于贷款合同的特殊性，一旦买卖合同解除，贷款合同的目的就无法实现，所以买卖合同与贷款合同本质上是两个合同关系，同时两者之间存在关联性。《最高人民法院关于审理商品房买卖合同纠纷案件适用法律若干问题的解释》否定二者的主从关系，认定其为具有紧密联系又互相独立的合同关系，值得赞同。[③] 韩延斌法官认为，其之所以这样说，是因为考虑到，适用该条时应运用扩张解释的民法解释方法，适当扩张

---

① 李建华、彭诚信，《论合同相对性原则在处理商品房买卖合同纠纷中的司法适用》，《法律科学》2012 年第 5 期。

② 唐烈英，《论商品住房担保贷款合同的连带责任》，《西南民族大学学报》2013 年第 12 期。

③ 侯国跃，《最高人民法院商品房买卖合同司法解释释精释解》，中国法制出版社 2016 年版，第 328 页。

合同相对性的适用范围，解释为包括具有连带关系的合同当事人。[①]该观点一方面承认买卖合同解除，贷款合同的目的就无法实现，应适用《合同法》第九十四条的规定，在合同目的无法实现时赋予购房者（按揭合同的借款人）法定解除权。[②]但又认为，买卖合同的解除并不当然导致贷款合同解除，二者存有矛盾。究其原因是该观点简单认为处理按揭合同与买卖合同的关系可以突破合同相对性所致。

笔者认为，房地产开发企业与购房人所签商品房预售合同在预售商品房按揭行为中起到基础作用当无疑问。我们可以称其为按揭联立合同中的基础合同。三方当事人各自之间签订了《贷款合同》《抵押合同》《保证合同》。就《贷款合同》来讲，有观点认为，应进一步区分为贷款合同和委托合同，笔者认为这种观点并不妥当。购房人指令按揭银行向房地产开发企业放款，是因为双方之间存在着借贷关系，双方各自之间享有的是贷款合同之中的权利义务，而不是委托合同之中的权利义务，因此双方不存在委托法律关系。实际上，购房人与按揭银行之间的贷款合同属于《合同法》第六十四条规定[③]的情形。该条实际上包括了两种情况：一是涉他合同，所谓涉他合同又称为第三人利益合同，为第三人利益订立的合同或向第三人给付的合同，是指合同当事人约定由一方向合同关系以外的第三人给付，该第三人即因此取得直接请求给付权利的合同。二是第三人代债权人接受履行，即债权人和债务人之间约定由债务人向第三人履行债务，第三人代债权人接受履行，第三人并不独立享有合同上的权利和利益，而只是代替债权人接受债务人的履行。如果债务人不向第三人作出履行或履行不适当，则第三人无权要求债务人向其继续履行或承担责任。[④]在第三人代债权人接受履行合同中，在合同法理论上常将受益人区分为债权人受益人和单纯受益人两种。如果当事人给受益人在合同

---

① 侯国跃，《最高人民法院商品房买卖合同司法解释精释精解》，中国法制出版社 2016 年版，第 331 页。

② 韩延斌，《关于审理商品房买卖合同纠纷案件适用法律若干问题的解释的理解与适用》，《法律适用》2003 年第 6 期。

③《合同法》第六十四条规定："当事人约定由债务人向第三人履行债务的，债务人未向第三人履行债务或者履行债务不符合约定，应当向债权人承担违约责任。"

④ 王利明，《合同法新问题研究》，中国社会科学出版社 2003 年版，第 390 页。

中设立利益是为了清偿合同之间对受益人负有的债务，那么这类受益人就是债权人受益人；如果当事人把合同设定的利益作为礼物赠给受益人，那么这类受益人就是单纯受益人。两类受益人都是无偿取得合同利益，区别在于当事人的目的不同：设立债权人受益人是为了清偿自己所负的债务；设定单纯受益人是为了赠与受益人一定的利益。①

由此可以看出，房地产开发企业与购房者订立的买卖合同和购房人与按揭银行订立的按揭贷款合同，虽为各自独立的合同，但贷款合同是以履行买卖合同为目的签订的，两者之间存在关联关系。购房人与按揭银行所签贷款合同和购房人与按揭银行所签抵押合同是主合同与从合同的关系。购房人与按揭银行所签贷款合同和房地产开发企业与按揭银行的保证合同是主合同与从合同关系。购房人与按揭银行所签订的贷款合同，其目的是履行商品房预售合同中购房人对房地产开发企业所负担的义务，对此购房人明知，按揭银行也明确知道。按照主债和从债理论，主债是指能够独立存在，不以他债为前提的债。从债是指不能独立存在，须以主债的存在为成立前提的债。主债与从债是相互对应的两个债，没有主债不发生从债，没有从债也无所谓主债。②抵押合同和保证合同均是依贷款合同而成立的合同，是为了保证贷款合同而成立的合同，按照上述论述，贷款合同与抵押合同、保证合同之间系主合同与从合同关系。而根据担保法的一般理论，担保行为具有从属性和附随性，担保合同是从属或附随于主债权债务关系的。③从保证合同的特殊性来看，贷款合同与抵押合同、保证合同之间也系主合同与从合同关系。

购房人将买卖合同所有权益抵押给按揭银行，离不开房地产开发企业的保证。如果购房人履行了买卖合同义务，房地产开发企业即应履行房屋交付义务。当购房人对按揭银行不履行还款义务时，按揭银行即可以抵押权人的身份处理包括房屋在内的购房人买卖合同所有权益。按揭银行主要通过债权人代偿权来实现，即按揭银行须以自己的名义来行使债权人的权利，④房地产

---

① 王利明，《合同法新问题研究》，中国社会科学出版社 2003 年版，第 390 页。

② 郑立、王作堂，《民法学》，北京大学出版社 1995 年版，第 277 页。

③ 曹士兵，《中国担保制度与担保方法》，中国法制出版社 2015 年版，第 278 页。

④ 蔡耀忠，《中国房地产法研究（第 1 卷）》，法律出版社 2002 年版，第 309 页。

开发企业在保证合同中的义务，即是其在买卖合同中对购房人承担的合同义务。依照《合同法》第八十四条规定①，按揭银行在预售商品房按揭第一阶段，只有经过房地产开发企业同意才能将购房人权利义务转让给第三人，在预售商品房按揭第二阶段，可以行使抵押权人的优先权。当然，购房人、房地产开发企业和按揭银行，也可以在保证合同中重新约定房地产开发企业的保证义务，重新约定的保证义务不能超出房地产开发企业在买卖合同中的义务范围。如果超出范围，则为新的保证合同，已不属于按揭贷款法律关系。

第六，预售商品房按揭具有持续性。预售商品房从开工建设到竣工要经过较长时间，其中购房人以按揭方式购买房屋的，抵押也相应从预售商品房第一阶段向第二阶段演化。在房屋竣工取得所有权登记后，购房人与按揭银行需要办理所有权抵押登记。购房人与按揭银行仅仅履行原抵押合同即可，而无须另行签订新的抵押合同，反映出了预售商品房按揭具有持续性特点。

四、对案例按揭法律关系的分析

本文案例具有预售商品房按揭的典型性。

某公司与王某强签订的商品房买卖合同为基础合同，在商品房买卖合同签订后，王某强、某公司即与建行徐州分行签订了以涉案房屋为抵押的抵押贷款合同。所谓按揭联立合同，是指以某公司与王某强所签订的商品房买卖合同为基础，购房人王某强与按揭银行建设行徐州分行所签贷款合同、购房人王某强以商品房买卖合同所有权益作抵押与按揭银行建行徐州分行所签抵押合同，以及房地产开发企业某公司同意以购房人王某强在双方商品房买卖合同中所有权益抵押给按揭银行建行徐州分行的保证合同。本案中，王某强、某公司和建行徐州分行将贷款合同权利义务、抵押合同权利义务和保证合同权利义务，均在抵押贷款合同中进行约定，此种方式并不否定贷款法律关系、抵押法律关系和保证法律关系的存在。只不过是三方当事人将三个法律关系

---

① 《合同法》第八十四条规定："债务人将合同的义务全部或者部分转移给第三人的，应当经债权人同意。"

的权利义务内容签订在一份法律文件之中。根据《民事案件案由规定》的规定，民事案件案由是民事诉讼案件的名称，反映案件所涉及的民事法律关系的性质，是人民法院将诉讼争议所包含的法律关系进行的概括。此规定表明，人民法院要依照法律关系性质对案件进行审理。所以即使三方当事人将三个法律关系的权利义务内容签订在一个法律文件中，也应按法律关系性质确定三方当事人之间存在三种法律关系，并由此认为三方当事人之间存在三种合同关系。

如前文所述，商品房买卖合同是基础合同，贷款合同与商品房买卖合同是各自独立的合同，贷款合同与抵押合同、贷款合同与保证合同是主从合同关系。[①]前述裁判要旨已阐述了商品房买卖合同系无效合同，该观点并无争议。王某强与建行徐州分行所签订的贷款合同，目的是为履行王某强与某公司所签订的商品房买卖合同，在商品房买卖合同被宣布无效后，贷款合同目的即无法实现，贷款合同即应解除。因为商品房买卖合同与贷款合同不存在主从关系，商品房买卖合同无效，贷款合同并非当然无效。但案例中，王某强与建行徐州分行所签的贷款合同，是某公司与王某强违规向按揭银行套取信贷资金不可分割的组成部分，贷款合同本身也应适用《合同法》第五十二条第（三）项规定被宣布无效，因此当贷款合同被宣布无效后，王某强与建行徐州分行所签订的抵押合同，因主合同无效也应归于无效，某公司与建行徐州分行所签订的保证合同，因主合同无效也应归于无效。因此，王某强与某公司所签商品房买卖合同中，就王某强所有权益所作的抵押登记可以注销。涉案房屋所有权登记也应回转到某公司名下。

如果王某强与建行徐州分行所签贷款合同有效，则按揭法律关系中的抵押合同和保证合同均为有效，其对贷款合同形成从属性连带保证。即若当事人约定独立保证时，应认定独立保证无效，并将其转换成有效的从属性连带保证。[②]购房人要依抵押合同，房地产开发企业要依保证合同承担从属性连带

---

① 最高人民法院于 1991 年 10 月 19 日发布的《最高人民法院关于是否直接判令保证单位履行债务的复函》讲："保证合同虽具有相对独立性，但它终究从属于主合同，主合同的效力决定保证合同的效力。"

② 王利明，《判解研究》，人民法院出版社 2010 年版，第 112 页。

保证责任。

因贷款合同履行过程中一方违约产生纠纷，常见情况是购房人停止偿还贷款和提前偿还贷款。购房人停止偿还按揭银行贷款，系违约行为，应承担相应违约责任。实务中，对于购房人提前偿还按揭银行贷款是否构成违约存在分歧。有观点认为该行为不是违约行为，其观点如下：首先，提前还款，不会给按揭银行造成损失。购房人提前还款是借款方在借款合同约定的履行期限届满之前偿还债务的积极行为，可以避免合同履行期限过长给银行带来债务履行风险，也可以减少借款方未来利息的支出。其次，《合同法》分则关于借款合同的规定，提前还款是一种合法行为。《合同法》第二百零八条规定："借款人提前偿还借款的，除当事人另有约定的以外，应当按照实际借款的期间计算利息。"根据该规定，在借款合同未作明确约定情况下，银行无权禁止按揭人提前还款，也无权获取违约金和其它费用。再次，《合同法》第七十一条第（一）款规定："债权人可以拒绝债务人提前履行债务，但提前履行不损害债权人利益的除外。"债务人提前还贷实际上并不会给银行造成损失，也不会损害银行利益。因此并不违背这一条的精神。[①]

笔者认为，购房人提前偿还按揭银行贷款，由于不符合合同约定的还款期限，应认为是违约行为。如果提前偿还贷款，必将会造成按揭银行未履行期间的利益损失，并且，这种损失是可得利益损失。因为按揭银行如果不将贷款发放出去，贷款在按揭银行不能自动产生利息，按照《合同法》第七十条第（一）款但书所规定，属于债务人不可以提前履行合同的情形。

但是相比较《合同法》第七十条第（一）款，《合同法》第二百零八条是《合同法》分则中，对具体债务的特殊约定，从法律适用的角度看，应适用《合同法》第二百零八条的规定。根据该条规定对购房人提前偿还贷款的，可以分两种情况处理。一种是当事人没有约定的，购房人提前偿还贷款的，只应承担实际借款期间的利息；第二种是当事人另有约定的，购房人对按揭银行按约定承担责任。

---

① 陈耀东，《商品房买卖法律问题专论》，法律出版社 2003 年版，第 211 页。

五、余论

预售商品房按揭制度中，预售商品房按揭存在于商品房预售第一阶段。当商品房买卖标的物已办理了房屋所有权转移登记，商品房预售即进入了第二阶段，此阶段抵押贷款已不属于按揭性质，而是购房人以所购商品房作抵押，属于商品房抵押贷款性质。房地产开发企业在该阶段不再是保证人，诉讼中房地产开发企业不应再列为被告。实务中对这点应特别注意。

抵押权与物权期待权的冲突与平衡

引言

抵押权的核心和实质是优先受偿权。在债务人届时不履行债务时，抵押权人可以抵押物折价或者从该抵押物的变价中优先于普通债权人而获得先位清偿[1]。一般地来讲，物权优先于债权，但是不是绝对都是这样，这就是一个秩序问题[2]。我们可以清晰地感觉到在现代民法上，以交易安全及其他有关价值为代表的秩序地位不断上升，感觉到民法关注点的某种变化趋势，感觉到民法在其对公平正义价值的追求过程中，越来越多地受到社会整体利益的制约、支配和控制[3]。基于我国现行房地产市场及登记制度不完善等原因，不动产买受人签订买卖合同后，取得登记所有权往往滞后于债权合意很长时间。如果买受人对不动产登记或者交付请求权不能排除出卖人其他债权人就不动产提出的优先受偿的要求，将面临不动产另行变价的风险。对不动产买受人在执行程序中优先保护，对于增强人民群众对法律公平的信心无疑具有特殊意义[4]。买受人的上述物权期待权在《最高人民法院〈关于人民法院办理执行

---

[1] 最高人民法院物权法研究小组，《〈中华人民共和国物权法〉条文理解与适用》，人民法院出版社 2007 年版，第 528 页。

[2] 孙宪忠，《物权法制定中的不动产问题》，人民法院出版社 2004 年版，第 116 页。

[3] 尹田，《论不公正胜于无秩序》，人民法院出版社 2004 年版，第 297 页。

[4] 江必新、刘贵祥，《最高人民法院〈执行最新司法解释统一理解与适用〉》，中国法制出版社 2010 年版，第 209 页。

异议和复议案件若干问题的规定〉》中已有规定，对民事权利确认和保护规范亦应在审判程序中运用。这不仅是民法价值一致性的体现，也是贯彻诉讼经济原则，减少当事人诉累的必须。

一、据以研究的案例

（一）基本案情

2006 年 12 月 17 日，马某与北京市大兴区西红门镇人民政府签订《回迁安置房协议书》，约定马某选择的回迁安置房为兴海家园某苑 9#—1—601 号房屋，面积 76.95 平方米。其中 72.48 平方米，楼层价 1850 元 / 平方米，超出原房合法被拆迁面积 4.47 平方米，楼层价 2290 元 / 平方米，单套房款 144324 元。马某自愿用回迁补偿款购买回迁安置房，房屋建筑面积最终以专业部门的测绘面积为准。

2007 年 12 月 13 日，何某新、马某、某公司（居间方）签订《居间服务合同》，约定，马某将兴海家园某苑 9#—1—601 号房屋出售给何某新，房屋交易价格为 47 万元。同时，何某新与马某签订《补充条款》，约定：1. 在何某新与马某双方过户前，如果马某将兴海家园某苑 9#—1—601 号房屋再卖予第三方，导致合同中止，马某按购房款两倍支付何某新违约金、利息和装修费；2. 房产证下发之日，何某新、马某共同去领房产证，由何某新保管，双方配合过户，马某不得自己去领房产证，否则视同违约。如因国家原因拿不到房产证，何某新与马某协商解决。同时，何某新向马某支付购房款 47 万元。后何某新对兴海家园某苑 9#—1—601 号房屋装修入住。

2016 年 11 月 11 日，马某某从其银行账户通过银行柜台向马某的银行账户转账 2000000 元。

2016 年 11 月 15 日，马某（借款方、抵押人）与马某某（出款方、抵押权人）签订《借款抵押协议》，约定，马某因个人资金周转原因，现将兴海家园某苑 9#—1—601 号房屋（建筑面积 76.95 平方米，产权证号为京（2016）大兴区不动产权第 0062×××号）抵押给马某某。上述房产双方协商后确定估价为人民币 300 万元。抵押借款 200 万元，期限 12 个月，利率为月息 2%，抵押担保范围为 200 万元借款本金及利息。马某与马某某于北京市国土资源大兴分局对该房屋作了抵押登记。

2016 年 11 月 25 日，北京市方正公证处出具（2016）京方正内民证字第 147121 号《具有强制执行效力的债权文书公证书》，载明："兹证明马某与马某某 2016 年 11 月 15 日在我处，在本公证员的面前，签署了前面的《还款合同》……自前面的《还款合同》生效之日起，本公证书具有强制执行效力。"《还款合同》载明：马某向马某某借款 2 000 000 元（已于 2016 年 11 月 11 日转账支付 2 000 000 元）用于资金周转，借款期限自 2016 年 11 月 11 日到 2016 年 11 月 26 日止，借款月利率为 2%。

2016 年 12 月 8 日，北京市方正公证处出具（2016）京方正执字第 01397 号《执行证书》，载明："本公证机构对本执行证书所涉及的债权债务进行了核查。马某某称已向借款人马某提供了 2 000 000 元借款，并向我处提供中国工商银行的转账凭证，马某应于 2016 年 11 月 26 日向马某某返还上述资金，但马某至今未归还本金和利息，本公证员分别于 2016 年 12 月 1 日、2016 年 12 月 2 日多次拨打了马某在《还款合同》中提供的联系电话，均被告知用户已关机……截至本执行证书出具之日，马某未向本处提供证据对抗马某某上述主张，亦未有第三人对出具本证书向本处提出过异议。现应马某某的申请……特出具本执行证书。马某某可持本证书向有管辖权的人民法院申请强制执行，被申请执行人为马某，执行标的为：本金 2 000 000 元；利息和逾期利息，自 2016 年 11 月 11 日至执行完毕之日止，按年利率 24% 计算；实现债权所产生的其他相关费用。"

另外，兴海家园某苑 9#—1—601 号房屋所有权证于 2016 年 6 月 22 日开始办理，于 2016 年 11 月 14 日根据《回迁房安置协议书》办理至马某名下。此前由于拆迁安置部门原因不能办理房屋所有权证，此后，由于何某新与马某发生纠纷，马某拒绝为何某新办理房屋所有权证。

马某称，因为何某新与其就兴海家园某苑 9#—1—601 号房屋发生纠纷，其对外产生负债，故通过朋友介绍认识了马某某，其与马某某签订《借款抵押协议》将兴海家园某苑 9#—1—601 号房屋抵押给马某某，如果因此不能将房屋过户给何某新，其可以按约定向何某新支付按购房款的两倍计算的违约金。马某某称，因为马某找到自己父亲，在其介绍下与马某签订了《借款抵押协议》。在2016年11月11日借款给马某时未见过兴海家园某苑9#—1—601号房屋所有权证，但向拆迁安置部门了解了情况，房屋所有权证很快就会办理下来，有了房屋所有权证即可办理抵押登记。2016年11月15日签订《借款抵押协议》时见到了房屋所有权证。其在签订《借款抵押协议》时未到现场查看房屋。

（二）裁判理由

此案经过北京市大兴区人民法院、北京市第二中级人民法院一审、二审。一审判决驳回了何某新要求确认马某与马某某所签《借款抵押协议》无效的诉讼请求，二审在何某新明确要求确认马某与马某某所签《借款抵押协议》中抵押条款无效情形下，改判确认马某与马某某所签《借款抵押协议》中抵押条款无效。

1. 一审裁判理由

何某新要求确认马某与马某某签订的《借款抵押协议》无效理由有二：一是以合法形式掩盖非法目的；二是恶意串通，侵犯了何某新的合法权益。依据查明的事实，虽然何某新与马某签订合同购买案涉房屋，但该房屋在马某与马某某签订《借款抵押协议》时登记于马某而非何某新名下，故何某新并未取得案涉房屋所有权，而是就案涉房屋对马某享有请求继续履行合同的债权。《具有强制执行效力的债权文书公证书》《执行证书》以及马某、马某某所陈述意见可以证明，马某与马某某之间存在合法有效的民间借贷关系，马某某对马某享有要求偿还借款本息的债权。债权具有平等性，在何某新、马某某均对马某享有债权的情况下，虽然马某与马某某签订《借款抵押协议》并办理抵押登记在客观上对何某新要求马某办理案涉房屋过户登记的债权产生不利影响，但是《借款抵押协议》及抵押登记旨在担保马某某享有的借款债权之实现，其行为目的具有正当性，不构成以合法形式掩盖非法目的，亦不构成恶意串通损害何某新之利益，何某新并未提交证据证明马某和马某某在担保借款债权实现目的外尚有存在其他不法目的。因此，何某新要求确认马某与马某某签订的《借款抵押协议》无效的诉讼请求，依据不足。

2. 二审裁判理由

首先，以案涉房屋抵押有可能因为马某与马某某恶意串通损害何某新普通债权利益。2007 年 11 月 13 日，何某新与马某签订了《居间服务合同》及《补充协议》后，何某新基于该合同有效履行，涉及普通债权利益。如果马某违反合同约定，其即具有恶意。如果马某某知道有何某新与马某签订的《居间服务合同》及《补充条款》存在，而与马某恶意串通损害购房人何某新普通债权利益，马某与马某某《借款抵押协议》中抵押条款应被确认无效。

但是，何某新未对马某某具有损害何某新普通债权利益具有恶意提交充分证据，因此，对此项事实不予认定。

其次，以案涉房屋抵押有可能因为马某与马某某恶意串通损害何某新特别债权即物权期待权利益。《最高人民法院〈关于人民法院办理执行异议和复议案件若干问题的规定〉》第二十七条、第二十八条规定之要义为，申请执行人对执行标的依法享有优先受偿权的，有权对执行标的的价值，先于无优先顺位的普通债权受偿。而案外第三人对执行标的主张所有权或者租赁权、物权期待权等其他阻止执行的实体权利的情况下，依据法律法规及司法解释规定，申请执行人对执行标的的受偿权足以对抗案外第三人的权利的，人民法院对案外第三人异议不予支持。相反，如果案外第三人的权利符合上述规定第二十八条构成要件的，则应保护案外第三人的权利。

何某新与马某 2007 年 12 月 13 日签订《居间服务合同》及《补充条款》后，即支付全部购房款，并对案涉房屋装修入住，其对案涉房屋占有具有合法性。但因案涉房屋属于回迁安置用房，由于办理手续原因，直至 2016 年 11 月房屋所有权才办至马某名下。此后又由于何某新与马某发生争议，马某不同意为何某新办理过户，购房人何某新至今未取得案涉房屋登记所有权，过错不在何某新。

何某新通过《居间服务合同》及《补充协议》签订合同履行，根据《执行规定》第二十八条规定，已拥有物权期待权，具有优先于马某某所设立抵押权之效力。抵押权于所有权之上设立，系由抵押人继续占有抵押物。何某新依《执行规定》拥有物权期待权，其必然代位抵押人占有抵押物。此种情形下，一方权利所在，即为另一方注意义务之所在。因此，马某某在与马某签订《借款抵押协议》时，应注意到有关第三人何某新物权期待权的存在。

马某述称为偿还欠款才向马某某借款，其与马某某之间借款协议义务是否已履行由《具有强制执行效力的债权文书公证书》予以证明。为借款担保，马某与马某某在《借款抵押协议》中约定了抵押权利义务，并依据该条款对案涉房屋进行了抵押登记，就马某而言，其对案涉房屋已通过《居间服务合同》及《补充协议》卖给了何某新，何某新已向其支付了约定购房款。如若履行合同，何某新即可取得案涉房屋所有权，而在案涉房屋上设立抵押，登记抵押权显然可以阻碍双方所签合同履行，由此必然损害何某新利益，正如马某所言，其违约可以向何某新"按购房款的两倍支付违约金"，表明马某明知不该为而为，其已具有民法上的恶意。

就马某某而言，因为何某新拥有物权期待权，其借款给马某，要求马某以案涉房屋设立抵押以担保债权的实现，应当尽到特别注意义务。马某某于2016年11月11日借款给马某，但2016年11月14日后才见到房屋所有权证，其以案涉房屋设定抵押，已不能认为充分尽到谨慎注意义务。进而言之，占有是所有权的重要权能，直接占有对于物权期待权有一定的公示作用，马某应当向马某某指认案涉房屋，马某某亦应对案涉房屋进行查看。在马某某未主张其已注意到第三人不存在以其他方式占有案涉房屋的情形下，其未到现场查看案涉房屋，对何某新拥有的以合法占有为构成要件之一的物权期待权，注意义务上有重大过失，已具有民法上的恶意。由此可以认定，马某与马某某对损害何某新物权期待权利益均具有主观上的恶意，其签订《借款抵押协议》中抵押条款属于恶意串通行为。

从场所和环境来看，不动产交易通常在中介机构或通过其他居间方式在具有公共性的场所和环境达成交易，马某称签订《借款抵押协议》系通过朋友介绍，马某某称系马某找到马某某父亲介绍双方达成协议，双方此种交易方式没有违反相关规定。但结合马某与马某某所存在的故意与重大过失，此种交易的沟通联络公开性不强，使法院难以通过有效证据排除对双方抵押条款属于恶意串通的怀疑。

综合上述，何某新所拥有的虽然为合同债权，在普通债权层面，基于未能提交充分证据证明马某与马某某恶意串通对其债权进行了侵害，由此不能导致《借款抵押协议》中抵押条款无效。但在特别债权即物权期待权上，因马某某未尽到相应的注意义务，具有重大过失，与具有重大过失以上过错的马某，签订了《借款抵押协议》中抵押条款，马某某据此在案涉房屋上设立登记抵押权，阻碍了何某新购房合同履行，损害了何某新购房合同利益，故应该被确认无效。

二、何某新主张权利基础规范问题

根据《物权法》规定，我国不动产物权变动模式以债权形式主义为主，意思主义为辅；以登记生效为原则，登记对抗为例外。所谓债权形式主义，即指物权变动除了双方意思表示之外，还必须具备一定的形式，通过履行登记的法定方式完成即公示为完成物权变动的成立或者生效要件①。由债权形式主义模式分析，本案中马某某于案涉房屋设立抵押权，必须通过与马某签订合法有效的抵押合同并且于登记机关进行登记方能完成。如果后设立的抵押合同被确认无效或者被撤销②，则抵押权由于缺乏抵押合同的负担，应当被注销③。何某新请求确认马某与马某某签订的《借款抵押协议》中抵押条款无效，选择的是《合同法》第五十二条第二项恶意串通，损害国家、集体或者第三人利益的合同无效基础规范，那么何某新即应证明马某与马某某属于恶意串通损害了其合同利益。

2017年12月13日，何某新与马某签订了《居间服务合同》及《补充协议》，该《居间服务合同》及《补充协议》系双方真实意思表示，不违背法律法规效力性强制性规定，对双方具有约束力。基于《居间服务合同》及《补充协议》，何某新拥有合同履行利益。马某与马某某与2016年11月15日签

---

① 最高人民法院，《专家法官阐释疑难问题与案例指导》，中国法制出版社2016年版，第2页。

② 张柳青，《物权法审判实务疑难精解》，中国法制出版社2007年版，第283—284页。

③《合同法》第五十八条前半段规定，合同无效，或者被撤销后，因该合同的取得的财产，应当予以返还；不能返还或者没有必要返还的，应当折价补偿。第五十九条规定，当事人恶意串通，损害国家、集体或者第三人利益的，因此取得的财产收归国家所有或者返还集体、第三人。

订了《借款抵押协议》，该协议如果对何某新与马某《居间服务合同》及《补充协议》造成损害，实际是损害何某新拥有的《居间服务合同》及《补充协议》的履行利益。由于我国《侵权责任法》规定侵害债权①系指债权债务以外的其他第三人，而马某系与何某新《居间服务合同》及《补充协议》合同关系相对方，所以，《侵权责任法》相关规定不应成为何某新权利请求实体法律规范，而《合同法》第五十二条第二项应成为何某新主张权利的实体法律规范②。

三、马某某因未尽到注意义务具有恶意的认定问题

抵押权因抵押合同进行登记而设立。登记抵押权能够阻碍不动产买受人对不动产转移登记。若如此，马某与马某某签订《抵押借款协议》中抵押条款的签订有可能因为损害何某新合同利益而无效。在本案中，何某新与马某签订了《居间服务合同》及《补充协议》，何某新支付了约定的全部房屋价款，对房屋进行装修合法入住，因回迁安置房办理手续和马某发生争议后马某不予配合原因，没有办理案涉房屋所有权转移登记，何某新对此没有过错。从普通债权讲，何某新要证明马某与马某某恶意串通损害其普通债权利益，难度很大③。何某新仅为陈述和分析，没有提交充分证据，难以被人民法院认定。

但是，我国现行法律对不动产买受人物权期待权规定有特殊保护。基于我国现行房地产市场及登记制度不完善等原因，不动产买受人签订买卖合同后，取得登记所有权往往滞后于债权合意很长时间。如果买受人对不动产登记或者交付请求权不能排除出卖人其他债权人就不动产提出的优先受偿的

---

① 我国《侵权责任法》第二条第一款规定，"侵害民事权益，应当依照本法承担侵权责任"，第二款中对"民事权益"的列举并没有包括债权。大多数参与立法人员认为，第三人侵害债权应当属于侵权责任的范围。

② 邹碧华，《要件审判九步法》，法律出版社2010年版，第71页。

③ 《最高人民法院民事诉讼法解释》第一百零九条规定，当事人对欺诈、胁迫、恶意串通的证明以及对口头遗嘱或者赠与事实的证明，人民法院确信该待证事实有存在的可能性能够排除合理怀疑的，应当认定该事实存在。

要求，将面临不动产另行变价的风险。由于不动产处于普罗大众的基本生活资料地位，尤其是在强调"无恒产者无恒心"的我国，对不动产买受人在执行程序中予以优先保护，对于增强人民群众对法律公平的信心无疑具有重要意义。

《最高人民法院关于人民法院办理执行异议和复议案件若干问题规定》（以下称《执行规定》）第二十七条、第二十八条及第二十九条，对案外人排除执行的实体权利与申请执行人优先受偿权产生冲突时，规定了不动产买受人物权期待权和房屋消费者物权期待权的保护条件，即不动产买受人物权期待权和房屋消费者物权期待权可以对抗申请执行人的担保物权①。不动产买受人物权期待权和房屋消费者物权期待权系基于合法有效合同所拥有的债权②，具备《执行规定》的要件，形成物权期待权，但该物权期待权不等同于所有权，又由于法律未规定其为物权，根据物权法定原则，该物权期待权为特别债权③。

有观点认为，不动产受让人物权期待权不同于德国民法之期待权④，因而不能对抗抵押权之优先受偿权。但是，作为社会治理的工具，民法就是通过对特定类型冲突的利益关系设置的协调规则，以实现其组织社会秩序的功

---

① 《最高人民法院关于人民法院办理执行异议和复议案件若干问题规定》第二十七条规定，申请执行人对执行标的依法享有对抗案外人的担保物权等优先受偿权，人民法院对案外人提出的排除执行异议不予支持，但法律、司法解释另有规定的除外。第二十八条规定，金钱债权执行中，买受人对登记在被执行人名下的不动产提出异议，符合下列情形且其权利能够排除执行的，人民法院应予支持：（一）在人民法院查封之前已签订合法有效的书面买卖合同；（二）在人民法院查封之前已合法占有该不动产；（三）已支付全部价款，或者已按照合同约定支付部分价款且将剩余价款按照人民法院的要求交付执行；（四）非因买受人自身原因未办理过户登记。第二十九条规定，金钱债权执行中，买受人对登记在被执行的房地产开发企业名下的商品房提出异议，符合下列情形且其权利能够排除执行的，人民法院应予支持：（一）在人民法院查封之前已签订合法有效的书面买卖合同；（二）所购商品房系用于居住且买受人名下无其他用于居住的房屋；（三）已支付的价款超过合同约定总价的百分之五十。

② 李适时，《中华人民共和国民法总则释义》，法律出版社 2017 年版，第 371 页。

③ 王轶，《物权法解读与应用》，人民出版社 2007 年版，第 21 页。

④ 《德国民法》第九百二十五条第一项规定，土地所有权之移转，应经让与人与受让人之合意，并与土地簿册上为权利变更之登记。此项合意须由双方当事人同时到场，向主管机关以表示为之。

能①。我们可以清晰地感觉到在现代民法上，以交易安全及其他有关价值为代表的秩序地位不断上升②。物权期待权的保护，最早见于 2002 年最高人民法院《关于建设工程价款优先受偿权的批复》中，对具有消费者身份的房屋买受人物权期待权的保护。其后，最高人民法院又在《查封规定》第十七条，将物权期待权保护的对象扩大到所有登记财产买受人③。虽然，目前另有讨论中司法解释对物权期待权拟作更为严格的限制④，但在此之前 2009 年伊始，最高人民法院执行局开始《执行规定》的起草工作，截至 2014 年 9 月，先后十二易其稿。其间，反复听取了最高人民法院有关庭室和相关地方人民法院的意见和建议；两次召开专家论证会，问计于中国社科院、北京大学、中国政法大学等高校专家和学者；两次发函请求全国人大常委会法制工作委员会提出修改意见。直至 2014 年 12 月底，《执行规定》经最高人民法院审判委员会四次会议讨论通过⑤。根据《最高人民法院关于司法解释工作的规定》第五条规定，最高人民法院发布的司法解释，系具有法律效力之规定。因此《执行规定》可以适用于本案。

不动产物权以登记作为公示方法。物权为具有绝对排他性效力的权利，如果某一物上已经成立物权，则不得再成立内容完全相同的物权；物权的变动也产生排他效果，如果没有让他人知悉变动的表现方式，则可能损害第三

---

① 王轶，《民法原理与民法学方法》，法律出版社 2009 年版，第 32 页。

② 尹田，《论不公正胜于无秩序》，人民法院出版社 2004 年版，第 297 页。

③ 江必新、刘贵祥，《执行工作指导》，国家行政学院出版社 2015 年版，第 105 页。

④ 《最高人民法院关于审理执行异议之诉案件适用法律若干问题的规定征求意见稿》》第二十条规定，人民法院对登记在被执行人名下的其他不动产实施了强制执行，买受人或受让人提起执行异议之诉，请求排除执行，同时符合下列条件的，人民法院应予支持，但在查封之前申请执行人对该不动产依法享有担保物权等优先受偿权的除外：（一）在人民法院查封之前，买受人或受让人已基于购买不动产之目的与出卖人之间签订合法有效的书面买卖（转让）合同；（二）在人民法院查封之前已合法占有该不动产；（三）已支付全部价款或者已按照合同约定支付部分价款且在执行异议审查阶段将剩余价款按照人民法院要求交付执行；（四）非因买受人或受让人自身原因未办理权属转移登记；（五）签订书面买卖（转让）合同合法占有该不动产以及支付全部价款或者按照合同约定支付部分价款的行为均发生在《不动产登记暂行条例》实施之日起三年以内。当事人之间签订书面买受（转让）合同，合法占有该不动产、支付全部价款或按照合同约定支付部分价款的行为之一发生在《不动产登记暂行条例》实施之日起三年以后。买受人或受让人提起执行异议之诉，请求排除执行的，人民法院不予支持

⑤ 江必新、刘贵祥，《执行工作指导》，国家行政学院出版社 2015 年版，第 86 页。

人的利益①。作为物权期待权，在性质上并非属于物权，不能以登记作为公示方法。但是，买受人物权期待权之所以要保护，就是因为买受人已经为取得物权期待权履行了一定义务，并以合法占有对外进行了公示，尽管这样公示的方式较之法定的登记公示方式在效力上较弱②。最高人民法院民一庭司伟法官著述：虽然不动产交付并非法律上规定的不动产物权变动的要件，但是不动产的交付使用往往会起到一定的对外公示效力的作用，同时不动产的交付亦是转让人履行合同的体现，系满足受让人不动产物权期待权发展中的重要一环③。最高人民法院《八民会纪要》规定"已经合法占有转让标的物的受让人，请求转让人办理物权转移登记的，不适用诉讼时效，"而该规定反映了"期待权应包括采登记要件的物权让与（或设定）尚未办理登记时，受让人的权利"④。从诉讼时效适用的角度，肯定了合法占有为物权期待权成立要件之一，间接肯定了占有具有一定的公示作用。

占有是对不动产的管理和支配。理论上对物的占有可以区分为直接占有和间接占有，前者是指权利人直接管理和支配，后者是通过他人管理和支配，鉴于间接占有的公示从外观上难以判断占有人，其对物权的表征几乎没有，这里的占有应当理解为买受人直接占有⑤。

何某新所购买的虽为居住用房，但出卖方并非房地产开发企业，由于该要件的缺失，其不能以《执行规定》第二十九条作为权利规范。根据何某新签订和履行《居间服务合同》及《补充条款》情况，何某新购买案涉房屋，与《执行规定》第二十八条所要求的要件相吻合，因此可以《执行规定》第

---

① 最高人民法院物权法研究小组，《〈中华人民共和国物权法〉条文理解与适用》，人民法院出版社 2007 年版，第 62 页。

② 江必新、刘贵祥，《〈最高人民法院关于人民法院办理执行异议和复议案件若干问题规定〉理解与使用》，人民法院出版社 2015 年版，第 424 页。

③ 最高人民法院民事审判第一庭，《民事审判指导与参考》总第 69 辑，人民法院出版社 2017 年版，第 125 页。

④ 最高人民法院民事审判第一庭，《民事审判指导与参考》总第 69 辑，人民法院出版社 2017 年版，第 126 页。

⑤ 江必新、刘贵祥，《最高人民法院执行最新司法解释同意理解与适用》，中国法制出版社 2010 年版，第 212 页。

二十八条作为权利规范。抵押权于所有权之上设立，系由抵押人继续占有抵押物。何某新依《执行规定》拥有物权期待权，其必须占有抵押物。此种情况下，一方权利所在，即为另一方注意义务之所在。因此，抵押权人马某某在与马某签订《借款抵押协议》中抵押条款时，应注意到第三人物权期待权的存在。马某作为卖房人，以案涉房屋进行抵押，属于恶意违约。马某某未到现场查看案涉房屋，其在注意义务上有重大过失，已具有民法上的恶意，双方签订《借款抵押协议》中抵押条款属于恶意串通行为。认定马某与马某某恶意串通损害何某新购房利益，还应达到排除合理怀疑要求。马某与马某某未在公开性较强的场所和环境达成交易，使人民法院难以通过有效证据排除对双方抵押条款属于恶意串通的怀疑。因此，在特别债权即物权期待权上，因马某某未尽到相应的注意义务，具有重大过失，与具有重大过失以上过错的马某，签订了《借款抵押协议》中抵押条款，马某某在案涉房屋上设立登记抵押权，阻碍了何某新购房合同履行，损害了何某新购房利益，根据《合同法》第五十二条第二项规定，《借款抵押协议》中抵押条款应被确认无效。

四、抵押合同无效排除适用和不动产买受人权利竞合问题

抵押权的核心和实质是优先受偿权，在债务人届时不履行债务时，抵押权人可以抵押物折价或者从该抵押物的变价中优先于普遍债权人而得到先位清偿。对于在先成立的不动产买卖合同，如果抵押权人明知不动产买卖合同存在，与买房人即抵押人签订抵押合同设立抵押权，因为登记抵押权可以阻碍不动产买卖合同履行，则应适用《合同法》第五十二条第二项规定，判定抵押合同无效。但是如果抵押权人不知道不动产买卖合同存在，在卖房人拥有所有权的不动产上设立抵押权，则不动产买卖合同仍为有效，相关司法解释对此有明确规定[①]。此情形下，出卖人应承担违约责任，抵押合同应有效。

---

① 《最高人民法院关于审理商品房买卖合同纠纷案件司法解释》第八条规定，具有下列情形之一，导致商品房买卖合同目的不能实现的，无法取得房屋的买受人可以请求解除合同、返还已付购房款一倍的赔偿责任：（一）商品房买卖合同订立后，出卖人未告知买受人又将该房屋抵押给第三人；（二）商品房买卖合同订立后，出卖人又将该房屋出卖给第三人。

从司法实践情况看，出卖人将出卖给买受人的房屋另行抵押给第三人，往往会导致买受人无法取得房屋，合同目的不能实现，严重损害了买受人的合法权益。这种行为与因客观原因而不能履行合同的违约行为有本质区别，属于恶意违约，应予制裁①。

最高人民法院《关于适用〈担保法〉若干问题的解释》第47条规定"对依法获准尚未建造的或者已在建造中的房屋或者其他建筑抵押的，当事人办理了抵押物登记，人民法院可以认定抵押有效"，在取得预售许可证，房地产开发企业已签订预售商品房合同情形下，签订的抵押合同仍然有效。此属于另外特殊情况"先卖后抵"情形。从《最高人民法院关于审理商品房买卖合同司法解释》第一条可以看出，"尚未建造的或者已在建造中的房屋或者其他建筑物"的不动产销售，属于商品房预售②，在商品房预售中，由于预售房屋具有建造时间长、耗资大、经营风险大等的特点，允许"先卖后抵"，实为法律特别规定优于一般规定的适用。但是，新的特别法《执行规定》第二十九条对买受人用于居住房屋的规定，系对购房消费者权利的特别保护。按照新法优于旧法的原则，单就商品房预售中抵押合同效力看，即使抵押合同签订在后，抵押合同仍为有效。此为抵押合同无效的排除适用。此种情形下，消费者的物权期待权优先于抵押权人抵押权。

本案系根据《执行规定》第二十八条对不动产买受人物权期待权保护的情形。该物权期待权第一要件要求不动产买受人须在人民法院查封之前签订合法有效的书面买卖合同。讨论问题的前提是合法有效书面买卖合同签订在人民法院查封之前的情形。相关情况可分为两种类型，第一种类型是先有合法有效的书面买卖合同，后有抵押合同，第二种类型是先有抵押合同，后有合法有效的书面买卖合同。如果是第一种情况，则无论是根据《合同法》第五十二条二项判断抵押权人是否具有恶意，还是根据《执行规定》第

---

① 最高人民法院民一庭，《关于审理商品房买卖合同纠纷案件司法解释的理解与适用》，人民法院出版社2015年版，第95页。

② 《最高人民法院关于审理商品房买卖合同纠纷案件司法解释》第一条规定：本解释所称的商品房买卖合同，是指房地产开发企业（以下统称为出卖人）将尚未建成或者已竣工的房屋向社会销售并转移房屋所有权于买受人，买受人支付价款的合同。

二十八条不动产买受人是否拥有物权期待权，抵押权人是否尽到注意义务，从而判断抵押权人是否具有恶意，法理逻辑均顺畅。如果是第二种情况，不动产买受人对标的物的合法占有，必须要以合法有效的书面买卖合同为前提，此情形下抵押合同签订时，本不存在不动产买受人合法占有之可能，要求抵押权人设立抵押权尽到注意义务实为荒谬。相反，此种情形下，不动产买受人却应当注意到标的物有无抵押权存在以保证不动产买卖合同能够履行。

综合来看，不动产买受人物权期待权能够对抗抵押权人优先受偿权第一要件"在人民法院查封之前已签订合法有效的书面买卖合同"，在逻辑上应当为"在抵押合同签订前签订合法有效的书面买卖合同"。在物权期待权第二要件上，应一并考虑不动产买受人在抵押合同之前通过直接占有之外观构成合法占有。并且在商品房预售中，对不动产买受人的物权期待权不予优先保护。但是，合同成立系依赖于合同双方意思表示，且合同具有相对性，不具有公示性，因此，不动产买卖人物权期待权还需依《执行规定》第二十八条规定的要件进行判断。

本案中在适用《合同法》第五十二条第二项中，何某新拥有普通债权利益和特殊债权即物权期待权利益。之所以称为特殊债权，是因为其债权性质依然存在，比如合同依然可以被解除或撤销；之所以称为物权期待权，是因为物权期待权构成要件是以合法有效书面合同为基础，在权利对抗上，即以物权期待权优先于抵押优先受偿权上，要以占有公示之物权属性为依据。因此，何某新的普通债权和物权期待权实为权利竞合。请求权竞合是虽然有多个路径，但只要走通了一条，其他路径就不能走了①。

在商品房预售中，因不动产买受人物权期待权保护，对抵押合同效力判断具有另外特殊性。由于房地产开发企业必须取得预售许可证预售商品房才

---

① 邹碧华，《要件审判九步法》，法律出版社 2010 年版，第 63 页。

不致被认定无效①，预售商品房合同即具有公开公示性②。而登记抵押权亦具有公开公示性，权利人均在公开知情下为民事法律行为，不动产买卖合同及不动产抵押合同均不会因为未尽到注意对方权利的义务而具有恶意，因此，不动产买卖合同和抵押合同均不因此被认定无效。在此情形下，抵押权人拥有优先受偿权。

五、余论

本案件马某与马某某因《借款抵押协议》而为马某某设立登记抵押权，如果《借款抵押协议》中抵押条款无效，则马某某之登记抵押权失去负担行为支持，应予注销。《物权法》生效后，对《查封规定》第17条③所确定的原则存在一定争议。目前，《查封规定》第十七条适用的基本社会环境和制度基础并未得到根本改变，社会上仍然存在大量非买受人的原因而未登记的不动产，如果不加分别一律准许强制执行，将会危及社会稳定④。基于前述基础性的秩序安排，司法解释对以"合法占有"为表征的一般不动产买受人物权期待权给予优先于抵押权人优先受偿权的权利保护，但应进一步细化债权要件标准，以使司法实践中更加具有可操作性。

---

① 《最高人民法院关于审理商品房买卖合同纠纷案件适用法律若干问题的解释》第二条规定：出卖人未取得商品房预售许可证，与买受人订立的商品房预售合同，应认定无效，但是在起诉前取得商品房预售许可认证的，可以认定有效。

② 建设部《商品房预售管理办法》）第八条第四项规定，商品房预售许可证依下列程序办理：（四）公示。房地产管理部门作出的准予商品房预售许可的决定，应当强制公开，公众有权查阅。

③ 最高人民法院关于人民法院民事执行中查封、抵押、冻结财产的规定第十七条规定：被执行人将其所有的需要办理过户登记的财产出卖给第三人，第三人已经支付部分或者全部价款并实际占有该财产，但尚未办理产权过户登记手续的，人民法院可以查封、抵押、冻结；第三人已经支付全部价款并实际占有，但未办理过户登记手续的，如果第三人对此没有过错，人民法院不得查封、抵押、冻结。

④ 江必新、刘贵祥，《〈最高人民法院关于人民法院办理执行异议和复议案件若干问题规定〉理解与使用》，人民法院出版社 2015 年版，第 422 页。

"小产权"房司法裁判的困境与突围 ^①

一、"小产权"房的概念和特征

什么是"小产权"房，现行说法颇多。这是因为"小产权"房原本不是一个法律概念，而只是一种事实状态。由于这种事实状态的复杂性和多样性，导致各说的认知和描述存在差异。各说所指"小产权"房的内涵和外延虽不尽一致，但又存在相似之处，且均有一定的合理性。当今，"小产权"房在我国社会经济生活中大量存在，所涉权属、流转或其他权益纠纷非常普遍，由于我国目前缺乏相应的法律政策予以调整规范，致使法院对此类案件是否受理，以及受理后如何处理都存在很多争议，从而导致执法很不统一。

"小产权"房是针对"大产权"房而言的。房屋被作为一项财产看待而不是作为物理形态的建筑物时，被称之为"房产"，而"地产"则是随着土地所有权制度的形成而产生的。按照"房地一体"的原则，"房产"和"地产"有着不可分割的属性，故统称为"房地产"。"房地产"在民法上是一种能为公民、法人及其他组织支配的"物"。所谓"大产权"房，是指房屋所有人对自己的房地产享有占有、使用、收益和处分的权利。房屋所有人通过原始或继受取得所有权及与所有权相关的财产权，并且经过国家有权机关予以登记，其所拥有的权利是完整的权利。通常认为，"大产权"房是在国有土地上建造的产权清晰并能够合法办理产权证书的房屋。"小产权"房是在农村集体经济

---

① 本文写于 2018 年 5 月，通篇依据 2004 年 8 月 28 日修订的《土地管理法》。

组织所有的土地上建造的房屋，具体而言，除在国有土地上建造的产权清晰并能够合法办理产权证书的房屋以外，在农村宅基地、集体建设用地或农用地等集体土地上开发建设的用于居住的房屋，均可谓"小产权"房。

农民集体所有可用于建设的土地有宅基地和集体建设用地，除此之外为农用地。建造住宅、兴办乡镇企业、乡村公用设施、公益事业可使用宅基地和集体建设用地，农用地只能用于生产。无论是宅基地、集体建设用地还是农用地，均不得用于开发建设。所以，上述"小产权"房的概念，并没有把经过合法审批开发建设的集体土地上的房屋排除在外。此外，"小产权"房仅指用于居住的房屋。

根据上述概念，就房屋建造行为合法性而言，"小产权"房可以分为建房行为不合法的"小产权"房和建房行为合法的"小产权"房两类。我们将前者称为"违建'小产权'房"，将后者称为"合法'小产权'房"。前者在土地使用、房屋建造、买卖交易等环节均存在不合法状态；后者建造行为合法，只是在买卖交易等环节受到限制。我们不能笼统认为"小产权"房本身都是违法的，对"小产权"房的处理问题上，应当视情况区别对待。

（一）违建"小产权"房

此类"小产权"房是在集体土地上开发建设的用于居住的房屋，其建造违反了《土地管理法》和《城乡规划法》，不符合土地利用和建设规划，建造行为未履行合法审批手续。该类"小产权"房的特点可以归纳如下：1.建造行为不合法，没有取得建房用地和建设规划的审批手续，房屋本身系违法建设；2.建造者不能进行合法登记原始取得房屋所有权；3.不能办理房屋所有权转移登记，取得房屋所有权证书；实践中，通常由乡镇或村委会颁发"产权证明"，以表彰购房者所谓的房屋所有权；4.此类房屋绝大部分是为对外销售而建造。

（二）合法"小产权"房

此类"小产权"房也是在集体土地上开发建设的用于居住的房屋，但其建造符合《土地管理法》和《城乡规划法》，在土地利用和建设规划上履行了合法审批手续。其特点可以归纳为：1. 房屋本身是合法建设，但因建设在集体土地之上未办理土地征收和出让手续，房屋不能进行合法登记；2. 该类房屋拥有事实所有权，房屋的原始取得者受到限制，仅限于本集体经济组织成员；3. 该类房屋通常有乡镇或村委会颁发的"产权证明"，以此表彰物权归属；4. 该类房屋买卖受到限制，仅限于本集体经济组织成员之间允许买卖；5. 此类房屋一部分是为对外销售而建造。

就"小产权"房的建造方式而言，可以将其归纳为三类：一是集体经济组织成员在自己拥有使用权的宅基地上建设居住用房用于出售的情形；二是集体经济组织在集体土地上建设居住用房用于安置集体经济组织成员并且出售安置之外房屋的情形；三是集体经济组织与开发商合作在集体土地上建设居住用房用于出售的情形。所建房屋用途为居住用房，其结构形式多样，可以是别墅、公寓、院落、高档住宅楼、普通住宅楼等，近年北京郊区也出现了附带可耕种土地的房屋。以上房屋均可以按"小产权"房看待。

二、"小产权"房市场主要成因分析

当前，"小产权"房之所以会广泛存在，有其多方面的原因，究其主要原因有如下几点：

第一，现行土地制度是"小产权"房市场形成的根本原因。根据《土地管理法》的规定，农民集体所有的土地使用权不得出让、转让或者出租用于非农业建设。任何单位和个人进行建设需要使用土地的，都必须依法使用国有土地；但兴办乡镇企业和村民建设住宅经依法批准使用本集体经济组织农民集体所有的土地的，或者乡（镇）村公共设施和公益事业建设经依法批准使用农民集体所有的土地的除外。开发建设商品房，须依法申请使用国有土地。集体土地经过政府征收方式才可以转为国家所有的土地，再经过合法审批才可以在该土地上建造商品房出售，进行流转。开发商用于开发建设的土地，只能由政府提供。政府是征地并向开发商提供土地的唯一合法主体，垄断了土地市场。农民集体所有的土地，不管是集体还是个人，除了兴办乡镇企业、公用设施和公益事业建设以及建造住宅用于自住之外，只能利用这些土地进行农、林、牧、副、渔业。随着市场经济的发展，土地的商品价值逐步显现，一些集体和个人受到这种巨大的经济利益诱惑，不惜冒着违法风险建设"小产权"房。又因"小产权"房与商品房相比具有价格优势，具有强大的销售市场，故吸引了更多的集体或个人兴建"小产权"房以争取巨额的经济利益。

第二，农村集体经济组织和成员希望分享改革红利从一定程度上推动了"小产权"房市场的发展。改革开放后，家庭联产承包责任制、乡镇企业的发展、农村保险的建立以及城镇化进程，给农村集体和集体经济组织成员带来了经济生活的巨大变化。但相对于城镇而言，乡村经济发展仍显缓慢。由于能够通过在集体土地上开发建设房屋使得集体和集体经济组织成员受益，显著改善农村基础设施和福利待遇，提高本集体经济组织成员生活水平，故"小产权"房才大量出现。虽然在集体土地上开发建设居住房屋受到法律、法规的限制，但农村集体和集体经济组织成员希望通过建设"小产权"房，改善自身的居住环境，分享城市发展的红利。这种欲望十分强烈，使得"小产权"房市场迅速发展。

第三，"小产权"房市场的形成是我国目前部分城市高房价下市场的选择。这些年，全国各地的商品房房价均普遍持续上涨，政府虽然制定政策，通过限贷、限购以及税费等方法进行调控，但房价降幅并不明显，城镇房屋价格仍在万元以上至几万元不等。政府推出的保障性住房有限，不能满足市场的需求，加之部分购房者因消费能力不足，其出于改善居住质量的需求，往往选择购买具有价格优势的"小产权"房。就北京而言，"小产权"房在通州、丰台、顺义、怀柔、密云等地大量出现，房屋价格多在万元以内。虽然"小产权"房所有权得不到保护，但在购房者的观念中，价格合适、适宜居住的房屋比完整的产权更为重要。最终，开发商受利益驱动通过各种方式不断开发建设"小产权"房，与此同时，购房者虽然没有购买"小产权"房的合法渠道，但其仍甘愿冒着潜在风险购买"小产权"房。这样，"地下"的交易市场逐步形成。

第四，"小产权"房市场的形成是法律、政策执行不力的结果。"小产权"房历来被国家法律、政策所禁止。从政策层面看，1999 年国务院办公厅《关于加强土地转让管理 严禁炒卖土地的通知》第二条规定："农村的住宅不得向城市居民出售。"2004年国务院《关于深化改革严格土地管理的决定》中强调："加强农村宅基地管理，严禁城镇居民在农村购买宅基地。"2007年国务院办公厅《关于严格执行有关农村集体建设用地法律和政策的通知》规定："农村住宅用地只能分配给本村村民，城镇居民不得到农村购买宅基地、农民住宅或'小产权房'。单位和个人不得非法租用、占用农民集体所有的土地搞房地产开发。"

2008年10月22日中央农村工作领导小组办公室主任陈锡文在新闻发布会上表示"小产权"房绝对不允许再建，但对于在农村购买了"小产权"房的消费者，政府要保护其合法权益。2008年12月4日，最高人民法院也颁布了《关于为推进农村改革发展提供司法保障和法律服务的若干意见》，要求各级人民法院对改变土地集体所有性质、改变土地用途、损害农民土地承包权益的流转行为，要依法确认无效。由此可见，国家的政策一方面延续了以往法律规定的原则，同时对"小产权"房的买卖亦表现出犹豫不决的态度，不明朗的政策走向也导致了"小产权"房市场的活跃。

第五，"小产权"房市场也是地方政府试点政策的产物。在改革开放过程中，一些地方政府突破现行法律、政策的限制，寻找本地区经济增长点，采取了对当地集体所有的土地采用适当方式流转的政策。比如1996年以后，上海按照地区和用途级差，制定了土地租用的价格机制；在北京地区，有关政策也把历史上原为集体所有的土地因被使用等原因规定为国有土地。这些试点，对"小产权"房的形成和发展，均起到了一定的鼓励作用。

三、"小产权"房的法律分析

"小产权"房的法律基础主要涉及土地使用权和建筑物所有权的结合问题。建筑物与土地在物理形态上是相互结合，不可分割的，建筑物一旦离开土地，就成为空中楼阁。但土地和建筑物在物理形态上的结合，无法抹杀土地与房屋二者的异质性。由此也引申出了一个相关的法律问题，即土地与房屋在法律上应为一物还是两个各自独立的物？如为各自独立的物，按民法一物一权原则，土地与房屋物权在法律上关系如何？

　　大陆法系各国对建筑物是否独立于土地有不同看法。以德国为代表的国家否认建筑物的相对独立性，德国民法将土地与建筑物结合解释成附合，建筑物作为附合物因附合而丧失其独立性；而以日本为代表的国家则承认建筑物的相对独立性。尽管我国也有学者主张将房屋和土地作为一物看待，但我国现行法律并非如此规定。我国《宪法》第十条规定了土地所有权制度，即城市的土地属于国家所有。农村和城市郊区的土地除由法律规定属于国家所有的以外，属于集体所有；宅基地和自留地、自留山，也属于集体所有。该法第十三条又单独规定了对个人合法的私有财产的保护条款，即国家保护公民的合法收入、储蓄、房屋及其他合法财产的所有权。依据上述规定，土地除属于集体所有以外，只能属于国家所有，而房屋则可以属于公民个人所有。由此可见，房屋并非被土地所吸收而仅可属于集体或国家所有。而且，我国《宪法》禁止土地所有权的买卖，但房屋的买卖，包括个人房屋的买卖一直受法律保护。所以，我国是承认土地和建筑物具有相对独立性的国家。

　　在确定房屋与土地为各自独立的物的情况下，房屋所有权与土地所有权应是分离的。具体体现在房屋所有权与土地使用权的分离。依据现有法律制度，房屋与土地的使用权又是相互结合的。根据建设部（89）建房市字第77号《关于国有房屋土地使用证及房地产交易中土地使用权转让等有关问题的答复》中规定，建造房屋取得土地使用权后才能取得建筑物的所有权。因此，房屋与土地的结合，表现为房屋所有权与土地使用权的结合。

　　土地使用权与房屋所有权的结合主要体现在以下三个方面：第一，就一项具体不动产而言，土地使用权人应当就是建筑物所有权人，即土地使用权和建筑物所有权的权利主体相一致。建设部1990年12月31日颁布实施的《城市房屋产权产籍管理暂行办法》第三条规定："城市房屋的产权与该房屋占用土地的使用权实行权利人一致的原则，除法律、法规另有规定的外，不得分离。"第二，土地使用权及其地上建筑物所有权均不能单独转移，必须同时转移。《城镇国有土地使用权出让和转让暂行条例》第二十三条规定："土地使用权转让时，其地上建筑物、其他附着物所有权随之转让"；第二十四条规定："土地使用者转让地上建筑物、其他附着物所有权时，其使用范围内的土地使用权随之转让，但地上建筑物、其他附着物作为动产转让的除外"。第三，土地使用权及地上建筑物须共同抵押或共同出租。《城镇国有土地使用权出让和转让暂行条例》第三十三条规定："土地使用权抵押时，其地上建筑物、其他附着物随之抵押。地上建筑物、其他附着物抵押时，其使用范围内的土地使用权随之抵押。"《城镇国有土地使用权出让和转让暂行条例》第二十八条规定："土地使用权出租是指土地使用者作为出租人将土地使用权随同地上建筑物、其他附着物租赁给承租人使用，由承租人向出租人支付租金的行为。"以上第二点实际体现了"房地一体"原则，也就是通常所说的天权、地权合为一体。在房屋建造时，土地使用权和房屋所有权各具独立性，但在房屋转让时，房屋所有权和土地使用权应同时转让，并归为一个主体。土地使用权转让，房屋所有权也应随之转让，即所谓"天权依地权"，这是非常态；房屋所有权转让时，土地使用权也应随之转让，这是常态，即所谓"地权随天权"原则。

在农村集体土地上建造房屋，如果流转出售，也要遵守上述规则。但农村集体土地具有特殊性，这些特殊性表现在：

第一，农村集体土地不能设立建设用地使用权。我国《物权法》第五条明确规定："物权的种类和内容，由法律规定"。物权不同于债权，不允许当事人自由创设，这是物权法定原则。《物权法》把用益物权分为土地承包经营权、建设用地使用权、宅基地使用权、地役权以及探矿权、采矿权、取水权和使用水域、滩涂从事养殖、捕捞权等权利，其中建设用地使用权的客体明确规定为国家所有的土地。《土地管理法》第四十三条规定："任何单位和个人进行建设，需要使用土地的，必须依法申请使用国有土地；但是，兴办乡镇企业和村民建设住宅经依法批准使用本集体经济组织农民集体所有土地的，或者乡（镇）村公共设施和公益事业建设经依法批准使用农民集体所有的土地除外。"第六十三条规定："农民集体所有的土地的使用权不得出让、转让或者出租用于非农业建设。"基于上述规定，农民集体所有的土地一般不能用于非农业建设，只有经过批准后，兴办乡镇企业、乡村公用设施和公益事业建设以及农民在宅基地上建设住宅才可以使用农村集体土地。

《物权法》第一百三十五条把建设用地使用权限定为国有土地，集体所有的土地若想成为建设用地首先要转为国有土地。依现行法律规定，集体土地转化为国有土地的唯一办法是国家征收。《宪法》第十条第三款规定："国家为了公共利益的需要，可以依照法律规定对土地实行征收或者征用并给予补偿。"《土地管理法》第二条也规定了相应内容。《物权法》第四十二条也明确规定："国家为了公共利益的需要，依照法律规定的权限和程序可以征收集体所有的土地。集体所有的土地转为国有土地后，再由国家将土地出让给开发商。"《土地管理法》第五十五条规定："国家以出让方式设定建设用地使用权的建设单位应当向国家交纳土地使用权出让金等土地有偿使用费和其他费用。"

由上述分析可以得知，以出让方式取得土地使用权的，土地上的房屋可以上市流转。农村集体土地使用权因不能上市流转，基于"房地一体"原则，其地上的房屋亦不能上市流转。

第二，农村宅基地使用权不能自由流转。《物权法》第一百五十二条规定："宅基地使用权人依法对集体所有的土地享有占有和使用的权利，有权依法利用该土地建造住宅及其附属设施。"第一百五十三条规定："宅基地使用权的取得、行使和转让，适用土地管理法等法律和国家有关规定。"《土地管理法》第六十二条规定："农村村民一户只能拥有一处宅基地，其宅基地面积不得超过省、自治区、直辖市规定的标准。农村村民建住宅，应当符合乡（镇）土地利用总体规划，并尽量使用原有的宅基地和村内空闲地。农村村民住宅用地，经乡（镇）人民政府审核，由县级人民政府批准；其中，涉及占用农用地的，依照本法第四十四条的规定办理审批手续。农村村民出卖、出租住房后，再申请宅基地的，不予批准。"由此可见，宅基地的所有权属于农村集体，使用权只限农民自用，不能像国有土地那样自由流转。但是，村民在土地上建造的房屋是私有财产，从私有财产角度来说，房屋的所有人对房屋有出售的完全自由。根据地随房走的原则，私房所占据的宅基地就可以随着村民出售房屋而流转到其他主体手中，这就造成了法律理论间的矛盾。为妥善解决这一问题，在司法实务中，相关意见认为村民自有住房向非本集体经济组织成员的流转从法律层面应给予无效处理。

第三，农村集体土地上建造的"小产权"房应视不同情况区别对待。根据我们前述归纳的概念，在农村宅基地、集体建设用地或者农用地上开发建设用于居住的房屋称为"小产权"房。第一类"小产权"房是违建"小产权"房，也就是不符合土地和建设规划，未履行合法审批手续即建造的房屋。此类"小产权"房不管坐落在宅基地上、集体建设用地上还是农用地上，都不能改变其违法性。违法建设的房屋，本应拆除，但由于其功用大多为农民自住或上市交易，对自住房屋强制拆除可能性较小；对上市交易的部分房屋轻易拆除也会造成巨大损失。但依照现行法律，若相关部门责令拆除，法律依据不成问题。第二类"小产权"房是经过土地和规划部门审批建造的房屋，即合法"小产权"房，该类房屋产权之所以为"小"，在于其建造在集体土地上，不是经过征收转为国有土地又经过出让的土地，不可能取得合法的房屋产权证。旧村改造一般属于集体经济组织建造合法"小产权"房的情形。在旧村改造过程中，村集体拆除了农民宅基地上的房屋，农民弃旧宅而上新楼，原来一宅一幅的宅基地，变成了多户共用的集体土地性质的"小产权"房基地。"小产权"房建设经过土地部门的审批，也按照村镇规划经过了规划部门审批，"小产权"房具有合法性。就本集体经济组织村民而言，是由原一户一宅的宅基地转变为一楼共用一幅宅基地。此时的"小产权"房所使用的宅基地，属"小产权"房多户共同使用一幅宅基地，对基地拥有共同使用权，这种使用权在建筑物存在时多户共用，不能以每户为单位进行分割登记。我国目前未建立起对农村集体土地上的房屋和集体土地使用权普遍登记制度，因此，此种"小产权"房的土地使用权也仅能得到法律上的认可。基地上的"小产权"房各户之间对该"小产权"楼房属集体土地上房屋的建筑物区分所有权。各户对楼房所有权、基地使用权在物业所有和使用上的关系，属物业成员权的关系。各户使用不动产妨害与否系属于相邻关系问题。

日本学者曾提出过有关"空间权"的概念，即区分所有的高层建筑物第二层以上的区分所有权与基地没有实际接触，而是对一定空间的利用，这种因行使财产所有权而占用一定空间的权利称为空间权。空间权强调的是对空间的利用，但仍承认与基地的间接关系。空间权一说，对建筑物区分所有权是一种探索性的补充，在我国目前并无法律上的依据。由于我国目前正处于城镇化发展过程中，且农村集体土地的充分利用尚在试点与探索中，故在我国经济社会发展的现阶段，空间权的概念暂不宜实质性引用。

对于合法"小产权"房，集体经济组织成员取得房屋所有权，并经乡镇或村委会颁发产权证。虽然该产权证不是由国家相关部门所颁发，但其产权性质为"大产权"，也即完整产权，而非"小"。这与目前农民宅基地上的房屋虽大多未登记但物权归属明确系同一道理。这是由我国尚未对集体土地上的房屋建立统一、完善的所有权登记制度造成的。

对于合法"小产权"房所涉买卖合同的效力问题，建成后销售给本村集体经济组织成员的，买卖合同有效；建成后出售给非本村集体经济组织成员的，或由集体经济组织成员取得所有权后再行转让给非本村集体经济组织成员的，以及非集体经济组织成员间互相转让的，基于集体土地不能上市流转，故买卖合同均无效。

四、"小产权"房若干实务问题处理思路

基于目前社会上大量存在着"小产权"房，由此引发的纠纷也日益增多。因我国针对"小产权"房问题尚无统一的法律规范予以调整，导致司法尺度不一现象客观存在。为了对统一司法裁判尺度起到积极的促进作用，本文提出以下实务问题处理思路，以供参考。

1. "小产权"房的合作建房纠纷应予处理。该类问题不仅指违建"小产权"房，而且包括合法"小产权"房。此类纠纷未履行相关土地征收、征用手续即进行房屋建设，应先由征收机关解决被占用的土地保护问题。合作建房合同的性质是土地使用权的转让，由于农村集体土地使用权不能上市流转，双方所订立的合作建房合同直接转让了农村集体土地使用权，因此该合同应属无效合同。合同虽然无效，但依据无效合同会产生一定的法律后果，如果双方为此发生纠纷，人民法院应予受理。最高人民法院相关民事审判工作会上对此进行过研讨，相关意见也不尽一致，但会议纪要最终倾向性意见也是以处理为宜。

2. 对于已被行政机关认定为违法建设的"小产权"房，其占有、使用、收益纠纷不予处理；对已经行政程序合法化的"小产权"房，要对其所有权

归属作出处理；对未经审批进行建设，但长期存在且未受行政处罚的房屋，对其使用权归属进行处理。第一，对于已被行政机关认定为违法建设的"小产权"房，其占有、使用、收益纠纷不予处理。这是因为人民法院若处理该类纠纷，其处理情况有可能与行政机关的处理结果相抵触。且此类房屋系违法建设，其本应先由行政机关进行处理。第二，对于已经行政程序合法化的"小产权"房，要对其归属作出处理。这是由于违法建设的"小产权"房，经过行政处理对其合法化的，房屋建设就具有合法性，所有权归属应当进行处理。但应把握的一点是看土地是否被征收为国有土地并已经出让，如果因处理权属可能导致农村集体土地上市流转，则房屋持有人不能取得权属。另外，对于长期存在但未受到行政处理的房屋，一旦判断所有权归属，将有可能导致农村集体土地上市流转，因此不能进行处理。但基于此类房屋长期存在，其使用价值在客观上有所体现，不处理不利于社会经济生活秩序的有序和稳定，况且对该类房屋的使用权进行处理，不会导致违背现行法律，因此可以对其使用权进行处理。

北京市高级人民法院考虑此类房屋作为一种客观的财产形态，能够为权利人占有、使用、收益，于2008年5月12日对北京市第一中级人民法院"关于夫妻关系存续期间购买的农村'小产权'房在判决分割财产确定归属时如何处理的请示"所做答复中讲到：对于已被有权机关认定为违章建筑的，不予处理，但违章建筑已经行政程序合法化的，可以对其所有权归属作出处理。对于未经行政准建，但长期存在且未受行政处罚的房屋，可以对其使用权归属作出处理。北京市高级人民法院的答复意见，不违背现行法律，应当在实务中适用。但"对未经审批进行建设，但长期存在且未受行政处罚的房屋"中，"长期存在"该如何把握，该意见中并未明确，考虑到房地产建设周期、使用期限较长的特点，笔者建议掌握为五年。

3. 对于农村集体经济组织成员在旧村改造后的安置性住房，如该房屋属于合法"小产权"房，可以对其所有权归属进行处理。上述北京市高级人民法院的答复意见中到："对农村集体经济组织成员在旧村改造后取得的安置性住房，从考虑旧村改造不应影响当事人的基本生活利益角度出发，可以对房屋的所有权进行处理，但农村集体经济组织成员购买非安置性住房的，仅可以对使用权进行处理。"笔者认同可以对农村集体经济组织成员在旧村改造后的安置性住房的所有权归属进行处理的意见，但认为对该类人员的非安置性住房仅可对使用权进行处理的意见值得商榷。该意见应当是受到了集体经济组织成员使用宅基地建房"一户一宅"原则的影响，但农村集体经济组织成员在旧村改造时取得了二套以上"小产权"房时，该房屋都是拆除宅基地上旧房得到的安置，如何区分哪些是安置性住房，哪些又是非安置性住房呢？如果该集体经济组织成员所得房屋均为自用，此种情况不好认定其中有非安置性住房。且"一户一宅"是集体经济组织成员在宅基地上建造房屋时的土地使用资源分配原则，不应在流转领域适用。所以，笔者认为农村集体经济组织成员在旧村改造后所取得的"小产权"房，均可对其所有权归属进行处理。

4. 对非本村集体经济组织成员购买的合法"小产权"房，仅可以对使用权进行处理。该类房屋虽然经过土地和规划审批建造，但使用的仍是集体所有的土地，因集体土地不能上市流转，故该类房屋买卖合同应为无效。北京市高级人民法院在上述答复意见中讲到："对已经法定程序认定买卖合同无效的，对相应房屋权属不予处理。"该意见可作为处理此类问题的依据。

5. "小产权"房的乡镇或村委会所颁发的产权证明，不能起到合法产权（大产权）的证明作用。乡镇或村委会所颁发的产权证，以及在该处登记簿上的登记，仅能起到证据作用，可以用来证明该房屋在本集体经济组织成员间的归属及流转情况，以及对非集体经济组织成员的流转情况。

6. 在当事人主张分割所有权，而仅能处理使用权时，应当向当事人释明，并允许其变更诉讼请求。北京市高级人民法院在上述答复意见中讲到：在当事人主张分割所有权而仅能处理使用权时，应当向当事人释明并允许其变更相关诉讼请求。在处理相关房屋的使用权时，能分割的分割，不能分割的进行折价处理，房屋折价时可采用竞价的方式确定价格。

7. 人民法院对"小产权"房的处理不得对抗有权机关对房屋合法性的认定及相关处理。这包括两方面内容：一是有权机关已有处理的，非经法定程序，不得改变其处理决定；二是有权机关尚未处理的，法院在处理民事案件时，要依法为有权机关留出相应处理空间和余地，以避免司法判断权与行政权处理结果出现冲突。北京市高级人民法院在上述答复意见中讲到：法院对"小产权"房的处理，不能对抗有权机关对房屋合法性的认定及相关处理，不作为权利人要求登记机关进行物权登记的依据。因此类房屋被拆除或合法化之后产生的利益争议，当事人应自行协商或再行诉讼解决。此意见亦可作为处理该类问题的依据。

8. "小产权"房买卖合同的效力认定应视不同情况区别对待。违建"小产权"房的买卖合同应认定无效。虽然目前也有意见认为对于此类房屋买卖合同的效力认定应不予处理，但笔者认为，平等主体之间存在纠纷并诉至法院，如不处理，不利于解决矛盾纠纷，可能影响社会关系和谐稳定，故对于违建"小产权"房买卖合同的效力应当依法予以处理。对于合法"小产权"房的买卖合同效力，若购买人为本村集体经济组织成员，则应认定为有效；若购买人为非本村集体经济组织成员，则应认定为无效。本条的依据是农村集体土地不能上市流转的原则。

9. 有关合法"小产权"房如何确定权属问题，笔者认为可写明"××房屋归属于××"，而不能写成"××房屋所有权归××"。这样可以避免通过人民法院裁决使"小产权"房合法化，即将"小产权"房"大产权"化。对于买卖合同被确认无效、被撤销或被解除后房屋的处理，可以写作："将××房屋返还给××"。

10. "小产权"房买卖合同被确认无效后所涉损失的处理问题，对于房屋所占用的土地未经征收转为国有土地，且未获批准办理土地出让手续补缴土地使用权出让金的，或未在相应土地政策试点地区的，应充分考虑信赖利益。

11. 合法"小产权"房所涉及的建设工程承发包合同可认定为有效；违建"小产权"房涉及的建设工程承发包合同应认定为无效。这是因为合法"小产权"房系经相关审批程序而建，故该建设工程所涉的承发包合同亦具合法性；而违建"小产权"房本身就属非法建设而成，该建设工程的非法性不容置疑。

12. 合法"小产权"房所涉相邻关系纠纷，法院应予处理。违建"小产权"房所涉相邻关系纠纷原则上应不予处理。但相邻各方所居住的房屋存在时间较长，矛盾激化的，法院应考虑处理。

13. 合法"小产权"房所涉租赁合同有效，违建"小产权"房所涉租赁合同无效。非本村集体经济组织成员购买的合法"小产权"房出租的,其租赁合同应为有效。理由是合法"小产权"房虽然没有国家认可的所有权,但物权是有归属的,在买卖合同履行后,虽然合同将来有可能被确认无效,但购买人在出卖人交付房屋后占有该"小产权"房,占有期间其拥有该"小产权"房的使用权,因而可以取得收益。

综上,处理"小产权"房纠纷,涉及的事实和法律政策均十分复杂,应当慎重处理。2013 年底北京市高级人民法院《关于对涉及'小产权'房屋买卖合同纠纷案件慎重处理的通知》及 2014 年北京市高级人民法院王明达副院长在北京市法院民事审判座谈会上均强调,对"小产权"房的认定和处理,不仅是一个法律问题,更是一个社会问题,在相关法律、政策出台前,不应以判决的方式认定"小产权"房买卖合同有效。这些要求在实务中必须遵照执行。

笔者以上对实务问题的分析和处理思路,仅是学术性质的探讨,在立案登记制改革后,"小产权"房纠纷有可能增多,期待实务部门各位同仁重视研究,本文实乃引玉之举。

五、对"小产权"房处理的展望

在集体土地上进行开发建设,我国部分地区已进行过相关探索。2015 年初,我国又开始进行集体土地改革试点,北京市大兴区即是试点地区之一。如何充分有效利用土地资源,逐步提高人民生活质量和水平,需要经过不断探索和创新,希望相关的改革举措能够实现期待的效果。

基于社会上广泛存在着"小产权"房的现实情况,国家有关部门和理论、实务界人士也一直在研究和讨论"小产权"房问题的解决之道。对"小产权"房的处理,目前有几种代表性的主张:一是通过补办手续,将合法"小产权"房变为"大产权"房;对违建"小产权"房部分拆除,部分补办手续。二是进行法律、政策的修改和调整,允许集体土地设立建设用地使用权,从而解决农村集体土地不能设立建设用地使用权的问题。三是在"小产权"房流转问题上认定买卖合同有效。该主张基于诚信原则和意思自治等原则,认为应当维护买卖合同的稳定性，其认为只要该房屋系合法建筑物，就应当认定买卖合同有效。四是在"小产权"房流转问题上认定买卖合同无效，根据"小产权"房是否可以补办用地、规划及土地出让手续对房屋和损失等作不同处理。

以上几种思路均存合理之处，但也非尽善尽美。但可以预期，随着国家对"小产权"房进行治理、引导以及法律、政策的调整，"小产权"房会逐步纳入法律调整的轨道。

划拨土地上房屋转让合同效力分析

一、据以研究的案例

2002年7月24日，原告某水泵厂与被告某公司签订《合作协议》，约定：某水泵厂将北京市丰台区长辛店自用厂房出租给某公司使用，占地面积约9.5亩，建筑面积2827平方米。租金第一年28万元，以后每年10万元，租期10年。

2003年12月19日，某水泵厂与某公司签订《转让协议书》，主要约定：一、某水泵厂同意将其厂区北部14亩土地及地上物和附属设施一次性转让给某公司作为新厂厂址，转让金额400万元。二、某公司在支付某水泵厂转让费后，即获得该项协议下转让土地即地上建筑物和附属设施的所有权和无偿使用权，并有权对该转让土地和房产出租、出售和转让，如遇国家征用土地，补偿费用归某公司所有。房产税和土地使用费在该协议生效后，某水泵厂所转让土地、房产由某公司按国家现行收费标准负责缴纳，以后调整收费标准由双方协商解决。三、某水泵厂转让的土地、房产权属证明不全的，由某水泵厂负责补办手续，补办时间应在某公司支付最后一笔转让费钱。四、本协议正式签字15日内，某公司向某水泵厂支付第一笔转让费100万元整。即时某水泵厂应出具土地、房屋产权证明，并协助某公司办理土地、房产过户手续。五、某公司向某水泵厂支付第一笔转让费后，某水泵厂在2004年4月15日前，将所转让房屋内物品腾空，交付某公司使用。交房后，某公司支付第二笔转让费100万元。六、余款在某公司办理土地房产过户后二次付清，计

188

人民币 200 万元整（如果土地使用权因政策原因暂时不能够办理过户手续，不影响某公司继续支付转让费）。付款时间最迟不超过 2004 年 6 月 30 日。七、某公司在转让土地使用权没有正式办理过户手续期间，需要申报建设项目，某水泵厂应出具土地权属证明和所需证明证件，并协助某公司办理这项规划审批手续，所需费用由某公司负担。八、双方协议转让的土地、房产因政策或其他原因不能办理正式过户手续，为保证某公司对该土地、房产的无偿使用权和合法权益，双方可补充签订一项时间为 40 年的长期土地、租赁协议。九、某水泵厂和某公司签订正式转让协议后，某水泵厂应继续向某公司提供供水、供电、供暖有偿服务，直至某公司建立独立的水、电、暖等基础设施止。十、本协议正式签字生效后，双方于 2002 年 7 月 24 日签订的《合作协议》自行终止。

2013 年 8 月 29 日，某水泵厂出具《关于偿还房屋土地租金欠款和补签房屋土地租赁协议的通知》载明，某公司：一、贵厂与我公司 2003 年 12 月 9 日签订转让协议书后直至今日转让全款未按协议约定期限给予我公司。请贵厂于 2013 年 9 月 15 日前将所欠我公司的转让款本金及利息共计人民币 928694.86 元一并交至我公司财务部。二、按照贵厂与我公司 2003 年 12 月 9 日签订的转让协议第八条约定，我公司要求于 2013 年 9 月 15 日之前双方补签租赁协议。

案涉土地为某水泵厂扩建时所征，为国有划拨土地，但尚未办理划拨土地使用权证书。该案所涉及的建筑物和附属设施某水泵厂已依约向某公司交付。《转让协议书》涉及的房屋及某水泵厂自用的房屋所使用的土地，均为某水泵厂经过相关政府行政部门批准征地所得，某水泵厂原系集体企业，该幅土地上的建筑物和附属设施归集体企业所有。由于企业改制，某水泵厂对自用的部分土地取得了出让土地使用权。至 2013 年 9 月 15 日，该《转让协议书》约定的转让款 400 万元，某公司已付清。《转让协议书》订立后，某水泵厂多次去相关部门办理案涉土地使用权证及房屋产权证，均因法律法规及政策等原因未能完成。

某水泵厂与某公司双方曾归属北京市丰台区企业服务管理中心管理。2003 年 9 月 8 日，该中心作出城企复（2003）26 号批复，同意某公司在某水泵厂厂址内建立新厂。2004年4月10日，该中心作出的《关于两家企业搬迁去向及人员安置情况说明》记载，某公司迁址第二水泵厂内。该批复所附的某公司的请示为租赁某水泵厂的场地。

由于未能完成案涉土地使用权及地上建筑物、附属设施所有权转让登记手续，某水泵厂起诉至北京市丰台区人民法院，要求确认双方所签《转让协议书》无效。

二、审理结果

北京市丰台区人民法院于2018年7月判决：确认某水泵厂与某公司于2003年12月19日签订的《转让协议书》无效。某公司不服该判决，向北京市第二中级人民法院提起上诉，该院于2018年11月判决：确认某水泵厂与某公司于2003年12月19日签订的《转让协议书》除该协议书第八条约定外的其他约定条款无效。

北京市第二中级人民法院认为，房地产转让是指房地产权利人通过买卖等合法方式将其房地产转移给他人的行为。2003年12月19日，某水泵厂与某公司就案涉土地及地上建筑物和附属设施签订了《转让协议书》，该协议除第八条约定的权利义务外，约定了某公司取得案涉土地上建筑物和附属设施所有权及相应土地使用权，某水泵厂取得400万之转让对价，《转让协议书》除第八条约定以外的权利义务约定（以下简称"转让协议"）具有买卖合同性质。

我国《城镇国有土地使用权出让和转让暂行条例》（以下称《国有土地使用权条例》）第二十三条规定，土地使用权转让时，其地上建筑物、其他附属物所有权随之转让。第二十四条第二款规定，土地使用者转让地上建筑物、其他附属物所有权时，其使用范围内的土地使用权随之转让，但地上建筑物、其他附属物作为动产转让的除外。上述规定确定了房地产作为不动产转让房地一体同时转让的原则。某水泵厂原为集体企业时，其经过政府行政部门批准通过征收取得了国有土地使用权，该土地上的建筑物和附属设施归其所有。无论其转让土地使用权，还是转让建筑物和附属设施均应将土地使用权与建筑物、附属设施所有权一并转让。

某水泵厂与某公司之转让协议标的为"14亩土地及地上建筑物和附属设施"。"地上建筑物和附属设施"为某水泵厂所有，其对该物有权处分。某水泵厂通过征收取得了国有土地使用权，由此使用土地具有合法性。根据《国有土地使用权条例》第二十九条第一款"地上建筑物其他附着物的所有人或共有人，享有该建筑物、附着物使用范围内的土地使用权"之规定，某水泵厂签订《转让协议书》中所占用的土地属于国有划拨土地。按照前述房地一体同时转让的原则，不管某水泵厂转让"14亩土地"，还是转让"地上建筑物和附属设施"，抑或为转让协议约定转让标的物为"14亩土地及地上建筑物和附属设施"，均涉及国有划拨土地的转让。

我国《城市房地产管理法》第四十条规定，以划拨方式取得土地使用权的，转让房地产时，应当按照国务院规定，报有批准权的人民政府审批。有批准权的人民政府准予转让的，应当由受让方办理土地使用权出让手续，并依照国家有关规定缴纳土地使用权出让金。以划拨方式取得土地使用权的，转让房地产报批时，有批准权的人民政府按照国务院规定可以不办理土地使用权出让手续的，转让方应当按照国务院规定将转让房地产所获收益中的土地收益上缴国家或作其他处理。由该规定可以得知，只有经过有批准权的人民政府审批，才可以办理土地使用权出让手续，国有划拨土地转让应当缴纳土地使用权出让金，缴纳土地出让金应当根据土地使用权出让手续缴纳。

我国《合同法》第五十二条第二项规定，恶意串通，损害国家、集体或者第三人利益的合同无效。某公司与某水泵厂之转让协议违反了《城市房地产管理法》第四十条规定，具有违法性，其未经批准无法缴纳土地出让金，导致国家土地出让金或土地收益不能收缴，损害或将要损害国家利益，根据《合同法》上述规定审查判断，应当属于无效合同。

某公司主张转让协议有效。如果认为合同有效，则有效合同应当履行。那么即使双方按约履行也会因双方未约定缴纳国有土地使用权出让金义务，国有土地使用权出让金没有义务承担者，导致国有土地使用权出让金无从收取。为此则合同实现力丧失，其效力必然丧失。如果通过诉讼要求履行合同，则司法公权力可能因为履行合同，从负担行为的有效履行出发，裁判国有土地使用权物权发生变更，为此则会因为没有行政审批进而导致国有土地出让金或土地收益流失，国家利益将会受到直观损害。可见，双方所签转让协议之所以无效，原因在于该转让协议违法，关键在于损害国家利益。因此，该合同不宜做有效判断。

从另外角度讲，未经相关政府行政部门审批转让国有划拨土地，亦有导致国有土地流转缺乏相应秩序，对公共利益也会造成损害。根据《合同法》第五十二条第四项损害社会公共利益的合同无效的规定，也可以认为双方所签转让协议书无效。

事实上，双方曾欲对案涉土地及地上建筑物转让和附属设施办理相关审批手续，但结果是某水泵厂去办理过数次，但是却没有办理下来。根据上述道理，法院难以对双方转让协议做有效判断。合同无效，从国家利益来看，价值取向是合理的。对合同无效，双方均有过错，因某水泵厂仅起诉要求确认合同效力，所以本案对合同无效后的民事责任，不予处理。

《买卖合同解释》第二条规定，当事人签订认购书、订购数、预定书、意向书、备忘录等预约合同，约定在将来一定期限内订立买卖合同，一方不履行订立买卖合同义务，对方请求其承担预约合同违约责任，或者要求解除余额与合同，并主张损害赔偿的，人民法院应予支持。该条款对预约合同法律制度予以肯定。预约合同系约定将来订立一定契约之契约对租赁性质的预约合同，由于其与买卖合同制预约合同有类似性或相似性，本案可类推适用。

某公司与某水泵厂《转让协议》第11条约定在一定条件下有明确订立租赁协议的意思表示，具有建立租赁合同之预约合同特征。该约定不违背法律效力性强制性规定，应认为有效。有鉴于此，一审判决认定双方转让性质权利义务的约定是正确的，但对租赁性质的预约合同条款认定无效并不妥当，二审法院对一审判决结果予以部分变更。

三、相关法律问题探讨

司法实践中对划拨土地上房屋买卖合同效力争议很大，所作裁判结论亦不统一，因此有必要对此类案件裁判思路进行梳理。认为划拨土地上房屋买卖合同有效的观点，分别或综合持有以下几种理由：

（一）房屋买卖合同系转让房屋的合同，《国有土地使用权解释》第十一条关于"土地使用权人未经有批准权的人民政府批准，与受让方订立合同转让划拨土地使用权的，应当认定合同无效"的规定规范的是直接以国有土地使用权为合同标的的买卖行为，而非房屋买卖，故该规定不适用于此类案件合同效力的认定[①]。

（二）当事人签署房屋买卖合同的目的是取得涉案房屋，并非国有土地使用权。土地使用权是否能改变性质，不影响买卖合同效力。双方可通过促使土地使用权改变性质来达到合同完全履行的目的，从而使买房人取得涉案房屋的权属登记[②]。

（三）转让方未取得出让土地使用权证书订立合同转让土地使用权的行为，属无权处分行为，其与受让方订立的转让土地使用权的合同为效力待定的合同[③]。

（四）《合同法》第四十四条关于"依法成立的合同，自成立时生效。法律、行政法规规定应当办理批准登记等受手续的，依照其规定"的规定从《城市房地产管理法》来看，该法并未将批准作为合同生效的要件。《城市房地产管理法》第四十条规定，涉及划拨土地使用权的房地产转让合同签订后，需办理相关手续，经过房地产管理部门批准转让的，应由合同受让方直接与房地产管理部门签订土地使用权出让合同，缴纳土地出让金。该规定所指的审批并非是对房地产转让合同的审批，因双方只有签订房地产转让合同后，履行合同时才会发生报批问题，该规定实际上对涉及划拨土地使用权的房地产转让合同效力给予了肯定[④]。

（五）国有划拨土地上的房屋买卖双方所签合同，不违反法律、行政法规的禁止性规定，因此合同合法有效[⑤]。

---

① 最高人民法院（2017）最高法民申第 87 号判决。
② 最高人民法院（2013）民申字第 50 号判决。
③ 刘德权、王松，《最高法院司法观点集成民事卷 III》，中国法制出版社 2017 年版，第 1904 页。
④ 最高人民法院（2013）民申字第 748 号判决。
⑤ 最高人民法院（2013）民申字第 50 号判决。

（六）国有划拨土地上的房屋转让，如果未经过房地产管理部门批准，会影响国有划拨土地使用权转移。但是按照区分原则，物权变动的结果与原因应当区分，物权变动的原因行为有效。

本文对前述观点导致的相关案件的裁判结果正当性不做评论，仅对观点的妥当性进行分析。

（一）转让房屋，其所涉土地使用权应当一体转让问题

就国有土地而言，我国《土地管理法》第五十四条规定，建设单位使用国有土地，应当以出让等有偿方式取得①，但是，下列建设用地，经县级以上人民政府依法批准，可以划拨方式取得：（一）国家机关用地和军事用地；（二）城市基础设施用地和公益事业用地；（三）国家重点扶持的能源、交通水利等基础设施用地；（四）法律、行政法规规定的其他用地。从规定来看，任何单位和个人建设使用国有土地，除依法通过划拨方式取得外均应通过有偿方式取得。1990年5月19日，《国有土地使用权条例》颁布实施，能够取得国有划拨土地使用权进行建设的，一是条例实施前取得国有划拨土地使用权的，二是条例实施后符合条例规定取得国有划拨土地使用权的。本文讨论的国有划拨土地上房屋买卖合同效力问题，即指前述两类土地上的房屋买卖合同效力问题。

根据《国有土地使用权条例》第二十三条和第二十四条第二款规定，对土地权利与建筑物权利的关系，现行土地使用权制度是土地使用权与建筑物所有权一体化，即两个权利必须归属于同一主体②。我国的土地使用权和建筑物所有权属于独立的不动产物权，但土地使用权和建筑物所有权以结合为基本表现形式，以分离为特殊表现形式。第一，就一项具体的不动产而言，土地使用权人应该就是其地上建筑物的所有权人，即土地使用权很建筑物的权利主体一致。第二，土地使用权及其地上建筑物必须共同抵押或共同出租③。

---

① 我国《土地管理法实施条例》第二十九条规定，国有土地有偿使用方式包括：（一）国有土地使用权出让；（二）国有土地租赁；（三）国有土地使用权作价出资或者入股。
② 梁慧星，《中国物权法研究》，1998年版，第652页。
③ 关涛，《我国不动产法律问题专论》，2004年版，第145页。

土地使用权和建筑物的权利一致以及土地使用权与建筑物所有权同时转移之原理，要求以土地使用权为承载的建筑物所有权转让，由于其必须转让土地使用权的本质，因此与土地使用权单独转移一样，均应受到《最高人民法院关于审理涉及国有土地使用权合同纠纷案件适用法律问题的解释》第十一条①的规范。而认为国有划拨土地上的房屋转让不适用该规范的观点，实则未探寻到问题的本质。

（二）关于土地使用权是否改变性质，不影响房屋买卖合同效力的问题

土地使用权性质的改变是否影响合同效力，应在具体条件下进行探讨。

房地产转让是指房地产权利通过买卖、赠与或者其他合法方式将其房地产转移给他人的行为②。房地产转让、抵押时，房屋的所有权和该房屋占用范围内的土地使用权同时转让、抵押③。国有划拨土地上的房屋转让时，必然要求该房屋占用范围内的土地使用权同时转让。房屋买卖是房屋转让的一种方式，也必然导致国有划拨土地使用权同时转让。以划拨方式取得土地使用权的，转让房地产时，按照国务院的规定，报有批准权的人民政府审批。有批准权的人民政府准予转让的，除符合本规定第十二条所列的，可以不办理土地使用权出让手续的情形外，应当由受让方办理土地使用权出让手续，并依照国家有关规定缴纳土地使用权出让金④。该规定第十二条规定以划拨方式取得土地使用权的，转让房地产时，属于下列情形之一的，经有批准权的人民政府批准，可以不办理土地使用权出让手续，但应当将转让房地产所获收益中的土地收益上缴国家，或者做其他处理。土地收益的缴纳和处理的办法按照国务院规定办理。（一）经城市规划行政主管部门批准，转让的土地用于建

---

① 该条规定，土地使用权人未经有批准权的人民政府批准，与受让人订立合同转让划拨土地使用权的，应认定合同无效。

② 《中华人民共和国城市房地产管理方法》第三十七条。

③ 《中华人民共和国城市房地产管理法》第三十二条。

④ 建设部《城市房地产转让管理规定》第十一条。

设《中华人民共和国城市房地产管理法》第二十三条规定的项目①;(二)私有住宅转让后仍用于居住的;(三)按照国务院住房制度改革有关规定出售公有住宅的;(四)同一宗土地上部分房屋转让而土地使用权不可分割转让的;(五)转让的房地产暂时难以确定土地使用权出让用途、年限和其他条件的;(六)根据城市规划土地使用权不宜出让的;(七)县级以上人民政府规定暂时无法或不需要采取土地使用权出让方式的其他情形。依照前款规定缴纳土地收益或做其他处理的,应当在房地产转让合同中注明。

由前述规定可以看到,转让国有划拨土地上的房屋分为三种情况,第一种情况是国家机关用地、城市基础设施用地和公益事业用地、国家重点扶持的能源、交通、水利等项目用地、法律、法规规定的其他用地上房屋转让无须缴纳土地收益或土地出让金;第二种情况依规定进行处理的情形,包括缴纳土地收益和无须缴纳土地出让金的若干种情形;第三种情况是转让国有划拨土地上的房屋,需要缴纳土地出让金的情况。以上三种情况均应经过有批准权的人民政府批准,批准的意义在于对国有划拨土地上房屋转让涉及国有划拨土地使用进行行政管理。对于第三种情况,要在有批准权的人民政府批准后办理土地出让手续,缴纳土地出让金。正如本文所列案例所载判理,只有经过有批准权的人民政府审批,才可以办理土地使用权出让手续,国有划拨土地转让应当缴纳土地使用权出让金,缴纳土地使用权出让金应当根据土地使用权出让手续缴纳。

对于转让国有划拨土地上的房屋需要缴纳土地出让金的情况,如果转让双方在合同中约定了办理土地出让手续及缴纳土地出让金事项,由于权利、义务具体明确,转让双方应当按照合同履行。即使双方不办理土地出让手续及不缴纳土地出让金,得一方当事人请求,人民法院可判决双方当事人履行合同,缴纳土地出让金事项系合同约定的权利义务,不致国家土地出让金流失。而当有批准权的人民政府不予批准时,则合同履行不能,合同目的不能实现,一方当事人可以请求人民法院予以解除。但对于双方未约定办理土地

---

① 该规定所指《城市房地产管理法》第二十三条即为 2009 年 8 月 27 日《城市房地产管理法》第二次修正后的第二十九条,即国家机关用地和军事用地、城市基础设施用地和公益事业用地、国家重点扶持的能源、交通、水利等项目用地、法律、法规规定的其他用地。

出让手续及缴纳土地出让金权利义务，人民法院在处理国有划拨土地上房屋转让时，由于司法机关和行政机关各有其主管范围，首先不能确定哪类国有划拨土地在随房屋转让时是否需要缴纳土地出让金，其次也不能判令缴纳土地出让金义务人履行义务，而转让合同却约定了房屋及土地使用权转移登记的具体权利义务，人民法院在当事人请求之下，按照合同应当履行的原则，应当作出转移房屋所有权及土地使用权登记的判决。不动产登记机关应当依照人民法院生效判决执行。若如此，人民政府土地主管部门无法获知国有划拨土地上房屋转让事宜，也就无从收缴土地出让金。在国有土地有偿使用法律制度下，国家利益将受到损害。根据《合同法》第五十二条第二项，恶意串通损害国家利益的合同无效之规定，或根据《民法总则》第一百五十四条，行为人与相对人恶意串通，损害他人合法权益的民事法律行为无效的规定，应当确认国有划拨土地上的房屋转让合同无效。因此，笼统地讲，转让双方可以通过约定具体的国有划拨土地使用权转让审批手续及土地出让金缴纳的具体方式，促使土地使用权改变性质来达到合同完全履行的目的，但土地使用权是否能改变性质不影响买卖合同效力的观点是值得商榷的。

（三）无权处分与国有划拨土地上房屋转让合同效力

国有土地归国家所有，国有出让土地使用权归受让人使用。国有划拨土地使用权人取得的是国有划拨土地使用权。无权处分中的"处分"是指法律上的处分，即通过买卖、赠予、抵押等使所有权发生转让或权能发生分割的情形[①]。所谓无权处分，是指无处分权人处分他人的财产权利[②]，转让划拨土地使用权，是通过买卖方式使国有土地使用权能与国有土地所有权发生分离，依照相关规定[③]，取得划拨土地使用权的，应当经人民政府批准，经批准后国有划拨土地使用权人有权使用国有划拨土地。但是如果将国有划拨土地权使用转让他人，也应当经有批准权的人民政府审批。因此，划拨土地使用人转

---

① 杜万华，《最高人民法院〈物权法司法解释（一）〉理解与适用》，人民法院出版社2016年版，第476页。

② 王利明，《物权法论》，中国政法大学出版社1998年版，第297页。

③《中华人民共和国土地管理法实施条例》第二十二条规定了占用土地审批手续。

让国有划拨土地属于无权处分。

《最高人民法院〈关于审理买卖合同纠纷案件中适用法律问题的解释〉》第三条第一款规定当事人一方以出卖人在缔约时对标的物没有所有权或者处分权为由主张合同无效的，人民法院不予支持。的确如此，根据该解释规定，对国有土地使用权没有处分权的，不影响国有土地使用权转让合同效力。但是任何国家的法律都不可能规定，只要双方当事人愿意①，就可以毫无限制的发生预设的效果。因为任何一个双方当事人的合意（合同）的效果可能会涉及社会利益、其他个人利益，如果合同损害或者违反这些利益，其效果的发生将会被法律切断②。前已述及，根据《合同法》第五十二条第二项，恶意串通损害国家利益的合同无效之规定，或根据《民法总则》第一百五十四条，行为人与相对人恶意串通，损害他人合法权益的民事行为无效的规定，应当确认国有划拨土地上的房屋转让合同无效。因此应当认为，虽然无权处分不导致合同无效，但如果存在合同生效的其他要件上的瑕疵，无权处分合同，依然可能被评价为无效合同。

（四）国有划拨土地上的房屋转让合同是否为批准生效的合同

我国《合同法》第四十四条规定，依法成立的合同，自成立时生效。法律、行政法规应当办理批准、登记等手续生效的，依照其规定。由时任最高人民法院副院长李国光主编的《中国合同法条文解释》认为，该条对合同何时生效做了两层规定：第一，依法成立的合同，自成立时生效。也就是说，合同的生效原则上是与合同的成立相一致的，合同成立就产生效力。第二，法律、行政法规规定应当办理批准、登记等手续生效的，自批准、登记时生效。我国《城市房地产管理法》第四十条规定转让房地产时，应当按照国务院规定，报有批准权的人民政府审批。依照《划拨土地使用权管理暂行办法》相关规定，《城市房地产管理法》第四十条规定的审批，是批准划拨土地转为出让用地并进而由受让方缴纳土地出让金或者由房屋所有权受让人继续以划

---

① 意思表示一致。

② 李永军，《合同法》，法律出版社 2005 年版，第 240 页。

拨方式使用该房屋所占用的土地。而不是对转让双方所签房屋转让合同或划拨土地使用权转让合同的审批。因此，从《城市房地产管理法》第四十条的规定来看，该法未将批准作为合同生效要件。但是由于合同有效有其自身的要件，如果其自身要件不具备，依然不能对合同进行有效评价。

（五）国有划拨土地上的房屋买卖合同不违反法律、法规的禁止性规定，因此合同有效

国有划拨土地上的房屋转让，不违反法律、法规的禁止性规定，不能认定房屋买卖合同无效。但与前述问题同理，由于合同有效有其自身要件，如果其自身要件不具备，依然不能对合同进行有效评价。

（六）用区分理论解释未经批准的国有划拨土地上的房屋转让系有效合同的问题

首先，国有划拨土地上的房屋转让，如果未经过房地产管理部门批准，会影响国有划拨土地使用权转移。无论从转移后土地性质改变为出让土地，还是由房屋受让人继续使用划拨土地，未经房地产管理部门批准，都会影响土地使用权的转移。这是因为政府相关部门审批，是土地使用权转移的前提。

其次，我国《物权法》第九条规定不动产物权的设立、变更、转让和消灭，经依法登记，发生效力；未经登记，不发生效力。依法属于国家所有的自然资源，所有权可以不登记。该条规定了不动产物权登记生效及例外。与国有划拨土地使用权转让须经审批并非同一概念，审批是国有划拨土地使用权转让的前提，不动产物权登记与否，是物权能否发生变动的效力要件。

第三，我国《物权法》第十五条规定当事人之间订立有关设立、变更、转让和消灭不动产物权的合同，除法律另有规定或者合同另有约定外，自合同成立时生效；未办理物权登记的，不影响合同效力。该条规定为合同效力与物权效力区分原则。从法律规定来看，物权效力与合同效力区分原则并不是指国有划拨土地使用权转移审批与合同效力区分原则。因此，以区分理论解释未经批准的国有划拨土地上的房屋转让为有效合同的观点值得商榷。

从前述分析来看，判断国有划拨土地上的房屋转让合同效力，一方面要

从有效合同生效要件本身来判断，另一方面，虽然判断国有划拨土地上房屋转让合同涉及房地产法特别规定诸多因素，尚不能简单从该因素本身出发，即简单对合同做有效或无效判断，要根据具体情况作出具体分析。

从本文引述案例来看待此类问题。如果认为合同有效，有效合同应当履行，那么即使双方按约履行，也会因政府行政部门未对土地使用权转让审批，致使某公司不能取得国有土地以公信公示登记为表征的物权，为此则合同实现力丧失，其效力必然缺失。如果通过诉讼要求履行合同，则司法公权力可能因为履行合同，从负担行为的有效履行出发，裁判国有土地使用权物权发生变更，由此则会因为没有行政审批，进而导致国有土地出让金或土地收益流失，国家利益受到损害。可见，双方所签转让协议之所以无效，原因在于该转让协议违法，关键在于损害国家利益。因此，该合同不宜做有效判断。

从另一角度讲，未经相关政府行政主管部门审批转让国有划拨土地，亦有导致国有土地流转缺乏相应程序，对公共利益也会造成损害。根据《合同法》第五十二条第四项损害社会公共利益的合同无效的规定，也应当认为双方所签转让划拨土地上的房屋合同无效。

房屋和所占有的土地必须一并转让系法律规定的原则。在此基础上，结合《最高人民法院关于审理涉及国有土地使用权合同纠纷案件适用法律问题的解释》第十一条前半段规定，土地使用权人未经有批准权的人民政府批准，与受让方订立合同转让划拨土地使用的，应当认定合同无效之规定，此类问题结论已十分清楚。偏离司法解释的观点，是造成司法实践中执法乱象，执法不统一的根源之一，应当力求避免。

四、损害国家土地收益立法选择

我国现行法律、法规及司法解释，对损害国家土地收益立法选择，是对该行为效力作否定评价，而不是对合同作有效而履行不能判断。

我国《城镇国有土地使用权出让和转让条例》第四十四条规定，划拨土地使用权，除本条例第四十五条规定的情况外，符合下列条件的，经市、县人民政府土地管理部门和房产管理部门批准，其划拨土地使用权及建筑物，其他附着物所有权可以转让、出租、抵押：（一）土地使用者为公司、企业、其他经济组织和个人；（二）领有国有土地使用证；（三）具有地上建筑物、其他附着物合法的产权证明；（四）依照本条例第二章的规定签订土地使用权出让合同，向当地市、县人民政府补交土地出让金或者以转让、出租、抵押所获效益抵交土地出让金。转让、出租、抵押前款划拨土地使用权的，分别依照本条例第三章、第四章和第五章的规定办理。该条例第四章规定土地使用权出租，应当是国有出让土地。由此可见，国有划拨土地出租，必须办理土地出让手续，保障国家土地出让金的收取。

《合同法》第五十二条第五项规定，违反法律、行政法规强制性规定的合同无效。《合同法》解释（二）第十四条，对"强制性规定"作了限缩解释，即《合同法》第五十二条第（五）项规定的"强制性规定"是指"效力性强制性规定"，排除了纯管理性规定对合同效力的影响。

王利明教授认为，法律、法规虽然没有规定违反该规定将导致合同无效或不成立，但违反该规定若使合同继续有效将损害国家利益和社会公共利益，也应属于效力性规定。[1] 最高人民法院《关于当前形势下审理民商事合同纠纷案件若干问题的指导意见》中规定，人民法院应当综合法律法规的意旨，权衡相互冲突的利益，诸如权益的种类、交易安全以及其所规制的对象等，综合认定强制性规定的类型。如果强制性规范规制的是合同行为本身即只要该合同行为发生即绝对地损害国家利益或者社会公共利益，人民法院应认定无效。国有划拨土地的出租行为，如果不由出租人缴纳土地出让金，即出出租人与承租人签订合同，因为出租人只要遵循出租前的做法正常缴纳土地使用税，国家因双方不进行报批或报备而不能发现该交易行为，该租赁合同必然导致国家土地出让金流失。因此，按照理论通说和最高法院指导意见，如果未经国家相关部门批准及缴纳土地出让金，国有划拨土地出租行为在司法实践中应当认定无效。据此，按照举轻以明重原则，国有划拨土地上的房屋转让亦应当认定无效。

但问题不仅局限于此。我国《城市房地产管理法》第五十六条规定，以

---

[1] 王利明，《合同法新问题研究》，中国社会科学出版社 2003 年版，第 320—322 页。

盈利为目的，房屋所有权人将以划拨方式取得使用权的国有土地上建成的房屋出租的，应当将租金中所含土地收益上缴国家。租赁国有划拨土地上的房屋，租赁合同为有效合同，出租人应把租金中的土地收益上缴国家，国家利益不会因此受到损害。

租赁国有划拨土地和租赁国有划拨土地上的房屋，如果未经政府相关部门审批并缴纳土地出让金，合同分别按无效和有效评判，这并不是法律规定本身发生了冲突，实际是统一于对国家利益的保护。保护国家利益不受损害，是法律价值取向。从《民法通则》第五十八条第四项规定 [①]，到《民法总则》第一百五十四条规定 [②]，均体现了这样的立法价值。或者说《城镇国有土地使用权出让和转让条例》第四十四条、《城市房地产管理法》第五十六条，统一于《民法总则》第一百五十四条，二者并不存在冲突。

从《民法通则》第五十八条第四项、《民法总则》第一百五十四条来看待国有划拨土地上的房屋转让合同，法律对恶意串通损害国家利益的合同作无效评价，规定是十分清楚的。有效各说，虽然都从不同侧面进行了阐释，但没有反映出问题的本质，实践中均不应予以采用。

五、合同效力的表述

我国《合同法》第五十六条前半段规定，无效的合同或者被撤销的合同自始没有法律约束力。合同的效力，又称合同的法律效力，它是指已成立的合同将对当事人乃至第三人产生的法律后果，或者说是法律拘束力。当法律对当事人合意予以肯定性评价时，发生当事人预期的法律后果，即合同的生效；当法律对当事人合意给予全然否定性评价时，则发生合同绝对无效的后果；当法律及给予当事人合意相对否定性评价时，发生合同可撤销或效力未定的法律后果 [③]。

按照有效合同，当国有划拨土地上的房屋转让合同有效时，该合同对当

---

① 恶意串通，损害国家、集体或者第三人利益的民事行为无效。

② 行为人与相对人恶意串通，损害他人合法权益的民事法律行为无效。

③ 陈小君，《合同法学》，中国政法大学出版社 2007 年版，第 49 页。

事人双方以及第三人国家产生法律拘束力,各方均应按合同履行,而国有划拨土地上的房屋转让,应当缴纳土地出让金,否则会对国家利益造成损害。从另一角度讲,恶意串通损害第三人利益的合同,第三人可以申请宣布无效①。因此,国有划拨土地上的房屋转让,对于恶意串通损害国家利益的行为,是通过对合同效力的评价来保护国家利益的。

按照江必新法官的理论,合同效力包括拘束力、确定力与实现力三方面的内容,不同的效力内容,发生效力的时间点并不一定是同时的,效力可逐步"释放",不同的效力内容可以分步产生;即便是同一效力内容,如实现力,若属性不同也可以分步实现②。该理论对合同效力内容进一步归类,依照该合同效力理论,拘束力是对双方当事人产生的效力,而将未缴纳土地出让金导致国家利益受到损害归为该合同不具有实现力,其并不否认对国家为第三人时利益的保护。该理论解决双方当事人意思表示一致合同订立后不履行合同是承担违约责任或缔约过失责任的问题,具有创新和实践意义。但是在现行民事审判执行的法律制度体系下,简单适用该理论,如将合同实现力交由当事人意思自治,即可能造成国家土地出让金利益的流失,在目前情况下也不能有效促进执法统一。因此,应以《民法总则》第一百五十四条原则下的《最高人民法院关于审理涉及国有土地使用权合同纠纷案件适用法律问题解释》第十一条的规定来对合同效力进行表述。

---

① 《合同法》第五十二条第二项规定为,恶意串通损害国家、集体或者第三人利益的合同无效。
② 江必新,《法律行为效力制度的重构》,载《法学》2013 年第 4 期。

相邻采光纠纷的几个问题

案例： 杨某某系朝阳区望京某楼四单元 102 号业主，其于 2001 年 4 月购买所居商品房并办理了入住手续。2003 年 6 月，某开发商在距望京某楼 18.6 米处建设乙楼一座，乙楼建成后对望京某楼部分业主住房采光有一定影响。根据实测，两建筑间距符合《北京市生活居住建筑间距暂行规定》要求，但采光时间不符合相关要求。2005 年 6 月杨某某因相邻采光纠纷起诉至人民法院，要求某开发商赔偿其损失 20 万元。

随着我国经济发展和城市建设进程的加快，人民群众对居住环境的要求越来越高，相邻采光纠纷在城乡不同领域占有一定数量。关于相邻关系，我国《民法通则》第八十三条及《最高人民法院关于贯彻执行〈〈中华人民共和国民法通则若干问题的意见〉〉相关条款作了相应规定。我国《物权法》第七章专门对相邻关系作了规定。对于采光问题，根据《物权法》第八十九条规定，建造建筑物，不得违反国家有关工程建设标准，妨碍相邻建筑物的通讯、采光和日照。法律规范对相邻采光纠纷规定较为笼统，审判实务中，应进一步予以梳理。

一、采光制度和法律界定

从相邻关系制度发端迄今，相邻关系制度已经历了一个漫长的发展过程，其演进的历史轨迹大致为：由私法（民法）的相邻关系，到私法与公法的相邻关系，再到私法、公法、自律法（区分所有权法）相邻关系并存的局面①。

现代社会已经形成了私法、公法及自律法三种相邻关系并存的格局。即对于不动产相邻关系，立法除了私法和公法加以规整外，还以自律法规范相邻关系，三者各有侧重，互为补充、不可或缺。就公法而言，由于建筑物采光问题自然属性和城乡建设规划息息相关，其本身的界定和判断往往和行政审批、行政许可相连，因此，建筑物采光问题通常受到行政法律法规规范调整。就自律法而言，随着区分所有权建筑物的增多，还要依据关于区分所有权建筑物的法律法规，由区分所有权人、业主大会、业主委员会等团体，通过制定管理规约来调整区分所有权人之间的相邻权利义务关系。但是，采光问题就其实质而言，应当属于一种民事法律关系②。2011年2月18日，最高人民法院发布的《民事案件案由规定》相邻关系纠纷三级案由项下规定了相邻用水、排水纠纷，相邻通行纠纷，相邻土地、建筑物利用关系纠纷，相邻通风纠纷，相邻采光、日照纠纷，相邻污染侵害纠纷，相邻损害防免关系纠纷七个案由，其中明确规定了相邻采光、日照纠纷案由，这表明，相邻关系问题虽为私法、公法及自律法调整，但相邻间的权利义务关系，本质上应属于民事法律关系。

薛姣在《论所有权的限制》一书中，列举了法律制度层面对所有权限制的多种情形③。其中讲到物理范围限制为，世界各国的法律对土地所有权垂直范围和邻接不动产所有权间的水平范围都有所规定，所有人必须在认可的合理范围内拥有权利而非"上至天宇，下至地心"地无限扩展，这样的物理层面的限制除了体现国家完善和明确土地所有权使用范围之外，更体现出社会发展中社会公共利益之需求。在相邻关系方面限制为，相邻关系制度的设计初衷就是基于共同理想来限制不动产所有权的行使，故而相邻关系中比邻而居之人必须相互体谅、相互容忍，总的目标是有利于生产生活。在建筑物区分所有权方面限制为，根据《物权法》的相关规定，业主行使权利不得危及建筑物安全，不得损害其他业主的合法权益，不得放弃权利以不履行义务，

---

① 梁慧星，《物权法研究》，法律出版社2007年版，第428页。

② 靳起、盛蔚，《审理相邻采光纠纷案件问题研究》，载于《北京审判》2009年第5期，第21页。

③ 薛姣，《论所有权的限制》，中国政法大学出版社2017年版，第73—77页。

不得违反法律法规及管理规约改变住宅性质等等。

相邻关系中比邻而居之人应相互体谅、相互容忍。之所以要相互体谅、相互容忍，是因为相邻近的不动产所有人或利用人之间，一方所有人或利用人的支配力与他方的所有人或利用人的排他力相互冲突①。实际是一方所有人或占有人与另一方所有人或占有人之间存在利益冲突。因此，一方所有人或利用人要承担容忍义务。

所有诉讼请求，都有其权利请求的基础，基础规范是法院审理案件的基本依据，只有确定了基础规范，才能识别出该基础规范的构成要件，并以此为基础解决一系列审理中涉及的主要问题②。由此看来，解决好相邻关系问题，应当从基础规范入手，对基础规范构成要件进行分析。逆向分析，依规范对案件正确把握，是解决好相邻关系问题的基础。

相邻权，是指两个或两个以上毗邻的不动产所有人或使用人之间，一方行使所有权或使用权时，享有要求另一方提供便利或接受限制的权利。相邻权是从权利的角度考虑的。如果从相邻的不动产所有人和使用人的关系来看，相邻权也可以称为相邻关系③。我国《侵权责任法》并未规定相邻权④，而将相邻关系规定在《物权法》中。

《物权法》第七章用了九个条款对相邻关系问题进行了规定，前述涉及的采光纠纷为第八十九条，其内容为建造建筑物，不得违反国家有关工程建设标准，妨碍相邻建筑物的通风、采光和日照。

一般侵权构成要件包括损害事实、行为过错、行为人的行为过错与损害结果之间的因果关系（本文采纳王利明教授侵权责任的构成三要件说）。相邻关系中的采光问题与一般侵权责任构成要件原理一致，但也具有特殊性。

---

① 史尚宽，《物权法论》，中国政法大学出版社 2000 年版，第 79 页。

② 邹碧华，《案件审判九步法》，法律出版社 2010 年版，第 72—75 页。

③ 王利明，《物权法论》，中国政法大学出版社 1998 年版，第 41 页。

④ 我国《侵权责任法》第二条规定，侵害民事权益，应当依照本法承担侵权责任。本法所称的民事权益，包括生命权、健康权、姓名权、名誉权、荣誉权、肖像权、隐私权、婚姻自主权、监护权、所有权、用益物权、担保物权、著作权、专利权、商标专用权、发现权、股权、继承权等人身财产权益。

与一般侵权有所不同的是，妨碍①物权是物权的圆满状态受到侵害或有受到侵害的危险，物权人有请求义务人为一定行为或不为一定行为的权利。物权的不圆满不是对自由主义绝对财产权的否定，自由主义绝对财产权观念认为私人财产权是一种一般性、全面性的权利，是独立于其社会和环境网络的存在，其本身不包括对占有、使用、处分等方面的限制，是一种观念而不是一种权利类型②。物权的不圆满是指所有权项下的占有、使用、收益、处分的权能受到了侵害，而物本身并未实际受到毁损。在形态上表现为妨碍所有权的行使，或者有妨碍所有权行使的危险。

建筑物建造应当符合设计规划。我国《城乡规划法》第二条第一款规定，制定和实施城乡规划，在规划区内进行建设活动，必须遵守本法。根据《城乡规划法》规定，没有取得建设工程规划许可证或者违反工程规划许可证的规定建设的建筑，或者是采取欺骗手段骗取批准而新建、扩建或改建的建筑属于违法建设。实务中一般考虑以下几种情形：没有申请或者申请未获得批准，没有取得建设用地规划许可证和建设工程规划许可证而建成的建筑，或者虽然取得建设工程规划许可证，但未按照批准的范围、使用性质建成的建筑，或擅自将临时建筑建设为永久性的建筑。在行为过错方面，相邻采光纠纷于审判实务中存在不同观点，一种观点认为，判断是否对他人采光权利构成侵害，主要以现执行的法律规定中的指标作为判断依据，即只要符合该规定的采光标准，就不应认定存在损害③。除前述采光标准相关规定外，国家和全国部分地区也有细化标准，如我国《民用建筑设计通则》《北京市生活居住建筑间距暂行规定》等。此种标准具体操作性强，易于讲明道理。但是，由于不同建筑坐落区域不同，建筑时间不同，建筑所在地形、地貌和周围环境千差万别，依据简单标准处理相邻采光纠纷案件尚不能达到完好的社会效果。因此，另一种观点认为，新建筑虽然符合现行规定指标，但根据客观结果，新建筑完成后对原建筑产生一定影响的，导致原建筑日照时间缩短的也应认

---

① 根据《物权法》第八十九条规定"侵害行为妨碍"。
② 薛娇，《论所有权的限制》，中国政法大学出版2017年版，第30—32页。
③ 靳起、盛蔚，《审理相邻采光纠纷案件问题研究》，载于《北京审判》2009年第5期，第24页。

为存在损害①。此种观点虽然对当事人权益保护有利，但是缺乏量化标准，不好把握，通常有冒进之虞。

民事主体对建筑物采光要求和感受不尽相同，简单标准存在过泛过死之不足，对人的生存和发展的权利缺乏更高标准的尊重，应当以生态文明为目标，在法律层面予以研究探索。

建筑物所有权人、使用人的容忍义务有一定限度，超出限度则构成了对建筑物所有权人、使用人的妨碍。建筑物所有权人、使用人被妨碍的程度，应当用采光时间差距来衡量。在此情况下，首先涉及建筑规划、建筑间距标准和采光时间指标的关系问题。

我国《城市规划法》第二条第二款规定，本法所称城乡规划，包括城镇体系规划、城市规划、镇规划、乡规划和村庄规划。城市规划、镇规划分为总体规划和详细性规划。详细性规划分为控制详细规划和修建性详细规划。建筑物建造应当符合设计规划，即指应符合修建性详细规划，并取得建设工程规划许可证。

我国《民用建筑设计通则》总则中规定，为保证建筑符合适用、安全、卫生等基本要求，特制定本通则作为各类民用建筑设计必须遵守的共同规则。设计通则主要规定了建设设计上，明确所有权人、建筑和环境的相关关系，未有对建筑所有权人、使用人对相邻采光问题作出的相应规定。

国家部分地区也有生活居住建筑间距规定，其中多见为保障生活居住建筑有良好的日照卫生环境和方便的生活条件，合理利用土地，对建筑间距作出的规定，且该类规定中常包含对采光时间作出的要求。

处理相邻采光纠纷应从是否超出建筑物所有权人、使用人容忍义务，即建筑物所有权人、使用人是否受到妨碍来判断。不管是建筑物是否符合修建性详细规划，还是建筑物是否符合设计要求，均是他人建筑是否合法合规问题，均未从民事主体对建筑物采光要求和感受出发，未完全符合人的生存和发展的权利要求。即使是符合生活居住建设间距的规定，也未直接与容忍义务相链接。只有从是否达到采光时间标准来衡量，才是相邻采光问题的意旨

① 靳起、盛蔚，《审理相邻采光纠纷案件问题研究》，载于《北京审判》2009年第5期，第24页。

所在。当然，正如前文所述，我国国土面积广大，各方面情况十分复杂，尤其是纵跨各地区纬度很大，采光时间标准统一要求难度很大，但即使这样，也应以此为基础，参照采光时间标准进行判断。唯有如此，才知是否超出建筑物所有权人、使用人容忍义务限度。

梁慧星教授讲，采光（日照）妨害尺度如何判断，应以采光（日照）纠纷的地域性、被害的程度、土地利用的前后关系及损害日照的可能性等情势作为判断依据。并且建议，所谓被害程度，指受害时间的长短。按照现代日本等国的裁判实务，以冬至当天受害方至少应享有四小时的日照时间作为标准，如果不足四小时即应构成采光（日照）妨害[①]。我国幅员辽阔，是否采用四小时标准应再行研究，而以采光（日照）时间为标准进行判断，应在现行《物权法》条文基础上作为审判实务判断之依据。

由此看篇首所给案例，某开发商在后建筑乙楼一座，其虽然符合规划和建筑间距标准，但乙楼建成后，致望京某楼杨某某等业主采光时间不符合相应标准，应认定某开发商建筑乙楼使杨某某的采光权利缺失，即构成妨碍。我国法律未规定采光权利为物权，因此，在表述上不宜认定某开发商侵害了杨某某采光权，而可以表述为某开发商侵害了杨某某采光权利。

建筑物的所有权人、使用人和他人建筑物的先后利用关系。如受害方利用不动产在前，而加害方利用不动产在后，基于"既得权不可侵"的原则，日照妨害可以成立。反之，加害方利用不动产在前，而受害方利用不动产在后，则日照妨害不能成立[②]，此种情况下，系受害方甘愿到侵害中来，不能认定新建筑物对原建筑物所有权人、使用人构成了侵害。

二、违法建设及其他

根据《城乡规划法》，未取得建设工程规划许可证或者未按照建设工程规划许可证的规划进行建设的，由县级以上地方人民政府对城乡主管部门责令

---

① 梁慧星，《中国物权法草案建议稿》，社会科学文献出版社2000年版，第36页。

② 同上。

停止建设。由此可见在国有土地上或集体土地上，未取得建设工程规划许可证或者未按照建设工程规划许可证的规划进行的建设的建筑物、构筑物即为违法建设。

涉及违法建设的相邻采光纠纷可以分为四类。一是先有合法建设后有违法建设，违法建设对合法建设采光权利构成侵害；二是先有违法建设，后有合法建设，合法建设对违法建设采光权利构成侵害；三是后建的违法建设对先建的违法建设的采光权利构成侵害；四是后建的违法建设被先建的违法建设侵害了采光权利。

如前述，就相邻关系的概念而言，是两个相邻的不动产所有人或使用人在不动产利用过程中，因相互的给予或接受限制而发生的权利义务关系。不动产所有人所拥有的不动产或使用人所占有的不动产基于合法建设拥有的权利才能得到保护，因此，所谓相邻关系是指合法的相邻的不动产所有人或者使用人，在不动产利用过程中，因相互间给予或接受限制而发生的权利义务关系。

先有合法建设后有违法建设，违法建设致合法建设采光时间未达到相应标准，则构成了对合法建设所有权人、使用人权利的损害。此种情形下，权利人要恢复物权的圆满状态，一是可以根据《物权法》相邻关系的规定，请求承担相应排除妨害的民事责任，二是可以申请政府建设行政主管部门通过行政执法拆除违法建设。

先有违法建设，后有合法建设，即使违法建设使用权人未达到日照时间标准，从行为的违法性来看，此要件不能成立，因此不能认为构成妨碍。但是在政府建设行政主管部门未通过行政执法拆除违法建设前，违法建设的使用权人可以与合法建设所有权人或使用权人通过协商的方式，由合法建设所有权人或使用权人对违法建设使用权人进行补偿，以达到方便生活的目的，不应在禁止之列。

后建的违法建设对先建的违法建设的采光进行了侵害，从诉讼案件受理来看，人民法院没有法律依据对先建的违法建设使用权人予以保护。但是，我国建筑建设体系十分复杂，未取得规划手续的建筑物大量存在，如果只对合法建设所有权人与使用权人的权利义务进行保护，则违法建设使用权人之间的矛盾纠纷缺乏权威机构处理，由此势必影响客观依赖此类建筑本身安身立命者的生活居住利益。对此，笔者认为可按以下三个层次进行处理。第一个层次是依据习惯处理，我国人口众多，不同地域的居住情况也不尽相同，同一地域的居住情况也不尽相同，在共同生活中，建筑物的使用权人逐渐形成许多居住习惯。法律和习惯为我国民法的法源。我国《民法总则》第十条规定，处理民事纠纷，应当依照法律，法律没有规定的，可以适用习惯，但不得违背公序良俗。就违法建设的采光而言，法律没有相应规定的，可以选择相应的习惯作为规范予以调整。但与公序良俗相冲突的习惯除外。第二个层次是违法建设使用权人之间可以协商解决。我国《民法总则》第七条规定，民事主体从事民事活动，应当遵循诚信原则，秉持诚实，恪守承诺。客观上违法建设如果系使用权人生活居住所必须，采光也就成为生活居住不可分割的内容。阳光、空气和水对于生命，为不能或缺的物质条件，其不因建筑物的违法性而予以排除。人民法院受理案件后，也应依据诚实信用原则保障相邻双方最低限度的采光需求，其具体标准可以参照合法建设采光标准处理。第三个层次是由违法建设的使用权人进行协商，双方协商的结果不得损害公共利益及他人合法权益，即可以得到认可。

后建的违法建设被先建的违法建设影响采光，属于后建的违法建设使用权人自愿到受侵害之中，后建的违法建设使用权人没有受保护的依据。但是，如果后建的违法建设使用权人在建筑物建造之时与先建的违法建设使用权人经协商达成了协议，应受到保护。

关于建筑物区分所有权情形下的采光纠纷问题。我国《物权法》第六章专门规定了业主的建筑物区分所有权。业主对建筑物内的住宅、经营性用房等主体部分享有所有权，对专有部分以外的共有部分享有共有和共同管理的权利。业主对建筑物的区分所有权指由区分所有建筑物专有部分所构成的所有权，区分所有权不包括共有部分。在《物权法》颁布实施前，审判实务中较少涉及建筑物区分所有权问题。随着我国住房制度改革和高层建筑物的大量出现，相继一些行政法规和部分部门规章对此类问题作出了一些原则性规定，但在实践中，仅依据传统的共有关系和相邻关系理论解决同一建筑物内不同所有者之间复杂多样的纠纷，理论体系和制度明显不足，建筑物区分所有权制度所体现的价值和重要意义逐步被民法学界和立法、司法实践所认可，故在《物权法》中设专章 14 个条文予以规范[①]。

由于建筑物区分所有权界定的是同一建筑物本身不同所有者之间的权利，业主对其专有部分之间相邻采光权利的争议不能认定为采光权利受到侵害。采光纠纷系指不同建筑物所有权人、使用人之间因采光问题发生的争议，而同一建筑物内部专有部分所有权人、使用人之间对建筑物是区分所有和共同所有关系。对于共同所有部分，亦不存在相邻采光权利受到损害问题。如果各专有部分所有权人、使用人为采光问题发生纠纷，其可以通过协商方式解决，但解决方法不得改变建筑物专有部分、共有部分，以及其相互之间的原有建筑结构和分界，即不能对经建筑规划的建筑物本身进行改变。

基于共有所有权、共有持有权（包括基地持分权），各专有部分所有人享有成员权。所谓区分所有人之间因共同关系所产生的成员权，实际上也并不是身份法上的权利，而仍然是基于共有关系所产生的作为共有人的资格。此种共有资格不过是共有关系的组成部分，如共同管理财产、维护财产安全、共同承担因财产造成他人损害的赔偿责任，本身就是共有关系的内容，各共有人所享有的是财产上的权利和义务，并不涉及身份法上的问题。

由于相邻建筑物对区分所有建筑物采光权利造成损害，区分所有权人可以依据成员权，要求业主委员会主张权利。成员权的主要内容是：有权参加业主代表大会并表决，有权请求召集会议，有权参与认定管理规约，以规范和管理各区分所有权人之间的互动关系，有权选举业主委员会会员。也就是说，各区分所有权人之间的团体关系通过业主大会、业主委员会、管理规约充分地表现出来。在审判实务中，建筑物共有部分的具体范围，有三种重要分类，即（1）法定共用部分和约定共用部分的分类；（2）全体所有共用部分和部分所有共用部分的分类；（3）约定专用部分和约定共用部分或者说共同使用权和专有使用权的分类[②]。既然存在全体所有共用部分和部分所有共用部

① 最高人民法院物权法研究小组，《〈中华人民共和国物权法〉条文理解与适用》，人民法院出版社 2007 年版，第 223 页。
② 最高人民法院研究组，《〈中华人民共和国物权法〉条文解释与适用》，人民法院出版社 2007 年版，第 226 页。

分，当相邻建筑物损害区分所有建筑物采光权利时，涉及全体所有共用部分，业主可以行使成员权，通过业主委员会来主张权利。这既是实体权利的基础，也是程序权利的资格。当相邻建筑物损害区分所有建筑物采光权利涉及部分所有共用部分时，部分业主可以基于该共用部分的共有权来主张权利。部分所有共用部分的共有权与全体所有共用部分的共有权不能分为两个共有权，实是一个共有权之局部。部分所有共用部分的共用权采光权利受到损害时，由该共用部分的业主共同来主张权利。

审判实务中，出现过的眺望权、生活安宁权等诉讼并非真正的侵权之诉，因为这些所谓的权利并无充足的法律依据。有观点认为，如果提起侵权之诉，权利人必须证明侵权行为的构成要件同时具备（加害行为、损害后果，因果关系和过错）才能要求对方承担责任。而在相邻关系诉讼中，只要证明有在妨害的状态甚至妨害的危险即可，一般不需要证明对方存在过错，也不需要有现实的后果[①]。笔者认为，法律未规定相邻权，而规定了相邻关系，有利生产、方便生活、团结互助、公平合理是处理相邻关系四原则，意味着建筑物所有权人或使用人因建筑物的占有使用应当遵循上述原则。相邻关系虽然是规定的人与人之间的关系，但是人与人之间的关系是通过对建筑物的所有权、占有使用来体现的，从一方权利保护来看，应分析权利受到损害的构成要件，也即是判断所有权不圆满的程度，以及因何未能圆满，从而以容忍义务为标准，具体保护所有权人的权利。在相邻采光纠纷中，不是对侵权构成要件的排除，而是相邻关系涉及两个相邻建筑物的所有权，讲侵权会对其中某个所有权不公平。因此，对采光纠纷予以处理，对眺望权及生活安宁权不予处理，系因法律未对这样的权利予以规定。

不动产与动产的一个重大区别就是，不动产必然以一定环境为依托，并且与一定环境形成比较稳定的联系，从某种意义上讲，不动产的环境已经成为不动产的一部分。对不动产环境的改变必然影响到该不动产的使用价值和交换价值，反映到法律上，就是影响到该不动产权利人的使用权现实状态和

---

① 张柳青，《物权法审判实务疑难精解》，中国法制出版2007年版，第194页。

交换收益权实现状态 ①。眺望权的本质是不动产权利人针对建筑物是不动产，对建筑物周围环境的权利，这种权利的行使要求周围环境不能作出不利于其眺望的变动，如果是毗邻的不动产作出了不利于眺望的变动，则属于相邻关系范畴。但是，不动产彼此之间互为环境，如果保护眺望权，从宏观上看就是限制一切变动，彼此牵制发展 ②。由于作为不动产的建筑物权利人眺望权实现状态，不会影响建筑物权利人对不动产功能的实现，即权利人本身建筑所有权圆满状态的改变，因此法律并未在相邻关系规定中对眺望问题进行保护。

三、补偿问题

相邻采光纠纷采光侵害请求权来源于容忍义务，或者是行为人的行为超越了所有权人的容忍义务，或者是所有权人对其容忍义务范围内的行为未予容忍。其与侵权损害赔偿制度在功能上和方式上都有所不同。相邻关系的容忍义务强调对合理损害的容忍，如当特定情形下权利容忍之损害超越了合理限度，而此种容忍又是社会生活之必需，则容忍义务人应获得相应的合理补偿。相邻关系规则中的补偿金和侵权损害赔偿都是某种强制的损害分配机制，但相邻关系补偿金是以容忍义务为基础的，其注重的是补偿，而侵权损害赔偿注重的是分配，其是以某种特定的法定义务违法为前提的。因此，相邻关系补偿金是一种特定的物权负担 ③。

法律之所以要求相邻关系中违反容忍义务或超越容忍义务的行为人向对方当事人支付一定的补偿金，是由于对方做出了私法上的牺牲。但是法律并没有清晰规定补偿金的原则和标准。此种情形下要从法经济学原则出发、从交易成本最少的角度出发，以促进社会财富的极大化。基于采光权利是所有权或使用的附属性物权权利，在效率同等的情况下，优先适用的财产法则是恢复原状 ④。如果不能采用恢复原状的方式承担民事责任，则考虑用补偿法则

---

① 毛天鹏，《眺望权探讨》，《北京审判》2005 年第 8 期，第 41 页。

② 同上。

③ 靳起、盛蔚，《审理相邻采光纠纷案件问题研究》，《北京审判》2009 年第 5 期，第 25 页。

④ 同上。

来承担。补偿标准既要考虑使用价值的贬损，也要考虑交换人价值的贬损。即使原则如此，在审判实务中，由于缺乏具体标准，所见生效判决裁判的数额不尽相同，有几千元至几十万元不等。正如相邻采光纠纷中，确认所有权或者占有、使用权利处于不圆满状态时，认定合理采光时间标准有所不同一样，不同案件可以存在差异。但裁判标准应视不同地域的具体情况依照原则规定，以防止法官仅凭自由裁量权处理个案而超出合理范围。在前述补偿中，由于相邻采光纠纷，所有权人或使用权人并非直接的人身权利受到损害，精神损害补偿应当慎用。

房屋买卖合同纠纷若干实务问题分析

一、商品房买卖合同效力问题

什么是商品房买卖合同？根据《最高人民法院关于审理商品房买卖合同纠纷案件适用法律若干问题的解释》第一条规定，本解释所称的商品房买卖合同，是指房地产开发企业将尚未建成或者已竣工的房屋向社会销售并转移房屋所有权于买受人，买受人支付价款的合同。从司法解释规定来看，商品房包括尚未竣工的房屋和已竣工的房屋。建设部《商品房销售管理办法》于2001年6月1日施行，其第三条规定，商品房销售包括商品房现售和商品房预售。与司法解释结合起来理解，尚未建成的房屋销售属商品房预售，已竣工的房屋销售属商品房现售。

厘清商品房预售和现售的概念，有利于区分商品房预售和商品房现售的法律关系。按照《商品房销售管理办法》规定，本办法所称商品房现售，是指房地产开发企业将竣工验收合格的商品房，出售给买受人，由买受人支付房价款的行为；本办法所称商品房预售，是指房地产开发企业将还在建设中的商品房预先出售给买受人，并由买受人支付定金或者房价款的行为。建设部《城市商品房预售管理办法》（1994年11月15日发布，2004年7月20日第二次修正）对商品房预售进行了再次强调，其第三条规定："本办法所称商品房预售是指房地产开发经营企业将正在建设中的房屋预先出售给承购人，由承购人支付定金或价款的行为。"在商品房预售概念上，其与《商品房销售管理办法》保持一致。以此来看，商品房现售，是指对已竣工验收合格的房屋进行销售。

已竣工的房屋，还是竣工验收合格的房屋，哪一个是区分商品房预售或商品房现售的标志？需要做进一步分析。根据我国《城市房地产管理法》的规定，房屋是指土地上的房屋等建筑物和构筑物。我国《建筑法》第六十一条规定："交付竣工验收的建筑工程，必须符合规定的建筑工程质量标准，有完整的工程技术经济资料和经签署的工程保修书，并具备国家规定的其他竣工条件。"这说明，房屋建设工程首先要建设完工，即竣工，才能进行竣工验收。我国《城乡规划法》第四十五条规定："县级以上地方人民政府城乡规划主管部门按照国务院规定对建设工程是否符合规划条件予以核实。未经核实或者经核实不符合规划条件的，建设单位不得组织竣工验收。建设单位应当在竣工验收后六个月内向城乡规划主管部门报送有关竣工验收资料。"这也说明，只有建设完工，即竣工，才能进行规划验收。《物权法》第三十条规定："因合法建造、拆除房屋等事实行为设立或消灭物权的，自事实行为成就时发生效力。"可见，房屋要经过建造施工，达到完工即竣工，才能成为物。当建造事实行为成就时，承包人依照《建设工程承包合同》履行建造义务，即建造工程竣工时，物权即已设定。

建设部《商品房预售管理办法》和《商品房销售管理办法》对房屋预售和销售分别作出了规定。商品房预售应该符合以下条件：1. 已交付全部土地使用权出让金，取得土地使用权证书；2. 持有建设工程规划许可证；3. 按提供预售的商品房计算，投入开发建设的资金达到工程建设总投资的25%以上，并已经确定施工进度和竣工交付日期。商品房销售应当符合以下条件：1. 现售商品房的房地产开发企业应当具有企业法人营业执照和房地产开发企业资质证书；2. 取得土地使用权证书或者使用土地批准文件；3. 持有建设工程规划许可证和施工许可证；4. 已通过竣工验收；5. 拆迁安置已落实；6. 供水、供电、供热、燃气、通信等配套基础设施具备交付使用条件，其他配套基础设施和公共设施具备交付使用条件或者已确定施工进度和交付日期；7. 物业管理方案已落实。以上预售和现售各自要求具备一定条件；但具备条件，是可不可以销售的问题。政府行政管理部门在房屋具备什么样的条件才允许销售，是通过行政管理引导市场有序发展而不是作为销售的房屋是否建造完成的问题。所以，应当按照最高法院司法解释，以竣工为标志划分商品房预售和商品现房销售，并以此分别对合同效力进行分析。

按照建设部《商品房预售管理办法》规定，商品房预售应当办理预售许可证。《最高人民法院关于审理商品房买卖及合同纠纷案件适用法律若干问题的解释》第二条规定："出卖人未取得商品房预售许可证的，与买受人订立的商品房预售合同，应当认定无效，但在起诉前取得商品房预售许可证明的，可以认定有效。"对该条理解，实务中主要有两种观点：

第一种观点认为，《城市房地产管理法》是一部具有很强行政管理色彩的法律。该法规定商品房预售实行许可证制度，是行政许可制度，只要出卖人持有预售许可证明，即满足了法律规定的前提条件，其与买受人签订的预售合同即为有效。

另一种观点认为，《城市房地产管理法》是一部综合性的法律。它规定了房地产开发用地、房地产开发、房地产交易、房地产管理等诸多内容，不能简单视为行政管理法，也属于一部民事基本法。该法第四十五条①规定的四个条件是商品房预售行为（民事行为）必须同时具备的法定要件，是并列的条件，缺一不可。否则，开发商未取得土地使用权证书和工程规划许可证，房屋即使能够交付，购房人也不能取得房产证，不能实现买卖合同的目的，对购房人是一个极大的损害。因此，预售合同应认定为无效②。

从司法解释来看，最高人民法院认为预售房屋颁发许可证是一种行政许可行为。此种意见认为，我国商品房预售实行许可证制度，是一种行政许可行为。从该法规定的商品房预售条件看，都是反映开发企业与行政管理部门之间的关系问题。开发商获得预售许可证，是其必须履行的行政法上强制规范的义务。国家建设行政主管部门颁发预售许可证，应当对其行政行为的

---

① 《城市房地产管理法》第四十五条第一款规定："商品房预售应当符合下列条件：（一）已交付全部土地使用权出让金，取得土地使用权证书；（二）持有建设工程规划许可证；（三）按提供预售的商品房计算，投入开发建设的资金达到工程建设的百分之二十五以上，并已经确定施工进度和竣工交付日期；（四）向县级以上人民政府房产管理部门办理预售登记，取得商品房预售许可证明。"

② 最高人民法院民事审判第一庭，《最高人民法院关于审理商品房买卖合同纠纷案件司法解释的理解与适用》，人民法院出版社2015年版，第30—31页。

合法性负责，并对开发商提供的申请进行实质性审查，形成实质上的权利瑕疵责任担保。一旦行政行为违法或不当，造成购房人的损失，应当由行政法律关系调整。不能要求购房人承担过多的本来应当由行政机关承担的审查义务①。

然而从预售为民事行为角度分析并非没有道理。第一，开发商投入建设资金，按照预售的商品房计算，已经达到了工程建设总投资 25% 以上，并且已经确定了施工建设和竣工交付日期，这是取得预售许可证的要件之一。法律规定该条件的目的是抑制开发商的投机行为，保护预购人的利益。从此节来看，商品房预售实行许可证制度确有必要。但是，即使开发商具备该条件也仅能为取得预售许可证的必要条件。如果开发商在经营上出现问题导致不能按约定交房，预购人的利益还应当自开发商处得到平衡，以行政行为承担瑕疵担保责任来平衡双方利益，并非万全办法。

商品房预售的第二个要件是交付全部土地出让金。按照法律规定，开发商为土地使用权必须向国家也就是土地所有者支付对价。从这点来看，土地使用权的取得，既是对购房者利益的保护，也是对国家利益的保护。从对国家利益保护的角度来看，是民事行为有效的必要条件。

商品房预售许可证取得的第三个要件是取得建设工程规划许可证和施工许可证。建设工程规划许可、施工许可，保护了城镇的生态环境、交通通信、公共安全等经济生活的要求。没有规划许可属非法建设，其结果可能被强制拆除。没有施工许可，建筑物安全得不到保障。所以规划许可和施工许可的取得，既是对预购人利益的保护，也是对公共利益的保护。从对公共利益保护的角度来看，也是民事行为有效无效的必要条件。

因此，应当说，商品房预售实行许可证制度，保证了行政机关对开发商的申请进行实质审查。如果行政机关颁发了预售许可证，则预售合同有效；但如果未经行政机关审查，人民法院亦应当对预售房屋实质要件进行审查，由此对合同效力进行判断。实务中，传统观点倾向于民事行为要件说。司法

---

① 最高人民法院民事审判第一庭，《最高人民法院关于审理商品房买卖合同纠纷案件司法解释的理解与适用》，人民法院出版社 2015 年版，第 31 页。

案例中，亦可见开发商未取得商品房预售许可证而签订合同，当房屋价格上涨时以合同无效毁约，客观上对不诚信行为制裁不力的情形。但是，作为司法裁判统一的依据，司法解释文义清楚，在未废止之前，还应当依解释统一裁判思路。对诸如开发商为取得房屋预售许可证，在房价上涨时以无效毁约者，当作进一步解释，即其违反诚信原则，对其主张无效不予支持。

《商品房销售管理办法》对现房销售规定了七个要件。其中，现售商品房的房地产开发企业应当具有企业法人营业执照和房地产开发企业资质证书的要件，属于房地产法上的管理性规范；供水、供电、供热、燃气、通信设施具备交付使用条件，其他配套基础设施和公共设施具备交付使用条件或者已经确定施工进度和交付日期，物业管理方已经落实，是交付要件问题，仅涉及双方利益，双方可以商定；拆迁安置虽被要求在商品房买卖合同签订前进行落实，但仅是开发商一方的责任，与商品房购房合同效力无关。取得土地使用权证书或者使用土地批准文件和建设工程规划许可证、施工许可证，这两个要件不具备可以导致商品房销售合同无效。在房屋竣工后，应该分析竣工验收要件是否具备。竣工验收要件，实际包含着两个层面：一个是规划验收，另一个是包括消防验收等在内的四方验收。从规划验收来看，如果开发商建造房屋过程中不符合建设规划，使建造的房屋可能成为违法建设。但规划验收与建设工程许可不同，不应成为要件，它是对是否符合建设工程规划的检验。如没有对建设工程规划验收，只要事实上建造符合规划，房屋即已成为物，权利人即可拥有事实物权。符合规划只是办理房屋登记的要件，没有施工许可也可能存在安全隐患。竣工房屋是否达到工程质量要求标准，是不是具备安全性，属于房屋买卖双方的利益。如果工程质量存在问题，对买房人构成安全隐患，属于合同是否能够履行问题，是合同履行中瑕疵给付的问题。所以，四方验收是否合格，不会影响合同效力。因此，商品房现房销售，应当审查工程竣工，即房屋建造完成前应办理的土地使用权证书或者使用土地的批准文件，以及建设工程规划许可证、施工许可证，这些要件不具备，将导致商品房买卖合同无效。

房屋尚未规划验收，或者尚未四方验收、消防验收，不导致合同无效，而是有效合同的不能履行。区分房屋预售和现售，即将商品房预售和商品房现售作为两个法律关系来看待，要考量的合同生效要件有所不同。正是不同阶段合同效力的区别，使得不同阶段的购房者注意义务有所区别，所受法律保护更趋合理。

案例：某镇政府与其下辖某村合作，在某村集体土地上建成住宅楼3栋，1号楼2号楼由村民自住，3号楼对外进行销售。3栋住宅楼边建边进行申报手续，其中用地规划手续于竣工后2014年办理完成，土地在征收为国有土地后于2015年缴齐土地出让金，建设规划也于2015年办理完成。3号楼由于多盖两层，至今未取得建设规划验收手续。由于未能办理房产证，3号楼业主对所欠付的购房款拒绝交付。某镇政府和某村起诉3号楼业主，要求确认其与业主所签买卖合同无效。

本案系某镇政府在2014年房屋建设竣工后对外出售，属于现房销售。房屋建设手续虽然在房屋建设过程中陆续办理，但用地规划许可、建设规划许可均已办理完成，土地也经征收、出让，缴齐土地出让金，多盖了两层是没有建设规划，属违法建设。对于符合建设规划部分，买卖合同有效；对于违法建设部分，买卖合同无效。

二、设有抵押的房屋买卖合同效力问题

（一）立法演进

就此问题，我国立法经历了一个从严格限制到逐渐放宽的演变过程。

1988年4月2日，《最高人民法院关于贯彻执行〈民法通则〉若干问题的意见》第115条规定："抵押物如由抵押人自己占有并负责保管，在抵押期间，非经债权人同意，抵押人将同一抵押物转让他人，或就抵押物价值已设置抵押部分再作抵押的，其行为无效。"

1995年10月1日实施的《中华人民共和国担保法》第四十九条规定："抵押期间，抵押人转让已办理登记的抵押物的，应当通知抵押权人并告知受

让人转让物已经抵押的情况；抵押人未通知抵押权人或者未告知受让人的，转让行为无效。"

2000 年 12 月 13 日，《最高人民法院关于适用〈中华人民共和国担保法〉若干问题的解释》第六十七条规定："抵押权存续期间，抵押人转让抵押物未通知抵押权人或者未告知受让人的，如果抵押物已经登记的，抵押权人仍可以行使抵押权；取得抵押物所有权的受让人，可以代替债务人清偿其全部债务，使抵押权消灭。受让人清偿债务后可以向抵押人追偿。如果抵押物未经登记的，抵押权不得对抗受让人，因此给抵押权人造成损失的，由抵押人承担赔偿责任。"至此，在房屋买卖合同纠纷中，买卖双方所签合同不因为抵押权的存在而被确认无效，但是抵押权人仍可行使抵押权。而受让人要取得房屋所有权，必须代替出让人清偿债务。对于清偿债务的费用，受让人可以向出让人追偿。

2007 年颁布实施的我国《物权法》第一百九十一条规定："抵押期间，抵押人经抵押权人同意转让抵押财产的，应当将转让所得的价款向抵押权人提前清偿债务或者提存。转让的价款超过债权数额的部分归抵押人所有，不足部分由债务人清偿。抵押期间，抵押人未经抵押权人同意，不得转让抵押财产，但受让人代为清偿债务消灭抵押权的除外。"《物权法》的规定较以前的法律规定更趋明确合理。首先抵押人要经抵押权人同意才能转让抵押财产，因为在抵押权存在的情况下，买卖房屋过户涉及抵押权解除，而且抵押人要提前清偿债务，也涉及抵押权人与抵押人之间的债务履行。在抵押期间，受让人也可以代抵押人清偿债务，涤除抵押权，以取得买卖房屋所有权。

2010 年，北京市高级人民法院就此出具指导意见。《北京市高级人民法院关于审理房屋买卖合同纠纷案件适用法律若干问题的指导意见（试行）》第八条为："房屋抵押权存续期间，出卖人（抵押人）未经抵押权人同意转让抵押房屋的，不影响房屋买卖合同效力。出卖人在合同约定的履行期限届满未履行消灭抵押权的义务，致使买受人无法办理房屋所有权转移登记，买受人请求解除合同，并要求出卖人承担相应违约责任的，应予支持；买受人要求继续履行合同，办理房屋所有权转移登记，经法院释明以后仍坚持不变更的，对其诉讼请求不予支持，但买受人同意并能够代为清偿债务消灭抵押权的除外。法院可根据案件具体情况征询抵押权人意见，必要时也可以追加抵押权人作为无独立请求权第三人参加诉讼。"

案例：2012 年 8 月 10 日，某甲与某乙签订房屋买卖合同，某甲将其自开发商手中购买的密云县某某大街 12 号二居室卖给某乙，价款 210 万元。某甲购买此房时，曾向密云银行贷款 130 万元，并将案涉房屋抵押给了密云农业银行，双方进行了抵押登记。2013 年 5 月，某甲与某乙房屋买卖合同约定的过户登记日期已过，某乙未取得房屋所有权。2013 年 8 月，某乙起诉至密云法院，要求某甲履行合同办理房屋所有权转移登记。密云法院将某甲列为被告，将密云农业银行列为第三人，在征询密云农业银行意见后，因为密云农业银行不同意解除抵押权，遂判决驳回了某乙的诉讼请求。2013 年 11 月，某乙上诉至北京市第二中级人民法院。经法院调解，某乙愿意先行代某甲偿还密云农业银行贷款，密云农业银行同意与某甲到登记部门办理解押手续，某甲将房屋过户给某乙，某甲在房屋过户两年内偿还某乙代为支付的解押款，各方达成协议，案件圆满解决。

（二）建设工程价款优先受偿权法律辨析

2002 年 6 月 20 日，《最高人民法院关于建设工程价款优先受偿权问题的批复》规定："一、人民法院在审理房地产纠纷案件和办理执行案件中，应当依照《中华人民共和国合同法》第二百八十六条的规定，认定建筑工程的承包人的优先受偿权优于抵押权和其他债权。二、消费者交付购买商品房的全部或者大部分款项后，承包人就该商品房享有的工程价款优先受偿权不得对抗买受人。三、建筑工程价款包括承包人为建设工程应当支付的工作人员报酬、材料款等实际支出的费用，不包括承包人因发包人违约所造成的损失。四、建设工程承包人行使优先权的期限为六个月，自建设工程竣工之日或者建设工程合同约定的竣工之日起计算。"

建设工程价款优先受偿权是什么权利？第一种观点是留置权，即认为承包人在建设工程完工后，发包人未付工程款的情况下，对建设工程的留置权利。第二种观点认为是法定抵押权，认为此类抵押权虽不是发包人与承包人商定设立，但属于法律规定的抵押权。第三种观点认为是一种特别优先权。目前，实务中即采纳特别优先权的观点。

消费者购房优先权是什么权利？第一种观点认为是准物权或期待权，即认为消费者享有的是类似于物权的权利，但是物权需要法律规定，消费者的优先权不能成为物权。第二种观点认为是一种法定优先权。目前实务中即采纳法定优先权的观点。建设工程价款优先受偿权与消费者购房优先权哪个在先？最高人民法院的批复规定了承包人的工程价款优先权不得对抗买受人，肯定了消费者的优先权在承包人的工程价款优先权之前。不仅如此，在与抵押权三者同时存在的情况下，消费者购房优先权也优于抵押权。

如果不存在承包人的工程价款优先权情况下，消费者购房优先权是否优于抵押权？实务中存在较大争议。笔者认为，消费者购房优先权虽是法定优先权，但仍属于债权；而抵押权是物权，按照物权优于债权原则，不存在承包人的工程价款优先权的情况下，抵押权优于消费者购房优先权。但是，如果消费者购房具备一定要件，则可以优于抵押权[①]。该规定系在执行中，对消费者居住权的特殊保护，其系对抵押权为前提金钱债权执行的对抗。但止步于此，消费者的该项权利若不能对抗抵押权，立法价值将无从实现。

（三）查封措施对房屋买卖合同效力的影响

另外的问题是人民法院的查封措施，是否影响房屋买卖合同效力？实务中对此存在有不同意见。2010年《北京市高级人民法院关于审理房屋买卖合同纠纷案件适用法律若干问题的指导意见（试行）》第九条内容为："出卖人擅自将已被有权国家机关采取了查封等强制措施的房屋转让给他人的，买卖合同一般认定为无效，但相应有权国家机关或申请采取强制措施的权利人同意

[①] 《最高人民法院关于办理执行异议和复议案件若干问题规定》第二十七条规定，"申请执行人对执行标的依法享有对抗案外人的担保物权等优先受偿权，人民法院对案外人提出的排除执行异议不予支持，但法律司法解释另有规定的除外。第二十九条规定，金钱债权执行中，买受人对登记在被执行的房地产开发企业名下的商品房提出异议，符合下列情形使其权利能够排除执行的，人民法院应当支持：（一）在人民法院查封之前已经签订合法有效的书面买卖合同；（二）所购商品房系用于居住且买受人名下无其他用于居住的房屋；（三）已支付的价款超过合同约定总价的百分之五十。"

转让，或者一审法庭辩论终结前强制措施已解除的，可以认定合同有效。出卖人转让房屋后，有权国家机关对房屋采取了查封等强制措施的，不影响已成立的房屋买卖合同效力"。

人民法院的查封，是依当事人申请或法律规定，行使公权力限制房屋转移登记措施。如果出卖人与买受人签订合同，双方设定了权利义务关系。即使因查封出卖人不能将房屋过户登记给买受人，但双方意思表示一致的，完全是私权自治的结果，其行为并没有违背法律法规效力性强制性规定，不损害国家或者第三人利益，也不对公序良俗构成影响。因此，对这类合同按无效处理依据并不充分。而且，在房屋设定抵押的情况下，买受双方就抵押标的物达成买卖合同，不因为抵押权存在而影响合同效力。按照"举重以明轻"的原则，存有人民法院查封的房屋买卖，也不能因此而认为无效。

如果是房屋买卖合同签订在前，法院查封在后，应当不影响合同效力。《最高人民法院关于人民法院民事执行中查封、扣押、冻结财产的规定》第十七条规定："买受人（案外人）在符合已经支付全款、实际占有财产，对未办理财产产权过户不存在过错三个构成要件的情况下，法院不得查封，已经查封的，应予解封。"从本条司法解释分析，对未办理财产产权过户不存在过错的买受人。在符合上述要件情况下，不仅房屋买卖合同有效，而且要保护买受人请求房屋过户的权利。有观点认为买受人享有的是物权，但这种理解不符合《物权法》第九条第一款的规定。因为不动产物权变动经登记才发生法律效力，尚未办理房屋登记的，买受人享有的仍是债权，而不是物权。实际上，该条司法解释是在判断权利顺位和原则时引入了过错原则，赋予无过错的买受人一种特殊债权，该债权可以优先于其他普通金钱债权获得保护 [①]。

三、房屋买卖纠纷中阴阳合同的效力

房屋买卖纠纷中的阴阳合同问题，在司法实务中也非常容易引发争议。交易双方签订的网签合同与书面合同或其他形式合同内容不一致而引发的纠

[①] 陈旻、李馨，《执行异议之诉案件裁判思路与操作》，中国法制出版社 2012 年版，第 227 页。

纷，被称为房屋买卖阴阳合同纠纷。交易双方一般的流程为，双方先签订非网签的房屋买卖书面或其他形式的合同，约定房屋的成交价格；此后，双方再签订网签合同，网签合同的成交价格通常会低于非网签合同的成交价格。由于先后两份合同在成交价等方面约定不一致，发生争议时应按哪份合同履行成了问题的关键。

有观点认为，应当以非网签合同为准，因为非网签合同体现了双方当事人的真实意思；也有的观点认为，应当以网签的合同为准，因为网签合同经过国家行政主管部门进行备案，具有依法确定的效力，而非网签合同故意规避了国家政策，不应当具有合法效力。

就此争议，应当对网签合同的性质进行分析。根据《关于北京市商品房预售合同实行网上签约和预售登记管理工作的通知》的要求，网上签约是2005年3月起开始实施的行政管理手段，是北京市建委建立的联机备案系统；即将房屋双方的买卖信息在网上进行填写，填写完毕以后予以提交，并登记自动生成一个联机号码，也就是房屋买卖合同的网签号，旨在抑制"一房二卖"行为。网签合同信息填写完成后，可提交打印。由此可见，网签合同具有两重性：一是政府行政部门备案手续，备案的目的是防止"一房二卖"；二是网签合同是税务机关课税的依据。

网签合同可以称为"阳合同"或者"白合同"；非网签的书面合同可称之为"阴合同"或者"黑合同"。阴阳合同同时存在情况下，哪一份合同具备效力呢？

《北京市高级人民法院关于审理房屋买卖合同纠纷案件若干疑难问题的会议纪要》（2014年）之"四、房屋买卖中阳合同的效力"内容为："当事人在房屋买卖合同（包括双方已经签字的网签合同）中规避国家税收监管故意隐瞒真实的交易价格，该价格条款无效，但该价格条款无效不影响合同其他部分的效力。当事人以逃避税收为由，要求确认买卖合同全部无效的，不予支持。当事人对房屋买卖合同（包括双方已经签字的网签合同）的效力及履行存在争议，经审查其名为房屋买卖，实为赠与等其他法律行为的，应当根据隐藏法律行为的性质进行处理。"

该意见并没有阐明阴阳合同哪份为有效合同，只是明确阳合同中隐瞒真实交易价格的价格条款无效。对此，笔者认为，应根据合同成立的要件之一，即哪份合同是双方真实意思表示的合意，哪份合同为有效合同。按照房屋买卖一般交易流程，当事人先签订真实意思表示的书面或其他形式的合同，再行办理网签手续。网签手续本就是防止一房二卖的手续，并非当事人真实的买卖合意，因此不能成为合同。通常情况下，网签价格低于市场价格，填报如此价格，当事人意在避税。税务机关课税有两种做法，一般是按双方书面或其他形式的合同约定的价格课税，当书面合同或其他形式的合同约定的价格低于市场价格，或者双方当事人均不提交书面或其他形式的合同时，税务机关即按一定标准对双方交易课税。当事人网签时也可能填报高于市场价格的网签价格，税务机关既可以按此交易价格课税。所以不管是书面合同，还是网签手续双方约定的交易价格不会影响税务机关课税。所以上述《纪要》中所讲的"规避国家税收监管隐瞒真实交易价格，该价格条款无效"对于税收并无实质意义。

当事人在房屋买卖合同中价格条款（包括双方已经签字的网签合同）价格可能低于市场价，但如果以"规避税收监管"为由宣布该条款无效，将会导致出现无交易价格的房屋买卖合同，合同将无法履行。双方当事人真实意思表示的合同，包括价格条款是否有效，应当依据《合同法》及相关规范来判断。

双方当事人不存在书面或其他形式的合同，只有网签手续的情况下，网签手续具有证据作用。通过网签手续可以判断双方是否存在房屋买卖口头合同，以及口头合同的具体权利义务内容。这是因为，网签手续仅是房地产行政管理部门对房地产交易管理的手段，以及税务机关确定房屋买卖交易存在并据此课税的依据。

书面或其他形式合同作为"阴合同"，网签手续作为"阳合同"，应以双方当事人真实意思表示为依据，判断"阴合同"为有效合同，但依据《合同法》及相关规范判断该合同无效的除外。网签手续是政府行政部门对房屋买卖合同监管并保障书面或其他合同履行的手段，只有在房屋买卖双方没有书面和其他形式如电子合同存在，证据不充分的情形下，起到相关证据作用。

四、涉家事审判房屋买卖几个问题

家事审判是民事审判的基础和支柱，对维护家庭和谐、保障未成年人、妇女及老年人合法权益，促进和谐社会建设发挥着重要作用。"居者有其屋"，房屋既是婚姻家庭抚养之必要场所，又是非常重要的家庭财产。与婚姻、抚养、继承交织在一起的房屋买卖纠纷更是纷纭复杂，审理难度大。

（一）《物权法》《合同法》等法律规范是家事法律规范适用的基础

案例：甲男与乙女系夫妻关系，丁女与甲男系第三者关系。2012年2月，甲男与丁女商量，由甲男出资为丁女购房。同年5月，甲男出资240万元由丁女与从某丙签订合同，从某丙处为丁女购置一居室一套，该房登记在丁女名下。2014年1月，乙女发现甲男为丁女购房一事，以离婚为要挟令甲男追回房屋。同年3月，甲男与乙女作为原告起诉丁女，要求确认涉案房屋归甲男、乙女共同所有。

分析本案具有以下几个法律关系：

一是甲男出资从某丙处为丁女购房的关系。案涉房屋虽系甲男出资，但购房合同系丁女与某丙签订，基于丁女与某丙的购房合同之负担行为，某丙所有的房屋过户登记在丁女名下，丁女取得了涉案房屋所有权。

二是甲男对丁女购房的出资行为的性质。甲男乙女对丁女的房屋不能主张物权，因为双方不存在共同购房合意。甲男为丁女购房出资的240万元，原属于甲男与乙女夫妻共同财产，甲男与乙女拥有所有权。甲男因与丁女有第三者关系，为丁女购房出资，属赠与行为，只是甲男出资款的赠与，不是对涉案房产的赠与。

三是甲男赠与丁女240万元人民币是否有效。一种观点认为，《最高人民法院关于适用〈中华人民共和国婚姻法〉若干问题的解释（一）》第十七条第二项规定："夫或妻非因日常生活需要对夫妻共同财产做重要处理决定，夫妻双方应平等协商，取得一致意见。"根据此规定，甲男处理非日常需要对夫妻共同财产做重要处理，未取得乙女同意，因而是损害乙女利益的行为。又根据《民法总则》第一百五十四条，行为与相对人恶意串通，损害他人合法权益的民事法律行为无效的规定，所以甲男对丁女 240 万元赠与应属无效行为，甲男可以向丁女请求不当得利返还。另一种观点认为，根据《物权法》第一百零六条的规定，甲男的赠与行为属于无权处分，240 万元虽已赠与丁女，但甲男与丁女的赠与合同因丁女并非善意取得，应作为不当得利予以返还。该两种观点，第二种观点明显不能成立，因为善意取得应当以支付合理对价为要件，赠与合同不属于善意取得。关于第一种观点，支持的理由有三，除前文论述的两个理由外，还有一个理由，是依据《合同法》第五十二条第四项损害社会公共利益即违背社会公序良俗的合同无效的规定。但是，不管是依据《民法总则》第一百五十四条，还是《合同法》第五十二条第四项，对于《婚姻法》及司法解释，均属于一般法，在有特别法规定时，应适用特别法即《婚姻法》司法解释的规定，认定赠与合同无效。在涉及第三人利益时，如果婚姻法的特别规范与一般规范相冲突，则应保护第三人利益；如果不与一般规范相冲突，从而影响第三人利益，即如本案，则应在适用前述《民法总则》《合同法》规范基础上，适用《婚姻法》司法解释的规定。

四是甲男、乙女与丁女就案涉房屋系债权债务关系，而不是物权权属关系，因而甲男、乙女要求取得案涉房屋所有权应予驳回。从甲男、乙女与丁女就案涉房屋的债权债务关系来看，乙女与甲男共同拥有 240 万元的所有权，因为赠与合同无效，乙女对丁女就 240 万元有要求返还的权利。请求权基础是不当得利返还请求权。作为不当得利，孳息分两种：一种是自然孳息，一种是法定孳息。请求返还孳息如 240 万元利息，需要双方约定，未约定则不能要求以不当得利一并返还。因此，如果乙女行使物权请求权，即 240 万人民币物权，只能与甲男一并要求返还 240 万元。如果甲男、乙女以甲男与丁女赠与合同无效作为请求权基础，因为无效合同的民事责任承担方式是返还、赔偿。赔偿是在考虑过错情况下的完全赔偿原则。除 240 万元不当得利应予返还外，甲男、乙女还可以请求因丁女的原因造成损失部分的赔偿。

就物权权属的诉讼与涉诉房屋 240 万元债权债务关系的诉讼而言，二者是对抗关系，无需向当事人释明，其中一个请求不被支持，当事人即不能提起另外诉讼。规范选择是当事人的权利，法院不能帮助当事人打官司。就涉及房屋 240 万元债权债务关系而言，甲男、乙女应以赠与合同无效为由，请求返还不当得利，并主张赔偿损失。

由此案得出结论，在涉家事法律适用时，应以一般规范作为基础。在依据一般法规定不损害第三人利益情况下，优先适用家事法律制度。

（二）家事法律制度特别法价值的再探讨

案例：甲男与乙女系夫妻关系。2005 年 10 月，甲男之父亲丙（丙妻已去世）所在单位欲以成本价向丙出售其已承租的两居室一套。甲男、乙女共同与丙协商，由甲男与乙女出资购买该两居室，但由于丙单位对自己职工售房，该两居室只能登记在丙名下。2005 年 1 月，甲男乙女向丙所在单位交齐购房款 16 万元，甲男以丙的名义与丙单位所签购房合同，丙单位将该两居室过户登记到丙名下。2011 年 4 月，甲男与乙女因感情破裂离婚。乙女诉至法院，要求涉诉房屋归自己所有，由自己给付甲男及丙一半房屋折价款。

本案所涉房屋系丙单位依成本价向丙出售的自管公房，因丙与其单位存在劳动关系且系承租人，购房人具有特定性。又因为成本价出售自管公房具有房改性质，所以丙的工龄折算了部分房价款。2002 年 2 月 27 日，最高人民法院在给司法部律师公证工作指导司复函中[①]对工龄优惠认为是政策性补贴，而不认为具有房价款性质，但随后又废止了复函。所以该案中丙的工龄优惠表明丙自己支付了部分房价款。根据甲男乙女与丙达成的购房协议，及丙自己支付了部分房价款，双方对该款性质议定不清的事实，应当认定系甲男、乙女系借丙的名义购房（实为部分产权）。

案涉房屋系因成本价购房合同履行而登记在丙名下，丙拥有涉案房屋所

---

① 该函内容为："司法部律师公证工作指导司：你司《关于在享受本人工龄和已死亡配偶生前工龄优惠后所购公房是否属于夫妻共同财产的函》收悉经研究认为，夫妻一方死亡后，如果遗产已经继承完毕，健在一方用自己的积蓄购买的公有住房应视为个人财产，购买该房时所享受的已死亡配偶的工龄优惠只是属于一种政策性补贴，而非财产或财产权益。夫妻一方死亡后，如果遗产没有分割，应予查明购房款是夫妻共同的积蓄，还是配偶一方的个人所得，以此确认所购房屋是夫妻共同财产还是个人财产；如果购房款是夫妻双方的共同积蓄，所购房屋应视为夫妻共同财产。以上意见，供参考。"

有权。甲男乙女与丙是借名购房关系，虽然理论上借名人对出名人名下的房屋是物权关系还是债权关系，还有争议。但北京市高级人民法院在《关于审理房屋买卖合同纠纷案件适用法律若干问题的指导意见（试行）》第十五条已肯定了借名人与出名人是合同关系①。所以甲男、乙女可以取得部分房屋产权。

而《最高人民法院关于适用〈中华人民共和国婚姻法〉若干问题的解释（三）》第十二条作出了与此不同的规定。该条规定为："婚姻关系存续期间，双方用夫妻共同财产出资购买以一方父母名义参加房改的房屋，产权登记在一方父母名下，离婚时另一方主张按照夫妻共同财产对该房屋进行分割的，人民法院不予支持。购买该房屋时的出资，可以作为债权处理。"

出资属于债权，而不是作为合同关系即债权债务关系处理，二者本质不同。出资作为债权，只能要求返还出资款。

这是家事审判特别规范之所在。父母与子女之间是血亲和拟制血亲，父母有抚养子女的义务，子女有赡养父母的义务，父母和子女没有法定共有财产制度，其间也不排除有交易行为，但绝非单纯的市场行为。就本条司法解释而言，成年子女赡养父母，保障父母住房，不使父母举债度日，是赡养义务的具体要求。所以，平衡父母子女之间利益时，根据本条司法解释不因为双方借名合同关系的存在，而要求将所有权转移登记给借名人，同时也不因为借名人投入购房款，而让出名人对借名人因不履行借名合同而给与高额补偿。唯有如此，才能保障未成年人、妇女及老年人合法权益，促进社会和谐。这是一般法和特别法冲突时，应依特别法处理的个例。体现了家事特别法的价值。

案例： 某男与某女系夫妻关系，双方婚姻关系存续期间购置了两居室住房一套，登记在某男名下。2015年4月，双方因感情破裂协议离婚，一、双方自愿离婚。二、两居室住宅一套归某女。2015年5月6日，双方到民政部门办理了离婚登记手续。

---

① 该条第一款前半部分为："当事人约定以他人名义购买房屋，并将房屋登记在他人名下，借名人实际享有房屋权益，借名人依据合同约定要求登记人（出名人）办理房屋所有权转移登记的，可予支持。"

我国《物权法》第九条规定："不动产物权设立、变更、转让和消灭经登记发生效力；未经登记不发生效力，但法律另有规定的除外。"

"基于法律行为的不动产物权变动 = 有效的法律行为 + 处分权 + 登记"。《物权法》第二十八条至第三十一条，是非基于法律行为的物权变动，也就是《物权法》第九条规定"法律另行规定的"，无需登记即发生物权变动效力的几种情况。除此之外，《物权法》第九条第二款规定，依法属于国家所有的自然资源，所有权可以不登记。除国家所有的自然资源外，基于《物权法》第二十八至三十一条规定的物权变动，虽然不登记即可生效，但是再行转让时，不得进行处分，也不得对抗善意第三人。

《物权法》第二十八条至第三十一条属于法律规定的不进行登记即发生物权变动效力的几种情况。此外，《最高人民法院关于适用〈中华人民共和国物权法〉若干问题的解释（一）》第七条对《物权法》第二十八条进行了解释："人民法院、仲裁委员会在分割共有不动产或者动产等案件中作出并依法生效的改变原有物权关系的判决书、裁决书、调解书，以及人民法院在执行程序中作出拍卖成交裁定书，以物抵债裁定书，应当认定为物权法第二十八条称导致物权设立、变更、转让或消灭的人民法院、仲裁委员会的法律文书。"

在实务当中远不限于《物权法》所列几种情况。《最高人民法院关于适用〈中华人民共和国物权法〉若干问题的解释（一）》第二条规定："当事人有证据证明不动产登记簿的记载与真实权利状况不符，其为该不动产物权的真实权利，请求确认其享有物权的，应予支持。"这表明，如果当事人有证据证明自己是不动产真实权利人，经依法登记的不动产物权对该不动产权的真实权利人不具有对抗效力。

我国法律规定夫妻财产共有制度是夫妻财产约定的基础，夫妻关系存续期间或夫妻离婚时对不动产的约定或分割协议，是夫妻对共有财产分割的约定。在夫妻未对外举债涉及第三人利益情况下，应当确认夫妻对共有财产分割的有效性，进而承认不动产物权归属的效力，承认夫妻约定的事实物权。通常情况下夫妻共有的不动产登记在一方或双方名下，但当夫妻约定了事实物权，不动产登记则不能对抗夫妻约定的事实物权。

在法律上，有观点认为，由于夫妻间特殊身份关系，夫妻双方可以选择自由配置财产，这样契约应为应当认定为物权合意。笔者认为，我国是采用债权形式主义为主的物权变动模式的国家，一般不应用物权合意来解释物权变动。此类契约还应当是债权合同，当法律规定其为事实物权时，依照规定当债权合同存在时，应认为其为附条件的民事行为，即当离婚条件成立，该合同生效。夫或妻按约享有事实物权，如未登记不得处分且不得对抗善意第三人。

《婚姻法》对不动产物权的法律制度，相比较《物权法》来看，是特别法，在处理婚姻家庭权利义务时，应优先适用。只有作为夫妻共同财产的不动产与第三人利益发生冲突时，此项原则不再适用。

（三）依特别规范保障未成年子女、妇女、老年人合法权益

案例： 某男与某女系夫妻，双方育有三岁女孩某丙。某男与某女双方因感情破裂协议离婚。双方均同意离婚后各自寻找住房。双方婚姻关系存续期间所购一居室住房登记在某女名下，离婚后，某丙由某女负责抚育，某男不再给付某丙抚育费，但一居室住房赠与某丙。双方达成一致意见后即到民政部门办理了离婚登记手续，但对财产分割问题未在协议中记载。离婚后，因某女收入抚养某丙并不宽裕，某丙遂起诉某男，要求其按月给付抚育费。某男则起诉某女要求分割双方婚姻关系存续期间所购置的一居室。某女辩称，一居室已赠与某丙，其与某男均无权再要求分割。

本案中，双方婚姻关系存续期间所购一居室在离婚协议中同意赠与某丙，现在还是否属于某男和某女的共同财产，这是某男是否可以分割到财产的基础。

首先看赠与合同，某男与某女离婚时协商将一居室赠与某丙，结合离婚登记时，双方未分割房产的事实，可以认定某男某女对某丙具有赠与的真实意思。某丙系未成年，某女是其法定代理人，某女代理某丙接受赠与，不管是从处理财产的角度，还是代理的角度，其行为系为维护保障某丙的利益，代理行为应认定有效。由此可见，某男、某女已与某丙达成了赠与房产的口

头合同。

不动产是以登记为转移物权的。双方虽然达成了口头赠与合同,但因未办理不动产转移登记,某丙尚未取得一居室所有权。《合同法》第一百八十七条规定,赠与的财产依法需要办理登记等手续的,应当办理有关手续。第一百八十六条规定,赠与人在赠与财产权利转移之前可以撤销赠与。因此,某男撤销赠与应当得到支持。

某男与某女将一居室赠与某丙系共同意思表示,一居室虽然登记在某女名下,在财产未分割前,某男与某女为共同共有人,在某男撤销赠与后,某女即成了无权处分。因此,即使赠与合同有效,只要某男不同意处分,某丙也不能取得一居室所有权。因为一居室尚属某男与某女的共同财产,虽然双方已经办理离婚手续,但某男仍有权分割一居室财产。

由此可以看到,对未成年子女、妇女和老年人保护,应有相应的法律规范。

五、划拨土地上的房屋买卖问题

以划拨方式取得土地使用权的,均应经过有批准权的人民政府审批。经批准后,第一种情形由受让人办理土地使用权出让手续并按国家有关规定缴纳土地出让金,买卖合同具有效力;第二种情形,经批准后,只需将房地产转让所取得的土地收益上缴国家或做其他处置,买卖合同即可具备效力。建设部针对此种情形,以列举的方式作出规定:(1)私有住宅转让后仍用于居住的;(2)按照国务院住房制度改革有关规定出售公有住宅的;(3)经城市规划行政主管部门批准,转让土地用于建设国家机关用地和军事用地、城市基础设施用地和公益事业用地、国家重点扶持的能源、交通、水利等项目用地、法律行政法规规定的其他用地的;(4)同一土地上部分房屋转让而土地使用权不可分割转让的;(5)转让的房地产暂时难以确定土地使用权出让用途、年限和其他条件的;(6)根据城市规划土地使用权不宜出让的;(7)县级以上人民政府规定暂时无法或不需要采取土地使用权出让的其他情形。依照上述规定缴纳土地收益或做其他处理的,应当在房地产转让合同中注明①。

第一种情形下，土地使用权出让手续，包括人民政府审批和土地使用权出让合同的签订。土地使用权出让合同兼具人民政府行政管理性质和合同主体权利义务意思表示一致契约性质，签订了土地使用权出让合同，土地行政管理部门可以依据土地使用权出让合同主张土地出让金，也可以依据行政手段收缴土地出让金。所以此种情形下，国家利益也不会受到损害。但此种情形不能理解为《合同法》第四十四条对合同办理批准手续而生效的情形，而是指对土地使用权性质变更的批准。但是，人民政府审批是土地使用权出让金缴纳的前提，已经缴纳土地出让金的，不会影响合同效力。通过人民政府审批的，土地使用权出让金即具备了收缴途径，国有土地使用权出让金利益不会受到损害。从这样的角度审视，具备上述条件，才不会影响划拨土地上房屋买卖合同效力。

第二种情形，是建设部令明文列举可以不缴纳土地出让金而允许划拨土地使用权上房屋转让的情形。这几种情形土地收益或上缴国家或做其他处理，具有不确定性。确定的是土地使用权性质未做改变，应当理解为法律法规允许此几种情形划拨土地上的房屋进行转让。人民政府的批准，不在于土地使用权性质的变更，而在于该幅划拨土地是否允许受让人继续使用划拨土地，以及土地收益的费用是否收取、收取的数额、收取的方式。因为这类土地使用权上的房屋未进入市场，这种不确定性，不是国家利益受到损害的构成要件，而是行政权决定的内容，因此不能据此确定房屋买卖合同无效。

案例：北京市某区某镇国有划拨土地使用权上的A厂，与B公司签订厂房转让合同。约定，A厂将厂房4200平方米转让给B公司，B公司向A厂支付包括土地出让金在内的转让款9500万元，由A厂申报厂房转让手续，并交纳土地出让金。某区人民政府经审查予以批准，并由区土地管理部门与A厂签订了土地使用权出让合同。后A厂因两名老职工无法安排要求B公司加付转让款300万元，B公司未予同意，A厂撕毁合同不同意转让厂房，B公司起

① 建设部《城市房地产转让管理规定》第十一条、第十二条。

诉要求 A 厂履行厂房转让合同，并对土地使用权办理登记手续。

该案属于转让划拨土地使用权上的房屋，应缴纳土地出让金一类的情形。经过区人民政府审批并签订了土地使用权出让合同，该房屋买卖合同应为有效。虽然不是买房人缴纳土地出让金，但买卖双方对缴纳土地出让金有明确约定，并且已经得到人民政府批准，因此不影响合同效力。B 公司的诉讼请求应该得到支持。

案例：刘某某现年 68 岁，其在北京市东城区某胡同某号有平方 9 间，并独自形成院落，房屋登记在刘某某名下，土地使用权为国有划拨土地。2005 年 6 月，刘某某移居香港，该院落借给其弟刘某男居住使用。2007 年 3 月，刘某男将九间平房全部拆除，未经规划部门批准，在该院落内翻建平房 13 间，除 4 间自己留住以外，其余 9 间租赁给他人。2008 年 3 月，刘某某委托其妹刘某女出售房产证上的 9 间房屋，刘某女代理刘某某与王某签订关于买卖北京市东城区某胡同某号 9 间房屋（包括院落）合同。在履行合同过程中，刘某女发现 9 间房屋已改变为 13 间，遂告知刘某某。刘某某自港到京与王某交涉，双方协商解除了关于 9 间房屋的买卖合同。

该案中，刘某女代刘某某与王某签订了关于原 9 间房屋（包括院落）的买卖合同，代理行为有效。《物权法》第三十条规定："因合法建造、拆除房屋等事实行为设立或者消灭物权的，自事实行为成就时发生效力。拆除房屋是事实行为，自房屋拆除时物权发生消灭效力。"我国《〈合同法〉司法解释（二）》第一条第（一）款规定："当事人对合同是否成立存在争议，人民法院能够确定当事人名称或者姓名、标的和数量的，一般应认为合同成立。但法律另有规定或者当事人另有约定的除外。"在房屋买卖合同中，买卖合同的标的物已被拆除，物权消灭，房屋买卖合同虽然存在，实际已无法履行。因此，该房屋买卖合同成立并有效，但因无法履行，应予解除。如果物权存在，该房屋居住用房的性质虽经买卖，但没有发生改变，所以不会因为买卖划拨用地上的房屋而导致买卖合同无效。

刘某男拆除原 9 间房屋的行为属于侵权。其虽然在原划拨土地使用权上新建了 13 间房屋，但因为没有经过规划部门批准，新建房屋属违法建设性质。由于没有土地管理部门批准，土地使用权也没有发生转移，刘某某依然享有该幅土地的划拨土地使用权。如果建新房 13 间经过规划部门批准，土地管理部门可依据规划，在刘某男申请情况下，作出划拨土地使用权调整的决定。实务处理时，可询问规划部门和土地管理部门意见。但在规划部门和土地管理部门不予批准的情况下，不能改变新建房屋的违法性质。

就刘某某来讲，其虽然拥有划拨土地使用权，但恢复重建 9 间房屋也要经过规划部门批准，因此其不能要求刘某男承担恢复原状的民事责任。因刘某某拥有划拨土地使用权，其可以行使土地使用权的物权请求权，请求拆除刘某男所建 13 间房违法建设房屋，排除障碍，并可以要求刘某男赔偿拆除其房屋的损失。就损失核定问题，如果规划部门同意刘某某恢复建造 9 间房屋，则应由刘某男承担恢复建造 9 间房屋的费用以及刘某某解除房屋买卖合同时对王某承担的赔偿费用；如果规划部门不同意刘某某恢复建造 9 间房屋并且土地管理部门收回划拨土地使用权，则刘某男应当赔偿刘某某原 9 间房屋及占用土地的市场价值，并且应当赔偿刘某某解除房屋买卖合同对王某承担的赔偿费用。

六、成本价房屋的买卖问题

关于住房制度改革，邓小平同志早在 1980 年 4 月与中央负责同志谈话时就讲到：不但新房子可以出售，老房子也可以出售。经过试点，1988 年 2 月 15 日，《国务院住房制度改革领导小组关于在全国城镇分期分批推行住房制度改革的实施方案》出台，正式拉开了住房制度改革的大幕。

1991 年 6 月 7 日，《国务院关于继续积极稳妥地进行城镇住房制度改革的通知》中讲到职工按标准价购买公有住房问题："职工购买公有住房，在国家规定住房面积内，实行标准价，购房后拥有部分产权，可以继承和出售；超过国家规定的住房标准的部分，按市场价计价。职工拥有部分产权的住房，五年后允许出售，原产权单位有优先购买权，售房收入扣除有关税费后的取得，按国家、集体、个人的产权比例进行分配。"1994年7月18日，《国务院关于深化城镇住房制度改革的决定》讲到："售房价格要逐步从标准价过渡到成本价。职工按成本价或标准价购买公有住房，每个家庭只能享受一次，购房的数量必须严格按照国家和各级人民政府规定的分配住房的控制标准执行，超过标准部分一律执行市场价。成本价应包括住房征地和拆迁补偿费、勘察设计费和前期工程费、建安工程费、住宅小区基础设施建设费、管理费、贷款利息和税金7项因素。"

该决定中，对标准价成本价产权性质进一步明确："明确产权。职工以市场价购买的住房，产权归个人所有，可以依法进入市场，按规定交纳有关税费后，收入归个人所有。职工以成本价购买的住房，产权归个人所有，一般住用五年后，可以依法进入市场，在处分土地使用权出让金或所含土地收益和按规定交纳有关税费后，收入归个人所有。职工以标准价购买的住房，拥有部分产权，即占有权、使用权、有限的收益权和处分权，可以继承。产权比例按售房当年标准价占成本价的比例确定。职工以标准价购买的住房，一般住用五年后方可进入市场，在同等条件下，原售房单位有优先购买、租用权，原售房单位已撤销的，当地人民政府房产管理部门有优先购买权、租用权。售、租房收入在处分土地使用出让金或所含土地收益和按规定交纳有关税费后，单位和个人按各自的产权比例进行分配。"

从以上政策可以看到，我国住房制度改革以后，出现了市场价、标准价、成本价三种售房价格，其中标准价作为过渡性政策价格，还没达到成本价售房。目前房地产市场中，成本价房屋作为存量房屋大量存在。

成本价房屋从购买来看，职工以成本价购买公有住房需具备的条件由市（县）人民政府决定。一般情况下，具有常驻户口的党政机关、社会团体、企事业单位的职工、现役军人、居民中的中低收入者均可向工作所在单位或现住房屋产权单位申请以成本价购买现住成套公有住房或新公有住房。

售房单位向职工出售公有住房的手续，主要流程是：（1）房屋产权单位携带所售房屋所有权证或房屋产权监管部门出具的产权证明，根据单位隶属关系，分别向房产、房改部门提出售房申请。（2）房产、房改部门初审后，分别经房屋产权监理部门勘丈绘图和具备房地产评估资格的机构评估计价，售房单位填写出售公有住房价格评估测算表和出售公有住房审批表正式报批。（3）房产管理、房改部门正式审批后，售房单位收取、缴存售房款，签订买卖契约，办理委托管理合同。（4）经房产管理或房改部门对售房单位执行售改政策情况核准后，由房地产管理部门核发房屋所有权证和土地使用权证。

由于单位向职工以成本价出售公房，属于依照售改政策进行，并且需要相关政府部门审批，所以在成本价售房过程当中的相关纠纷，人民法院不应受理。

案例：某甲系 A 工厂职工。1995 年 7 月，A 工厂以成本价将 A 工厂自管公房两居室卖给某甲，双方签订合同后，1996 年两居室房屋过户到某甲名下。某乙也系 A 工厂职工，经 A 工厂房管科同意，某乙自 1993 年 1 月即开始借住该房，至某甲取得两居室所有权证以后，某乙仍在该房内居住。2001 年 4 月，某甲起诉某乙腾房，某乙则反诉要求确认 A 工厂与某甲所签成本价售房合同无效。

该案中，A 工厂与某甲签订的成本价房屋买卖合同，因为政策性房改和政府相关部门审批问题，区别于平等主体之间设定权利义务合同，因此对该合同的订立、效力等纠纷，人民法院不应受理。但是如果因为购房款未缴齐，在双方对合同效力和条款无争议的情况下，购房合同履行纠纷请求处理的，人民法院可以受理。

因为该房系因为政策性房改和政府相关部门审批问题，即使某乙认为 A 工厂将房屋卖给某甲不对，应将房屋卖给自己，并主张合同无效的，因为该房屋买卖已经政府相关部门审查批准，属于行政权行使在先，人民法院不应受理。

但某乙可以向政府相关部门申请解决。某甲与 A 工厂签订购房合同后，房屋所有权已办理在某甲名下，某甲所有权证未被收回前，某甲即享有对该房占有、使用、收益、处分的权利。某乙系由 A 厂房管科同意借住该房，系在某甲取得所有权证之前。其与某甲没有借住或租用法律关系，因此，某甲要求某乙腾退房屋应得到支持。

以标准价或成本价购买的房屋，系政策允许进入市场交易的房屋，这类房屋在住房的标准价和成本价中均未包含土地使用价格。按照国家有关规定，无法取得土地使用权的单位和个人，在按市场价格出售房屋时，土地使用权随之转让，交易价格中包含着土地使用权转让价格，即土地出让金应向政府补缴。所以这类房屋在上市交易时，房屋买卖合同不因为未缴纳土地出让金而无效，而是其在履行房屋买卖合同办理房屋所有权转移登记时向国家补缴土地出让金。

七、经济适用房的买卖问题

1991 年 6 月，国务院在《关于继续积极稳妥地进行城镇住房制度改革的通知》指出："大力发展经济实用的商品房，优先解决无房户和住房困难户的住房问题。"1994 年《国务院关于深化城镇住房制度改革的决定》，在加大租金改革力度，推进市场价、标准价和成本价购房的同时，再次强调加快经济适用房和集资合作建房的决定，该决定讲到："各地人民政府要十分重视经济适用住房的开发建设，加快解决中低收入家庭的住房问题。经济适用住房建设用地，经批准原则上采取行政划拨方式供应。对经济适用住房建设项目，要在计划、规划、拆迁、税费等方面予以政策扶持。""鼓励集资合作建房，继续发展住房合作社，在统一规划的前提下，充分发挥各方面积极性，加快城镇危旧房改造。"

经济适用住房是指政府提供政策优惠，限定套型面积和销售价格，按照合理标准建设，面向城市低收入住房困难家庭供应，具有保障性质的政策性住房。购买经济适用住房一般限制购买者的条件是：（1）有当地城镇户口（含符合当地安置条件的军队人员）或市、县人民政府确定的供应对象；（2）现住房面积低于 15 平方米的住房困难家庭；（3）家庭收入低于 2300 元人民币（北京市要求家庭年收入在 6 万元以下）。

经济适用住房的价格按建设成本确定。建设成本包括征地拆迁费、勘察设计及前期工程费、建安费、小区内基础设施配套建设费、贷款利息、税金、1%—3% 的管理费。成本价则由征地拆迁费、勘察设计费、配套费、建安费、管理费、贷款利息、5% 的利润构成。该成本价要由政府指导确定。

经济适用住房与商品房区别主要有以下几个方面：在土地获得方式上，经济适用住房建设用地实行行政划拨，免交土地出让金，商品房采用出让方式，需交纳土地出让金；经济适用住房销售后不允许租赁，商品房不受限制；经济适用住房供应给特定主体，只供给城镇低收入家庭，并且需要政府审批，商品房购买对象不受限制（商品房限购不是因为房屋本身性质造成）；经济适用住房出售实行政府指导价，不得擅自提价出售，商品房售价完全由市场决定。

在建设部《已购公有住房和经济适用住房上市出售管理暂行办法》《关于已购公有住房和经济适用住房上市出售若干问题的说明》基础上，建设部、发展改革委、监察部、财产部、国土资源部、人民银行、税务总局土部委于2007 年印发了《经济适用住房管理办法》，对经济适用住房交易管理做出了进一步规定。

第一，经济适用住房购房人所取得的产权界定为有限产权，与普通商品住房相区别。

第二，购买经济适用住房不满五年的，不得直接上市交易。购房人因特殊原因确需转让经济适用住房的，由政府按照原价格并考虑折旧和物价水平等因素进行回购。政府回购的经济适用住房，继续向符合条件的低收入住房困难户出售。

第三，购买经济适用住房满五年，购房人可以转让经济适用住房，但应按照届时同地段普通商品住房与经济适用住房差价的一定比例向政府交纳土地收益等相应价款，政府可优先回购；购房人也可以按照政府所定标准主动向政府交纳土地收益相关价款后，取得所购经济适用住房完全产权。购买经济适用住房日期的起算，北京市是从取得房屋产权完税凭证起算。

第四，禁止转让经济适用住房的购房人再次申请经济适用住房。

第五，禁止经济适用在取得完全产权之前用于出租。

需要说明的是，如果经济适用住房上市交易，其土地使用年限应从同一建筑的第一套房屋上市交易之日起，计算土地出让年限，确定土地使用权截止日。此后其他各套房屋上市时，其土地使用年期相应缩短。土地出让年期最高不超过 70 年。

土地出让金或相当于土地出让金价款由购买方交纳，购买方应在已购经济适用住房上市转让时缴纳土地出让金。交易双方签订房屋买卖合同后，应持房屋买卖合同、原房屋产权人的房屋所有权证及国有土地使用证或土地产权证明等材料，到房屋所在地市、县土地行政主管部门办理有关手续。已购经济适用住房所在地为划拨土地的，需缴纳出让金办理土地出让手续。

就北京市情况而言，北京市住建委通知：以 2008 年 4 月 11 日为界，此前签订购房合同的老经济适用房，可直接上市交易，区县房屋住保部门不再出具出售意见书；在此之后签订购房合同购买的经济适用住房，在取得房产证或完税凭证五年后上市出售，但仍需区县房屋住保部门出具上市出售意见书。

对此，北京市高级人民法院在《关于审理房屋买卖合同纠纷案件适用法律若干问题的指导意见（试行）》第六条规定："相关政策法规规定的限制上市交易期限内买卖已购经济适用住房，当事人主张买卖合同无效的，可予支持。政策、法规有新规定，适用其规定。"

出卖人转让的经济适用住房的原购房合同系 2008 年 4 月 11 日（含）之前签订，当事人又在转让该已购房屋的合同中约定在限制上市交易期限届满后再办理房屋所有权转移登记或在一审法庭审理终结前，该房屋已具备上市交易条件的，可以认定合同有效。

上述指导意见对 2008 年 4 月 11 日之前签订购买经济适用住房的效力已规定得很清楚了。对于 2008 年 4 月 11 日以后签订的经济适用住房买卖合同，仍应把握五年之内不得转让的规定，认定在五年内买卖并完成转移登记的合同无效。在五年以外签订转让经济适用住房的合同可以认为有效。房屋住房保障部门不同意转让的，如果该经济适用住房所占用土地不能办理土地出让手续，应当判断为合同有效但不能履行；如果该经济适用住房所占有的土地可以办理土地出让手续，房屋住保部门应当行使优先购买权，方能阻止经济适用住房买卖合同的履行。

案例： 某甲于 2009 年 4 月在北京市丰台区购买一套两居室经济适用住房，2015 年 3 月，某甲将该房屋卖给了没有北京市户口的某乙。某乙自 2008

年即在北京市中关村某企业工作，中关村某企业未间断为某乙缴纳劳动保险。另查，某乙在北京市未曾购置包括住宅在内的房屋。经询房屋住房保障部门不同意某甲出卖该经济适用住房，但不主张优先购买权。

某甲与某乙签订的经济适用住房买卖合同在某甲购房五年之外，应允许其上市出售。房屋住保部门有优先购买的权利，其未曾行使。从民事权利义务角度，已不能阻碍房屋买卖合同的履行。房屋住保部门单纯表示不同意出售该经济适用住房与相关政策法规不符，其意见不能否定合同效力或不能导致合同不能履行。某乙不存在其他购房条件瑕疵，某甲与某乙的经济适用住房买卖合同有效，并应当履行。

我国住房制度改革启动以后，停止福利分房，住房货币化产业化成为基本方向。住房困难户较多的工矿区和困难企业，经批准，可以在符合总体规划等前提下，利用单位自用土地进行集资、合作建房。集资建房的性质，是经济适用住房建设的组成部分，建设标准、参加对象和优惠政策，按照经济适用住房的有关规定执行。

2006年8月，建设部、监察部和国土资源部联合下发《关于制止违规集资合作建房的通知》，严禁党政机关以任何名义、任何方式搞集资建房，超标准为本单位职工牟取住房利益。

在其后的《经济适用住房管理办法》中，对集资建设经济适用住房做了规定，只有两类企业可申请单位集资合作建房：一类是远离城区的独立工矿企业，二类是住房困难户较多的企业。此后建设部门又允许科研院所、大专院校、文化团体和卫生机构利用单位自有土地进行集资建房。进行集资建设经济适用住房必须符合以下三个条件：一是必须经过市县人民政府批准；二是必须符合城市的规划；三是企业或单位必须拥有自己的土地。而且，土地必须符合城市规划，可以用于建设住宅房屋，不能是工业用地，也不得新征或新购组织集资建房。

案例： 某局参加A企业的集资建房。A企业用自有的非工业用地组织本企业住房困难职工集资建房，并成立住房合作社进行建设。某局20名职工经局有关部门审核，认为符合困难人员条件，遂推荐参加住房合作社的集资建房。2006 年 10 月，职工某甲与住房合作社签订了集资建房协议，约定由某甲出资 90 万元集资建房，住房合作社于 2008 年 1 月将某县某街某号房屋所有权过户给某甲。住房合作社将某局有关部门审核的集资建房资格材料及与某甲签订的集资建房合同于 2007 年 7 月送至县房地产管理部门备案。县房地产管理部门未予审核实通过，将相关材料存档。因至合同约定之日，住房合作社未将约定房屋交与某甲，某甲起诉至某县法院，要求住房合作社履行合同，交付房屋。

该案所涉及的集资建房，性质属于经济适用住房性质，对其管理，应依据经济适用住房政策法规进行。其中，涉及集资建房配售资格，应由相关政府行政管理部门审核通过，否则其不能参加集资建房。该案表象系集资建房合同纠纷，实质是集资建房项目是否合法，参加集资建房人员资格审核通过问题，是行政权处理的范畴。就住宅合作社与集资建房人员的关系，集资建房人员的义务不仅投入资金，也有对房屋建设管理职能的参与权利。因此，不能认为是房屋买卖合同，而应看作是共同经营、共担风险的合作关系。合作过程中，涉及政府部门行政管理权，法院不应受理此案。合伙到期涉及处理合伙财产时，法院可以立民事案件处理。

前述经济适用房政策，不能直接原因作为法律依据，但违反政策。为导致公共利益受到损害，可依据合同法损害公共利益无效的规定确认房屋买卖合同无效。

八、限价商品房及央产房买卖合同的效力

2008 年 3 月 26 日，《北京市限价商品住房管理办法（试行）》正式发布。其中规定：限价商品住房项目应尽可能选择在交通相对便利、市政基础设施较为完善的区域进行建设，方便居住和通行。套型建筑面积以 90 平方米以下为主，其中，一居室控制在 60 平方米以下，二居室控制在 75 平方米以下。供应对象为本市中等收入住房困难的城镇居民家庭、征地拆迁过程中涉及的

农民家庭及市政规定的其他家庭。申请人需具有本市户口，申请家庭人均居住房面积、家庭收入、家庭资产符合规定标准，并实行动态管理。各区县住房保障管理部门负责组织，本地区县符合条件的申请家庭，通过摇号等方式配售限价商品房。限价商品房进行登记时，权属证书上应注明"限价商品房"。购房人取得房屋权属证书后五年内不得转让所购住房，确需转让的，可向户口所在区县住房保障管理局申请回购，回购价格按购买价格并考虑折旧和物价水平等因素确定。购房人在取得房屋权属证书五年后转让所购住房的应按届时同地段普通商品住房和限价商品住房差价一定比例交纳土地收益等价款。具体比例由市建设、国土资源、发展改革、财产等部门研究确定。经市政府批准后实施，并且可根据房地产变化等情况按程序适时调整交纳比例。

限价商品房也称两限房，既限制地价，同时也限制房价，它是房产市场不能独立调整的前提下政府宏观调控的产物。限制地价，依然要采取招标、拍卖、挂牌等方式取得土地，是在政府提出限制销售价格、住房套型面积和销售对象等要求下，通过公开竞争方式取得土地，进行开发建设和定向销售的普通商品住房。

开发商建造房屋时已经缴纳土地出让金，只不过因为政府对房价的限制，可能会导致竞争时，土地出让金不能充分体现"招、拍、挂"得到的市场高价，隐含着国家对地价收益的损失。所以，在限价商品房转让时，要根据相关部门的标准向国家补足土地收益。因此，限价商品房的买卖合同系有效合同。如果政府相关部门出具意见限制房屋在五年之内转让，系属于房屋买卖合同不能履行的问题。

所谓央产房，系指中央在京单位已购公有住房，是职工按标准价或成本价购买的原产权属于中央在京单位的公有住房或根据国家政策按标准价或成本价购买的属于中央在京单位建设的安居工程及集资建房。根据《中央在京单位已购公有住房上市出售管理办法》规定，中央在京单位已购公房上市出售遵循统一市场、定点代理、方便职工、系统监管的原则，国管局和中直管理局成立在京中央和国家机关住房交易办公室负责监管交易活动，即出售该类住房要受央产房办公室批准。如未经央产房办公室批准，房屋买卖合同系有效合同；但是合同履行存在障碍，不能进行所有权登记。

房屋租赁若干问题论纲

一、房屋租赁与转租

我国《城市房地产管理法》第五十三条规定，房屋租赁，是指房屋所有权作为出租人将其房屋出租给承租人使用，由承租人向出租人支付租金的行为。我国《合同法》第二百一十二条规定，租赁合同是出租人将租赁物交付承租人使用、收益，承租人支付租金的合同。从合同法和城市房地产管理法以上规定来看，合同法所规定的租赁合同是当事人之间设定用益物权的合同，是当事人约定一方转移特定物于他方使用，他方给付租金的合同。而城市房地产管理法所规定的租赁合同，系指房屋租赁，对房屋设定用益权的合同。本文采用的租赁概念，为房地产法规定所涉及的租赁概念。相应的，房屋转租，是承租人不退出租赁关系而将房屋出租给他人的行为。

转租后承租人虽然仍是租赁关系的当事人，但实际上是将租赁物有偿的再转移给第三人即次承租人使用收益，而租赁物如何进行使用收益，对出租人有着直接的利害关系。对承租人而言，取得租赁物的使用、收益是主要目的，将租赁物转租有时比承租人自己使用租赁物更为有利，因而转租更有利于承租人利益的实现。按承租人进行自主转租的程度，现代各国民法关于转租的立法模式分为以下三种：

1. 限制主义模式

该模式认为，非经出租人同意，承租人不得转租。德国民法典第五百四十九条规定，承租人非经出租人许诺，不得以租赁物之使用委于第三人。日本民法典第六百一十二条规定，承租人非得出租人之承诺，不得让与其权利或将租赁物转租。我国台湾地区现行民法第四百四十三条规定，合法转租的情形分两种：（1）得出租人承诺；（2）房屋承租人将房屋一部分转租于他人，但有反对之约定者不在此限。除上述两种合法转租之情形外，其他转租均为违法。我国合同法采用以当事人同意为衡量转租是否合法的标准，转租经出租人同意的为合法转租，除此之外为非法转租。

2. 自由主义模式

该模式认为转租是承租人的权利，承租人原则上可以转租。法国民法典规定，承租人有转租的权利，但租赁契约有禁止的约定者除外，在实务中，法国民法认为即使当事人之间有禁止转租的约定，但出租人拒绝转租也应当有正当理由，否则构成权利滥用①。奥地利民法典规定，如对于所有人无害或契约上未明示的加以禁止，承租人有转租权。

3. 区别主义模式

该模式认为承租人能否转租不能一概而论，应区分不同情况分别对待。1996 年施行的俄罗斯民法典规定，除本法典、其他法律或法律文件另有规定之外，承租人在征得出租人同意后有权转租。对于交通工具，如租赁合同无相反约定，承租人有权不经出租人同意转租。意大利民法典规定，除有相反的约定外，承租人有转租权。涉及动产物时，转租应当由出租人授权或者与惯例相等；产生孳息的物品，未经出租人同意，承租人不得转租。

根据我国《合同法》第二百二十四条规定，转租按照是否经过出租人同意，可以分为同意转租和擅自转租。同意转租，即是经过出租人同意的转租。擅自转租，指未经过出租人同意的转租。经过出租人同意的转租，如果转租合同符合合同其他生效要件，转租合同为有效合同。对于擅自转租的合同效力，理论上与实务上均争议很大。

《合同法》第二百二十四条规定承租人经出租人同意，可以将租赁物转租给第三人。承租人转租的，承租人与出租人之间的租赁合同继续有效，第三人对租赁物造成损失的，承租人应当赔偿损失。承租人未经出租人同意转租

---

① 史尚宽，《债法各论》，中国政法大学出版社 2000 年版，第 180—190 页。

的，出租人可以解除合同。该条对转租行为法律效力的规定过于原则，缺乏可操作性。对于擅自转租的，实务中有两种观点：一种观点认为，出租人将房屋出租给承租人，承租人取得了对于房屋进行处分的合法权源，当然也包括出租行为在内，承租人当然可以将房屋转租，这也是其对房屋使用的重要方式之一。另一种观点认为，承租人将房屋转租，破坏了原有的出租人与承租人的信任关系，该转租行为若未经过出租人同意，应归于无效。

对于合同法过于原则的规定，最高人民法院于 2009 年 7 月 30 日公布了《关于审理城镇房屋租赁合同纠纷案件具体应用法律若干问题的解释》，其第十六条规定，出租人知道或者应当知道承租人转租，但在六个月内未提出异议，其以承租人未经同意为由请求解除合同或者转租合同无效的，人民法院不予支持。因租赁合同产生纠纷的案件，人民法院可以通知次承租人作为第三人参加诉讼，该条司法解释在起草过程中，先后九易其稿，最终形成两种观点：一种观点认为所有权权能包括占有、使用、收益、处分权。承租人未经出租人同意，签订转租合同，将房屋交付次承租人使用，实际上行使了承租房屋的处分权，必然损害所有权的权益。按照无权处分原则，应当认定未经出租人同意的转租合同无效；另一种观点认为是否经出租人同意不影响转租合同的效力，房屋租赁合同的内容是出租人将租赁物交由承租人占有、使用，承租人支付相应的租金。该类合同属于确定债权债务关系的合同，而不是以产生物权变动效果为目的的合同。承租人将依照合同取得的对租赁物的占有、使用转移给次承租人享有，并不构成对租赁物的处分。依照前述合同法规定，对承租人未经出租人同意转租的，出租人的救济途径是可以解除原租赁合同，而非宣告转租合同无效，从实际效果看，认定未经出租人同意的转租合同有效，在出租人主张租赁合同解除情形下，承租人对出租人和次承租人均应承担违约责任，更有利于惩罚承租人违背诚实信用的行为，保护次承租人利益，专委会经讨论研究采纳了第一种意见[①]。

虽然司法解释对擅自转租行为认为其损害了出租人的利益，破坏了出租

---

① 最高人民法院民事审判第一庭，《最高人民法院关于审理城镇房屋租赁合同纠纷案件司法解释的理解与适用》，人民法院出版社 2009 年版，第 206—207 页。

人与承租人的现有信任关系，原则上将此种行为认定无效[①]，但应进一步在理论上予以梳理。尤其是在无权处分等理论对我国民事审判实践影响逐步深入的情况下，仅维护法律价值判断而不在法理上探究，将会造成新的执法不统一。

首先设定租赁权是否系处分行为，意即，设定租赁权是否属于无权处分。通说认为，所谓无权处分，就是处分人不享有标的物的所有权（处分权）而实施了处分行为。所谓处分，是指对于标的物实施了导致物权变动的行为，如买卖、赠与、设定担保物权或者用益物权的，都会产生物权变动的效果，但设定债权的负担行为，如借用、租赁等，显然不属于处分之列[②]。如果将设定租赁权的行为视为一种处分行为，从逻辑上勉强能说得过去，因为对租赁物的占有肯定是对所有权的一种限制，正如在物上设定抵押权也是对所有权的限制一样。但若认为设定租赁权的行为是处分行为，又与立法不承认租赁权为物权在逻辑上产生矛盾。从最狭义的处分行为概念的角度讲，无权处分仅针对物权行为而言，不涉及负担行为，因此我国学界通说及立法均未承认租赁权是物权，而认为是债权[③]。

2012 年 7 月 1 日施行的《最高人民法院关于审理买卖合同纠纷案件适用法律问题的解释》第三条第一款规定当事人一方以出卖人在缔约时对标的物设有所有权或处分权为由主张合同无效的，人民法院不予支持。该条明确规定了合同效力不因无权处分的事实本身而受到影响。因此从以上理由来看，以无权处分而推定转租合同无效道理不顺。

其次，根据《民法总则》第一百三十六条[④]、第一百四十四条[⑤]规定，结合

[①] 最高人民法院民事审判第一庭，《最高人民法院关于审理城镇房屋租赁合同纠纷案件司法解释的理解与适用》，人民法院出版社 2009 年版，第 217 页。

[②] 李建伟，《李建伟讲民法》，人民日报出版社 2017 年版，第 164 页。

[③] 最高人民法院民事审判第一庭，《最高人民法院关于审理城镇房屋租赁合同纠纷案件司法解释的理解与适用》，人民法院出版社 2009 年版，第 214—215 页。

[④] 《民法总则》第一百三十六条规定，民事法律行为自成立时生效，但是法律另有规定或者当事人另有约定的除外，行为人非依法律规定或者未经对方同意，不得擅自变更或者解除民事法律行为。

[⑤] 《民法总则》第一百四十四条规定，无民事行为能力人实施的民事法律行为无效。

《民法通则》第五十五条 ① 规定，合同生效要件为：（1）行为人具有相应的民事行为能力；（2）意思表示真实；（3）不违背法律或者社会公共利益。其中意思表示真实是合同生效的重要构成要件。因为合同本质上乃是当事人之间的一种合意，此种合意符合法律规定，依法律可以产生法律拘束力；而当事人的意思表示能否产生此种拘束力，则取决于此种意思表示是否同行为人的真实意思相符合，也就是说意思表示是否真实 ②。

有观点认为，承租人与次承租人签订转租合同，转租合同是否有效，应根据《合同法》第五十一条 ③ 进行判断。如前所述，意思表示真实是合同生效要件。承租人订立转租合同，是承租人与次承租人真实意思表示，但此种情形下是否订立转租合同，所有权人或有处分权人意思表示尚不清楚。按照传统观点，无处分权人处分他人财产，在所有人或有处分权人追认之前，转租合同属于效力待定合同，如果未经权利人追认，则转租合同无效 ④。

但正如前文所述，自《最高人民法院关于审理买卖合同纠纷案件适用法律问题的解释》颁布实施以后，对《合同法》第五十一条规定中的"处分"应当做出限缩性解释，即"无权处分"指向对物权变动之目标实现没有相应权利或者权利受到限制的情况 ⑤，并且，无权处分并不必然导致转租合同无效，因此只要承租人本身具有真实意思表示，在不存在其他合同无效条件下，转租合同应为有效合同。若如此，在转租合同中没有所有权人或有处分权人订立转租合同的真实意思表示，既不能认为转租合同无效，也不能认为转租合同效力待定。因此，以缺乏所有权人或有处分权人真实意思表示为理由推定转租合同无效亦不通畅。

从司法解释采纳转租合同无效观点的理由来看，其是认为擅自转租行为

---

① 《民法通则》第五十五条规定，民事法律行为应当具备下列条件：（一）行为人具有相应的民事行为能力；（二）意思表示真实；（三）不违背法律或者社会公共利益。

② 王立明、崔健远，《合同法新论·总则》，中国政法大学出版社 2000 年修订版，第 246 页。

③ 《合同法》第五十一条规定无处分权的人处分他人财产，经权利人追认或者无处分权的人订立合同后，取得处分权的，该合同有效。

④ 柴建国，《民商事审判疑难问题辨析》，人民法院出版社 2002 年版，第 83 页。

⑤ 杜万华，《最高人民法院〈物权法〉司法解释（一）理解与适用》，人民法院出版社 2016 年版，第 366 页。

损害了出租人的利益，破坏了出租人与承租人的现有信任关系。对承租人在出租人解除租赁合同的前提下，次承租人能否根据转租合同请求损害赔偿问题，司法解释本意认为，要看次承租人是否为善意。如果次承租人为善意，即在其与承租人订立合同之时，不知道也不应当知道承租人未经出租人同意转租，为保护善意第三人的利益，应由承租人承担相应的损害赔偿责任；如果次承租人为恶意，即在其与承租人订立合同之时，知道或者应当知道承租人未取得出租人的同意，那么这种风险在其订立合同时是可以预见的，此时自无要求承租人承担赔偿责任之理①。

对该段论述进行分析，可以得出以下结论：第一，如果承租人与次承租人签订转租合同，恶意串通，损害出租人利益，转租合同应为无效；第二，如果承租人与次承租人签订转租合同，次承租人对转租事实知道或应当知道，但没有损害出租人利益，此种情形转租合同无效；第三，如果承租人与次承租人签订转租合同时承租人对转租事实不知道或不应当知道，也就是次承租人为善意，则应当认为转租合同有效。

第一种意见的依据是《合同法》第五十二条第二项②或《民法总则》第一百五十四条③；第二种意见的依据是《最高人民法院关于审理城镇房屋租赁合同纠纷案件具体应用法律若干问题的解释》第十六条④，从该条文义和逻辑来看，擅自转租的转租合同属无效合同。

但正像该解释第十六条所规定的例外情形，就出租人而言，"出租人知道或者应当知道承租人转租，但在六个月内未提出异议"的，其以承租人未经同意为由请求认定转租合同无效的，人民法院不予支持。就次承租人而言，在承租人擅自转租情形下，其为善意的，转租合同亦不应被认定无效，其理

---

① 最高人民法院民事审判第一庭，《最高人民法院关于审理城镇房屋租赁合同纠纷案件司法解释的理解与适用》，人民法院出版社 2009 年版，第 247—220 页。

② 《合同法》第五十二条第二项规定，恶意串通损害国家、集体或者第三人利益的合同无效。

③ 《民法总则》第一百五十四条规定，行为人与相对人恶意串通，损害他人合法权益的民事行为无效。

④ 《最高人民法院关于审理城镇房屋租赁合同纠纷案件具体应用法律若干问题的解释》第十六条规定，出租人知道或者应当知道承租人转租，但在六个月内未提出异议，其以承租人未经同意为由请求解除合同或者认定转租合同无效的，人民法院不予支持。

由如下：

第一，我国《物权法》第一百零六条规定了善意取得制度。善意取得，是指无处分权人转让标的物给善意第三人时，善意第三人一般可以取得标的物的所有权，所有权人不得请求善意第三人返还原物[1]。通说认为，善意取得中债权行为，应依据债权法规则处理，不违背法律行为有效要件的有效，而不受处分人欠缺处分权的影响，具备无效原因时则无效[2]。善意取得是以无权处分为前提的，处分物权时在善意取得制度下，债权合同一般应认为有效，那么，举重以明轻，从"逻辑上认为设定租赁权行为是一种处分行为"的情形下，擅自转租下的转租合同，在次承租人为善意时，一般应认为有效，符合法理。

第二，以善意修正合同效力，在我国司法解释中已有成例。《最高人民法院关于贯彻执行〈中华人民共和国民法通则〉若干问题的意见（试行）》第八十九条规定，共同共有人对共有财产享有共同的权利，承担共同的义务。在共同共有关系存续期间，部分共有人擅自处分共有财产的一般认定无效。但第三人善意、有偿取得该财产的，应当维护第三人合法权益，对其他共有人的损失，由擅自处分共有财产的人赔偿。又如《最高人民法院关于适用〈中华人民共和国婚姻法〉若干问题的解释（三）》第十一条第一款规定一方未经另一方同意出售夫妻共同共有的房屋，第三人善意购买、支付合理对价并办理产权登记手续，另一方主张追回该房屋的人民法院不予支持。《最高人民法院关于审理城镇房屋租赁合同纠纷案件具体应用法律若干问题的解释》第二十四条第四项规定第三人善意购买租赁房屋，并已经办理登记手续的承租人不得主张优先购买权[3]。婚姻法司法解释（三）和租赁合同司法解释虽然实施于《物权法》颁布之后，由于《最高人民法院关于审理买卖合同纠纷案

---

[1] 魏振瀛，《民法》（第4版），北京大学出版社、高等教育出版社2010年版，第261页。

[2] 杜万华，《最高人民法院〈物权法〉司法解释（一）理解与适用》，人民法院出版社2010年版，第480—481页。

[3] 该解释第二十四条规定，具有下列情形之一，承租人主张优先购买房屋的，人民法院不予支持：（一）房屋共有人行使优先购买权的；（二）出租人将房屋出售给近亲属，包括配偶、父母、子女、兄弟姐妹、祖父母、外祖父母、孙子女、外孙子女的；（三）出租人履行通知义务后，承租人在15日内未明确表示购买的；（四）第三人善意购买租赁房屋，并已经办理登记手续的。

件适用法律问题的解释》尚未出台，也即无权处分并不必然导致买卖合同无效原则尚未明确，应当认为上述三个立法例所规范的第三人善意，系在合同法规定基础之上对债权关系的纠正，即第三人善意可以修正合同效力。

认为擅自转租情形下，次承租人善意可以修正合同效力，除司法解释制定者学理阐释之外，还有如下两个理由。一是司法解释制定者对"关于承租人未经出租人同意而将房屋转租，其向次承租人收取租金是否构成不当得利的问题"阐释，其认为，所谓不当得利，是指没有法律或合同依据，而使他人受损，自己获益的行为。在转租中承租人向次承租人收取租金，是否使出租人利益受损呢？答案是否定的。因为，既然出租人与承租人之间存在合法的租赁关系，出租人也以租金为对价将租赁物交予他人占有、使用、收益，其收益已经确定而不能再对租赁物进行使用、收益，而至于承租人向次承租人收取的收益，只是其使用、收益的变相形式而言，无论其收取多少，出租人的租金并不因此而受到损害，因此，不能因为承租人因转租而获益就认为损害了出租人的利益。至于对次承租人而言，承租者向其收取租金有合同依据，自然不存在使其受损的情形。因此，承租人收取租金并非没有法律依据，同时又不存在损害他人利益的情形，与不当得利的构成相去甚远①。该论述认为在承租人擅自转租情形下，承租人所收取的租金，对次承租人而言不构成不当得利，理由是具有法律依据，具体而言是有合同依据。如若转租合同无效，即使在次承租人使用房屋期间应支付占有使用费用，该占有使用费本质是对承租人损失的赔偿或补偿，亦不能轻言承租人所收租金不具有合同依据。因此，该段论述表明，在承租人擅自转租情形下，至少不排除次承租人善意时可以修正合同效力。

在承租人擅自转租情形下，应排除次承租人对租赁权善意取得制度的适用。这是由于善意取得应以无权处分为前提，在理论体系上应与善意修正债权合同效力区分开。

综合上述，本文观点为承租人擅自转租房屋情形下，其与次承租人之

---

① 最高人民法院民事审判第一庭，《最高人民法院关于审理城镇房屋租赁合同纠纷案件司法解释的理解与适用》，人民法院出版社 2009 年版，第 220—221 页。

间的转租合同，一般应认定无效，当次承租人为善意时，可以认定转租合同有效。

二、出租人与次承租人之间的关系

所谓转租，是承租人不退出租赁关系，而将租赁物出租给次承租人（第三人）使用收益。从所有权的对世性角度考虑，所有权人能排除任何人对所有权的妨碍，但对于次承租人，出租人不能以此理由要求次承租人返还原物。因此应当认为出租人与次承租人之间不存在直接的法律关系。

一些国家和地区为保护出租人的利益，在立法上规定了出租人与次承租人之间的法律关系。如《瑞士债务法》规定出租人不得直接向次承租人请求支付租金，但对于次承租人所迁入之物，于转租人权利所约范围内有留置权。除基于所有权外，出租人对于次承租人并无直接请求租赁物的权利。又如《日本民法典》第六百一十三条规定，承租人违法转租承租物时，次承租人直接对出租人负担义务。于此情形，不得以租金已先付对抗出租人。前款规定，不妨碍出租人对承租人行使其权利。我国立法，除《合同法》第二百二十四条外，于《最高人民法院关于审理城镇房屋租赁合同纠纷案件具体应用法律若干问题的解释》第十七条、第十八条作了相应规定。第十七条规定，因承租人拖欠租金，出租人请求解除合同时，次承租人请求代承租人支付欠付的租金和违约金以抗辩出租人合同解除权的，人民法院应予支持。但转租合同无效的除外。次承租人代为支付的租金和违约金超出其应支付的租金数额，可以折抵租金或者向承租人追偿。第十八条规定，房屋租赁合同无效，履行期限届满前或者解除，出租人请求负有腾房义务的次承租人支付预期腾房占有使用费的，人民法院应予支持。

经过出租人同意或者依法推定出租人同意的转租为合法转租。依据合同相对性理论，出租人与承租人的房屋租赁合同和承租人与次承租人的房屋租赁合同，两者是完全独立的两个合同。次承租人与出租人之间并不发生直接关系，次承租人的主张当然不能对抗出租人，因此次承租人的地位是十分微弱的。随着市场经济高速发展的现实，房屋转租比较普遍，强调出租人权益而忽视次承租人利益不利于社会经济发展，也不利于社会稳定。法律和学说理论是为社会经济生活服务的，两者之间的关系决不能本末倒置，即不能使社会生活困于法律逻辑。因此，有必要对出租人与次承租人利益通过法律解释予以平衡。

租赁权物权化理论能够突破合同相对性，赋予租赁权以对世性，从而使次承租人与出租人之间直接取得联系，从而破解了次承租人的困境。租赁关系的稳定性很大程度上取决于租赁权的稳定性，如果使租赁权物权化，则赋予了租赁权很强的对世效力，有对抗房屋所有人甚至出租人的效力，次承租人微弱地位的问题迎刃而解。在承租人违约出租人要求解除合同时，赋予次承租人的清偿请求权以对抗出租人，与"买卖不破租赁""承租人优先购买权"几项制度均是租赁权物权化的集中体现。这几项制度均突破了合同相对性，有利于维护租赁关系的稳定①。

在此基础上《最高人民法院关于审理城镇房屋租赁合同纠纷案件具体应用法律若干问题的解释》第十七条赋予次承租人代承租人支付欠付的租金和违约金清偿请求权基础之上的抗辩权。与此同时，在租赁关系和转租关系基础上，由于租赁关系解除、终止、无效，出租人和次承租人还有在着出租人作为房屋所有人，要求次承租人返还原物的物权请求权。该物权请求权并非一般所有权对世下效力的表现，而是出租人、承租人及次承租人之间租赁关系、转租关系基础上的表现。当租赁关系解除、终止、无效时，次承租人占有使用的房屋应当返还给出租人。当次承租人系合法承租，其拥有清偿请求权时，其可以对抗出租人的解除合同请求权。所以当次承租人拥有清偿请求权以及在租赁关系、转租关系基础上，出租人为所有权人请求返还原物时，出租人与次承租人存在法律关系，在出租人与承租人发生租赁合同纠纷时，其应作为第三人参加民事诉讼。

有观点认为当承租人欠付租金情形下，出租人可以依据《合同法》第

---

① 最高人民法院民事审判第一庭，《最高人民法院关于审理城镇房屋租赁合同纠纷案件司法解释的理解与适用》，人民法院出版社 2009 年版，第 226 页。

七十三条①规定行使代位请求权，此种观点有所不妥。上述合同法所作规定，系对普通债权之规范，当案件事实需要适用特别法规范时，即应当适用特别法规范。房屋租赁法律关系通说认为是债权关系，而租赁权物权化亦被民法理论所承认。用租赁权物权化理论分析可以看到，虽然租赁合同与转租合同为各自独立的合同，出租人与承租人，承租人与次承租人应当按照租赁合同与转租合同各自行使权利，履行义务。但是，出租人与次承租人并非没有权利义务关系存在，即如次承租人对出租人拥有清偿请求权，次承租人的该项权利就不是针对承租人的权利，承租人之地位不拥有这样的权利义务。因此，当承租人欠付租金情形下，出租人不能代承租人之位，对次承租人行使代位请求权。这是租赁权物权化理论的表现，在性质上是房地产法相对于合同法作为特别法适用的结果。

三、租期问题

《合同法》第二百四十条规定，租赁期限不得超过二十年。超过二十年的超过部分无效。租赁期间届满，当事人可以续订租赁合同，但约定的租赁期限自续订之日起不得超过二十年。该条是对租赁合同定期租赁的规定。定期租赁的当事人在合同中约定了租赁的期限，合同约定的租赁期限届满终止。关于租赁合同的期限，合同法没有最低限的规定，但有最高期限的规定为二十年。二十年期满后可以续订。所谓续订，指在原租赁合同其他内容不变的情形下，延长合同期限，学理上也称之为期限更新。期限更新不同于一般合同中履行期限的变更。在租赁合同更新的前后，尽管维持着租赁的同一性，但仍相当于两个租赁关系。当事人如果在约定租赁期限内以协议更改租赁期限，理论上则应属于合同的变更，而不是合同更新。

租赁合同当事人之间更新合同期限，续订合同的方式有两种：约定更新和法定更新。约定更新，指当事人双方在租赁期限届满后，另订一合同约定

---

① 《合同法》第七十三条规定，因债务人怠于行使其到期债权对债权人造成损害的，债权人可以向人民法院请求以自己的名义代位行使债务人的债权，但该债权专属于债务人自身的除外。代位权的行使范围以债权人的债权为限。债权人行使代位权的必要费用由债务人承担。

延长原租赁期限。但根据合同法的强行规定，当事人另订租赁合同的，租赁期限也不得超过二十年。法定更新，又叫默示更新，只在租赁期限届满后，只要当事人做出某种特定的行为，法律即推定原租赁关系继续存在、有效。我国《合同法》第二百三十六条规定，租赁期间届满，承租人继续使用标的物出租人没有提出异议的，原租赁合同继续有效，但租赁合同为不定期[1]。根据《合同法》第二百三十二条后半段规定，对于不定期租赁，当事人可以随时解除合同，但出租人解除合同，应当在合理期限之前通知承租人。

对合同法实施以前签订的超过二十年租期的房屋租赁合同的效力，在司法实践中认识存在分歧。一种观点认为，这些租赁期限跨越合同法实施之日并且至今仍在履行的租赁合同，根据合同法司法解释（一）第一条规定，对合同法实施以前成立的合同发生纠纷，适用当时的法律规定；当时没有法律规定的，可以适用合同法的有关规定。因合同法实施以前法律、法规对租赁期限并无限制性规定，因此，对合同法实施之前的房屋租赁合同，其约定的租赁期限要受到合同法的限制，最高不得超过二十年。对此，应当从合同法生效之日起计算新的租赁期限，对于此时超过二十年的，超过的部分应认定无效[2]。

这种观点应受到质疑。合同法司法解释（一）第一条完整内容如下：合同法实施以后成立的合同发生纠纷起诉到人民法院的，适用合同法的规定；合同法实施以前成立的合同发生纠纷起诉到人民法院的，除本解释另有规定的以外，适用当时的法律规定，当时没有法律规定的，可以适用合同法的有关规定。

在合同法实施之前及之后的房地产法，均有如下规定：住宅用房的租赁，应当执行国家和房屋所在城市人民政府的租赁政策。租用房屋从事生产、经营活动的，由租赁双方协商议定租金和其他租赁条款。以营利为目的，房屋所有权人将以划拨方式取得使用权的国有土地上建成的房屋出租的，应当将租金中所含土地收益上缴国家。相对于合同法，房地产法为特别法，按照房

---

[1] 刘武元，《房地产交易法律问题研究》，法律出版社 2002 年版，第 356—357 页。

[2] 吕伯涛，《适用合同法重大疑难问题研究》，人民法院出版社 2001 年版，第 266—277 页。

地产法规定，包括租期在内的租金和其他条款可由双方协商。而按照合同法相关规定，租期超过二十年的，超过部分无效。如果合同法为一般法，那合同法关于租期的规定为特别规范，即特别法。对于制订在后的房地产法允许双方议定租金和其他租赁条款而言，合同法关于租金期限不超过二十年的规定，就租期问题为特别法。那么对于新一般法与旧特别法之间的冲突，用旧特别法优于新一般法规则处理新一般法与旧特别法冲突，更有助于维护法律适用的统一性和严肃性①。而对于制订在合同法之前的房地产法，允许双方议定租金和其他租赁条款的规定为一般法，合同法关于租期的规定为特别法，旧一般法与新特别法的冲突，不论是按照新法优于旧法原则，还是按照特别法优于一般法原则，其适用的结果是一致的，最终却选择的是特别法或者新法②，即应该择合同法适用。

但是，对于合同法实施以前签订的超过二十年租期的房屋租赁合同效力，由于案件事实的原因，并不要求解决一般法与特别法适用问题，而需要解决法是否溯及既往的问题。合同法司法解释（一），除第一条规定之外，没有关于租期问题的另行规定，按照该条解释第一条的规定，应当适用当时的法律规定。而之前的房地产法规定，由双方协商议定租金和其他租赁条款，因此适用当时的法律规定，应当允许双方协商议定租期条款，而没有租期不得超过二十年的限制。合同法司法解释（一）第一条具有法不溯及既往原则的涵义。所以对合同法实施以前签订的超过二十年租期的房屋租赁合同，不应当确认为无效。

而从法律规定价值来看，合同法实施前，我国法律没有租赁期限的最高限制，在一些情况下，由于时间过长，使合同双方当事人受合同拘束的状况长期不能改变，不利于保护当事人的权益。针对此弊端，合同法增加租赁期限的规定③。可见，法律规定租赁期限的最高限制，在于从制度上解决当事人受合同拘束状况长期不能改变，当事人被合同捆绑过死的问题，以保护当事人利益。而不是对合同法实施前已签订期限超过二十年的合同在合同法实施

---

① 杨登峰，《法律冲突与适用规则》，法律出版社 2017 年版，第 249 页。

② 杨登峰，《法律冲突与适用规则》，法律出版社 2017 年版，第 243 页。

③ 江平，《中华人民共和国合同法精解》，中国政法大学出版社 1999 年版，第 167 页。

后至二十年时即应终止履行，以对既有事实进行改变。若如此才可能导致双方利益失衡。当然，这并不否定双方当事人在合同成立后因情势变更对合同予以变更或者解除①。

四、承租人的优先购买权问题

《合同法》第二百三十条规定，出租人出卖租赁房屋的，应当在出卖之前的合理期限内通知承租人，承租人享有以同等条件优先购买的权利。在国务院 1983 年颁布的《城市私有房屋管理条例》（已失效）第十一条②、1987 年 1 月 1 日起施行的《最高人民法院关于贯彻执行〈中华人民共和国民法通则〉若干问题的意见（试行）》第一百一十八条（已废止）③规定基础之上，合同法正式在法律层面上确定了房屋承租人的优先购买权，该条较之以往的规定未有所进步，对于该项权利的法律规定、实现程序及救济方面等均没有明确规定。《最高人民法院关于审理城镇房屋租赁合同纠纷案件具体应用法律若干问题的解释》用了四条规定作出法定解释，在该解释基础上，司法实践仍有统一思路的必要。

关于承租人优先购买权的性质。第一种学说为请求权说，即认为优先购买权是权利人请求出卖人与自己订立买卖合同的权利。所谓请求权，是指权利人要求他人为特定行为作为或不作为的权利，是必须借助于相对人的意思才可以实现权利目的的权利。债权为典型的请求权。第二种学说是形成权说，即认为优先购买权是依权利人一方之意思表示，即可使权利或法律关系发生、

---

① 《最高人民法院关于适用〈中华人民共和国合同法〉若干问题的解释（二）》第二十六条规定，合同成立以后客观情况发生当事人在订立合同时无法预见的、非不可抗力造成的不属于商业风险的重大变化，继续履行合同对于一方当事人明显不公平或者不能实现合同目的的，当事人请求人民法院变更或者解除合同的，人民法院应当根据公平原则，并结合案件的实际情况确定是否变更或者解除。

② 该条规定，房屋所有人出卖出租房屋，须提前三个月通知承租人。在同等条件下，承租人有优先购买权。

③ 该条规定，出租人出卖出租房屋，应提前三个月通知承租人，承租人在同等条件下，享有优先购买权；出租人未按照规定出卖房屋的，承租人可以请求人民法院宣告该房屋买卖合同无效。

变更或消灭的一种权利。第三种学说为物权说，即认为，明确优先购买权为一种物权，有利于对优先购买权人利益的保护，防止出卖人与第三人串通侵害优先购买权人优先购买的权利 ①。通说认为，承租人优先购买权是指承租人在出租人出卖所租赁房屋时，依照法律规定或约定，同等条件下有优先于第三人购买所承租房屋的权利。从立法创设优先购买权的旨意出发，承租人的优先购买权性质应确定为债权，归入强制缔约义务的请求权范畴。

在合同自由原则之下，当事人既享有决定合同内容、形式等自由，也享有缔约自由以及选择相对人的自由，即当事人可以依其自主意思决定是否定约以及与谁定约。强制缔约，是指个人或者企业负有相对人之请求，与其订立合同的义务，即对相对人之要约，非有正当理由不得拒绝承诺。在强制缔约制度中，由于受要约人负有强制缔约义务，必须做出承诺，因此，其缔约自由受到了相当的限制 ②。

在承认租赁权为债权性质基础上，也应当承认承租人的优先购买权具有物权化倾向。由于优先购买权对出租人依其自主意思决定是否定约以及与谁定约具有对抗效力，使得优先购买权具有物权性。如果简单以优先购买权为债权论，则其民事责任 ③ 承担与前述优先购买权理论相悖，只有承认优先购买权具有物权性，才能在法律体系中对相应民事责任承担进行解释。

从优先购买权的性质来看，它属于强制缔约请求权，其性质为债权，但具有物权化倾向。在承租人优先购买权受损害的场合，其可以请求公权力介入，主张依照同等条件与出租人签订买卖合同。从《最高人民法院关于审理

---

① 最高人民法院民事审判第一庭，《最高人民法院关于审理城镇房屋租赁合同纠纷案件司法解释的理解与适用》，人民法院出版社 2009 年版，第 282—284 页。

② 最高人民法院民事审判第一庭，《最高人民法院关于审理城镇房屋租赁合同纠纷案件司法解释的理解与适用》，人民法院出版社 2009 年版，第 286 页。

③ 《最高人民法院关于审理城镇房屋租赁合同纠纷案件具体应用法律若干问题的解释》第二十一条规定，出租人出卖租赁房屋未在合理期限内通知承租人或者存在其他损害承租人优先购买权情形，承租人请求出租人承担赔偿责任的，人民法院应予支持。但请求确认出租人与第三人签订的房屋买卖合同无效的，人民法院不予支持。

城镇房屋租赁合同纠纷案件具体应用法律若干问题的解释》第二十二条①、第二十三条②规定来看，这点可以得到印证。

根据《最高人民法院关于审理城镇房屋租赁合同纠纷案件具体应用法律若干问题的解释》之规定，承租人请求确认出租人与第三人签订的房屋买卖合同无效的，人民法院不予支持，应当理解为出租人与第三人签订的合同效力应当依照合同法有关合同效力的规定判断，在合同不具备无效情形下，应认定为有效。此种情形有两种情况应当予以关注。一是按照《最高人民法院关于审理城镇房屋租赁合同纠纷案件具体应用法律若干问题的解释》第二十四条第四项规定，第三人善意购买租赁房屋并已经办理登记手续的，承租人不得行使优先购买权。按照该规定，第三人善意可以修正出租人与第三人签订的买卖合同效力，而不属于《物权法》第一百零六条第一款规定的善意取得③，此种情况，应认为出租人与第三人签订的房屋买卖合同有效；二是出租人与第三人签订的房屋买卖合同，恶意串通损害承租人优先购买权的，合同有效，但是，损害出租人除优先购买权之外利益的意即存在其他无效事实要件的，应认定为系无效合同。之所以如此判断，是因为在根据其他事实要件判断情况下，如果存在侵害承租人优先购买权事实要件，应优先适用承租人优先购买权法律规范，二者之间法律适用，应遵循特别法由于一般法原则。

当出租人与第三人因其他事实要件存在，如损害公共利益要件存在，导致出租人与第三人所签房屋买卖合同无效的，承租人不能主张优先购买权，因为行使优先购买权的相同条件，必须是基于有效合同。有观点认为，为避免承租人不具备购房能力或者没有购房意图滥用权利，支持承租人行使优先

---

① 该条规定，出租人与抵押权人协议折价、变卖租赁房屋偿还债务，应当在合理期限内通知承租人。承租人请求以同等条件优先购买房屋的，人民法院应予支持。

② 该条规定，出租人委托拍卖人拍卖租赁房屋，应当在拍卖5日前通知承租人。承租人未参加拍卖的，人民法院应当认定承租人放弃优先购买权。

③《物权法》第一百零六条第一款规定，无处分权人将不动产或者动产转让给受让人的，受让人取得该不动产或动产所有权：（一）受让人受让该不动产或者动产时是善意的；（二）以合理价格转让；（三）转让的不动产或者动产依照法律规定应当登记的已经登记，不需要登记的已经交付给受让人。

购买权时应赋予其一定的义务，如承租人主张与出租人成立买卖合同的，应交付一定数额的定金或者担保，以使出租人信任其履行能力。笔者认为有所不妥，原因有二，一是如果要求承租人交付定金或者提供担保，则有违优先购买权"同等条件"行使的前提，所谓同等条件，既不能对出租人与第三人之间的房屋买卖合同做缩小解释，也不能增加出租人负担。二是，如果承租人与出租人因承租人行使优先购买权房屋买卖合同成立，承租人因为滥用权利而不履行房屋买卖合同，则承租人应当承担违约责任，其中也包括出租人因为对第三人违约所造成的损失。

还有观点认为，承租人因行使优先购买权与出租人成立合同关系后，该合同与出租人同第三人签订的合同产生的权利均为债权，在两个权利相同情形下，优先保护承租人的合同履行，似有缺乏法理依据，但该处理符合优先购买权的立法意旨，在法律规定上难言无据，因此，建议采用①。笔者认为不妥。第一，承租人优先购买权是强制缔约的权利，虽具有物权性，但性质依然是债权，对优先购买权的保护立法意旨应为债权保护；第二，以强制缔约权进而延伸到优先履行权，在法律已有的善意取得制度下，会造成法律原则、法律制度之间的冲突；第三，依次序履行，既按照房屋所有权已办理转移登记、占有次序履行系房屋买卖合同履行原则，对承租人的优先购买权不会造成损害。因此，在承租人优先购买权性质明确情况下，按房屋买卖合同履行原则保护合同履行更为妥当。

五、房屋租赁与涉房地企业租赁区别与联系

根据《合同法》第二百一十二条规定，房屋租赁合同的基本内涵有如下几个方面：一是租赁合同是经双方当事人合意约定的；二是出租人依约定交付房屋给承租人供其占有使用收益；三是承租人依约承担支付租金的义务。其法律特征有如下几个：一是租赁合同是转让房屋的使用权和收益权的合同，

---

① 最高人民法院民事审判第一庭，《最高人民法院关于审理城镇房屋租赁合同纠纷案件司法解释的理解与适用》，人民法院出版社 2009 年版，第 292 页。

不同于转让房屋所有权的合同；二是租赁合同的客体是房屋，承租人须在合同终止或解除后返还；三是租赁合同具有复合性，债本质为债权合同，而租赁权具有物权性；四是房屋租赁合同为合同法十五种有名合同之一种，系双务、诺成、有偿和非要式合同。

企业租赁合同系指出租人将企业的经营权（包括经营性占有、使用、收益和处分的权利）交付给承租人占有、使用和收益，承租人支付租金的合同。企业租赁合同属于经营性租赁，相对于房屋租赁，企业租赁是一种特别租赁，它包括对企业房屋、经营场所在内的企业经营权的租赁。

企业租赁与房屋租赁的区别有：

第一，一般房屋租赁是让承租人占有使用收益出租人的房屋，而企业租赁是让承租人利用企业全部资产进行生产经营。

第二，一般房屋租赁是承租人占有使用收益出租人的房屋，而企业租赁是租赁承租人获得企业的经营权，其范围大于房屋租赁。

第三，一般房屋租赁出租房屋的一切费用，包括缴纳土地收益、修理维护房屋的义务由出租人承担，而企业租赁中，修理维护房屋场地等经营场所等费用由承租人负担，出租房屋的风险也转移至承租人。

第四，一般房屋租赁关系终止解除后，承租人应返还房屋，而企业租赁关系终止解除后，承租人不仅要返还出租的房屋场地等财产，还要将合同中约定的企业增值费用返还给出租人。

第五，租赁经营企业对外发生诉讼时，承租人继续承租的，应列出租的企业为当事人，承租人与出租人之间履行合同纠纷，按照租赁合同另行处理。

第六，对外发生诉讼时，原出租企业倒闭，已无财产清偿债务或不足清偿债务的，按照租赁合同的约定，承租人对企业亏损有民事责任的，可以列承租人为诉讼第三人。

第七，发生诉讼时，原租赁合同终止或解除的，可以列企业为被告，承租人未按合同约定交付租金的，按租赁合同约定，承租人对其租赁期间的债务应当承担责任的，可以将承租人列为诉讼第三人。

六、房地二元化租赁法律形式冲突中法律价值的判断

案例：

1996 年 4 月 22 日崇文某公司（甲方）与某建筑公司（乙方）签订《协议书》，双方在协议书中约定，甲方同意将坐落于丰台区分钟寺乡新建仓库 1676 平方米平房五间 70 平方米，二层楼基及院落 4914 平方米租给乙方使用；租赁期限为 50 年，即从 1996 年 5 月至 2046 年 4 月止；乙方同意一次性付清全部租金，即人民币柒佰伍拾万元整；甲方责任：1. 七日内腾空院内全部商品、物品，撤离人员交乙方使用，2. 提供二层小楼规划，建设等有关手续及文件材料，3. 协助乙方办理新建地上建筑物有关手续，4. 保证租期内乙方对仓库的使用权；乙方责任：支付全部租金，承担租期内应由乙方交纳的全部税费，租赁期满，地上建筑物归甲方所有。某筑公司与崇文某公司签订《协议书》后，已支付了全部租金。崇文某公司在交付案涉房屋及院落后，已协助某建筑公司以崇文某公司的名义办理了新建地上物的开工手续。某建筑公司出示的编号为 97- 规建字 -2072 的《建设工程规划许可证》记载的建设项目名称为业务用房及单宿，建设规模 2270.6 平方米。某建筑公司出示的编号（98）丰规建临字 096 号的《建筑施工许可证》记载的工程项目（用途）锅炉房，建筑面积 135.35 平方米。2018 年 9 月 28 日，北京某集团有限公司东城分公司（崇文某公司之权利义务继受者）向一审法院起诉请求：1. 确认 1996 年 4 月 22 日的《协议书》无效；2. 本案诉讼费由某建筑公司承担。

审理结果：

一审法院于 2018 年 12 月判决：原崇文某公司与某建筑公司于 1996 年 4 月 22 日签订的《协议书》无效。宣判后，某建筑公司不服，向二审法院提出上诉。二审法院于 2019 年 6 月判决：撤销一审判决；驳回北京某集团有限公司东城分公司的诉讼请求。

解析：

土地使用权和建筑物所有权在民法中都属于不动产物权①，这说明土地和

---

① 关涛，《我国不动产法律问题专论》，人民法院出版社 2004 年版，第 144 页。

建筑物均为各自独立的物。土地是建筑物的载体，建筑物作为不动产不能与土地相分离，即土地使用权和建筑物所有权结合为基本表现形式，以分离为特殊表现形式。就一项具体的不动产而言，土地使用权和建筑物所有权结合表现为，土地使用权人应该就是其地上建筑物所有权人，即权利主体相一致；土地使用权与建筑物均不能单独转移，必须同时转移；土地使用权与建筑物必须共同抵押或共同出租①。

根据我国《土地管理法》第五十四条规定，建设单位使用国有土地，应当以出让等有偿使用方式取得，但是，下列建设用地经县级以上人民政府依法批准，可以以划拨方式取得：（一）国家机关用地和军事用地；（二）城市基础设施用地和公益事业用地；（三）国家重点扶持的能源、交通、水利等基础设施用地；（四）法律、行政法规规定的其他用地。第五十五条第一款规定，以出让等有偿方式取得国有土地使用权的建设单位，按照国务院规定的标准和办法，缴纳土地使用权出让金等土地有偿使用费和其他费用后，方可使用土地。由此可看出，除法律规定可以采用划拨土地提供用地外，其他建设需要使用国有土地的，必须依法实行有偿使用②。而对于原有建设用地，法律规定可以划拨使用的仍维持划拨，不实行有偿使用③。

本案中，崇文某公司与某建筑公司签订《协议书》所涉土地（以下简称案涉土地），由国家划拨给崇文某公司使用。崇文某公司依规划建设了仓库1676平方米平房五间70平方米，四层小楼和锅炉房虽然由某建筑公司兴建，但系以崇文某公司名义办理了规划，前述建筑物均属于崇文某公司所有。

案涉土地系崇文某公司依法取得的国有划拨土地使用权，如果该公司（包括承继该公司权利义务的民事主体）未将土地使用权租赁给他人，该公司即可维持国有划拨土地使用权。崇文区某公司与某建筑公司签订《协议书》所涉租赁关系可以区分为三种，一是国有划拨土地使用权租赁，二是国有划拨土地使用权及地上建筑物租赁，三是以划拨方式取得土地使用权的建筑物

---

① 关涛，《我国不动产法律问题专论》，人民法院出版社2004年版，第145页。

② 2001年4月30日国发〔2001〕15号《国务院关于加强国有土地资产管理的通知》第二部分。

③ 1999年7月27日国土资发〔1999〕222号《国土资源部规范国有土地租赁若干意见》第一部分。

租赁。国有划拨土地使用权租赁、国有划拨土地使用权及地上建筑物租赁可归为一类，以划拨方式取得土地使用权的建筑物租赁另为一类。前述二类租赁应当分别适用法律。

不动产系各国立法所确认的与动产相对应的一类财产或财产权利，不动产指土地或者土地及定着物[①]，土地与地上建筑物一样均为财产。根据《土地管理法》规定，国有土地所有权人为国家，国有土地使用权可以依法确定给单位或者个人使用。这就是说，国有土地作为财产，其所有权归属于国家，国有土地使用者，不能取得国有土地所有权，只能取得国有土地使用权。崇文某公司与某建筑公司签订《协议书》约定的权利义务，就土地而言，实为土地使用权租赁。因此国有划拨土地使用权、国有划拨土地使用权及地上物租赁其性质是国有划拨土地使用权租赁。如果土地上建有建筑物，地上建筑物必须与土地使用权共同租赁。

1990年5月19日发布施行的我国《城镇国有土地使用权出让和转让暂行条例》（以下简称《出让条例》）第四十五条规定，经市、县人民政府土地管理部门和房产管理部门批准，土地使用者为公司、企业、其他经济组织和个人的国有划拨土地使用权和地上建筑可以出租。

之所以要经过"市、县人民政府土地管理部门和房产管理部门批准"是因为我国土地有偿使用制度使然。1992年3月8日，国家土地局发布施行的《划拨土地使用权管理暂行办法》第五条规定，未经市、县人民政府土地管理部门批准并办理土地使用权出让手续，支付土地使用权出让金的土地使用者，不得转让、出租、抵押土地使用权。2006年12月31日，财政部、国土资源部、中国人民银行关于印发的《国有土地使用权出让收支管理办法》第二条规定，国有土地使用权出让收入是指政府以出让等方式配置国有土地使用权取得的全部土地价款，其中即有以招标、拍卖、挂牌和协议方式出让国有土地使用权所取得的总成交价款。因此，崇文某公司出租国有划拨土地使用权必须经过政府相关部门批准，否则将导致国家土地出让金流失，使国家利益受到损害，其租赁合同应为无效。

---

① 刘武元，《房地产交易法律问题研究》，法律出版社2002年版，第1页。

根据崇文某公司与某建筑公司所签《协议书》，其亦符合以划拨方式取得土地使用权的建筑物租赁之特征。根据 1994 年施行的我国《城市房地产管理法》第五十五条规定，以营利为目的，房屋所有权人将以划拨方式取得使用权的国有土地上建成的房屋出租的，应当将租金中所含土地收益上缴国家。2006 年 12 月 17 日《国务院办公厅关于规范国有土地使用权出让收支管理的通知》第一部分，国有土地使用权出让收入，其中也包含出租划拨土地上的房屋应当上缴的土地收益，并且，土地出让收入由财产部门负责征收管理，可由国土资源管理部门负责具体征收。因此，以划拨方式取得土地使用权的建筑物租赁无须经政府相关部门批准，出租人应当将租金中包含的土地收益上缴国家，租赁合同为有效合同。

以国有划拨土地使用权出租，未经政府相关主管部门批准，租赁合同为无效，和以划拨方式取得土地使用权的建筑物出租为有效合同，二者看似冲突，实则价值取向一致。首先，二者系不同的民事行为，从案件审理角度讲，为不同要件事实。其次，不同要件事实应适用不同法律规范。不同法律规范体现的价值判断不存在冲突，均为保护国家的土地收益。由于土地出让金和租金中的土地收益在收缴的方式和途径上具有质的区别，为了在方式上正当和途径上通畅，在合同效力上应当作出无效或有效的判断。再次，前述不同法律规范体现的价值判断具有同一性。那么，单纯出租国有划拨土地可作无效判断；一旦划拨土地上附着房屋，从房屋租赁角度，即使房屋所占有的土地为划拨土地，也应对合同作有效判断。如此说，均符合我国《民法通则》（本案所适用的法律）第五十八条第四项，恶意串通，损害国家、集体或者第三人利益的民事行为无效之规定。从《民法通则》第五十八条第四项所体现的价值来判断，崇文某公司与某建筑公司所签《协议书》为有效合同，《民法通则》系对民法问题作出的一般性规定，《出让条例》对于相同问题所作规定，系从行政管理法角度所作的规定，相对于《民法通则》五十八条第四项，其并非特别法。根据事实要件竞合的基础，二者系从不同角度对国家利益进行的保护，因此在逻辑关系上，应当适用《民法通则》的规定。也即，当崇文某公司与某建筑公司所签《协议书》不存在其他影响合同效力条件时，如果不损害国家利益，即应作有效判断。

　　即使认为《出让条例》和《城市房地产管理法》为部门法，《出让条例》系认为土地使用者对国有划拨土地使用权出租，须经市、县人民政府土地管理部门和房地产管理部门批准，租赁合同为有效合同，《出让条例》关于相关政府行政部门批准的规定，与《民法通则》也不构成普通法与特别法关系。因为，只是同类性质的法律规定之间才发生普通法与特别法的关系，才发生特别法优先使用的问题①。但《出让条例》与《城市房地产管理法》中关于民法规定的部分与《民法通则》一般性规定，其关系为民法之间的关系。因此，在评价合同效力上，《出让条例》与《城市房地产管理法》亦应统领于《民法通则》，在《民法通则》中寻求评价结论。

　　本案中，崇文某公司与某建筑公司签订《协议书》时间为 1994 年 4 月 22 日，根据《最高人民法院关于适用〈中华人民共和国合同法〉若干问题的解释（一）》第一条后半段规定，合同法实施以前成立的合同发生纠纷起诉到人民法院的，除本解释另有规定的以外，适用当时的法律规定。合同法实施前的城市房地产管理法第五十五条后半段规定，租用房屋从事生产、经营活动的，由租赁双方议定租金和其他租赁条款。当时法律规定对经营性房屋租赁管理较为宽松。本案系按该司法解释，适用当时的法律规定作出合同有效的判断。

---

　　① 梁慧星，《裁判的方法》，法律出版社 2008 年版，第 42 页。

《北京市共有产权住房管理办法》
若干民法问题解析

　　作为共有产权性质的政策性商品住房的试点之一，北京市政府对相关职能部门制定的《北京市共有产权住房管理暂行办法》(以下简称《办法》)予以批准，2017年9月30日，由北京市住房和城乡建设委员会、北京市发展和改革委员会、北京市财政局、北京市规划和国土资源管理委员会共同发布施行。《办法》简介在下一步安排中讲到，加大政策解读力度，引导合理预期。通过社区宣传、媒体报道等多种方式，对群众关心的具体问题加强政策解读，营造良好社会氛围。从政府角度看，共有产权住房，还可以通过民法手段管理。从购房人角度看共有产权住房，其所有权及相关权益，于平等主体之间也应由民法调整规范。由于共有产权住房制度区别于以往的住房制度，是北京市住房保障政策的一个突破①，所以有必要从民法的角度对共有产权住房相关问题进行探析。

一、共有产权住房的性质和特征

　　按照《办法》第二条规定，共有产权住房是指政府提供政策支持，由建设单位开发建设，销售价格低于同地段、同品质商品住房价格水平，并限定使用和处分权利，实行政府与购房人按份共有产权的政策性商品住房。

　　根据该规定，共有产权住房的性质是政策性商品住房。

---

　　① 清华大学房地产研究所所长刘洪玉语，载于《北京市共有产权住房管理暂行办法》简介。

共有产权住房具有以下特征：

第一，共有产权住房属于按份共有所有权。我国《物权法》对共有作了专章规定，第九十四条和第九十五条分别规定了按份共有和共同共有两种类型①。《物权法》第一百零四条规定，按份共有人对共有的不动产或者动产享有的份额，没有约定或者约定不明的，按照出资额确定；不能确定出资额的，视为等额享有。《办法》属于规范性文件，其依据住房城乡建设部等部门的指导意见确定的共有产权制度具有效力。从出资角度来看，由于共有产权住房销售价格低于同地段、同品质商品住房价格水平，在共有产权住房购买时购房人并没有全价出资，所以出资额不能充分体现双方在全价商品住房中所占比例，而双方也不属于出资数额不能确定的等额享有。结合《物权法》的规定，共有产权住房是在《物权法》第一百零四条规定的基础上，由《办法》规定的法定按份共同所有权，共有份额体现在双方购房合同中的约定。

第二，共有产权住房所有人具有特定性。共有产权住房一方是市、区城乡建设委（房管局）确立的专业运营管理机构，即《办法》第四条所称的"代持机构"，另一方是符合条件的购房家庭。按照《办法》第四条规定，代持机构的权限，一是代表政府持有共有产权住房政府份额，二是按照有关规定和合同约定负责具体管理服务工作，三是运营服务过程中可以持有一定资金。我国《民法总则》规定的营利法人、非营利法人以及特别法人均不具有上述特点，只有非法人组织才具有上述特点。《民法总则》第一百零二条第一项规定，非法人组织是不具有法人资格，但是能够依法以自己的名义从事民事活动的组织。非法人组织具有如下特征：一是非法人组织为一种组织体，而不是自然人，这是非法人组织和法人的相同之处；二是非法人组织不具有法人资格。非法人组织与法人最大的区别在于，非法人组织不能独立承担民事责任，非法人组织最终是由设立人或出资人承担无限责任；三是和法人一样，非法人组织可以自己的名义从事民事活动，非法人组织具有民事权利能

---

① 《中华人民共和国物权法》第九十四条：按份共有人对共有的不动产或者动产按照其份额享有所有权。《中华人民共和国物权法》第九十五条：共同共有人对共有的不动产或者动产共同享有所有权。

力和民事行为能力，能够享有并行使民事权利，承担民事义务①，代持机构具有以上特征，因此代持机构应属非法人组织。

代持机构与政府的民事法律关系是信托关系。《中华人民共和国信托法》第二条规定，本法所称信托，是指委托人基于对受托人的信任，将其财产权委托给受托人，由受托人按委托人的意愿以自己的名义，为受益人的利益或者特定目的，进行管理或者处分的行为。其第七条规定，设立信托，必须有确定的信托财产，并且该信托财产必须是委托人合法所有的财产。本法所称财产包括合法的财产权利。其第九条规定了应以书面形式载明信托目的等事项。对于共有产权住房而言，不动产应当进行登记。《信托法》第十条第一款规定，设立信托，对于信托财产，有关法律、行政法规规定应当办理登记手续的，应当依法办理信托登记。政府将共有产权住房自己所有的部分，以委托人身份交由受托人代持机构决策、运营、管理，其与受托人之间的民事法律关系，完全符合信托法律关系的特征。由此可见，适用信托法律制度可以使共有产权住房得到规范管理和运营。共有产权住房制度是一项新的法律制度，在该制度制定伊始，衔接好与现有法律制度之关系，对于解决好国有产权所有者和代理人关系不够清晰等我国产权保护存在的一些薄弱环节和问题②，具有十分重要的意义。

共有产权的另一方主体是符合条件的购房家庭。购房家庭包括两类，一类是婚姻关系存续期间的夫妻以及未成年子女组成的家庭，另一类是单身家庭。不管是婚姻关系存续期间的夫妻以及未成年子女组成的家庭，还是单身家庭，必须达到《办法》规定的申请家庭条件，才能成为共有产权住房的共有人。对于购房家庭的房屋所有权，也必须依法予以保护。健全以公平为核心原则的产权保护制度，毫不动摇巩固和发展公有制经济，毫不动摇鼓励、支持、引导非公有制经济发展，公有制经济财产权不可侵犯，非公有制经济

---

① 李适时，《中华人民共和国民法总则释义》，法律出版社 2017 年版，第 326 页。
② 中共中央、国务院，《关于完善产权保护制度依法保护产权的意见》序言部分，2016 年 11 月 4 日。

财产权同样不可侵犯^①。

如前所述，共有产权住房所有人是特定的。

第三，共有产权住房拥有的是完全所有权。《物权法》第三十九条规定，所有权人对自己的不动产或者动产，依法享有占有、使用、收益和处分的权利。共有是所有权的存在形式之一，在共有产权法律制度下，所有权人依法享有占有、使用、收益和处分的权利。

共有产权住房实行"封闭管理、内部循环"管理制度。购房人取得不动产权证未满五年的，不允许转让房屋所有权的份额，因特殊原因确需转让的，可向原分配区住建部门提交申请，由代持机构回购，回购的房屋继续作为共有产权住房使用。如果取得不动产权证满五年，虽然可按市场价格转让所购房屋产权份额，要么是同等价格条件由代持机构优先购买，要么是转让给其他符合共有产权住房购买条件的家庭。

该管理制度是共有产权住房共有权主体特定性使然，但不意味着对所有权人处分权的剥夺。家庭份额无论是出售给代持机构，还是出售给符合条件的购房家庭，都不涉及出售和购买共有产权住房的政府份额，政府份额也不得出售和购买。购房家庭转让份额，是为了满足更多无房家庭住房钢需。举例而言，我国现有土地制度下，农民宅基地使用权上的房屋转让，受让人一般应为同一集体经济组织成员，而农民房本身属于完全产权住房，不因为受让主体的限制，导致农民房所有权人占有、使用、收益和处分权的缺失。

第四，共有产权住房的共有关系具有层次性。代持机构与购房家庭之间的共有关系是按份共有法律关系，这是共有产权住房的显著特点之一。对于婚姻关系存续期间的购房家庭，就购房家庭所有部分则是共同共有法律关系。由于共有产权住房属于政策性商品住房，夫妻之间或者夫妻与未成年子女之间，对于其共同拥有的所有权份额依照共同共有法律制度处分时，要在与代持机构之间按份共有法律制度下进行。

---

① 《中共中央、国务院关于完善产权保护制度依法保护产权的意见》第一部分，2016 年 11 月 4 日。

第五，共有产权住房具有共益性。共有产权住房系代持机构与购房家庭共有房屋，对于共有产权的收益，应归共有人按份享有。已购共有产权住房用于出租的，购房人和代持机构应分得所占房屋份额获得租金收益的相应部分。

第六，共有产权住房权利具有限定性。共有产权住房的限定性法律基础是房屋共有关系，其社会价值反映在住房保障体系特殊性上。共有产权住房按份共有人对房屋的使用应当在合同中约定，对租金收益等分配事项以及使用期间所发生的物业费等，均应在合同中约定。由于共有产权住房属于保障性住房，为提高住房保障体系运行效率和可持续性，共有产权住房权利也会受到一定限制。在现代社会里，所有权受到限制是非常普遍的现象，对所有权的诸多限制具有重大的制度价值，是国家通过法律或其他制度安排来实现各类利益之间有效平衡和社会整体利益最大化的必要手段。所有权绝对的观念应被时代所淘汰，对所有权的理解应保持一定的开放性、相对性和前瞻性，应认识到合理的限制需符合现代社会所有权限制的三重制度目标：功利最大化、自由与限制的均衡以及社会可持续发展，以实现所有权限制制度应有的社会、经济功能。[①]

第七，共有产权住房具有低价性。共有产权住房应当与同地段、同档次的商品住房具有相同品质，在设计要求上和质量上不得低于同地段商品住房。但在价格水平上，共有产权住房应低于同地段、同档次商品住房，用以满足符合条件的购房家庭住房需求。

二、购房家庭不符合条件的购房合同效力

《办法》规定，共有产权住房购房人主体资格为，申请人应当具有完全民事行为能力，申请家庭成员包括夫妻双方及未成年子女。单身家庭购买的，申请人应当年满三十周岁。

[①] 薛姣，《论所有权的限制》，中国政法大学出版社 2017 年版，第 1 页。

如前所述，共有产权住房的购房主体可分为两类，一类是非单身家庭，一类是单身家庭。关于购房主体资格，涉及自然人民事权利能力和民事行为能力。购房主体首先要具有完全民事行为能力。

我国《婚姻法》第六条规定，结婚年龄，男不得早于二十二周岁，女不得早于二十周岁。《民法总则》第十八条规定，成年人为完全民事行为能力人，可以独立实施民事法律行为。成年人是指十八周岁以上的自然人。从年龄来看，婚姻关系存续期间的夫妻，均属于完全民事行为能力人。十六周岁以上的未成年人，以自己的劳动收入为主要生活来源的，视为完全民事行为能力人。

就非单身家庭来看，未成年子女与婚姻关系存续期间的夫妻共同组成非单身家庭的，应当以夫妻和以夫或妻名义购房，但当未成年子女年满十六周岁，且以自己的劳动收入为主要生活来源的，也可以以未成年子女名义购房。

就单身家庭来看，十八周岁以上的自然人，或者十六周岁以上，以自己的劳动收入为主要生活来源的自然人，属于具有完全民事行为能力人。但购买共有产权住房还必须年满三十周岁，这一点不是从民事行为能力上所作限制，而是购买共有产权住房的特殊要求，只有达到要求，才可以成为购房主体。

民事权利能力，是指民事主体享有民事权利、承担民事义务的法律资格。《民法总则》第十三条规定，自然人从出生时起到死亡时止，具有民事权利能力，依法享有民事权利、承担民事义务。《办法》规定了购房申请人应具备完全民事行为能力，而对自然人民事权利能力没有涉及，这是因为自然人民事权利能力与生俱在，无须在《办法》中规定。民事行为能力，是指民事主体独立参与民事活动，以自己的行为履行民事权利或者承担民事义务的法律资格。有恒产者有恒心，经济主体财产权的有效保障和实现，是经济社会持续健康发展的基础[1]。房屋作为不动产，涉及购房人重大财产利益，要求申请购房人具备完全行为能力是十分必要的。

---

[1] 《中共中央、国务院关于完善产权保护制度依法保护产权的意见》序言部分，2016年11月4日。

根据《民法总则》第一百四十三条规定来理解，不具有相应民事行为能力的行为人实施的民事法律行为，应属无效。显而易见，购房人不具备购房主体资格，不能购买共有产权住房，已订立购买共有产权住房的购房合同应属无效合同。

《民法总则》第二十一条及第二十二条规定了，不能辨认自己行为的成年人，为无民事行为能力人，不能完全辨认自己行为的成年人，为限制民事行为能力人。比如，被认定为无民事行为能力或限制民事行为能力的精神病人，是否可以购买共有产权住房？对此应当有二种理解。一种理解认为，法律并不限制此类人员拥有自己的财产，此类人员可以购买共有产权住房；另一种理解则认为，共有产权住房所有权结构复杂，此类人员虽可以由代理人代为行使所有权，但很难发挥共有产权住房的功能效果。《办法》第六条规定，共有产权住房建设应当"推进就业与居住的合理匹配，促进职住平衡"，此类人员在住房财产和入职就业方面具有行为能力上的趋同性，很难通过共有产权住房达到稳定就业的目的。此类人员尚可通过其他商品住房和保障性住房寻求解决居住问题的方法，在多主体供给、多渠道保障、租购并举的住房制度中解决居住问题。因此，不能辨认自己行为的成年人或不能完全辨认自己行为的成年人不能购买共有产权住房，这种理解较为合理。这样理解也符合《办法》第九条规定的文义。

其次，从购房资格条件看，单身家庭购房人应当年满三十周岁，具有完全民事行为能力而未年满三十周岁购买共有产权住房，侵害了符合购房资格条件的购房人的公共利益，所签购房合同无效。其余非单身家庭和单身家庭购买共有产权资格条件方面，应当满足《办法》第九条及第十条规定的条件。

《办法》第九条及第十条，规定了以下情形不得购买共有产权住房：（一）购房家庭已购买一套共有产权住房的；（二）申请家庭已签订住房购买合同的；（三）申请家庭已签订征收（拆迁）安置房补偿协议的；（四）申请家庭在本市有住房转出记录的；（五）有住房家庭夫妻离异后单独提出申请，申请时点距离婚年限不满三年的；（六）申请家庭有违法建设行为，申请时未将违法建筑物、构筑物或设施等拆除的。共有产权住房的购房资格条件上述六项内容，受到其中之一限制，购房家庭即不能购买共有产权住房。

购房家庭已购买过共有产权住房，不能再购买共有产权住房。此项资格条件是《办法》规定的"一个家庭只能购买一套共有产权住房"相同内涵的不同表述。购买过共有产权住房的购房家庭，在购买第二套共有产权住房时，已不符合购房资格条件。由于购买房屋网签制度和联机备案系统的存在，一般购房家庭购买第二套共有产权住房不能通过购房资格条件审查。购房家庭就第二套共有产权住房已签订购房合同的，购房合同属于无效合同。我国《合同法》第五十二条第（四）项规定，损害社会公共利益的合同无效。符合购房资格条件的购房家庭购买第二套共有产权住房时，违背了《办法》相关规定，对其自己而言是购房利益的非法扩大，对其他符合购房资格的购房家庭而言，则形成购房利益的损害。《合同法》等多部法律法规对公共利益有所规定，但理论界和实务中对公共利益的界定尚有争议。有学者认为，应当通过将公共利益"还原"为个人宪法上的基本权利的方式，来确定某项利益是否属于"公共利益"范畴。换句话说，如果某项利益可以做到这样的还原，那么就是具有限制权利正当性的"公共利益"。例如，怀疑某狗具有狂犬病而将其扑杀，管制所欲实现的利益是公众健康，公众健康又是可以还原为公民基本权利之健康权和生命权，结论就是这种管制措施就是符合公共利益的[1]。最高人民法院相关判例表明，如果违反地方性法规或者行政规章将导致损害社会公共利益，则可以根据《合同法》第五十二条第（四）项的规定，以损害公共利益为由确认合同无效[2]。《办法》并非依据法律法规制定的规章，但其依照国家住房建设部指导意见制定，发挥了相应作用，因此，可以据此认为，购房家庭就第二套共有产权住房签订的合同无效。从另一角度讲，其他符合资格条件的购房家庭可以认为是不特定的第三人，不特定第三人的利益，实际上也是公共利益的一种，因此，购房家庭就第二套共有产权住房签订的合同也应当归为无效合同。

购房家庭已签订购房合同的，购房家庭已签订征收（拆迁）安置补偿协议的，购房家庭在本市有住房转出记录的，有住房家庭夫妻离异后单独提

---

① 薛姣，《论所有权的限制》，中国政法大学出版社 2017 年版，第 104 页。

② 刘德权、王松，《最高人民法院司法观点集成·民事卷》，中国法制出版社 2017 年版，第 699 页。

出申请，申请时点距离婚年限不满三年的，属于不符合购房资格条件的几种情形，不能购买共有产权住房。如果把共有产权住房利益看作具备资格条件购房家庭的一个利益池，购房家庭已签订购房合同的，购房家庭已签订征收（拆迁）安置补偿协议的，购房家庭在本市有住房转出记录的，有住房家庭夫妻离异后单独提出申请，申请时点距离婚年限不满三年的这几种情形购房家庭，原本实现的并非池中利益。此几种情形购房家庭签订的共有产权住房购房合同，购房家庭是在自己原有利益的基础上追求池中利益。符合资格条件的购房家庭购买共有产权住房追求的也是池中利益，这一点二者并无区别。前述购房家庭不具备资格条件情形，是这几种情形不具备分享池中利益的资格条件，是进门准入的资格条件不够，而并不因为自己购房利益的扩充而损害其他潜在购房家庭利益，所以不应以损害公共利益而认为共有产权住房购房合同无效。共有产权住房国家层面的利益，是通过法律制度保障持有共同所有权份额及相应占有、使用、收益、处分权能上购房家庭的利益，因此也不能认为前述几种情形下，会因损害国家利益导致前述不具备资格条件的购房家庭所签订的共有产权住房购房合同无效。《最高人民法院关于适用〈中华人民共和国合同法〉若干问题的解释（一）》第四条规定，合同法实施以后，人民法院确认合同无效，应当以全国人大及其常委会制定的法律和国务院制定的行政法规为依据，不得以地方性法规、行政规章为依据。因此不能以违反《办法》相关规定，而认为前述购房合同无效。如果购房家庭规避资格条件审查，存在弄虚作假行为，系违背了诚实信用原则，具有欺诈性质，所导致的是相对方违背真实意思表示订立了合同。可以依据《合同法》第五十四条第二款予以规范。该款规定，一方以欺诈、胁迫的手段或者乘人之危，使对方在违背真实意思表示的情形下订立的合同，受损害方有权请求人民法院或者仲裁机构变更或者撤销。[①] 撤销权的行使，当事人应自知道或应当知道撤销事由之日起一年内行使，否则撤销权消灭。

购房家庭有违法建设行为，申请购房时未将违法建筑物、构筑物或设施

---

① 《中华人民共和国民法总则》第一百四十八条：一方以欺诈手段，使对方在违背真实意思的情况下实施的民事法律行为，受欺诈方有权请求人民法院或者仲裁机构予以撤销。根据后法优于前法原则，受欺诈方在此只具有撤销权，而无变更合同的权利。

等拆除的，也不能购买共有产权住房。违背此项购房资格条件所签订的购买共有产权住房合同属于可撤销的合同。

此外，《办法》第十四条、第三十四条和第三十五条还规定了，共有产权住房购房家庭放弃选定住房或选定住房后未签订购房合同，违反购房合同以及购房家庭成员在共有产权住房购房过程中具有违法违规失信行为被限制购买，包括共有产权住房在内的保障性住房和政策性住房情形。该类情形也属于购房资格条件问题，不具备此类资格条件也会导致合同相对方违背真实意思签订合同，亦属可撤销合同，但该资格条件是审查部门可以掌握的，从举证责任看，一般不会导致该类购房合同被撤销。在前述合同权利义务行使上应当注意，购房合同由购房家庭、代持机构与开发建设单位所签，应由购房合同双方行使相关权利、承担相应义务。

北京市近些年来的住房限购政策在共有产权住房适用上，与《办法》规定的购房资格条件有所不同。限购政策属公共政策，国家政策的出台既可以形成社会规范的引导，也会在相关领域通过配套的经济和行政手段规范人们的行为。[1] 因此，司法审判中应当适用。如 2011 年 2 月 15 日，北京市人民政府下发了《北京市人民政府办公厅关于贯彻落实国务院办公厅文件精神进一步加强本市房地产市场调控工作的通知》，即"京十五条"，内容为"自本通知发布次日起，对已拥有 1 套住房的本市户籍居民家庭（含驻京部队现役军人和现役武警家庭、持有有效《北京市工作居住证》的家庭，下同）、持有本市有效暂住证在本市没拥有住房且连续 5 年（含）以上在本市缴纳社会保险或个人所得税的非本市户籍居民家庭，限购 1 套住房（含新建商品住房和二手住房）；对已拥有 2 套及以上住房的本市户籍居民家庭、拥有 1 套及以上住房的非本市户籍居民家庭、无法提供本市有效暂住证和连续 5 年（含）以上在本市缴纳社会保险或个人所得税缴纳证明的非本市户籍居民家庭，暂停在本市向其售房"。不符合限购条件不影响房屋买卖合同效力，但是是对市场主体购房行为的引导，属于合同不能履行，其民事法律责任应由过错方承担。

---

[1] 沈德咏，《〈中华人民共和国民法总则〉条文理解与适用》，人民法院出版社 2017 年版，第 163 页。

三、《办法》相关规定与合同约定的关系

根据《办法》第二十条的规定，购买共有产权住房需要购房家庭、代持机构和开发建设单位，签订三方购房合同。三方购房合同按时间前后分别对应不同法律关系。购房家庭、代持机构和开发建设单位之间的购房合同，是房屋所有权从开发建设单位名下转移给购房家庭、代持机构按份共有所有权的原因行为，物权变动必有其法律上的原因，物权变动的原因就是引起物权移转、消灭的法律事实。根据各国物权法的规定，物权变动的原因主要有以下三种：其一，法律行为，如合同和单方处分行为；其二，法律行为以外的其他原因，即非法律行为，如时效、先占、拾得遗失物、发现埋藏物、附合、混合和加工；其三，某些公法上的原因，如因公用征收或者没收，而使物权发生变动。① 这一阶段可以称为前期合同；虽有建设单位参加，但由购房家庭、代持机构之间就双方拥有按份共有所有权后，关于占有、使用、收益、处分权利义务的约定，是按份共有所有权人之间的约定，这一阶段可以称为供后合同。

应该说《办法》是行政管理色彩浓厚的规范性文件，这一点在《办法》第一条中已开宗明义讲到。其第一条规定，为深化本市住房供给侧结构性改革，完善住房供应体系，规范共有产权住房建设和管理，满足基本住房需求，根据住房和城乡建设部等六部委《关于试点城市发展共有产权性质政策性商品住房的指导意见》，结合本市实际，制定本办法。从行政管理的角度看待共有产权住房购房合同，代持机构享有行政优益权。因此，有一种观点认为，共有产权住房购房合同是一种行政合同。《办法》相关规定似乎也佐证了这一观点，如《办法》第三十三条规定，申请人不如实申报、变更家庭户籍、人口、住房、婚姻等状况，伪造或提供不真实证明材料，承诺腾退所租住的公共租赁住房、公有住房但在规定期限内拒不腾退的，已取得资格的，由区住房城乡建设委（房管局）取消其购买资格；已签约的，开发建设单位应与其解除购房合同，购房家庭承担相应经济和法律责任；已购买共有产权住房的，

---

① 马莉萍，《物权法——以案说法》，安徽大学出版社 2010 年版，第 69 页。

由代持机构责令其腾退住房，收取住房占用期间的市场租金，住房腾退给代持机构后，由代持机构退回购房款。第三十四条规定，共有产权住房购房人、同住人违反购房合同约定，且拒不按代持机构要求改正的，房屋所在地区住房城乡建设委（房管局）可以责令其腾退住房。

然而这种观点并不妥当。行政合同是指行政机关为达到维护与增进公共利益，实现行政管理的目标之目的，与相对人之间经过协商一致达成的协议。行政合同的当事人必有一方是行政机关，享有行政权力，行政机关既是行政主体也是民事主体；行政主体签订行政合同的目的是实现行政管理职能，维护公共利益，而不是为了自身的经济利益；行政主体对于行政合同的履行享有行政优益权，其为了实现行政管理目标，维护公共利益，享有对合同履行的监督权、指挥权、单方变更权和解除权；行政合同双方当事人因为履行合同发生争议，受行政法调整，根据行政法的相关原则，通过行政救济方式解决 ①。

从行政主体来看，前期合同中，卖房人是开发建设单位，买房人是购房家庭和代持机构，行政机关并不是一方合同主体；供后合同中，代持机构的管理权性质为运营管理，而不是行政管理。因此在购房合同中，行政机关并不是一方主体。缺乏行政机关作为主体的合同，在履行发生争议时，无法通过行政救济方式解决。从行政合同的目的分析，共有产权住房购房合同是与具备购房资格条件的购房家庭签订的合同，从代持机构角度来看，只是满足特定群体的利益，而不是普遍面向一般市场主体的利益。行政机关制定的共有产权住房政策，具有深化供给侧结构改革，完善住房供应体系的目的，是为了公共利益的需要。但这是从公共政策的角度而言。从购房合同角度看待，代持机构具有自己的合同利益，因此其不符合行政合同的特征。从行政主体的优益权来看，在购房家庭、代持机构和开发建设单位的三方合同中，《办法》规定的优益权，权利人并不完全是行政机关，如前列举的《办法》第三十三条，解除合同的权利人包括开发建设单位，如此也不符合行政合同的特征。从救济方式看，共有产权购房合同履行争议，《办法》没有规定行政复

---

① 罗豪才，《行政法学》，北京大学出版社 2006 年版。

议程序，当购房家庭违反购房合同约定，我国《行政诉讼法》也未规定行政机关作为原告的诉讼程序，救济渠道受到限制。

同为共有产权性质的政策性商品住房的试点城市上海，在《上海市共有产权保障住房管理办法》第四十八条规定，购房人、同住人违反供后房屋使用管理协议的约定，有本办法规定的擅自转让、赠与、出租、出借共有产权保障住房，或者设定除共有产权保障住房购房贷款担保以外的抵押权以及其他违反约定的行为的，房屋所在地区（县）住房保障实施机构可以按照协议约定，要求其改正，并追究其违约责任。在第四十九条、第五十一条、第五十二条规定中，对于违反规定的，予以相应的行政处罚。规定中将合同违约责任与行政处罚按不同性质予以区分。由此可见，共有产权住房购房合同不属于行政合同。从性质上看，共有产权住房购房合同是购房家庭、代持机构与共有产权住房开发建设单位之间的民事合同。

由于《办法》不具有法律法规的效力，所以《办法》的相关规定，如符合法律法规强制性规范的，可配套适用发挥强制性效力；如符合法律法规管理性规范的，也可结合法律法规适用；如其没有法律法规依据的，则不具有法律法规强制性效力。《办法》位阶较低，但系对政策性商品房所作规定，因此可以对社会形成引导或通过法律法规配套使用规范人们的行为。[1] 从根本上讲，《办法》属于规范性文件，其规定的共有产权住房制度应当得到实施。因此《办法》的符合法律法规管理性规范的规定和《办法》特别的相关管理规定以及代持机构的优益权利，应当由购房家庭、代持机构与共有产权住房开发建设单位在购房合同中进行约定。由购房合同通过合同约定对各方进行约束。代持机构也需要通过约定进行"管理"。因此，应将《办法》规定转化为合同约定，以使共有产权住房政策落地生根。当然，合同各方还可以就《办法》规定以外的权利义务进行约定。合同需要合同当事人达成一致的意思表示，否则合同不能成立。如果购房家庭不同意把相关规定在共有产权购房合同中，以约定的方式体现，代持机构和开发建设单位或将不会与其订立合同，

---

① 沈德咏，《〈中华人民共和国民法总则〉条文理解与适用》，人民法院出版社2017年版，第163页。

合同即不能成立，购房家庭即不能通过购房合同取得共有产权住房按份共有所有权。

《合同法》第三十九条第一款规定，采用格式条款订立合同的，提供格式条款的一方应当遵循公平原则确定当事人之间的权利和义务，并采取合理的方式提请对方注意免除或者限制其责任的条款，按照对方的要求，对该条款予以说明。共有产权住房合同当事人订约时，使用的是政府行政管理机关制定的格式文本，格式文本应该包括共有产权住房相关规定，但这并不属于格式条款。因为《办法》共有产权住房相关规定，具有公开公示的效力，既已对合同当事人提示提醒，合同当事人的目的就是签订购买共有产权住房合同，因此，将共有产权住房相关规定以合同约定条款方式体现，属于当事人的真实意思表示，当事人应遵守合同约定的权利义务。

四、共有产权约定项下问题

《办法》第十七条、第十八条及第十九条，依照《物权法》规定确立了物权法定并通过约定按份共有的原则。在此项下，共有产权住房购房合同还应当明确约定房屋使用、维护及出租转让限制等内容。

《物权法》第九条规定，不动产物权的设立、变更、转让和消灭，经依法登记，发生效力；未经登记，不发生效力，但法律另有规定的除外。共有产权住房不属于法律另有规定的情况，购房家庭和代持机构通过购房合同购买住房，应按照法律规定进行房屋所有权转移登记，否则不发生物权效力。《办法》第二十二条秉承《物权法》相关规定，对共有产权住房产权性质、共有方式和共有份额等登记事项作出了明确要求，购房家庭应按约定协助开发建设单位，与代持机构办理房屋所有权转移登记，以取得房屋所有权。

共有产权住房销售价格低于同地段、同品质商品住房价格水平，这意味着不同地段的共有产权住房与不同地段的商品住房一样，在价格水平上可能存在个性化差异。购房家庭与代持机构所持有共有产权的份额，虽然是由双方在共有产权住房购房合同中约定，但基础是购房家庭与代持机构（政府）出资数额。购房家庭一定数额的出资在不同地段购买共有产权住房所占份额比例有可能不同。就共有产权住房低于同地段、同品质商品住房价格水平而言，其价格之所以出现低幅，是因为国家利益的投入。

《办法》第七条规定，共有产权住房建设用地可采取"限房价、竞地价""综合招标"等多种出让方式。2004 年 8 月以来，商品房建设所需土地均应通过"招、拍、挂"的方式取得，通过"招、拍、挂"取得出让土地使用权，可以使土地使用权价值得到充分发挥。以"限房价、竞地价"或通过"综合招标"等方式取得出让土地使用权，土地使用权价值受到一定抑制，使得国家土地出让金收入降低。《上海市共有产权保障住房管理办法》第十四条甚至规定了，对单独选址、集中建设的共有产权住房，用地供应采取行政划拨方式进行。可见，共有产权住房制度是一项稳预期、注重社会效应的惠民生政策。与此同时也表明，国家利益对共有产权住房投入是共有产权住房低价的重要原因。

购房家庭对其持有的按份共有份额对外转让分两种情形，一是向符合资格条件购房家庭以外的市场主体转让，二是向符合资格条件购房家庭进行转让。

对于向符合资格条件购房家庭以外的市场主体转让的情形，其所签订的转让合同无效。根据《办法》第二十四条、第二十五条理解，不允许共有产权住房按份共有购房家庭将自己持有的份额向符合资格条件购房家庭以外的市场主体转让。订约双方违背前述规定进行转让的，会导致国家土地收益受到损害，从而损害了国家利益，按照《合同法》第五十二条第（二）项或第（四）项规定，恶意串通损害国家利益或者损害公共利益的合同，为无效合同。

对于向符合资格条件购房家庭转让的情形，《办法》第二十四条的规定，共有产权住房购房家庭取得不动产权证未满五年的，不允许转让房屋产权份额，因特殊原因确需转让的，由代持机构回购。取得共有产权住房产权证未满五年进行转让的，代持机构不同意转让的，向一般市场主体转让，转让合同无效，向具有资格条件的购房家庭转让的，属于转让合同履行不能。《物权法》第九十七条规定，处分共有的不动产或者动产以及对共有的不动产或者动产作重大修缮的，应当经占份额三分之二以上的按份共有人或者全体共同共有人同意，但共有人之间另有约定的除外。第九十九条规定，共有人约定不得分割共有的不动产或者动产，以维持共有关系的，应当按照约定，但共有人有重大理由需要分割的，可以请求分割；没有约定或者约定不明确的，按份共有人可以随时请求分割。因分割对其他共有人造成损害的，应当给予赔偿。对共有产权住房整体处分或者作重大修缮的，购房家庭和代持机构应当按照《物权法》第九十七条规定进行。共有产权住房购房人在取得不动产权证五年内，因特殊原因转让自己的份额，实质上属于按份共有人请求分割并转让自己的份额，应按照《物权法》第九十九条进行。依照《物权法》第九十九条规定，对共有产权住房按份共有人来说，如果没有约定，可以随时请求分割。但是如前所述，《办法》规定了相关条款，该条款内容应该由双方约定在合同内容中。由此，将规定内容转化为合同约定，以有效拘束合同当事人。购房家庭与代持机构在共有产权住房购房合同中所作的约定，是代持机构回购权利的来源，属于约定回购权。

根据《办法》第二十六条第三款的规定，购房人通过购买、继承、受赠等方式取得其他住房的，代持机构也拥有回购权利。该项权利产生，依然是按照《办法》相关规定，由购房家庭与代持机构，在购买共有产权住房合同中进行约定。依据《办法》本身代持机构不能径行行使回购权。

《办法》第二十五条规定，共有产权住房购房家庭取得不动产权证满五年的，在代持机构放弃优先购买权后，可按市场价格转让给具有资格条件的购房家庭。取得共有产权住房产权证满五年的，共有产权住房购房家庭向具备资格条件的购房家庭转让房屋的，因不损害国家利益，也不损害公共利益，双方签订的转让合同有效，但此种情形下，代持机构拥有优先购买权。

代持机构的优先购买权，不违背《物权法》第一百零一条之规定[①]，基于《办法》规定，由购房家庭和代持机构约定产生。其在权利产生和权利内容上，具有自己的独特内涵，亦属于约定优先购买权。

《办法》第二十五条就代持机构优先购买权表述缺乏严谨性。所谓优先购

---

① 《中华人民共和国物权法》第一百零一条：按份共有人可以转让其享有的共有的不动产或者动产份额。其他共有人在同等条件下享有优先购买的权利。

买权，应当是在共有产权购房家庭，就其欲转让房屋产权份额与具备资格条件的受让主体签订转让合同后，代持机构在同等条件下拥有的优先购买权利。按《办法》第二十五条第（一）项的表述，应当理解为购房家庭在取得共有产权住房不动产权证满五年的，可以向不具备资格条件的市场主体转让房屋产权份额，在此情形下代持机构拥有优先购买权。但这样理解，显然与该条第（二）项规定相矛盾，因为第（二）项本意是，转让对象应为其他符合共有产权住房购买条件的家庭。因此，有关部门在制作共有产权住房购房合同范本时，在合同条款上，应当将双方权利义务表述清晰。

《办法》第二十七条第二款前半段规定，共有产权住房购房家庭和代持机构，不得将拥有的产权份额分割转让给他人。该段规定意思是，第一，对于共有产权住房持有的份额，购房家庭和代持机构不能主张分割；第二，在此基础上，不管是购房家庭，还是代持机构，都不能将自己持有的份额转让给他人。《办法》规定与《物权法》第九十九条规定不相一致，从法律适用的角度讲，应当适用上位法《物权法》。但是共有产权住房是政策性商品住房，《办法》是共有产权住房制度的集中体现，要将共有产权住房制度落地实施，需要购房家庭与代持机构在共有产权住房购房合同中进行约定。一经双方在合同中约定，对双方即具有合同效力，双方均应遵照履行。

按照法律规定，购房家庭和代持机构是平等民事主体。在按份共有关系上，如果哪一方占到按份共有数额三分之二以上的，对共有不动产处分或者重大修缮具有主导决策权利，而购房家庭和代持机构均有可能占到按份共有数额的三分之二以上。为什么代持机构拥有约定回购和约定优先购买权利？表象上是因为《办法》规定的内容转化为了合同约定内容，实质上是共有人对不动产出资情况的反映。即如前文所述，国家以土地等部分收益，换取了共有产权住房相比同地段、同品质商品房的低价格，这是权利的源泉。国家以土地等部分收益不能实现为代价，换取了共有产权住房共有人合同约定的回购权和约定的优先购买权，并用此回购权和优先购买权再惠及符合资格条件的其他购房家庭。这样的法律制度是基于代持机构（政府）和购房家庭之间利益互动而产生的，应该得到有效执行。人们共同生活的规范，也可能自动产生于个体的互动。这类法律规范并不是基于权衡结果而产生的 ①。

《办法》第二十八条规定，共有产权住房购房人和代持机构可依法将拥有的房屋产权份额用于抵押。其中，代持机构抵押融资只能专项用于本市保障性住房和棚户区改造建设和运营管理。该项规定对代持机构抵押融资进行一定限制，对购房家庭没有作出限制。既然没有限制，抵押权当在登记时设立。在共有产权住房制度中，需要研究对购房家庭拥有的份额，抵押权人行使抵押权时，是否破坏共有产权住房制度。从《办法》规定的内容来看，代持机构对购房家庭与其按份共有的共有产权住房有经营管理权，这种管理权不同于行政权，主要表现在依合同对共有产权住房占有、使用、收益、处分时进行管理，体现在购房家庭转让房屋时，代持机构拥有约定回购权和约定优先购买权，以保护购房家庭按份共有住房不能流向市场。购房家庭可以替换，不管怎么替换，购房家庭的资格条件必须具备，以便让共有产权住房能由具备资格条件的购房家庭购得。但约定回购权和约定优先购买权是债权，不能对抗作为抵押权的物权。代持机构可以与购房家庭约定，由购房家庭在设立抵押权时，在抵押权实现中，由购房家庭与抵押权人约定代持机构具有优先购买权，如果购房家庭在抵押合同中不作此项约定，将向代持机构承担买卖合同项下的违约责任。

共有产权住房购买家庭，可以按照政策性住房有关贷款规定申请住房公积金、商业银行等购房贷款。购房家庭申请贷款时，可以共有产权住房自己拥有的份额设立抵押，当预售房屋作为购房家庭购买标的物时，购房家庭可以办理按揭贷款手续。

购房家庭与代持机构对共有产权住房属按份共有。在购房家庭内部，夫妻之间或者夫妻与对房屋投资子女之间，对购房家庭拥有的产权份额属共同共有。如果因为夫妻离婚或与子女分割购房家庭拥有的共有产权住房，应当依照《物权法》和《婚姻法》相关规定处理。此种情形下，购房家庭内部成员均可以单独或共同拥有共有产权住房属于原购房家庭所有的份额。如果购

---

① ［德］汉斯·贝恩德·舍费尔、［德］克劳斯·奥特，《民法的经济分析》，江清云、杜涛译，法律出版社 2009 年版，第 2 页。

房家庭在处理共有产权住房其按份拥有份额时，将房屋转让给对共有产权住房具备购房资格条件的购房家庭，代持机构可以按约定回购权或约定优先购买权行使权利；如果购房家庭在处理共有产权住房其按份拥有份额时，将房屋转让给对共有产权住房不具备购房资格条件的市场主体，则该转让合同因损害国家利益或公共利益而无效。

共有产权住房是否可以继承，《办法》未作相应规定。分析意见有两种，一是认为共有产权住房与公租房等保障性住房相比，虽然有所突破，但依然属于住房保障体系，因此在继承开始后，仍应当允许代持机构通过约定回购权回购，回购的房价款可由继承人继承；二是认为被继承人的遗产是房屋，属于《继承法》第三条规定的公民生前合法财产，应允许继承人继承。如果只允许继承代持机构回购后支付的房价款，则是对公民个人财产权的侵害。前述两种分析，第二种意见更为妥当。回购权是基于《办法》的规定，由购房家庭与代持机构，通过约定对购房家庭按份共有权的限制。共有产权住房继承，显然超出了双方约定的范围。购房家庭成员内部继承的，共有产权住房保障用房的功能作用未发生变化，代持机构不能行使约定回购权；继承人为购房家庭成员之外的，代持机构行使回购权时，尚须通过购房家庭就具体回购内容进行协商，继承开始后，协商主体的一方已丧失权利能力，实际已无法进行协商。因此，根据《继承法》的相关规定，继承人可以对共有产权住房继承。

共有产权住房作为产业，在占有使用过程中会发生一定费用，比如物业服务费。对此，《办法》第三十条予以规定：共有产权住房的物业服务费，由购房人承担，并在购房合同中明确。对此有两种理解，一种理解是结合《办法》第十八条、第二十一条等条款所使用的购房人概念，购房人应指购房家庭，因此物业费用应由购房家庭承担；另一种理解是，对于卖房人开发建设单位而言，购房家庭和代持机构均属于购房人，因此，物业费用应由购房家庭和代持机构共同承担。从规范性文件的立法本意来看，物业费用应当由购房家庭承担，对此双方应当在合同中进行约定。

《办法》第二十三条规定了，共有产权住房用于出租的，购房人和代持机构按照所占房屋产权份额获得租金收益的相应部分，并且双方应在购房合同中约定。由此看来，共有产权住房不仅可以用来由购房家庭占有使用，而且可以用来出租获取收益。结合本文对共有产权住房处分权所作评述，共有产权住房所有权完整性可见一斑。

根据《办法》对共有产权住房租金收益的相关规定，再来思考物业费用承担问题。共有产权住房的低价性，是国家在以土地出让金等利益让渡所致，由此使得代持机构在共有产权住房处分权上享有"约定回购权""约定优先购买权"具有合理性。在共有产权住房占有、使用、收益上，如果购房家庭自己占有、使用共有产权住房，由购房家庭承担物业费是适当的，如果共有产权住房用于出租获取收益，代持机构可以从所有房屋产权份额获取租金收益的相应部分，对共有产权住房购房家庭而言则有失公允。《办法》的相关规定，不属于法律法规强制性规范，购房家庭和代持机构可以通过合同约定，区分共有产权住房是用于自己占有使用，还是用于出租获取收益等不同情形，对物业费承担进行约定，以解决实务中的具体问题。

五、共有产权住房执行问题

共有产权住房的执行，既涉及对按份共有房屋本身的执行问题，也涉及申请执行人是否符合取得共有产权住房资格条件问题。

涉及按份共有房屋的执行，在执行实践中存在争议。第一种观点主张，应当由共有产权人析产或者申请执行人代位析产后，方可予以执行。第二种观点主张，按份共有房屋购房家庭持有的份额清楚，可以直接处分作为被执行人应有的份额，最常见的方式就是份额拍卖。第三种观点主张，在依法确定被执行人份额的基础上，如果财产可以分割，则直接将财产分割后进行处分；如果财产难以分割或者分割后减损价值的，应当整体处分，最常见的方式是整体拍卖，拍卖后的变价款保留案外共有人应享有的财产份额。

房屋是建筑于特定地块上形成固定活动空间的建筑物[①]。房屋作为建筑在特定地块上的固定活动空间具有不可分割性，一旦分割则有可能使房屋价值

---

① 高富平、黄武双，《房地产法新论》，中国法制出版社2000年版，第1页。

受到贬损。执行实践认为，第一种观点属于对《最高人民法院关于人民法院民事执行中查封、扣押、冻结财产的规定》第十四条第三款的错误理解。该款规定，共有人提起析产诉讼或者申请执行人代位提起析产诉讼的，人民法院应当准许。诉讼期间中止对该财产的执行。据此，并不是只有共有人提起析产诉讼或者申请执行人代位提起析产诉讼后，才可以处分共有财产。相反，依据"诉讼期间中止对该财产的执行"的反向理解，未提起诉讼的，应当继续执行。第二种观点主张，只能拍卖被执行人的份额，常导致流拍。比如，拍卖被执行人房屋份额，由于需要与他人共有，在居住使用上多有不便，实践中常常导致拍卖人无人问津而致流拍。而且，即使有人购买份额，往往由于竞拍人数较少，导致低价成交。第三种观点遵从房屋不可分割性，使得被执行房屋价值能够充分体现，而且，共有人可以通过优先购买权的行使，对房屋继续占有使用。所以在执行实践中基本认同第三种观点。

对于共有产权住房购房家庭份额的执行问题，与一般共有房屋的执行有所区别。依据共有产权住房制度，购房家庭的按份共有权，是对共有产权住房独享的占有、使用权，在收益上与代持机构按份享有，因此不存在购房家庭与代持机构共同居住使用问题。共有产权住房购房家庭是按一定比例享有所有权份额，如果受让人购买购房家庭所拥有的共有产权份额，而依然与代持机构保持共有关系，则不会违背共有产权住房按份共有人依据《办法》第二十七条不允许分割共有产权的约定。因此，在保持共有关系基础上，在执行中应采取第二种观点，即可以直接处分作为被执行人的购房家庭应有份额。

代持机构通过约定对购房家庭所持有的共有产权份额，享有回购权和优先购买权，在执行时代持机构依然享有约定回购权和约定优先购买权。非实现抵押权执行，执行中必须保证当事人、利害关系人及案外人合法权益。[①]

在法律适用上，对房屋价格应按照《办法》第二十六条第一款规定，委托房地产估价机构参照周边市场价格评估确定，执行受让人不具备价高者得的特点，所以不能理解为对《物权法》第一百零一条法定优先购买权的适用。

---

① 江必新，《最高人民法院执行最新司法解释统一理解与适用》，中国法制出版社 2016 年版，第 126 页。

执行中购买人的选定，为了保障共有产权住房制度不受冲击和破坏，也为了持续性地发挥共有产权住房的功能作用，应当从具备资格条件的购房家庭中选定。由于失去了价高者得的基础，执行机构可以通过协商的方式，从具备资格条件的购房家庭中选定。有多户同等资格条件购房家庭购房的情况下，参照共有产权住房配售的规定，通过摇号确定。

业内人士认为，北京推出了共有产权住房，对于完善住房保障体系，完善住房制度，建立房地产调控长效机制，抑制投机，促进公平，具有重大意义。2017 年 10 月 27 日，北京市第一批共有产权住房在顺义区开始配售。至此，北京市推出的共有产权住房制度在探讨房地产市场长效机制的推进上，又迈出了一大步。在法律制度层面，将来经过一定时期的试行，也应在《办法》规范的基础上，根据北京市的实际情况解决《办法》位阶效力较低的问题，制定相应地方性法规对共有产权住房予以规范。未来立法中，应注意做好与《物权法》等国家基本法的衔接。

附录：相关法律、司法解释

中华人民共和国城市房地产管理法（2019 年修正）

第一章　总则

第一条　为了加强对城市房地产的管理，维护房地产市场秩序，保障房地产权利人的合法权益，促进房地产业的健康发展，制定本法。

第二条　在中华人民共和国城市规划区国有土地（以下简称国有土地）范围内取得房地产开发用地的土地使用权，从事房地产开发、房地产交易，实施房地产管理，应当遵守本法。

本法所称房屋，是指土地上的房屋等建筑物及构筑物。

本法所称房地产开发，是指在依据本法取得国有土地使用权的土地上进行基础设施、房屋建设的行为。

本法所称房地产交易，包括房地产转让、房地产抵押和房屋租赁。

第三条　国家依法实行国有土地有偿、有限期使用制度。但是，国家在本法规定的范围内划拨国有土地使用权的除外。

第四条　国家根据社会、经济发展水平，扶持发展居民住宅建设，逐步改善居民的居住条件。

第五条　房地产权利人应当遵守法律和行政法规，依法纳税。房地产权利人的合法权益受法律保护，任何单位和个人不得侵犯。

第六条　为了公共利益的需要，国家可以征收国有土地上单位和个人的房屋，并依法给予拆迁补偿，维护被征收人的合法权益；征收个人住宅的，还应当保障被征收人的居住条件。具体办法由国务院规定。

第七条　国务院建设行政主管部门、土地管理部门依照国务院规定的职权划分，各司其职，密切配合，管理全国房地产工作。

县级以上地方人民政府房产管理、土地管理部门的机构设置及其职权由省、自治区、直辖市人民政府确定。

第二章　房地产开发用地

第一节　土地使用权出让

第八条　土地使用权出让，是指国家将国有土地使用权（以下简称土地使用权）在一定年限内出让给土地使用者，由土地使用者向国家支付土地使用权出让金的行为。

第九条　城市规划区内的集体所有的土地，经依法征收转为国有土地后，该幅国有土地的使用权方可有偿出让，但法律另有规定的除外。

第十条　土地使用权出让，必须符合土地利用总体规划、城市规划和年度建设用地计划。

第十一条　县级以上地方人民政府出让土地使用权用于房地产开发的，须根据省级以上人民政府下达的控制指标拟订年度出让土地使用权总面积方案，按照国务院规定，报国务院或者省级人民政府批准。

第十二条　土地使用权出让，由市、县人民政府有计划、有步骤地进行。出让的每幅地块、用途、年限和其他条件，由市、县人民政府土地管理部门会同城市规划、建设、房产管理部门共同拟定方案，按照国务院规定，报经有批准权的人民政府批准后，由市、县人民政府土地管理部门实施。

直辖市的县人民政府及其有关部门行使前款规定的权限，由直辖市人民政府规定。

第十三条　土地使用权出让，可以采取拍卖、招标或者双方协议的方式。

商业、旅游、娱乐和豪华住宅用地，有条件的，必须采取拍卖、招标方式；没有条件，不能采取拍卖、招标方式的，可以采取双方协议的方式。

采取双方协议方式出让土地使用权的出让金不得低于按国家规定所确定的最低价。

第十四条　土地使用权出让最高年限由国务院规定。

第十五条　土地使用权出让，应当签订书面出让合同。

土地使用权出让合同由市、县人民政府土地管理部门与土地使用者签订。

第十六条　土地使用者必须按照出让合同约定，支付土地使用权出让金；未按照出让合同约定支付土地使用权出让金的，土地管理部门有权解除合同，并可以请求违约赔偿。

第十七条　土地使用者按照出让合同约定支付土地使用权出让金的，市、县人民政府土地管理部门必须按照出让合同约定，提供出让的土地；未按照出让合同约定提供出让的土地的，土地使用者有权解除合同，由土地管理部门返还土地使用权出让金，土地使用者并可以请求违约赔偿。

第十八条　土地使用者需要改变土地使用权出让合同约定的土地用途的，必须取得出让方和市、县人民政府城市规划行政主管部门的同意，签订土地使用权出让合同变更协议或者重新签订土地使用权出让合同，相应调整土地使用权出让金。

第十九条　土地使用权出让金应当全部上缴财政，列入预算，用于城市基础设施建设和土地开发。土地使用权出让金上缴和使用的具体办法由国务院规定。

第二十条　国家对土地使用者依法取得的土地使用权，在出让合同约定的使用年限届满前不收回；在特殊情况下，根据社会公共利益的需要，可以依照法律程序提前收回，并根据土地使用者使用土地的实际年限和开发土地的实际情况给予相应的补偿。

第二十一条　土地使用权因土地灭失而终止。

第二十二条　土地使用权出让合同约定的使用年限届满，土地使用者需要继续使用土地的，应当至迟于届满前一年申请续期，除根据社会公共利益需要收回该幅土地的，应当予以批准。经批准准予续期的，应当重新签订土地使用权出让合同，依照规定支付土地使用权出让金。

土地使用权出让合同约定的使用年限届满，土地使用者未申请续期或者虽申请续期但依照前款规定未获批准的，土地使用权由国家无偿收回。

第二节 土地使用权划拨

第二十三条 土地使用权划拨，是指县级以上人民政府依法批准，在土地使用者缴纳补偿、安置等费用后将该幅土地交付其使用，或者将土地使用权无偿交付给土地使用者使用的行为。

依照本法规定以划拨方式取得土地使用权的，除法律、行政法规另有规定外，没有使用期限的限制。

第二十四条 下列建设用地的土地使用权，确属必需的，可以由县级以上人民政府依法批准划拨：

（一）国家机关用地和军事用地；

（二）城市基础设施用地和公益事业用地；

（三）国家重点扶持的能源、交通、水利等项目用地；

（四）法律、行政法规规定的其他用地。

第三章 房地产开发

第二十五条 房地产开发必须严格执行城市规划，按照经济效益、社会效益、环境效益相统一的原则，实行全面规划、合理布局、综合开发、配套建设。

第二十六条 以出让方式取得土地使用权进行房地产开发的，必须按照土地使用权出让合同约定的土地用途、动工开发期限开发土地。超过出让合同约定的动工开发日期满一年未动工开发的，可以征收相当于土地使用权出让金百分之二十以下的土地闲置费；满二年未动工开发的，可以无偿收回土地使用权；但是，因不可抗力或者政府、政府有关部门的行为或者动工开发必需的前期工作造成动工开发迟延的除外。

第二十七条 房地产开发项目的设计、施工，必须符合国家的有关标准和规范。

房地产开发项目竣工，经验收合格后，方可交付使用。

第二十八条 依法取得的土地使用权，可以依照本法和有关法律、行政法规的规定，作价入股，合资、合作开发经营房地产。

第二十九条　国家采取税收等方面的优惠措施鼓励和扶持房地产开发企业开发建设居民住宅。

第三十条　房地产开发企业是以营利为目的，从事房地产开发和经营的企业。设立房地产开发企业，应当具备下列条件：

（一）有自己的名称和组织机构；

（二）有固定的经营场所；

（三）有符合国务院规定的注册资本；

（四）有足够的专业技术人员；

（五）法律、行政法规规定的其他条件。

设立房地产开发企业，应当向工商行政管理部门申请设立登记。工商行政管理部门对符合本法规定条件的，应当予以登记，发给营业执照；对不符合本法规定条件的，不予登记。

设立有限责任公司、股份有限公司，从事房地产开发经营的，还应当执行公司法的有关规定。

房地产开发企业在领取营业执照后的一个月内，应当到登记机关所在地的县级以上地方人民政府规定的部门备案。

第三十一条　房地产开发企业的注册资本与投资总额的比例应当符合国家有关规定。

房地产开发企业分期开发房地产的，分期投资额应当与项目规模相适应，并按照土地使用权出让合同的约定，按期投入资金，用于项目建设。

第四章　房地产交易

第一节　一般规定

第三十二条　房地产转让、抵押时，房屋的所有权和该房屋占用范围内的土地使用权同时转让、抵押。

第三十三条　基准地价、标定地价和各类房屋的重置价格应当定期确定并公布。具体办法由国务院规定。

第三十四条　国家实行房地产价格评估制度。

房地产价格评估，应当遵循公正、公平、公开的原则，按照国家规定的技术标准和评估程序，以基准地价、标定地价和各类房屋的重置价格为基础，参照当地的市场价格进行评估。

第三十五条　国家实行房地产成交价格申报制度。

房地产权利人转让房地产，应当向县级以上地方人民政府规定的部门如实申报成交价，不得瞒报或者作不实的申报。

第三十六条　房地产转让、抵押，当事人应当依照本法第五章的规定办理权属登记。

第二节　房地产转让

第三十七条　房地产转让，是指房地产权利人通过买卖、赠与或者其他合法方式将其房地产转移给他人的行为。

第三十八条　下列房地产，不得转让：

（一）以出让方式取得土地使用权的，不符合本法第三十九条规定的条件的；

（二）司法机关和行政机关依法裁定、决定查封或者以其他形式限制房地产权利的；

（三）依法收回土地使用权的；

（四）共有房地产，未经其他共有人书面同意的；

（五）权属有争议的；

（六）未依法登记领取权属证书的；

（七）法律、行政法规规定禁止转让的其他情形。

第三十九条　以出让方式取得土地使用权的，转让房地产时，应当符合下列条件：

（一）按照出让合同约定已经支付全部土地使用权出让金，并取得土地使用权证书；

（二）按照出让合同约定进行投资开发，属于房屋建设工程的，完成开发投资总额的百分之二十五以上，属于成片开发土地的，形成工业用地或者其他建设用地条件。

转让房地产时房屋已经建成的，还应当持有房屋所有权证书。

第四十条 以划拨方式取得土地使用权的，转让房地产时，应当按照国务院规定，报有批准权的人民政府审批。有批准权的人民政府准予转让的，应当由受让方办理土地使用权出让手续，并依照国家有关规定缴纳土地使用权出让金。

以划拨方式取得土地使用权的，转让房地产报批时，有批准权的人民政府按照国务院规定决定可以不办理土地使用权出让手续的，转让方应当按照国务院规定将转让房地产所获收益中的土地收益上缴国家或者作其他处理。

第四十一条 房地产转让，应当签订书面转让合同，合同中应当载明土地使用权取得的方式。

第四十二条 房地产转让时，土地使用权出让合同载明的权利、义务随之转移。

第四十三条 以出让方式取得土地使用权的，转让房地产后，其土地使用权的使用年限为原土地使用权出让合同约定的使用年限减去原土地使用者已经使用年限后的剩余年限。

第四十四条 以出让方式取得土地使用权的，转让房地产后，受让人改变原土地使用权出让合同约定的土地用途的，必须取得原出让方和市、县人民政府城市规划行政主管部门的同意，签订土地使用权出让合同变更协议或者重新签订土地使用权出让合同，相应调整土地使用权出让金。

第四十五条 商品房预售，应当符合下列条件：

（一）已交付全部土地使用权出让金，取得土地使用权证书；

（二）持有建设工程规划许可证；

（三）按提供预售的商品房计算，投入开发建设的资金达到工程建设总投资的百分之二十五以上，并已经确定施工进度和竣工交付日期；

（四）向县级以上人民政府房产管理部门办理预售登记，取得商品房预售许可证明。

商品房预售人应当按照国家有关规定将预售合同报县级以上人民政府房产管理部门和土地管理部门登记备案。

商品房预售所得款项，必须用于有关的工程建设。

第四十六条　商品房预售的，商品房预购人将购买的未竣工的预售商品房再行转让的问题，由国务院规定。

第三节　房地产抵押

第四十七条　房地产抵押，是指抵押人以其合法的房地产以不转移占有的方式向抵押权人提供债务履行担保的行为。债务人不履行债务时，抵押权人有权依法以抵押的房地产拍卖所得的价款优先受偿。

第四十八条　依法取得的房屋所有权连同该房屋占用范围内的土地使用权，可以设定抵押权。

以出让方式取得的土地使用权，可以设定抵押权。

第四十九条　房地产抵押，应当凭土地使用权证书、房屋所有权证书办理。

第五十条　房地产抵押，抵押人和抵押权人应当签订书面抵押合同。

第五十一条　设定房地产抵押权的土地使用权是以划拨方式取得的，依法拍卖该房地产后，应当从拍卖所得的价款中缴纳相当于应缴纳的土地使用权出让金的款额后，抵押权人方可优先受偿。

第五十二条　房地产抵押合同签订后，土地上新增的房屋不属于抵押财产。需要拍卖该抵押的房地产时，可以依法将土地上新增的房屋与抵押财产一同拍卖，但对拍卖新增房屋所得，抵押权人无权优先受偿。

第四节　房屋租赁

第五十三条　房屋租赁，是指房屋所有权人作为出租人将其房屋出租给承租人使用，由承租人向出租人支付租金的行为。

第五十四条　房屋租赁，出租人和承租人应当签订书面租赁合同，约定租赁期限、租赁用途、租赁价格、修缮责任等条款，以及双方的其他权利和义务，并向房产管理部门登记备案。

第五十五条　住宅用房的租赁，应当执行国家和房屋所在城市人民政府规定的租赁政策。租用房屋从事生产、经营活动的，由租赁双方协商议定租金和其他租赁条款。

第五十六条　以营利为目的，房屋所有权人将以划拨方式取得使用权的国有土地上建成的房屋出租的，应当将租金中所含土地收益上缴国家。具体办法由国务院规定。

第五节　中介服务机构

第五十七条　房地产中介服务机构包括房地产咨询机构、房地产价格评估机构、房地产经纪机构等。

第五十八条　房地产中介服务机构应当具备下列条件：

（一）有自己的名称和组织机构；

（二）有固定的服务场所；

（三）有必要的财产和经费；

（四）有足够数量的专业人员；

（五）法律、行政法规规定的其他条件。

设立房地产中介服务机构，应当向工商行政管理部门申请设立登记，领取营业执照后，方可开业。

第五十九条　国家实行房地产价格评估人员资格认证制度。

第五章　房地产权属登记管理

第六十条　国家实行土地使用权和房屋所有权登记发证制度。

第六十一条　以出让或者划拨方式取得土地使用权，应当向县级以上地方人民政府土地管理部门申请登记，经县级以上地方人民政府土地管理部门核实，由同级人民政府颁发土地使用权证书。

在依法取得的房地产开发用地上建成房屋的，应当凭土地使用权证书向县级以上地方人民政府房产管理部门申请登记，由县级以上地方人民政府房产管理部门核实并颁发房屋所有权证书。

房地产转让或者变更时，应当向县级以上地方人民政府房产管理部门申请房产变更登记，并凭变更后的房屋所有权证书向同级人民政府土地管理部门申请土地使用权变更登记，经同级人民政府土地管理部门核实，由同级人民政府更换或者更改土地使用权证书。

法律另有规定的，依照有关法律的规定办理。

第六十二条 房地产抵押时，应当向县级以上地方人民政府规定的部门办理抵押登记。

因处分抵押房地产而取得土地使用权和房屋所有权的，应当依照本章规定办理过户登记。

第六十三条 经省、自治区、直辖市人民政府确定，县级以上地方人民政府由一个部门统一负责房产管理和土地管理工作的，可以制作、颁发统一的房地产权证书，依照本法第六十一条的规定，将房屋的所有权和该房屋占用范围内的土地使用权的确认和变更，分别载入房地产权证书。

第六章　法律责任

第六十四条 违反本法第十一条、第十二条的规定，擅自批准出让或者擅自出让土地使用权用于房地产开发的，由上级机关或者所在单位给予有关责任人员行政处分。

第六十五条 违反本法第三十条的规定，未取得营业执照擅自从事房地产开发业务的，由县级以上人民政府工商行政管理部门责令停止房地产开发业务活动，没收违法所得，可以并处罚款。

第六十六条 违反本法第三十九条第一款的规定转让土地使用权的，由县级以上人民政府土地管理部门没收违法所得，可以并处罚款。

第六十七条 违反本法第四十条第一款的规定转让房地产的，由县级以上人民政府土地管理部门责令缴纳土地使用权出让金，没收违法所得，可以并处罚款。

第六十八条 违反本法第四十五条第一款的规定预售商品房的，由县级以上人民政府房产管理部门责令停止预售活动，没收违法所得，可以并处罚款。

第六十九条 违反本法第五十八条的规定，未取得营业执照擅自从事房地产中介服务业务的，由县级以上人民政府工商行政管理部门责令停止房地产中介服务业务活动，没收违法所得，可以并处罚款。

第七十条 没有法律、法规的依据，向房地产开发企业收费的，上级机关应当责令退回所收取的钱款；情节严重的，由上级机关或者所在单位给予直接责任人员行政处分。

第七十一条 房产管理部门、土地管理部门工作人员玩忽职守、滥用职权，构成犯罪的，依法追究刑事责任；不构成犯罪的，给予行政处分。

房产管理部门、土地管理部门工作人员利用职务上的便利，索取他人财物，或者非法收受他人财物为他人谋取利益，构成犯罪的，依法追究刑事责任；不构成犯罪的，给予行政处分。

第七章 附则

第七十二条 在城市规划区外的国有土地范围内取得房地产开发用地的土地使用权，从事房地产开发、交易活动以及实施房地产管理，参照本法执行。

第七十三条 本法自 1995 年 1 月 1 日起施行。

最高人民法院关于适用《中华人民共和国物权法》若干问题的解释（一）

为正确审理物权纠纷案件，根据《中华人民共和国物权法》的相关规定，结合民事审判实践，制定本解释。

第一条 因不动产物权的归属，以及作为不动产物权登记基础的买卖、赠与、抵押等产生争议，当事人提起民事诉讼的，应当依法受理。当事人已经在行政诉讼中申请一并解决上述民事争议，且人民法院一并审理的除外。

第二条 当事人有证据证明不动产登记簿的记载与真实权利状态不符、其为该不动产物权的真实权利人，请求确认其享有物权的，应予支持。

第三条 异议登记因物权法第十九条第二款规定的事由失效后，当事人提起民事诉讼，请求确认物权归属的，应当依法受理。异议登记失效不影响人民法院对案件的实体审理。

第四条 未经预告登记的权利人同意，转移不动产所有权，或者设定建设用地使用权、地役权、抵押权等其他物权的，应当依照物权法第二十条第一款的规定，认定其不发生物权效力。

第五条 买卖不动产物权的协议被认定无效、被撤销、被解除，或者预告登记的权利人放弃债权的，应当认定为物权法第二十条第二款所称的"债权消灭"。

第六条 转让人转移船舶、航空器和机动车等所有权，受让人已经支付对价并取得占有，虽未经登记，但转让人的债权人主张其为物权法第二十四条所称的"善意第三人"的，不予支持，法律另有规定的除外。

第七条 人民法院、仲裁委员会在分割共有不动产或者动产等案件中作出并依法生效的改变原有物权关系的判决书、裁决书、调解书，以及人民法院在执行程序中作出的拍卖成交裁定书、以物抵债裁定书，应当认定为物权法第二十八条所称导致物权设立、变更、转让或者消灭的人民法院、仲裁委员会的法律文书。

第八条 依照物权法第二十八条至第三十条规定享有物权，但尚未完成动产交付或者不动产登记的物权人，根据物权法第三十四条至第三十七条的规定，请求保护其物权的，应予支持。

第九条 共有份额的权利主体因继承、遗赠等原因发生变化时，其他按份共有人主张优先购买的，不予支持，但按份共有人之间另有约定的除外。

第十条 物权法第一百零一条所称的"同等条件"，应当综合共有份额的转让价格、价款履行方式及期限等因素确定。

第十一条 优先购买权的行使期间，按份共有人之间有约定的，按照约定处理；没有约定或者约定不明的，按照下列情形确定：

（一）转让人向其他按份共有人发出的包含同等条件内容的通知中载明行使期间的，以该期间为准；

（二）通知中未载明行使期间，或者载明的期间短于通知送达之日起十五日的，为十五日；

（三）转让人未通知的，为其他按份共有人知道或者应当知道最终确定的同等条件之日起十五日；

（四）转让人未通知，且无法确定其他按份共有人知道或者应当知道最终确定的同等条件的，为共有份额权属转移之日起六个月。

第十二条　按份共有人向共有人之外的人转让其份额，其他按份共有人根据法律、司法解释规定，请求按照同等条件购买该共有份额的，应予支持。

其他按份共有人的请求具有下列情形之一的，不予支持：

（一）未在本解释第十一条规定的期间内主张优先购买，或者虽主张优先购买，但提出减少转让价款、增加转让人负担等实质性变更要求；

（二）以其优先购买权受到侵害为由，仅请求撤销共有份额转让合同或者认定该合同无效。

第十三条　按份共有人之间转让共有份额，其他按份共有人主张根据物权法第一百零一条规定优先购买的，不予支持，但按份共有人之间另有约定的除外。

第十四条　两个以上按份共有人主张优先购买且协商不成时，请求按照转让时各自份额比例行使优先购买权的，应予支持。

第十五条　受让人受让不动产或者动产时，不知道转让人无处分权，且无重大过失的，应当认定受让人为善意。

真实权利人主张受让人不构成善意的，应当承担举证证明责任。

第十六条　具有下列情形之一的，应当认定不动产受让人知道转让人无处分权：

（一）登记簿上存在有效的异议登记；

（二）预告登记有效期内，未经预告登记的权利人同意；

（三）登记簿上已经记载司法机关或者行政机关依法裁定、决定查封或者以其他形式限制不动产权利的有关事项；

（四）受让人知道登记簿上记载的权利主体错误；

（五）受让人知道他人已经依法享有不动产物权。

真实权利人有证据证明不动产受让人应当知道转让人无处分权的，应当认定受让人具有重大过失。

第十七条　受让人受让动产时，交易的对象、场所或者时机等不符合交易习惯的，应当认定受让人具有重大过失。

第十八条　物权法第一百零六条第一款第一项所称的"受让人受让该不动产或者动产时"，是指依法完成不动产物权转移登记或者动产交付之时。

当事人以物权法第二十五条规定的方式交付动产的，转让动产法律行为生效时为动产交付之时；当事人以物权法第二十六条规定的方式交付动产的，转让人与受让人之间有关转让返还原物请求权的协议生效时为动产交付之时。

法律对不动产、动产物权的设立另有规定的，应当按照法律规定的时间认定权利人是否为善意。

第十九条　物权法第一百零六条第一款第二项所称"合理的价格"，应当根据转让标的物的性质、数量以及付款方式等具体情况，参考转让时交易地市场价格以及交易习惯等因素综合认定。

第二十条　转让人将物权法第二十四条规定的船舶、航空器和机动车等交付给受让人的，应当认定符合物权法第一百零六条第一款第三项规定的善意取得的条件。

第二十一条　具有下列情形之一，受让人主张根据物权法第一百零六条规定取得所有权的，不予支持：

（一）转让合同因违反合同法第五十二条规定被认定无效；

（二）转让合同因受让人存在欺诈、胁迫或者乘人之危等法定事由被撤销。

第二十二条　本解释自 2016 年 3 月 1 日起施行。

本解释施行后人民法院新受理的一审案件，适用本解释。

本解释施行前人民法院已经受理、施行后尚未审结的一审、二审案件，以及本解释施行前已经终审、施行后当事人申请再审或者按照审判监督程序决定再审的案件，不适用本解释。

关于审理房地产管理法施行前房地产开发经营案件若干问题的解答

《中华人民共和国城市房地产管理法》（以下简称房地产管理法）已于 1995 年 1 月 1 日起施行。房地产管理法施行后发生的房地产开发经营案件，应当严格按照房地产管理法的规定处理。房地产管理法施行前发生的房地产开发经营纠纷，在房地产管理法施行前或施行后诉讼到人民法院的，人民法院应当依据当时的有关法律、政策规定，在查明事实、分清是非的基础上，从实际情况出发，实事求是、合情合理的处理。现就各地人民法院审理房地产开发经营案件提出的一些问题，解答如下：

一、关于房地产开发经营者的资格问题

1. 从事房地产的开发经营者，应当是具备企业法人条件、经工商行政管理部门登记并发给营业执照的房地产开发企业（含中外合资经营企业、中外合作经营企业和外资企业）。

2. 不具备房地产开发经营资格的企业与他人签订的以房地产开发经营为内容的合同，一般应当认定无效，但在一审诉讼期间依法取得房地产开发经营资格的，可认定合同有效。

二、关于国有土地使用权的出让问题

3. 国有土地使用权出让合同的出让方，依法是市、县人民政府土地管理部门。出让合同应由市、县人民政府土地管理部门与土地使用者签订，其他部门、组织和个人为出让方与他人签订的出让合同，应当认定无效。

4. 出让合同出让的只能是经依法批准的国有土地使用权，对于出让集体土地使用权或未经依法批准的国有土地使用权的，应当认定合同无效。

5. 出让合同出让的土地使用权未依法办理审批、登记手续的，一般应当认定合同无效，但在一审诉讼期间，对于出让集体土地使用权依法补办了征用手续转为国有土地，并依法补办了出让手续的，或者出让未经依法批准的国有土地使用权依法补办了审批、登记手续的，可认定合同有效。

三、关于国有土地使用权的转让问题

6. 国有土地使用权的转让合同，转让的土地使用权未依法办理出让审批手续的，一般应当认定合同无效，但在一审诉讼期间，对于转让集体土地使用权，经有关主管部门批准补办了征用手续转为国有土地，并依法办理了出让手续的，或者转让未经依法批准的国有土地使用权依法补办了审批、登记

手续的，可认定合同有效。

7. 转让合同的转让方，应当是依法办理了土地使用权登记或变更登记手续，取得土地使用证的土地使用者。未取得土地使用证的土地使用者为转让方与他人签订的合同，一般应当认定无效，但转让方已按出让合同约定的期限和条件投资开发利用了土地，在一审诉讼期间，经有关主管部门批准，补办了土地使用权登记或变更登记手续的，可认定合同有效。

8. 以出让方式取得土地使用权的土地使用者虽已取得土地使用证，但未按土地使用权出让合同约定的期限和条件对土地进行投资开发利用，与他人签订土地使用权转让合同的，一般应当认定合同无效；如土地使用者已投入一定资金，但尚未达到出让合同约定的期限和条件，与他人签订土地使用权转让合同，没有其他违法行为的，经有关主管部门认可，同意其转让的，可认定合同有效，责令当事人向有关主管部门补办土地使用权转让登记手续。

9. 享有土地使用权的土地使用者未按照项目建设的要求对土地进行开发建设，也未办理审批手续和土地使用权转让手续，转让建设项目的，一般应当认定项目转让和土地使用权转让的合同无效；如符合土地使用权转让条件的，可认定项目转让合同有效，责令当事人补办土地使用权转让登记手续。

10. 以转让方式取得的土地使用权的使用年限，应当是土地使用权出让合同约定的使用年限减去原土地使用者已使用的年限后的剩余年限。转让合同约定的土地使用年限超过剩余年限的，其超过部分无效。土地使用年限，一般应从当事人办理土地使用权登记或变更登记手续，取得土地使用证的次日起算，或者在合同中约定土地使用年限的起算时间。

11. 土地使用权转让合同擅自改变土地使用权出让合同约定的土地用途的，一般应当认定合同无效，但在一审诉讼期间已补办批准手续的，可认定合同有效。

12. 转让合同签订后，双方当事人应按合同约定和法律规定，到有关主管部门办理土地使用权变更登记手续，一方拖延不办，并以未办理土地使用权变更登记手续为由主张合同无效的，人民法院不予支持，应责令当事人依法办理土地使用权变更登记手续。

13. 土地使用者与他人签订土地使用权转让合同后，未办理土地使用权变更登记手续之前，又另与他人就同一土地使用权签订转让合同，并依法办理了土地使用权变更登记手续的，土地使用权应由办理土地使用权变更登记手续的受让方取得。转让方给前一合同的受让方造成损失的，应当承担相应的民事责任。

14. 土地使用者就同一土地使用权分别与几方签订土地使用权转让合同，均未办理土地使用权变更登记手续的，一般应当认定各合同无效；如其中某一合同的受让方已实际占有和使用土地，并对土地投资开发利用的，经有关主管部门同意，补办了土地使用权变更登记手续的，可认定该合同有效。转让方给其他合同的受让方造成损失的，应当承担相应的民事责任。

四、关于国有土地使用权的抵押问题

15. 土地使用者未办理土地使用权抵押登记手续，将土地使用权进行抵押的，应当认定抵押合同无效。

16. 土地使用者未办理土地使用权抵押登记手续将土地使用权抵押后，又与他人就同一土地使用权签订抵押合同，并办理了抵押登记手续的，应当认定后一个抵押合同有效。

17. 以划拨方式取得的国有土地使用权为标的物签订的抵押合同，一般应当认定无效，但在一审诉讼期间，经有关主管部门批准，依法补办了出让手续的，可认定合同有效。

五、关于以国有土地使用权投资合作建房问题

18. 享有土地使用权的一方以土地使用权作为投资与他人合作建房，签订的合建合同是土地使用权有偿转让的一种特殊形式，除办理合建审批手续外，还应依法办理土地使用权变更登记手续。未办理土地使用权变更登记手续的，一般应当认定合建合同无效，但双方已实际履行了合同，或房屋已基本建成，又无其他违法行为的，可认定合建合同有效，并责令当事人补办土地使用权变更登记手续。

19. 当事人签订合建合同，依法办理了合建审批手续和土地使用权变更登

记手续的，不因合建一方没有房地产开发经营权而认定合同无效。

20. 以划拨方式取得国有土地使用权的一方，在《中华人民共和国城镇国有土地使用权出让和转让暂行条例》（以下简称《条例》）施行前，经有关主管部门批准，以其使用的土地作为投资与他人合作建房的，可认定合建合同有效。

21.《条例》施行后，以划拨方式取得国有土地使用权的一方未办理土地使用权出让手续，以其土地使用权作为投资与他人合建房屋的，应认定合建合同无效，但在一审诉讼期间，经有关主管部门批准，依法补办了出让手续的，可认定合同有效。

22. 名为合作建房，实为土地使用权转让的合同，可按合同实际性质处理。如土地使用权的转让符合法律规定的，可认定合同有效，不因以合作建房为名而认定合同无效。

23. 合建合同对房地产权属有约定的，按合同约定确认权属；约定不明确的，可依据双方投资以及对房屋管理使用等情况，确认土地使用权和房屋所有权的权属。

六、关于商品房的预售问题

24. 商品房的预售方，没有取得土地使用证，也没有投入开发建设资金进行施工建设，预售商品房的，应当认定商品房预售合同无效。

25. 商品房的预售方，没有取得土地使用证，但投入一定的开发建设资金，进行了施工建设，预售商品房的，在一审诉讼期间补办了土地使用证、商品房预售许可证明的，可认定预售合同有效。

26. 商品房的预售方，持有土地使用证，也投入一定的开发建设资金，进行了施工建设，预售商品房的，在一审诉讼期间办理了预售许可证明的，可认定预售合同有效。

27. 预售商品房合同签订后，预购方尚未取得房屋所有权证之前，预售方未经预购方同意，又就同一预售商品房与他人签订预售合同的，应认定后一个预售合同无效；如后一个合同的预购方已取得房屋所有权证的，可认定后一个合同有效，但预售方给前一个合同的预购方造成损失的，应承担相应的民事责任。

七、关于预售商品房的转让问题

28. 商品房的预售合同无效的，预售商品房的转让合同，一般也应当认定无效。

29. 商品房预售合同的双方当事人，经有关主管部门办理了有关手续后，在预售商品房尚未实际交付前，预购方将购买的未竣工的预售商品房转让他人，办理了转让手续的，可认定转让合同有效；没有办理转让手续的，在一审诉讼期间补办了转让手续，也可认定转让合同有效。

30. 商品房预售合同的预购方，在实际取得预购房屋产权并持有房屋所有权证后，将房屋再转让给他人的，按一般房屋买卖关系处理。

八、关于预售商品房的价格问题

31. 预售商品房的价格，除国家规定"微利房"、"解困房"等必须执行国家定价的以外，合同双方根据房地产市场行情约定的价格，也应当予以保护。一方以政府调整与房地产有关的税费为由要求变更合同约定价格的，可予以支持。一方以建筑材料或商品房的市场价格变化等为由，要求变更合同约定的价格或解除合同的，一般不予支持。

32. 合同双方约定了预售商品房价格，同时又约定了预售商品房的价格以有关主管部门的核定价格为准，一方要求按核定价格变更预售商品房价格的，应予以准许。

33. 合同双方约定的预售商品房价格不明确，或者在合同履行中发生不可抗力的情况，合同双方当事人可另行协商预售商品房价格。协商不成的，可参照当地政府公布的价格、房地产部门认可的评估的价格，或者当地同期同类同质房屋的市场价格处理。

34. 在逾期交付房屋的期间，因预售商品房价格变化造成的损失，由过错方承担。

九、关于违反合同的责任

35. 经审查认定有效的合同，双方当事人应按照合同的约定或法律的规定履行。

36. 在合同履行过程中，由于不可抗力的原因，致使合同难以继续履行或继续履行将给一方造成重大损失，当事人提出变更或解除合同的，应予支持。因此造成的损失，由当事人双方合理负担。

37. 当事人以对合同内容有重大误解或合同内容显失公平为由，提出变更合同的，应予支持。但因下列情形之一要求变更合同的，不予支持：

（1）合同约定的出资额、价格虽与当时的市场行情有所不同，但差别不大，一方当事人以缺乏经验不了解市场行情等为由，提出变更合同的。

（2）合同履行的结果不是合同签订时不能预见的，而是因当事人经营不善、管理不当或判断失误等原因造成的，一方当事人提出变更合同的。

38. 合同一方有充分证据证明确系不可抗力，致使合同不能按期履行或不能完全履行的，根据实际情况，可准予延期履行、部分履行或不履行，并部分或全部免予承担违约责任。

39. 合同一方违反合同，应向对方支付违约金。合同对违约金有具体约定的，应按约定的数额支付违约金。约定的违约金数额一般以不超过合同未履行部分的价金总额为限。对违约金无约定或约定不明确的，按没有约定处理。

40. 合同一方违反合同给对方造成损失，支付违约金不足以赔偿的，还应赔偿造成的损失与违约金的差额部分。

41. 合同一方违约致使合同无法履行的，应赔偿对方的损失。实际损失无法确定的，可参照违约方所获利润确定赔偿金额。

42. 合同约定了违约金和罚款的，或只约定罚款的，只要其金额不超过未履行部分总额的，可将罚款视为违约金处理。

43. 合同一方未将对方的投资款用于履行合同而挪作他用，致使合同不能履行的，依法应承担违约责任，赔偿因不履行给对方造成的实际损失。

44. 违约方将对方的投资款挪作他用并获利的，如所获利润高于或等同于对方实际损失的，应将其所获利润作为对方的损失予以赔偿；如所获利润低于对方的实际损失的，应当赔偿对方的实际损失；如违约方所获利润无法确定的，可按银行同类贷款利率的四倍赔偿对方的损失。

十、关于无效合同的处理问题

45. 经审查认定无效的合同，一方依据无效合同取得的财产应当返还对方。因合同无效给对方造成损失的，应按过错责任原则由过错方赔偿损失。过错方承担赔偿责任的赔偿金数额，应相当于无过错方的实际损失。双方均有过错的，按过错责任大小各自承担相应的责任。双方故意严重违反有关法律、法规而致合同无效的，应追缴双方已经取得或约定取得的财产。

46. 合作建房合同被确认无效后，在建或已建成的房屋，其所有权可确认归以土地使用权作为投资的一方所有，对方的投资可根据资金的转化形态，分别处理：

（1）资金尚未投入实际建设的，可由以土地使用权作为投资的一方将对方投入的资金予以返还，并支付同期同类银行贷款的利息；

（2）资金已转化为在建中的建筑物，并有一定增值的，可在返还投资款的同时，参照当地房地产业的利润情况，由以土地使用权作为投资的一方给予对方相应比例的经济赔偿；

（3）房屋已建成的，可将约定出资方应分得的房产份额按现行市价估值或出资方实际出资占房屋造价的比例，认定出资方的经济损失，由以土地使用权作为投资的一方给予赔偿。

47. 预售商品房因预售方的过错造成合同无效的，应根据房地产市场价格变化和预购方交付房款等情况，由预售方承担返还财产、赔偿损失的责任。房屋未建成或未交付的，参照签订合同时的房价和法院裁判、调解时的房价之间的差价，确定预购方的损失数额。

最高人民法院关于审理涉及国有土地使用权合同纠纷案件适用法律问题的解释

根据《中华人民共和国民法通则》、《中华人民共和国合同法》、《中华人民共和国土地管理法》、《中华人民共和国城市房地产管理法》等法律规定，结合民事审判实践，就审理涉及国有土地使用权合同纠纷案件适用法律的问题，制定本解释。

一、土地使用权出让合同纠纷

第一条 本解释所称的土地使用权出让合同，是指市、县人民政府土地管理部门作为出让方将国有土地使用权在一定年限内让与受让方，受让方支付土地使用权出让金的协议。

第二条 开发区管理委员会作为出让方与受让方订立的土地使用权出让合同，应当认定无效。

本解释实施前，开发区管理委员会作为出让方与受让方订立的土地使用权出让合同，起诉前经市、县人民政府土地管理部门追认的，可以认定合同有效。

第三条 经市、县人民政府批准同意以协议方式出让的土地使用权，土地使用权出让金低于订立合同时当地政府按照国家规定确定的最低价的，应当认定土地使用权出让合同约定的价格条款无效。

当事人请求按照订立合同时的市场评估价格交纳土地使用权出让金的，应予支持；受让方不同意按照市场评估价格补足，请求解除合同的，应予支持。因此造成的损失，由当事人按照过错承担责任。

第四条 土地使用权出让合同的出让方因未办理土地使用权出让批准手续而不能交付土地，受让方请求解除合同的，应予支持。

第五条 受让方经出让方和市、县人民政府城市规划行政主管部门同意，改变土地使用权出让合同约定的土地用途，当事人请求按照起诉时同种用途的土地出让金标准调整土地出让金的，应予支持。

第六条 受让方擅自改变土地使用权出让合同约定的土地用途，出让方请求解除合同的，应予支持。

二、土地使用权转让合同纠纷

第七条 本解释所称的土地使用权转让合同，是指土地使用权人作为转让方将出让土地使用权转让于受让方，受让方支付价款的协议。

第八条　土地使用权人作为转让方与受让方订立土地使用权转让合同后，当事人一方以双方之间未办理土地使用权变更登记手续为由，请求确认合同无效的，不予支持。

第九条　转让方未取得出让土地使用权证书与受让方订立合同转让土地使用权，起诉前转让方已经取得出让土地使用权证书或者有批准权的人民政府同意转让的，应当认定合同有效。

第十条　土地使用权人作为转让方就同一出让土地使用权订立数个转让合同，在转让合同有效的情况下，受让方均要求履行合同的，按照以下情形分别处理：

（一）已经办理土地使用权变更登记手续的受让方，请求转让方履行交付土地等合同义务的，应予支持；

（二）均未办理土地使用权变更登记手续，已先行合法占有投资开发土地的受让方请求转让方履行土地使用权变更登记等合同义务的，应予支持；

（三）均未办理土地使用权变更登记手续，又未合法占有投资开发土地，先行支付土地转让款的受让方请求转让方履行交付土地和办理土地使用权变更登记等合同义务的，应予支持；

（四）合同均未履行，依法成立在先的合同受让方请求履行合同的，应予支持。

未能取得土地使用权的受让方请求解除合同、赔偿损失的，按照《中华人民共和国合同法》的有关规定处理。

第十一条　土地使用权人未经有批准权的人民政府批准，与受让方订立合同转让划拨土地使用权的，应当认定合同无效。但起诉前经有批准权的人民政府批准办理土地使用权出让手续的，应当认定合同有效。

第十二条　土地使用权人与受让方订立合同转让划拨土地使用权，起诉前经有批准权的人民政府同意转让，并由受让方办理土地使用权出让手续的，土地使用权人与受让方订立的合同可以按照补偿性质的合同处理。

第十三条　土地使用权人与受让方订立合同转让划拨土地使用权，起诉前经有批准权的人民政府决定不办理土地使用权出让手续，并将该划拨土地使用权直接划拨给受让方使用的，土地使用权人与受让方订立的合同可以按照补偿性质的合同处理。

三、合作开发房地产合同纠纷

第十四条 本解释所称的合作开发房地产合同，是指当事人订立的以提供出让土地使用权、资金等作为共同投资，共享利润、共担风险合作开发房地产为基本内容的协议。

第十五条 合作开发房地产合同的当事人一方具备房地产开发经营资质的，应当认定合同有效。

当事人双方均不具备房地产开发经营资质的，应当认定合同无效。但起诉前当事人一方已经取得房地产开发经营资质或者已依法合作成立具有房地产开发经营资质的房地产开发企业的，应当认定合同有效。

第十六条 土地使用权人未经有批准权的人民政府批准，以划拨土地使用权作为投资与他人订立合同合作开发房地产的，应当认定合同无效。但起诉前已经办理批准手续的，应当认定合同有效。

第十七条 投资数额超出合作开发房地产合同的约定，对增加的投资数额的承担比例，当事人协商不成的，按照当事人的过错确定；因不可归责于当事人的事由或者当事人的过错无法确定的，按照约定的投资比例确定；没有约定投资比例的，按照约定的利润分配比例确定。

第十八条 房屋实际建筑面积少于合作开发房地产合同的约定，对房屋实际建筑面积的分配比例，当事人协商不成的，按照当事人的过错确定；因不可归责于当事人的事由或者当事人过错无法确定的，按照约定的利润分配比例确定。

第十九条 在下列情形下，合作开发房地产合同的当事人请求分配房地产项目利益的，不予受理；已经受理的，驳回起诉：

（一）依法需经批准的房地产建设项目未经有批准权的人民政府主管部门批准；

（二）房地产建设项目未取得建设工程规划许可证；

（三）擅自变更建设工程规划。

因当事人隐瞒建设工程规划变更的事实所造成的损失，由当事人按照过错承担。

第二十条 房屋实际建筑面积超出规划建筑面积，经有批准权的人民政府主管部门批准后，当事人对超出部分的房屋分配比例协商不成的，按照约定的利润分配比例确定。对增加的投资数额的承担比例，当事人协商不成的，按照约定的投资比例确定；没有约定投资比例的，按照约定的利润分配比例确定。

第二十一条 当事人违反规划开发建设的房屋，被有批准权的人民政府主管部门认定为违法建筑责令拆除，当事人对损失承担协商不成的，按照当事人过错确定责任；过错无法确定的，按照约定的投资比例确定责任；没有约定投资比例的，按照约定的利润分配比例确定责任。

第二十二条 合作开发房地产合同约定仅以投资数额确定利润分配比例，当事人未足额交纳出资的，按照当事人的实际投资比例分配利润。

第二十三条 合作开发房地产合同的当事人要求将房屋预售款充抵投资参与利润分配的，不予支持。

第二十四条 合作开发房地产合同约定提供土地使用权的当事人不承担经营风险，只收取固定利益的，应当认定为土地使用权转让合同。

第二十五条 合作开发房地产合同约定提供资金的当事人不承担经营风险，只分配固定数量房屋的，应当认定为房屋买卖合同。

第二十六条 合作开发房地产合同约定提供资金的当事人不承担经营风险，只收取固定数额货币的，应当认定为借款合同。

第二十七条 合作开发房地产合同约定提供资金的当事人不承担经营风险，只以租赁或者其他形式使用房屋的，应当认定为房屋租赁合同。

四、其它

第二十八条 本解释自 2005 年 8 月 1 日起施行；施行后受理的第一审案件适用本解释。

本解释施行前最高人民法院发布的司法解释与本解释不一致的，以本解释为准。

最高人民法院关于审理建设工程施工合同
纠纷案件适用法律问题的解释

根据《中华人民共和国民法通则》、《中华人民共和国合同法》、《中华人民共和国招标投标法》、《中华人民共和国民事诉讼法》等法律规定，结合民事审判实际，就审理建设工程施工合同纠纷案件适用法律的问题，制定本解释。

第一条 建设工程施工合同具有下列情形之一的，应当根据合同法第五十二条第（五）项的规定，认定无效：

（一）承包人未取得建筑施工企业资质或者超越资质等级的；

（二）没有资质的实际施工人借用有资质的建筑施工企业名义的；

（三）建设工程必须进行招标而未招标或者中标无效的。

第二条 建设工程施工合同无效，但建设工程经竣工验收合格，承包人请求参照合同约定支付工程价款的，应予支持。

第三条 建设工程施工合同无效，且建设工程经竣工验收不合格的，按照以下情形分别处理：

（一）修复后的建设工程经竣工验收合格，发包人请求承包人承担修复费用的，应予支持；

（二）修复后的建设工程经竣工验收不合格，承包人请求支付工程价款的，不予支持。

因建设工程不合格造成的损失，发包人有过错的，也应承担相应的民事责任。

第四条 承包人非法转包、违法分包建设工程或者没有资质的实际施工人借用有资质的建筑施工企业名义与他人签订建设工程施工合同的行为无效。人民法院可以根据民法通则第一百三十四条规定，收缴当事人已经取得的非法所得。

第五条 承包人超越资质等级许可的业务范围签订建设工程施工合同，在建设工程竣工前取得相应资质等级，当事人请求按照无效合同处理的，不予支持。

第六条 当事人对垫资和垫资利息有约定，承包人请求按照约定返还垫资及其利息的，应予支持，但是约定的利息计算标准高于中国人民银行发布的同期同类贷款利率的部分除外。

当事人对垫资没有约定的，按照工程欠款处理。

当事人对垫资利息没有约定，承包人请求支付利息的，不予支持。

第七条 具有劳务作业法定资质的承包人与总承包人、分包人签订的劳务分包合同，当事人以转包建设工程违反法律规定为由请求确认无效的，不予支持。

第八条 承包人具有下列情形之一，发包人请求解除建设工程施工合同的，应予支持：

（一）明确表示或者以行为表明不履行合同主要义务的；

（二）合同约定的期限内没有完工，且在发包人催告的合理期限内仍未完工的；

（三）已经完成的建设工程质量不合格，并拒绝修复的；

（四）将承包的建设工程非法转包、违法分包的。

第九条 发包人具有下列情形之一，致使承包人无法施工，且在催告的合理期限内仍未履行相应义务，承包人请求解除建设工程施工合同的，应予支持：

（一）未按约定支付工程价款的；

（二）提供的主要建筑材料、建筑构配件和设备不符合强制性标准的；

（三）不履行合同约定的协助义务的。

第十条 建设工程施工合同解除后，已经完成的建设工程质量合格的，发包人应当按照约定支付相应的工程价款；已经完成的建设工程质量不合格的，参照本解释第三条规定处理。

因一方违约导致合同解除的，违约方应当赔偿因此而给对方造成的损失。

第十一条 因承包人的过错造成建设工程质量不符合约定，承包人拒绝修理、返工或者改建，发包人请求减少支付工程价款的，应予支持。

第十二条 发包人具有下列情形之一，造成建设工程质量缺陷，应当承担过错责任：

（一）提供的设计有缺陷；

（二）提供或者指定购买的建筑材料、建筑构配件、设备不符合强制性标准；

（三）直接指定分包人分包专业工程。

承包人有过错的，也应当承担相应的过错责任。

第十三条 建设工程未经竣工验收，发包人擅自使用后，又以使用部分质量不符合约定为由主张权利的，不予支持；但是承包人应当在建设工程的合理使用寿命内对地基基础工程和主体结构质量承担民事责任。

第十四条 当事人对建设工程实际竣工日期有争议的，按照以下情形分别处理：

（一）建设工程经竣工验收合格的，以竣工验收合格之日为竣工日期；

（二）承包人已经提交竣工验收报告，发包人拖延验收的，以承包人提交验收报告之日为竣工日期；

（三）建设工程未经竣工验收，发包人擅自使用的，以转移占有建设工程之日为竣工日期。

第十五条 建设工程竣工前，当事人对工程质量发生争议，工程质量经鉴定合格的，鉴定期间为顺延工期期间。

第十六条 当事人对建设工程的计价标准或者计价方法有约定的，按照约定结算工程价款。

因设计变更导致建设工程的工程量或者质量标准发生变化，当事人对该部分工程价款不能协商一致的，可以参照签订建设工程施工合同时当地建设行政主管部门发布的计价方法或者计价标准结算工程价款。

建设工程施工合同有效，但建设工程经竣工验收不合格的，工程价款结算参照本解释第三条规定处理。

第十七条 当事人对欠付工程价款利息计付标准有约定的，按照约定处理；没有约定的，按照中国人民银行发布的同期同类贷款利率计息。

第十八条 利息从应付工程价款之日计付。当事人对付款时间没有约定或者约定不明的，下列时间视为应付款时间：

（一）建设工程已实际交付的，为交付之日；

（二）建设工程没有交付的，为提交竣工结算文件之日；

（三）建设工程未交付，工程价款也未结算的，为当事人起诉之日。

第十九条 当事人对工程量有争议的，按照施工过程中形成的签证等书面文件确认。承包人能够证明发包人同意其施工，但未能提供签证文件证明工程量发生的，可以按照当事人提供的其他证据确认实际发生的工程量。

第二十条 当事人约定，发包人收到竣工结算文件后，在约定期限内不予答复，视为认可竣工结算文件的，按照约定处理。承包人请求按照竣工结算文件结算工程价款的，应予支持。

第二十一条 当事人就同一建设工程另行订立的建设工程施工合同与经过备案的中标合同实质性内容不一致的，应当以备案的中标合同作为结算工程价款的根据。

第二十二条 当事人约定按照固定价结算工程价款，一方当事人请求对建设工程造价进行鉴定的，不予支持。

第二十三条 当事人对部分案件事实有争议的，仅对有争议的事实进行鉴定，但争议事实范围不能确定，或者双方当事人请求对全部事实鉴定的除外。

第二十四条 建设工程施工合同纠纷以施工行为地为合同履行地。

第二十五条 因建设工程质量发生争议的，发包人可以以总承包人、分包人和实际施工人为共同被告提起诉讼。

第二十六条 实际施工人以转包人、违法分包人为被告起诉的，人民法院应当依法受理。

实际施工人以发包人为被告主张权利的，人民法院可以追加转包人或者违法分包人为本案当事人。发包人只在欠付工程价款范围内对实际施工人承担责任。

第二十七条 因保修人未及时履行保修义务，导致建筑物毁损或者造成人身、财产损害的，保修人应当承担赔偿责任。

保修人与建筑物所有人或者发包人对建筑物毁损均有过错的，各自承担相应的责任。

第二十八条 本解释自二〇〇五年一月一日起施行。

施行后受理的第一审案件适用本解释。

施行前最高人民法院发布的司法解释与本解释相抵触的，以本解释为准。

最高人民法院关于审理建设工程施工合同
纠纷案件适用法律问题的解释（二）

为正确审理建设工程施工合同纠纷案件，依法保护当事人合法权益，维护建筑市场秩序，促进建筑市场健康发展，根据《中华人民共和国民法总则》《中华人民共和国合同法》《中华人民共和国建筑法》《中华人民共和国招标投标法》《中华人民共和国民事诉讼法》等法律规定，结合审判实践，制定本解释。

第一条　招标人和中标人另行签订的建设工程施工合同约定的工程范围、建设工期、工程质量、工程价款等实质性内容，与中标合同不一致，一方当事人请求按照中标合同确定权利义务的，人民法院应予支持。

招标人和中标人在中标合同之外就明显高于市场价格购买承建房产、无偿建设住房配套设施、让利、向建设单位捐赠财物等另行签订合同，变相降低工程价款，一方当事人以该合同背离中标合同实质性内容为由请求确认无效的，人民法院应予支持。

第二条　当事人以发包人未取得建设工程规划许可证等规划审批手续为由，请求确认建设工程施工合同无效的，人民法院应予支持，但发包人在起诉前取得建设工程规划许可证等规划审批手续的除外。

发包人能够办理审批手续而未办理，并以未办理审批手续为由请求确认建设工程施工合同无效的，人民法院不予支持。

第三条　建设工程施工合同无效，一方当事人请求对方赔偿损失的，应当就对方过错、损失大小、过错与损失之间的因果关系承担举证责任。

损失大小无法确定，一方当事人请求参照合同约定的质量标准、建设工期、工程价款支付时间等内容确定损失大小的，人民法院可以结合双方过错程度、过错与损失之间的因果关系等因素作出裁判。

第四条　缺乏资质的单位或者个人借用有资质的建筑施工企业名义签订建设工程施工合同，发包人请求出借方与借用方对建设工程质量不合格等因出借资质造成的损失承担连带赔偿责任的，人民法院应予支持。

第五条　当事人对建设工程开工日期有争议的，人民法院应当分别按照以下情形予以认定：

（一）开工日期为发包人或者监理人发出的开工通知载明的开工日期；开工通知发出后，尚不具备开工条件的，以开工条件具备的时间为开工日期；因承包人原因导致开工时间推迟的，以开工通知载明的时间为开工日期。

（二）承包人经发包人同意已经实际进场施工的，以实际进场施工时间为开工日期。

（三）发包人或者监理人未发出开工通知，亦无相关证据证明实际开工日期的，应当综合考虑开工报告、合同、施工许可证、竣工验收报告或者竣工验收备案表等载明的时间，并结合是否具备开工条件的事实，认定开工日期。

第六条 当事人约定顺延工期应当经发包人或者监理人签证等方式确认，承包人虽未取得工期顺延的确认，但能够证明在合同约定的期限内向发包人或者监理人申请过工期顺延且顺延事由符合合同约定，承包人以此为由主张工期顺延的，人民法院应予支持。

当事人约定承包人未在约定期限内提出工期顺延申请视为工期不顺延的，按照约定处理，但发包人在约定期限后同意工期顺延或者承包人提出合理抗辩的除外。

第七条 发包人在承包人提起的建设工程施工合同纠纷案件中，以建设工程质量不符合合同约定或者法律规定为由，就承包人支付违约金或者赔偿修理、返工、改建的合理费用等损失提出反诉的，人民法院可以合并审理。

第八条 有下列情形之一，承包人请求发包人返还工程质量保证金的，人民法院应予支持：

（一）当事人约定的工程质量保证金返还期限届满。

（二）当事人未约定工程质量保证金返还期限的，自建设工程通过竣工验收之日起满二年。

（三）因发包人原因建设工程未按约定期限进行竣工验收的，自承包人提交工程竣工验收报告九十日后起当事人约定的工程质量保证金返还期限届满；当事人未约定工程质量保证金返还期限的，自承包人提交工程竣工验收报告九十日后起满二年。

发包人返还工程质量保证金后，不影响承包人根据合同约定或者法律规定履行工程保修义务。

第九条 发包人将依法不属于必须招标的建设工程进行招标后，与承包人另行订立的建设工程施工合同背离中标合同的实质性内容，当事人请求以中标合同作为结算建设工程价款依据的，人民法院应予支持，但发包人与承包人因客观情况发生了在招标投标时难以预见的变化而另行订立建设工程施工合同的除外。

第十条 当事人签订的建设工程施工合同与招标文件、投标文件、中标通知书载明的工程范围、建设工期、工程质量、工程价款不一致，一方当事人请求将招标文件、投标文件、中标通知书作为结算工程价款的依据的，人民法院应予支持。

第十一条 当事人就同一建设工程订立的数份建设工程施工合同均无效，但建设工程质量合格，一方当事人请求参照实际履行的合同结算建设工程价款的，人民法院应予支持。

实际履行的合同难以确定，当事人请求参照最后签订的合同结算建设工程价款的，人民法院应予支持。

第十二条 当事人在诉讼前已经对建设工程价款结算达成协议，诉讼中一方当事人申请对工程造价进行鉴定的，人民法院不予准许。

第十三条 当事人在诉讼前共同委托有关机构、人员对建设工程造价出具咨询意见，诉讼中一方当事人不认可该咨询意见申请鉴定的，人民法院应予准许，但双方当事人明确表示受该咨询意见约束的除外。

第十四条 当事人对工程造价、质量、修复费用等专门性问题有争议，人民法院认为需要鉴定的，应当向负有举证责任的当事人释明。当事人经释明未申请鉴定，虽申请鉴定但未支付鉴定费用或者拒不提供相关材料的，应当承担举证不能的法律后果。

一审诉讼中负有举证责任的当事人未申请鉴定，虽申请鉴定但未支付鉴定费用或者拒不提供相关材料，二审诉讼中申请鉴定，人民法院认为确有必要的，应当依照民事诉讼法第一百七十条第一款第三项的规定处理。

第十五条 人民法院准许当事人的鉴定申请后，应当根据当事人申请及查明案件事实的需要，确定委托鉴定的事项、范围、鉴定期限等，并组织双方当事人对争议的鉴定材料进行质证。

第十六条　人民法院应当组织当事人对鉴定意见进行质证。鉴定人将当事人有争议且未经质证的材料作为鉴定依据的，人民法院应当组织当事人就该部分材料进行质证。经质证认为不能作为鉴定依据的，根据该材料作出的鉴定意见不得作为认定案件事实的依据。

第十七条　与发包人订立建设工程施工合同的承包人，根据合同法第二百八十六条规定请求其承建工程的价款就工程折价或者拍卖的价款优先受偿的，人民法院应予支持。

第十八条　装饰装修工程的承包人，请求装饰装修工程价款就该装饰装修工程折价或者拍卖的价款优先受偿的，人民法院应予支持，但装饰装修工程的发包人不是该建筑物的所有权人的除外。

第十九条　建设工程质量合格，承包人请求其承建工程的价款就工程折价或者拍卖的价款优先受偿的，人民法院应予支持。

第二十条　未竣工的建设工程质量合格，承包人请求其承建工程的价款就其承建工程部分折价或者拍卖的价款优先受偿的，人民法院应予支持。

第二十一条　承包人建设工程价款优先受偿的范围依照国务院有关行政主管部门关于建设工程价款范围的规定确定。

承包人就逾期支付建设工程价款的利息、违约金、损害赔偿金等主张优先受偿的，人民法院不予支持。

第二十二条　承包人行使建设工程价款优先受偿权的期限为六个月，自发包人应当给付建设工程价款之日起算。

第二十三条　发包人与承包人约定放弃或者限制建设工程价款优先受偿权，损害建筑工人利益，发包人根据该约定主张承包人不享有建设工程价款优先受偿权的，人民法院不予支持。

第二十四条　实际施工人以发包人为被告主张权利的，人民法院应当追加转包人或者违法分包人为本案第三人，在查明发包人欠付转包人或者违法分包人建设工程价款的数额后，判决发包人在欠付建设工程价款范围内对实际施工人承担责任。

第二十五条　实际施工人根据合同法第七十三条规定，以转包人或者违法分包人怠于向发包人行使到期债权，对其造成损害为由，提起代位权诉讼的，人民法院应予支持。

第二十六条 本解释自 2019 年 2 月 1 日起施行。

本解释施行后尚未审结的一审、二审案件，适用本解释。

本解释施行前已经终审、施行后当事人申请再审或者按照审判监督程序决定再审的案件，不适用本解释。

最高人民法院以前发布的司法解释与本解释不一致的，不再适用。

最高人民法院关于审理商品房买卖合同纠纷案件适用法律若干问题的解释

为正确、及时审理商品房买卖合同纠纷案件，根据《中华人民共和国民法通则》、《中华人民共和国合同法》、《中华人民共和国城市房地产管理法》、《中华人民共和国担保法》等相关法律，结合民事审判实践，制定本解释。

第一条 本解释所称的商品房买卖合同，是指房地产开发企业（以下统称为出卖人）将尚未建成或者已竣工的房屋向社会销售并转移房屋所有权于买受人，买受人支付价款的合同。

第二条 出卖人未取得商品房预售许可证明，与买受人订立的商品房预售合同，应当认定无效，但是在起诉前取得商品房预售许可证明的，可以认定有效。

第三条 商品房的销售广告和宣传资料为要约邀请，但是出卖人就商品房开发规划范围内的房屋及相关设施所作的说明和允诺具体确定，并对商品房买卖合同的订立以及房屋价格的确定有重大影响的，应当视为要约。该说明和允诺即使未载入商品房买卖合同，亦应当视为合同内容，当事人违反的，应当承担违约责任。

第四条 出卖人通过认购、订购、预订等方式向买受人收受定金作为订立商品房买卖合同担保的，如果因当事人一方原因未能订立商品房买卖合同，应当按照法律关于定金的规定处理；因不可归责于当事人双方的事由，导致商品房买卖合同未能订立的，出卖人应当将定金返还买受人。

第五条　商品房的认购、订购、预订等协议具备《商品房销售管理办法》第十六条规定的商品房买卖合同的主要内容，并且出卖人已经按照约定收受购房款的，该协议应当认定为商品房买卖合同。

第六条　当事人以商品房预售合同未按照法律、行政法规规定办理登记备案手续为由，请求确认合同无效的，不予支持。

当事人约定以办理登记备案手续为商品房预售合同生效条件的，从其约定，但当事人一方已经履行主要义务，对方接受的除外。

第七条　拆迁人与被拆迁人按照所有权调换形式订立拆迁补偿安置协议，明确约定拆迁人以位置、用途特定的房屋对被拆迁人予以补偿安置，如果拆迁人将该补偿安置房屋另行出卖给第三人，被拆迁人请求优先取得补偿安置房屋的，应予支持。

被拆迁人请求解除拆迁补偿安置协议的，按照本解释第八条的规定处理。

第八条　具有下列情形之一，导致商品房买卖合同目的不能实现的，无法取得房屋的买受人可以请求解除合同、返还已付购房款及利息、赔偿损失，并可以请求出卖人承担不超过已付购房款一倍的赔偿责任：

（一）商品房买卖合同订立后，出卖人未告知买受人又将该房屋抵押给第三人；

（二）商品房买卖合同订立后，出卖人又将该房屋出卖给第三人。

第九条　出卖人订立商品房买卖合同时，具有下列情形之一，导致合同无效或者被撤销、解除的，买受人可以请求返还已付购房款及利息、赔偿损失，并可以请求出卖人承担不超过已付购房款一倍的赔偿责任：

（一）故意隐瞒没有取得商品房预售许可证明的事实或者提供虚假商品房预售许可证明；

（二）故意隐瞒所售房屋已经抵押的事实；

（三）故意隐瞒所售房屋已经出卖给第三人或者为拆迁补偿安置房屋的事实。

第十条　买受人以出卖人与第三人恶意串通，另行订立商品房买卖合同并将房屋交付使用，导致其无法取得房屋为由，请求确认出卖人与第三人订立的商品房买卖合同无效的，应予支持。

第十一条　对房屋的转移占有，视为房屋的交付使用，但当事人另有约定的除外。

房屋毁损、灭失的风险，在交付使用前由出卖人承担，交付使用后由买受人承担；买受人接到出卖人的书面交房通知，无正当理由拒绝接收的，房屋毁损、灭失的风险自书面交房通知确定的交付使用之日起由买受人承担，但法律另有规定或者当事人另有约定的除外。

第十二条　因房屋主体结构质量不合格不能交付使用，或者房屋交付使用后，房屋主体结构质量经核验确属不合格，买受人请求解除合同和赔偿损失的，应予支持。

第十三条　因房屋质量问题严重影响正常居住使用，买受人请求解除合同和赔偿损失的，应予支持。

交付使用的房屋存在质量问题，在保修期内，出卖人应当承担修复责任；出卖人拒绝修复或者在合理期限内拖延修复的，买受人可以自行或者委托他人修复。修复费用及修复期间造成的其他损失由出卖人承担。

第十四条　出卖人交付使用的房屋套内建筑面积或者建筑面积与商品房买卖合同约定面积不符，合同有约定的，按照约定处理；合同没有约定或者约定不明确的，按照以下原则处理：

（一）面积误差比绝对值在3%以内（含3%），按照合同约定的价格据实结算，买受人请求解除合同的，不予支持；

（二）面积误差比绝对值超出3%，买受人请求解除合同、返还已付购房款及利息的，应予支持。买受人同意继续履行合同，房屋实际面积大于合同约定面积的，面积误差比在3%以内（含3%）部分的房价款由买受人按照约定的价格补足，面积误差比超出3%部分的房价款由出卖人承担，所有权归买受人；房屋实际面积小于合同约定面积的，面积误差比在3%以内（含3%）部分的房价款及利息由出卖人返还买受人，面积误差比超过3%部分的房价款由出卖人双倍返还买受人。

第十五条　根据《合同法》第九十四条的规定，出卖人迟延交付房屋或者买受人迟延支付购房款，经催告后在三个月的合理期限内仍未履行，当事人一方请求解除合同的，应予支持，但当事人另有约定的除外。

法律没有规定或者当事人没有约定，经对方当事人催告后，解除权行使的合理期限为三个月。对方当事人没有催告的，解除权应当在解除权发生之日起一年内行使；逾期不行使的，解除权消灭。

第十六条 当事人以约定的违约金过高为由请求减少的，应当以违约金超过造成的损失 30% 为标准适当减少；当事人以约定的违约金低于造成的损失为由请求增加的，应当以违约造成的损失确定违约金数额。

第十七条 商品房买卖合同没有约定违约金数额或者损失赔偿额计算方法，违约金数额或者损失赔偿额可以参照以下标准确定：

逾期付款的，按照未付购房款总额，参照中国人民银行规定的金融机构计收逾期贷款利息的标准计算。

逾期交付使用房屋的，按照逾期交付使用房屋期间有关主管部门公布或者有资格的房地产评估机构评定的同地段同类房屋租金标准确定。

第十八条 由于出卖人的原因，买受人在下列期限届满未能取得房屋权属证书的，除当事人有特殊约定外，出卖人应当承担违约责任：

（一）商品房买卖合同约定的办理房屋所有权登记的期限；

（二）商品房买卖合同的标的物为尚未建成房屋的，自房屋交付使用之日起 90 日；

（三）商品房买卖合同的标的物为已竣工房屋的，自合同订立之日起 90 日。

合同没有约定违约金或者损失数额难以确定的，可以按照已付购房款总额，参照中国人民银行规定的金融机构计收逾期贷款利息的标准计算。

第十九条 商品房买卖合同约定或者《城市房地产开发经营管理条例》第三十三条规定的办理房屋所有权登记的期限届满后超过一年，由于出卖人的原因，导致买受人无法办理房屋所有权登记，买受人请求解除合同和赔偿损失的，应予支持。

第二十条 出卖人与包销人订立商品房包销合同，约定出卖人将其开发建设的房屋交由包销人以出卖人的名义销售的，包销期满未销售的房屋，由包销人按照合同约定的包销价格购买，但当事人另有约定的除外。

第二十一条 出卖人自行销售已经约定由包销人包销的房屋，包销人请求出卖人赔偿损失的，应予支持，但当事人另有约定的除外。

第二十二条 对于买受人因商品房买卖合同与出卖人发生的纠纷，人民

法院应当通知包销人参加诉讼；出卖人、包销人和买受人对各自的权利义务
有明确约定的，按照约定的内容确定各方的诉讼地位。

第二十三条　商品房买卖合同约定，买受人以担保贷款方式付款、因当
事人一方原因未能订立商品房担保贷款合同并导致商品房买卖合同不能继续
履行的，对方当事人可以请求解除合同和赔偿损失。因不可归责于当事人双
方的事由未能订立商品房担保贷款合同并导致商品房买卖合同不能继续履行
的，当事人可以请求解除合同，出卖人应当将收受的购房款本金及其利息或
者定金返还买受人。

第二十四条　因商品房买卖合同被确认无效或者被撤销、解除，致使商
品房担保贷款合同的目的无法实现，当事人请求解除商品房担保贷款合同的，
应予支持。

第二十五条　以担保贷款为付款方式的商品房买卖合同的当事人一方请
求确认商品房买卖合同无效或者撤销、解除合同的，如果担保权人作为有独
立请求权第三人提出诉讼请求，应当与商品房担保贷款合同纠纷合并审理；
未提出诉讼请求的，仅处理商品房买卖合同纠纷。担保权人就商品房担保贷
款合同纠纷另行起诉的，可以与商品房买卖合同纠纷合并审理。

商品房买卖合同被确认无效或者被撤销、解除后，商品房担保贷款合同
也被解除的、出卖人应当将收受的购房贷款和购房款的本金及利息分别返还
担保权人和买受人。

第二十六条　买受人未按照商品房担保贷款合同的约定偿还贷款，亦未
与担保权人办理商品房抵押登记手续，担保权人起诉买受人，请求处分商品
房买卖合同项下买受人合同权利的，应当通知出卖人参加诉讼；担保权人同
时起诉出卖人时，如果出卖人为商品房担保贷款合同提供保证的，应当列为
共同被告。

第二十七条　买受人未按照商品房担保贷款合同的约定偿还贷款，但是
已经取得房屋权属证书并与担保权人办理了商品房抵押登记手续，抵押权人
请求买受人偿还贷款或者就抵押的房屋优先受偿的，不应当追加出卖人为当
事人，但出卖人提供保证的除外。

第二十八条　本解释自 2003 年 6 月 1 日起施行。

《中华人民共和国城市房地产管理法》施行后订立的商品房买卖合同发生的纠纷案件，本解释公布施行后尚在一审、二审阶段的，适用本解释。

《中华人民共和国城市房地产管理法》施行后订立的商品房买卖合同发生的纠纷案件，在本解释公布施行前已经终审，当事人申请再审或者按照审判监督程序决定再审的，不适用本解释。

《中华人民共和国城市房地产管理法》施行前发生的商品房买卖行为，适用当时的法律、法规和《最高人民法院〈关于审理房地产管理法施行前房地产开发经营案件若干问题的解答〉》。

最高人民法院关于审理城镇房屋租赁合同纠纷案件 具体应用法律若干问题的解释

为正确审理城镇房屋租赁合同纠纷案件，依法保护当事人的合法权益，根据《中华人民共和国民法通则》、《中华人民共和国物权法》、《中华人民共和国合同法》等法律规定，结合民事审判实践，制定本解释。

第一条 本解释所称城镇房屋，是指城市、镇规划区内的房屋。

乡、村庄规划区内的房屋租赁合同纠纷案件，可以参照本解释处理。但法律另有规定的，适用其规定。

当事人依照国家福利政策租赁公有住房、廉租住房、经济适用住房产生的纠纷案件，不适用本解释。

第二条 出租人就未取得建设工程规划许可证或者未按照建设工程规划许可证的规定建设的房屋，与承租人订立的租赁合同无效。但在一审法庭辩论终结前取得建设工程规划许可证或者经主管部门批准建设的，人民法院应当认定有效。

第三条 出租人就未经批准或者未按照批准内容建设的临时建筑，与承租人订立的租赁合同无效。但在一审法庭辩论终结前经主管部门批准建设的，人民法院应当认定有效。

租赁期限超过临时建筑的使用期限，超过部分无效。但在一审法庭辩论终结前经主管部门批准延长使用期限的，人民法院应当认定延长使用期限内的租赁期间有效。

第四条 当事人以房屋租赁合同未按照法律、行政法规规定办理登记备案手续为由，请求确认合同无效的，人民法院不予支持。

当事人约定以办理登记备案手续为房屋租赁合同生效条件的，从其约定。但当事人一方已经履行主要义务，对方接受的除外。

第五条 房屋租赁合同无效，当事人请求参照合同约定的租金标准支付房屋占有使用费的，人民法院一般应予支持。

当事人请求赔偿因合同无效受到的损失，人民法院依照合同法的有关规定和本司法解释第九条、第十三条、第十四条的规定处理。

第六条 出租人就同一房屋订立数份租赁合同，在合同均有效的情况下，承租人均主张履行合同的，人民法院按照下列顺序确定履行合同的承租人：

（一）已经合法占有租赁房屋的；

（二）已经办理登记备案手续的；

（三）合同成立在先的。

不能取得租赁房屋的承租人请求解除合同、赔偿损失的，依照合同法的有关规定处理。

第七条 承租人擅自变动房屋建筑主体和承重结构或者扩建，在出租人要求的合理期限内仍不予恢复原状，出租人请求解除合同并要求赔偿损失的，人民法院依照合同法第二百一十九条的规定处理。

第八条 因下列情形之一，导致租赁房屋无法使用，承租人请求解除合同的，人民法院应予支持：

（一）租赁房屋被司法机关或者行政机关依法查封的；

（二）租赁房屋权属有争议的；

（三）租赁房屋具有违反法律、行政法规关于房屋使用条件强制性规定情况的。

第九条 承租人经出租人同意装饰装修，租赁合同无效时，未形成附合的装饰装修物，出租人同意利用的，可折价归出租人所有；不同意利用的，可由承租人拆除。因拆除造成房屋毁损的，承租人应当恢复原状。

已形成附合的装饰装修物，出租人同意利用的，可折价归出租人所有；

不同意利用的，由双方各自按照导致合同无效的过错分担现值损失。

第十条　承租人经出租人同意装饰装修，租赁期间届满或者合同解除时，除当事人另有约定外，未形成附合的装饰装修物，可由承租人拆除。因拆除造成房屋毁损的，承租人应当恢复原状。

第十一条　承租人经出租人同意装饰装修，合同解除时，双方对已形成附合的装饰装修物的处理没有约定的，人民法院按照下列情形分别处理：

（一）因出租人违约导致合同解除，承租人请求出租人赔偿剩余租赁期内装饰装修残值损失的，应予支持；

（二）因承租人违约导致合同解除，承租人请求出租人赔偿剩余租赁期内装饰装修残值损失的，不予支持。但出租人同意利用的，应在利用价值范围内予以适当补偿；

（三）因双方违约导致合同解除，剩余租赁期内的装饰装修残值损失，由双方根据各自的过错承担相应的责任；

（四）因不可归责于双方的事由导致合同解除的，剩余租赁期内的装饰装修残值损失，由双方按照公平原则分担。法律另有规定的，适用其规定。

第十二条　承租人经出租人同意装饰装修，租赁期间届满时，承租人请求出租人补偿附合装饰装修费用的，不予支持。但当事人另有约定的除外。

第十三条　承租人未经出租人同意装饰装修或者扩建发生的费用，由承租人负担。出租人请求承租人恢复原状或者赔偿损失的，人民法院应予支持。

第十四条　承租人经出租人同意扩建，但双方对扩建费用的处理没有约定的，人民法院按照下列情形分别处理：

（一）办理合法建设手续的，扩建造价费用由出租人负担；

（二）未办理合法建设手续的，扩建造价费用由双方按照过错分担。

第十五条　承租人经出租人同意将租赁房屋转租给第三人时，转租期限超过承租人剩余租赁期限的，人民法院应当认定超过部分的约定无效。但出租人与承租人另有约定的除外。

第十六条　出租人知道或者应当知道承租人转租，但在六个月内未提出异议，其以承租人未经同意为由请求解除合同或者认定转租合同无效的，人民法院不予支持。

因租赁合同产生的纠纷案件，人民法院可以通知次承租人作为第三人参加诉讼。

第十七条 因承租人拖欠租金，出租人请求解除合同时，次承租人请求代承租人支付欠付的租金和违约金以抗辩出租人合同解除权的，人民法院应予支持。但转租合同无效的除外。

次承租人代为支付的租金和违约金超出其应付的租金数额，可以折抵租金或者向承租人追偿。

第十八条 房屋租赁合同无效、履行期限届满或者解除，出租人请求负有腾房义务的次承租人支付逾期腾房占有使用费的，人民法院应予支持。

第十九条 承租人租赁房屋用于以个体工商户或者个人合伙方式从事经营活动，承租人在租赁期间死亡、宣告失踪或者宣告死亡，其共同经营人或者其他合伙人请求按照原租赁合同租赁该房屋的，人民法院应予支持。

第二十条 租赁房屋在租赁期间发生所有权变动，承租人请求房屋受让人继续履行原租赁合同的，人民法院应予支持。但租赁房屋具有下列情形或者当事人另有约定的除外：

（一）房屋在出租前已设立抵押权，因抵押权人实现抵押权发生所有权变动的；

（二）房屋在出租前已被人民法院依法查封的。

第二十一条 出租人出卖租赁房屋未在合理期限内通知承租人或者存在其他侵害承租人优先购买权情形，承租人请求出租人承担赔偿责任的，人民法院应予支持。但请求确认出租人与第三人签订的房屋买卖合同无效的，人民法院不予支持。

第二十二条 出租人与抵押权人协议折价、变卖租赁房屋偿还债务，应当在合理期限内通知承租人。承租人请求以同等条件优先购买房屋的，人民法院应予支持。

第二十三条 出租人委托拍卖人拍卖租赁房屋，应当在拍卖 5 日前通知承租人。承租人未参加拍卖的，人民法院应当认定承租人放弃优先购买权。

第二十四条 具有下列情形之一，承租人主张优先购买房屋的，人民法院不予支持：

（一）房屋共有人行使优先购买权的；

（二）出租人将房屋出卖给近亲属，包括配偶、父母、子女、兄弟姐妹、祖父母、外祖父母、孙子女、外孙子女的；

（三）出租人履行通知义务后，承租人在十五日内未明确表示购买的；

（四）第三人善意购买租赁房屋并已经办理登记手续的。

第二十五条 本解释施行前已经终审，本解释施行后当事人申请再审或者按照审判监督程序决定再审的案件，不适用本解释。

后　记

　　我从事人民法院民事审判工作已届 30 年，经历了新中国法治建立发展和进步完善的过程。作为一名法官，我一直在民事审判领域审理案件，化解纠纷。在不断的实践、思考和研究中，对许多民事问题于法律适用上有了清晰深刻的认识，积累了较为丰富的经验。我的同事李俊晔嘱我，应当把这些见解写出来，与大家分享借鉴，并指导年轻法官办案。在他的催促下，我在这两年对房地产审判实务若干问题进行了研究梳理，写成了本书 15 篇文章。这些文章，与其说是对房地产审判实务的专题论述，不如说是我长期从事民事审判对专门问题的感悟，从这个维度讲，写出来与大家分享，接受不同角度的评论，确实很有必要。

　　我除大部分时间在北京市区学习工作生活，亦有少年时短暂时光在京东农村生活。这片土地的人民勤劳、智慧、善良、包容，富有正义感。根植于他们当中，不由得不成为一个内化家国情怀于己身，外化奉法服务于人民的法官。法治兴则国家兴，法治强则国家强，公平正义正是每一名法官不懈的追求。编辑这本书，既是在依法治国道路上个人的一份努力，也是我对包括我父母在内的父老乡亲献出的一份热爱。

　　我的同事李俊晔博士、李珊法官、周梦峰法官、宋佳硕士、曹华硕士对本书文章校检做了大量工作，十分辛苦，在此向他们谨表谢忱。

肖大明

2019 年 12 月 16 日